# 基于核心素养的
## 中学课堂教学方式改进的研究

曾拥军　主编

北京出版集团
北京出版社

**图书在版编目（CIP）数据**

基于核心素养的中学课堂教学方式改进的研究／曾拥军主编. — 北京：北京出版社，2021.5

ISBN 978-7-200-15448-1

Ⅰ. ①基… Ⅱ. ①曾… Ⅲ. ①课堂研究—教学研究—中学 Ⅳ. ①G632.421

中国版本图书馆 CIP 数据核字(2020)第 010364 号

基于核心素养的中学课堂教学方式改进的研究

JIYU HEXIN SUYANG DE ZHONGXUE KETANG JIAOXUE FANGSHI
GAIJIN DE YANJIU

曾拥军　主编

\*

北 京 出 版 集 团
北 京 出 版 社 出版

（北京北三环中路 6 号）

邮政编码：100120

网　址：www . bph . com . cn

北 京 出 版 集 团 总 发 行

北 京 建 宏 印 刷 有 限 公 司 印刷

\*

170 毫米×240 毫米　30.25 印张　580.8 千字

2021 年 5 月第 1 版　　2021 年 5 月第 1 次印刷

ISBN 978-7-200-15448-1

定价：56.50 元

如有印装质量问题，由本社负责调换

质量监督电话：010-58572293　58572393

# 编委会

# 序 言

近些年,在教育实践领域和教育研究领域,"核心素养"成为一个热门词。世界各国都高度重视和强调核心素养的指标体系,虽然在体系构建上略有不同,但共性特点突出,主要聚焦在语言能力、数学素养、学习能力、问题解决能力、沟通与交流能力、团队合作意识、国际视野、信息素养、创新与创造力、社会参与与贡献、自我规划与管理等内容上。这些核心素养是各学科教学的共同培养目标,需要在中小学各学科教学中加以落实。

2014 年,《教育部关于全面深化课程改革 落实立德树人根本任务的意见》(以下简称《意见》)中关于核心素养体系研究与制定的要求引人关注。《意见》指出,要研究提出各学段学生发展核心素养体系,明确学生应具备的适应终身发展和社会发展需要的必备品格和关键能力。2016 年 9 月,《中国学生发展核心素养》研究成果在北京发布。2018 年 1 月,教育部发布修订后的普通高中课程方案和各学科课程标准,明确提出了学科核心素养。

北京教育学院丰台分院曾拥军老师主持的"基于中学生核心素养的课堂教学方式改进研究"课题正是在这个大背景大下展开的。课题于 2016 年立项,经过四年深入研究,于 2020 年顺利结题。本课题立足于当前教育改革中的重要问题,聚焦于基于核心素养的课堂教学方式改进研究,把握了基础教育理论研究和实践变革的重大趋势。核心素养为教育教学改革提供了重点更突出、焦点更集中的教育目标,为转变学生的学习方式、教师的教学方式指明了方向。课题以中学生核心素养的课堂教学方式为研究对象,通过调研与行动研究,建立经过实践检验的核心素养在课堂中落实的教学方式体系。课题选题具有很强的现实意义和理论价值,进一步明确了学生核心素养的具体内涵,并探索出了在学科中实际落实核心素养的策略方法体系。中学学科核心素养实践研究的深化与创新,是区域教研、课题研究实验学校、教师课堂实践三级行动研究的创新,是区域教研集体研究的实践,具有广泛的实践应用价值。

本课题研究目标清晰,研究重难点把握到位,研究设计科学,研究方法的采用得当。本课题集中了北京市丰台区中学教育教学领域的专家,以及丰台区语文、数学、英语、物理、化学、生物、历史、地理、政治、综合实践共10个学科的教研员和各实验学校的教师,形成了由专家指导、教研人员主导、教师实践的科研群体。建立了较为完善的组织机构,实行总课题组、子课题组、实验校三级管理,并通过总课题组例会、定期交流研讨、聘请专家指导等形式,保证课题研究的实效性。

本课题注重文献研究,通过文献研究对课题提出的背景、课题研究的必要性以及课题研究的主要内容和方法进行了全面深入的论证;注重研究基础及现状调研,进行了广泛的多种形式的调研,并形成10个学科的研究报告,为进一步开展研究和实践提供依据。通过调研发现中学学科教学在培养核心素养的教学方式上存在的问题,并把问题转化为研究的方向,努力解决教学实践中的真问题。

四年来,本课题在丰台区中学范围内开展围绕课堂的主题教学实践研究活动,涉及不同类型的学校、课型。课题研究期间共收集相关教学实录与案例1000余节(篇),研究的实践成果丰富,形成了包括各学科基于核心素养的课堂教学案例集、论文等一系列研究成果,将学科素养培养的理论变成可以迁移复制的策略和方法。

通过本课题研究,形成了丰台区区域教研的全学科全面推进模式,其成果主要可以归纳为三个方面:第一,厘清中学生学科核心素养与学科核心素养的关系,以此为根基,形成区域教研全学科教学改进研究的顶层设计;第二,创新学科核心素养培养的途径和策略,基于前期的调研,针对教学实际问题,提出了5个方面的课堂教学方式改进策略,将学科核心素养的要求细化落实到具体的课程实施中,转化为教师可具体操作的教学行为,把对学生核心素养的培养落到实处;第三,开展核心素养培养的教学效果评价,基于核心素养的教学评价由"以评促学"、"以评促教"和"以评促质量提升"这三个评价层面构成,价值导向鲜明,目的在于以评价推动教与学的优化,达成核心素养养成的目标。

特别难能可贵的是,本课题研究提出了培养学科核心素养的5个方面的课堂改进策略:第一是以大概念、单元主题统领和整合教学内容,形成单元教学设计;第二是真实情境下的问题解决;第三是项目式学习;第四是指向高阶思维能力的深度学习;第五是学生主动参与的学科实践活动。每种策略又分别从价值认识、策略与核心素养的关系、案例及实践成效、策略评析与反思等几个方面进行论述。策略具体、层次清楚,能为深化课堂教学改革提供有益的参考。

　　本课题取得了多方面的收获和发展,教研员增强了整体驾驭学科的能力,参与研究的教师提高了自身的学科认识和研究能力,汇集了一批课堂教学方式改进研究的案例,促进了学生核心素养的发展。

　　本课题在理论提炼方面有需要提升的空间。由于核心素养是学生获取知识、习得能力、价值观构建后相互融合的产物,希望课题组还能进一步探索如何在教学中实现由知识向能力、由能力向素养的发展提升,进一步探索如何在教学中充分体现核心素养体系所强调的学科融合与系统连贯。期待丰台区教研同行的持续探索尝试和成果分享!

张华

2021 年 3 月 12 日

# 目　录

**Contents**

**第一章　基于中学生核心素养的课堂教学方式改进研究**

第一节　问题提出与研究价值 ………………………………………… 1

第二节　课题研究的内容与方法 ……………………………………… 2

第三节　课题研究的过程与实践 ……………………………………… 4

第四节　课题研究的结论与对策 ……………………………………… 7

**第二章　基于核心素养的语文教学研究与实践**

第一节　语文核心素养内涵与解读 …………………………………… 50

第二节　语文核心素养调查与问题分析 ……………………………… 54

第三节　语文核心素养实践与养成途径 ……………………………… 60

第四节　语文教学案例与评析 ………………………………………… 71

**第三章　基于核心素养的数学教学研究与实践**

第一节　数学核心素养内涵与解读 …………………………………… 97

第二节　数学核心素养调查与问题分析 ……………………………… 101

第三节　数学核心素养实践与养成途径 ……………………………… 105

第四节　数学教学案例与评析 ………………………………………… 128

**第四章　基于核心素养的英语教学研究与实践**

第一节　英语核心素养内涵与解读 …………………………………… 143

第二节　英语核心素养调查与问题分析 ……………………………… 148

第三节　英语核心素养实践与养成途径 ……………………………… 155

第四节　英语教学案例与评析 ……………………………………… 168

# 第五章　基于核心素养的物理教学研究与实践

第一节　物理核心素养内涵与解读 ………………………………… 180

第二节　物理核心素养调查与问题分析 …………………………… 189

第三节　物理核心素养实践与养成途径 …………………………… 204

第四节　物理教学案例与评析 ……………………………………… 219

# 第六章　基于核心素养的化学教学研究与实践

第一节　化学核心素养内涵与解读 ………………………………… 225

第二节　化学核心素养调查与问题分析 …………………………… 229

第三节　化学核心素养实践与养成途径 …………………………… 244

第四节　化学教学案例与评析 ……………………………………… 253

# 第七章　基于核心素养的生物教学研究与实践

第一节　生物核心素养内涵与解读 ………………………………… 264

第二节　生物核心素养调查与问题分析 …………………………… 269

第三节　生物核心素养实践与养成途径 …………………………… 281

第四节　生物教学案例与评析 ……………………………………… 287

# 第八章　基于核心素养的历史教学研究与实践

第一节　历史核心素养内涵与解读 ………………………………… 308

第二节　历史核心素养调查与问题分析 …………………………… 313

第三节　历史核心素养实践与养成途径 …………………………… 319

第四节　历史教学案例与评析 ……………………………………… 330

# 第九章　基于核心素养的地理教学研究与实践

第一节　地理核心素养内涵与解读 ………………………………… 350

第二节　地理核心素养调查与问题分析 …………………………… 357

第三节　地理核心素养实践与养成途径 …………………………… 361

第四节　地理教学案例与评析 ·········································· 390

# 第十章　基于核心素养的政治教学研究与实践

第一节　政治核心素养内涵与解读 ·································· 400

第二节　政治核心素养调查与问题分析 ···························· 403

第三节　政治核心素养实践与养成途径 ···························· 419

第四节　政治教学案例与评析 ······································ 432

# 第十一章　基于核心素养的技术学科教学研究与实践

第一节　技术学科核心素养内涵与解读 ···························· 442

第二节　技术学科核心素养调查与问题分析 ························ 444

第三节　技术学科核心素养实践与养成途径 ························ 447

第四节　技术学科教学案例与评析 ·································· 454

# 后记 ································································ 469

# 第一章 基于中学生核心素养的课堂教学方式改进研究

## 第一节 问题提出与研究价值

新一轮基础教育课程改革已走过了近二十个年头，新课程明确提出"以提高学生的科学和人文素养为主旨"的课程理念，在教学目标上突出了对学科能力的培养。《北京市教育委员会关于做好 2015－2016 学年度基础教育课程教材改革实验工作的意见》中明确："改革目标上，逐步实现课改边界的'穿越'"，努力实现"由知识指向向核心素养指向的转变，关注学生生命的质量，关注育人文化、课程文化的建设"，"要转变育人观念，尊重和理解学生，优化教与学方式，努力构建生态课堂"。

### 一、问题提出

引领本区中学各学科教师深入学习《北京市中小学培育和践行社会主义核心价值观实施意见》《北京市实施教育部〈义务教育课程设置实验方案〉的课程计划（修订)》《北京市初中科学类学科教学改进意见》《2015－2018 年北京市中考中招与初中教学改革方案》《教育部关于推进中小学教育质量综合评价改革的意见》等相关文件精神，并将其落实到日常教学实践层面。

前期课题组就区域内教师对核心素养理论的了解现状和课堂教学方式现状进行了调研，对抽取区域内 40 所学校 600 多名教师进行问卷调查。在基础教育综合改革背景下掌握的最新课堂教学理念的问题中，多数教师能够提到以学生为本的教学理念，但是提及核心素养、教育育人、创新培养等教学理念的教师就相当少了；在教师当前选用的教学方式和学生组织方式的问题中，大多数教师能够关注到采用探究、合作、讨论的方式，但是对于分层教学方面关注度不高。教师对学生发展核心素养的认知、对所教学科的核心素养内容、对学生发展的核心素养与学科核心素养的关系认知以及批判性思维内涵的了解情况，"非常了解"的都在 10％以下；在教师最喜欢采取的课堂教学方式中，"讲授式"只占 21.43％，"问题探究式"占到了60.99％，而"训练实践式"占 15.93％。不难发现，现在的教师已经意识到采取以学生为本的课堂教学方式的重要性，在课堂上创设合适的教学情境启发学生思考，在教学过程中积极鼓励学生尝试与创新，在课堂上给学生提出问题的机会，并且关注训练学生的表达能力，给学生自我反思、自我评价和相互评价的机会。调研数据显示，教师急需学科素养培养与学生核心素养提高方面的研究，急需各个学科培养核心素养的系统性教学互动的具体路径和策略的研究，而这些是当前素质教育实施中迫切要解决的重要问题。

## 二、研究价值

学科核心素养是学生学习该学科课程后应形成的正确价值观念、必备品格和关键能力，是对"知识与技能""过程与方法""情感、态度与价值观"三维目标进行的整合。本课题研究主要是为了解决一线教师最为紧迫的问题，为教师在课堂教学中落实学科核心素养提供抓手。本课题重点研究经历怎样的知识和技能学习过程，才能形成和发展出与核心素养要求相吻合的学科观念、学科能力、学科品格、价值观念等。这可以为一线教师架设起专家构建的核心素养理论与实际课堂教学间的桥梁。课题的研究既是一线优秀教师实践经验的梳理和提炼，也是区域教研部门落实核心素养理念和课程改革任务，推动国家课程区域优质实施的生动实践。

1. 学术价值

本研究基于学科教学实践开展行动研究，可以检验理论的合理性，形成学科教学方式体系。通过对国外教学方式的本土化改造，研究我国学科教学落实学科核心素养在教学方式方面的特点，并对其优点进行探讨。

2. 应用价值

本研究解决一线教师最为紧迫的问题，为教师们在课堂教学中落实学科核心素养提供抓手。

3. 实践价值

通过课题校教学案例的设计和反思，真正将本课题的研究应用于教学中，接受教师和学生的反馈意见再进行调整，形成中学学科核心素养课堂教学实践研究的思路和经验。

# 第二节　课题研究的内容与方法

## 一、研究内容

以学习心理学中的认知论、人本主义和建构主义，以及当代教学论等理论为依据，在大量教学实践基础上，基于北京市丰台区的教学研究实践，对语文、数学、英语、物理、化学、生物、历史、地理、政治、信息技术、通用技术、音乐、美术、体育各学科核心素养培养的内涵及构成、教学策略、教学评价等问题深入进行探讨，为教师呈现一批以培养学生核心素养为宗旨的有借鉴价值的教学资源。

具体内容如下：

（1）通过文献研究，了解国内外各个学科在落实核心素养方面所采用的教学方式。

（2）通过访谈研究、调查研究、实地观察，发现当前中学学科教学在培养核心素养中的教学方式上存在的问题，并分析其原因，制订研究方案。具体为拟定"基于中学生核心素养的课堂教学方式改进研究"的调查问卷，对教师进行抽样调查。

（3）分学科对教师进行教学方式培训，采用行动研究，以实践检验和完善教学方式。

（4）总结一批能体现基于中学生核心素养的课堂教学方式改进研究的案例，总结形成基于学生核心素养的学科教学方式。

## 二、研究方法

1. 研究思路

本课题研究有目的、有计划地严格按照"调查筛选—课题论证—制订方案—实践研究—交流总结—申请结题"的程序进行。

2. 研究方法

（1）文献研究：通过文献研究了解国内外研究与实践的进展，发现当前区域中学学科教学在培养核心素养中存在的问题，并分析原因，将结果作为制订实验方案的依据之一。

（2）调查研究：采取问卷调查的方式进行调查研究。调查的目的是了解教师对学生核心素养和学科核心素养的认识和了解，归纳影响核心素养培养的因素。调查结果将作为制订方案的依据之一。

（3）实地观察：采取分层抽样法进行课堂实地观察，在实地观察中发现当前中学学科教学在培养核心素养中的课堂教学方式上存在的问题。

（4）行动研究：使用基于中学生核心素养的课堂教学方式进行教学，尽量采用合理、公平、多元、激励性的评价方式促进学生的学习、能力和情感的积极变化。采取不同学校同课异构的方式进行教学研究，以实践检验和完善教学方式，总结形成中学学科核心素养课堂教学的落实方式。

# 第三节　课题研究的过程与实践

本课题集中了北京市丰台区中学教育教学领域的专家，北京市丰台区语文、数学、英语、物理、化学、生物、历史、地理、政治、综合实践共 10 个学科的教研员和实验学校的教师，形成由专家指导、教研人员主导、教师实践的科研架构，建立了较为完善的组织机构，实行总课题组、子课题组、实验校三级管理，并通过总课题组例会、定期交流研讨、聘请专家指导等形式，保证课题研究的实效性。

## 一、课题研究安排

本课题研究有目的、有计划地严格按照"调查筛选—课题论证—制订方案—实践研究—交流总结—申请结题"的程序进行。研究技术路径设计如下图所示。

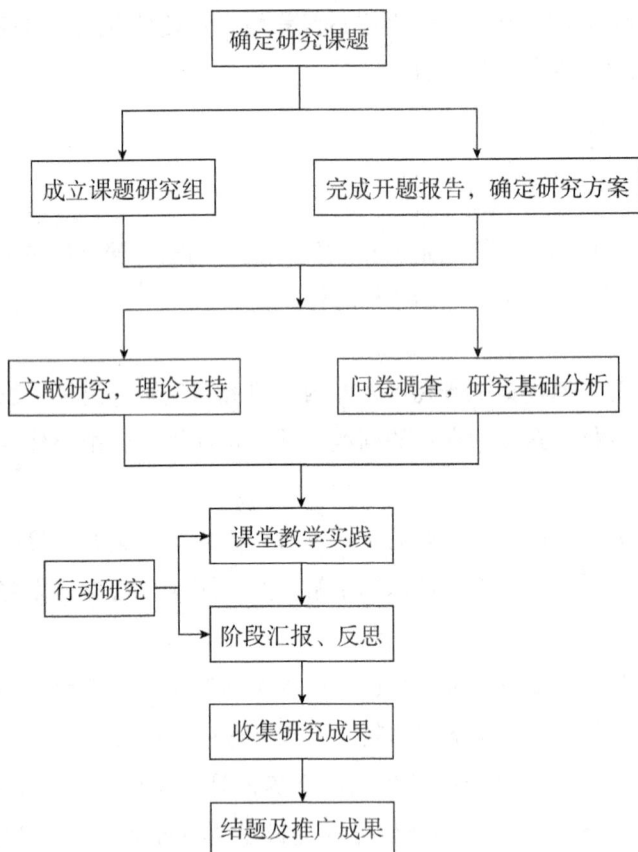

```
                    ┌──────────────┐
                    │  确定研究课题  │
                    └──────────────┘
              ┌───────────┴───────────┐
    ┌──────────────┐      ┌────────────────────────┐
    │  成立课题研究组  │      │  完成开题报告，确定研究方案  │
    └──────────────┘      └────────────────────────┘
              └───────────┬───────────┐
    ┌──────────────┐      ┌────────────────────┐
    │  文献研究，理论支持  │      │  问卷调查，研究基础分析  │
    └──────────────┘      └────────────────────┘
                                 │
                          ┌──────────────┐
                ┌────────→│  课堂教学实践  │
    ┌────────┐  │         └──────────────┘
    │ 行动研究 │──┤                │
    └────────┘  │         ┌──────────────┐
                └────────→│  阶段汇报、反思  │
                          └──────────────┘
                                 │
                          ┌──────────────┐
                          │  收集研究成果  │
                          └──────────────┘
                                 │
                          ┌──────────────┐
                          │ 结题及推广成果 │
                          └──────────────┘
```

## 二、课题研究的过程与实践

本课题主要分为 4 个研究阶段：①文献研究阶段（2016 年 4 月—2017 年 1 月）；②调查研究阶段（2017 年 1—5 月）；③教学实践阶段（2017 年 5 月—2019 年 8 月）；④反思总结、成果验收阶段（2019 年 8 月—2020 年 6 月）。

1. 文献研究阶段（2016 年 4 月—2017 年 1 月）

本阶段主要采用文献法和调查法，研究了解国内外对核心素养的研究情况，了解各个学科核心素养的研究情况。对课题研究的必要性以及课题研究的主要内容和方法进行全面深入的论证。

通过本课题的研究，语文、数学、英语、物理、化学、生物、历史、地理、政治、综合实践 10 个学科，首先从理论层面把"基于中学生核心素养的课堂教学方式改进研究"作为系统体系，对核心素养的基本内涵、九大领域、整体素养下的学科素养、学科能力与学生素质等进行了深入的研究。

通过文献研究确定了研究内容，以学习心理学中的认知论、人本主义和建构主义，以及当代教学论等理论为依据，在大量教学实践的基础上，对北京市丰台区语文、数学、英语、物理、化学、生物、历史、地理、政治、信息技术、通用技术、音乐、美术、体育各学科核心素养培养的内涵及构成、教学策略、教学评价等问题深入探讨，为教师呈现了一批以培养学生核心素养为宗旨的、有借鉴价值的教学资源。

2. 调查研究阶段（2017 年 1—5 月）

本阶段主要采用访谈研究、问卷调查研究、实地观察的研究方法，对区域内若干所学校的教师就基于核心素养改进课堂教学的现状展开问卷调查。各学科研制本学科能力现状的调查问卷，对北京市丰台区学科能力培养的现状进行调研，在 2016 年和 2018 年分别对区域内 2000 余名教师进行了问卷调查，形成语文、数学、英语、物理、化学、生物、历史、地理、政治、综合实践 10 个学科的调研报告，为进一步开展学科能力培养的研究和实践提供依据。通过调研发现当前中学学科教学在培养核心素养中的教学方式上存在的问题，为课题研究提供第一手素材。

3. 教学实践阶段（2017 年 5 月—2019 年 8 月）

在教学实践层面，课堂教学是落实核心素养的桥梁，教学方式是课堂实现目标落实的方式。课题组在专家引领下，以实验校为载体在教学互动中对"基于中学生核心素养的课堂教学方式改进研究"的课堂教学设计、教学策略与方法、学生自主学习、教学效果评价等进行系统研究，并将研究成果及时辐射全区，以期能够制定出以素质培养为宗旨、促进学科知识传授与学生核心素养培养的课堂教学互动策略与方法。

（1）专家引领，提升理论水平，以项目推进的方式深入课题研究。

在本课题的研究下，建立"促进学生学科核心素养发展的教学改进研究"项目，聘请北京师范大学专家教师参与项目的开发与实施，开展促进学生学科核心素养和关键能力发展的教学改进研究。专家深入数学、语文、英语、历史、政治、地理、物理、化学、生物9个学科子课题组，每学科针对2所实验学校，每所学校确定1个内容主题，开展"基于学生核心素养发展的教学诊断和改进研究"。

每学年在实验校课堂教学改进实施结束后，课题组各学科子课题组要面向全区教学干部与教研组长进行一次针对课堂教学存在问题与整改措施的总报告，学科专家要面向全区学科教师进行一次关于学科课堂教学存在的问题、引起这些问题的原因与整改措施的报告。在2016年9月、2017年9月、2018年9月、2019年9月分别进行了成果汇报与推广交流会。

（2）以主题研讨的方式突破课题研究的焦点问题。

以主题研讨的方式在区域内若干所初中、高中学校的课堂教学中进行基于核心素养的教学方式改进的教学实践，内容为制订基于核心素养的教学方式改进研究的指导方案，各校选择部分学科组开展案例研究，召开研讨会，推出各学科基于核心素养的教学方式改进的公开课。各学科共推出基于核心素养的教学方式改进的区级公开课100余节。

2016—2019年各年研讨主题如下：

2016年：基于核心素养的中学课堂教学方式改进研究——基于学情分析的教学；

2017年：基于核心素养的中学课堂教学方式改进研究——指向学生思维发展的教学；

2018年：基于核心素养的中学课堂教学方式改进研究——真实问题情境的创设；

2019年：基于核心素养的中学课堂教学方式改进研究——单元教学设计。

（3）定期交流，及时改进，实现课题研究的良性循环。

总课题定期在教研室范围内举办"课题研究阶段总结交流会"。在阶段总结交流会上，各子课题组从课题研究进展情况、阶段成果、后续计划、存在的问题4个方面做了充分交流，并请专家进行点评，通过交流讨论明确课题后续研究的方向、目标和具体任务。总课题组采用多种形式组织子课题组成员参与学习，就课题研究和核心素养的基本内涵和构成要素进行了学习与研究，如参加"全国优质课观摩活动""北京教育学会十三五课题交流会"等；聘请北京教育学院钟亚妮副研究员、朱立祥教授围绕"如何进行文献研究的撰写""关于核心素养的思考"等问题开展有针对性的培训活动，等等。

4. 反思总结、成果验收阶段（2019 年 8 月—2020 年 6 月）

本阶段主要是在前面三个阶段研究的基础上，对课题的研究经验与成果进行梳理与凝练，形成典型案例，物化研究成果。

（1）整理材料，撰写研究报告。

各子课题组整理在教学实践中积累的有关中学生学科能力培养的教学案例、论文、教师反思等材料，撰写子结题报告。总课题组编辑教学案例集，在此基础上撰写总课题结题报告。

（2）梳理研究成果，形成物化成果。

全面进行总结，形成《基于核心素养的中学课堂教学方式改进研究的案例》《基于核心素养的中学课堂教学方式改进的研究》两本成果集。

（3）推广研究成果，促进区域教学质量提升。

课题组多次在全区召开教学研讨会，以观摩课、研讨会等形式交流研究成果。2019 年 9 月和 11 月，课题组在全区举办"基于核心素养的中学课堂教学方式改进研究"主题教学研讨活动。初、高中学段分别在 6 所实验学校召开"基于核心素养的中学课堂教学方式改进研究"主题教学研讨活动。一共有 14 个学科不同学段的教师围绕"基于核心素养的中学课堂教学方式改进研究"这一主题，进行了研究经验分享和现场研究课的呈现。

## 第四节　课题研究的结论与对策

通过"基于中学生核心素养的课堂教学方式改进研究"课题，形成了丰台区区域教研的全学科全面推进规模，其成果主要可以归纳为三个方面：第一，厘清中学生核心素养与学科核心素养的关系，以此为根基形成区域教研全学科教学改进研究的顶层设计。第二，创新学科核心素养培养的途径和策略，基于前期的调研，针对教学实际问题提出了 5 个方面的课堂教学方式改进策略，将学科核心素养的要求细化落实到具体的课程实施中，转化为教师可具体操作的教学行为，把对学生核心素养的培养落到实处。第三，开展核心素养培养的教学效果评价。基于核心素养的教学评价由"以评促学、以评促长""以评促教""以评价提升教育质量"这三个层面构成，价值导向鲜明，目的在于以评价促进教与学的优化，达成核心素养养成的目标。

## 一、厘清中学生核心素养与学科核心素养的关系

无论是学科核心素养，还是学生核心素养，"核心素养"都是焦点所在。本课题研究的方向是"基于中学生核心素养的课堂教学方式改进"，研究的首要工作就是要追溯核心素养提出的背景，明确我国中学生核心素养的养成目标，厘清中学生核心素养与学科核心素养二者间的关系，以此为标的，做出推进课堂教学方式改进实践的顶层设计。

核心素养（Key Competencies）是当今全球化与信息化时代背景下催生的产物，最早出现在经济合作与发展组织（简称"经合组织"）和欧盟理事会的研究报告中。在此之后，核心素养之所以受到世界各国的普遍关注，根本原因在于时代发展对人的素质能力提出了全新的要求，要求学校教育能够培养出具有全球视野、多元意识、合作创新能力、积极的自我发展能力的人。因此，以培养人的关键素质和综合能力为核心，形成了各国新一轮的教育与课程改革浪潮，北京师范大学的林崇德教授提出，以经济发展为核心，致力于儿童青少年核心素养的提升，逐渐成为世界各国发展的共同主题，很多国家甚至把培养 21 世纪核心素养上升到国家战略的高度。

我国响应时代发展的要求，同样关注对核心素养的研究。随着《国家中长期教育改革和发展规划纲要（2010—2020 年)》的出台，"培养什么人"的问题鲜明地摆在了教育研究者的面前。2013 年，辛涛等学者提出了我国基础教育阶段学生核心素养的概念内涵，并指出"核心素养必须能够指导教师日常教学、促进教育评价、指引教育改革发展方向"。2014 年教育部印发《关于全面深化课程改革 落实立德树人根本任务的意见》，其中提出"学生发展核心素养"的概念。2016 年 9 月，由北京师范大学的林崇德教授带领的团队发布的《中国学生发展核心素养》中，将"学生发展核心素养"界定为"学生应具备的能够适应终身发展和社会发展需要的必备品格和关键能力"，这一素养的起始养成阶段在家庭和学校，因此成为学校教育、教师教学、课程实施必须承担的责任。2018 年 1 月，教育部发布普通高中学科课程标准（2017 版），明确提出"学科核心素养"。学生发展核心素养与学科核心素养之间的关系，恰如普通高中课程方案和语文等学科课程标准（2017 年版）所明示，各学科

均有学科核心素养，而其共同指向都是"学生通过本学科学习而逐步形成的正确价值观念、必备品格和关键能力"。也就是说，学生发展核心素养主要依靠学校教育中的各个学科课程来养成，这意味着学生要经历基础教育每一学科的学习，才能养成有持续发展力的核心素养，即每一学科的学科核心素养最终都归于学生发展核心素养，都是其中的有机组成部分。

区域教研部门的职责就在于确保学校在课程实施、课堂教学过程中贯彻落实核心素养的养成目标，所以厘清学科核心素养与学生核心素养的关系，不仅要着眼于概念界定的表层含义，更重要的是形成区域教研的共同见解，统一思想，步调一致地做好各学科教研的布局；同时，作为学校教育教学发展的合作伙伴和区域学科教学发展的引领核心，区域教研部门也要潜心研究如何在每一所学校、每一门课程、每一个学科课堂中落实核心素养的养成要求，做好全学科课堂教学方式改进实践的顶层设计。

随着学习和研究的逐步深入，对于学科核心素养、学生核心素养与教学方式的改进，我们达成了以下共识。

（1）学科核心素养的养成，落脚点在于形成学科的思维品质和关键能力。其中思维方法主要包括形象思维、逻辑思维和辩证思维。素养的形成，不是依赖于单纯的课堂教学，而是依赖于学生参与其中的教学活动；不是依赖于记忆与理解，而是依赖于感悟与思维；它应该是日积月累的、自己思考的经验的积累。学生核心素养的培养，最终要落在学科核心素养的培育上。因此，基于核心素养的教学，要求教师要抓住知识的本质，创设合适的教学情境，启发学生思考，让学生在掌握所学知识技能的同时，感悟知识的本质，积累思维和实践的经验，形成和发展核心素养。

（2）不同学科聚焦的学科素养有所不同，它需要一线教师在"核心素养—课程标准（学科素养或跨学科素养）—单元设计—学习评价"这一连串环环相扣的链环中聚焦核心素养展开运作，即需要围绕学校教育应当做、能够做的，思考学校课程所要保障的"学力"内涵，同时思考学校课程应有怎样的整体结构。

（3）具体化的教学目标一定是体现学生核心素养的教学目标，内容标准和教学建议要成为促进学生形成核心素养的保证。质量标准是学生核心素养在学业上的具体体现。

基于以上共识，课题组为学科教学改进提供了顶层设计，整体设计框架如下图所示。

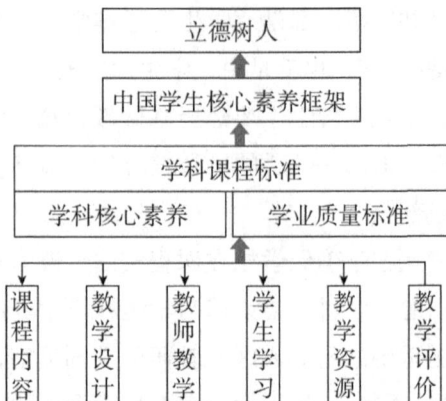

依据这一图示，本课题所进行的学科课堂教学方式的改进就不是形式层面的浅表化调整变动，而是因有内在支撑、实在操作而具备根本变革意义的实践探索。这一设计意味着本课题将在课程内容的重组、教学设计的创新、教师教与学生学方式的改变、教学资源的选择与使用、教学评价的设计与跟进等方面展开研究，而所有研究都指向于使各学科课程标准中的学科核心素养要求和学业质量标准要求落位于学科课程的实施之中，使经历这一学习过程的学生养成其发展所需要的必备品格和关键能力，从而达到立德树人的教育目的。

## 二、创新学科核心素养培养的途径和策略

学生的培养目标，终将经由课程体系和教师的日常教学来实现。核心素养是一个相对宏观上位的理论模型，将核心素养细化到课程之中，是课程设计与改革成功的重要环节。从国外的经验来看，英国、澳大利亚和芬兰等国家，虽然各自将核心素养融入课程的模式不同，但其共同之处在于，具体学科设计都是基于核心素养的模型或者框架来进行的，随着时间的不断推移和经验的积累，这些国家的课程在设计与改革过程中，不断地对核心素养的各个方面进行细化、分解和调整，将宏观上位的核心素养理念具体化，并最终与微观的学科知识紧密结合。课题组以此为借鉴，将理论层面的素养具象为教师可具体实施和教学的内容，将核心素养的培养完全融入具体的课程之中，从而把对学生核心素养的培养落到实处。

在实践研究的基础上，总课题组统领各学科子课题组探索出以下 5 个方面的课堂改进策略。

1. 以大概念、单元主题统领和整合教学内容，形成单元教学设计

传统的教学方式往往以篇、节甚至是以知识点展开，细致而具体，容易关注局部而忽视整体。由于信息技术的发展，学生更喜欢也更依赖电子设备，获取的信息

更容易碎片化，学习也变得零散和不系统。没有扎实而系统的基础，学科能力很难发展，学科核心素养也很难被培育。这就需要大概念、单元主题统领和整合教学内容，以单元为单位进行教学设计。单元教学设计兼顾整体和局部，有利于去除以往教学只见树木不见森林的弊病。此一集中凝练的教学操作，避免了知识内容的碎片化和各节课之间仅形成线形、单向度的关联，使各学段的教学内容更加优化，有利于帮助学生在学习过程中看清每节课之间立体丰富的逻辑关联，从而系统地把握所学内容。

（1）对大概念、单元整体教学的理论理解。

大概念是一种高度抽象化、形式化，兼具认识论与方法论意义，普适性极强的概念。它可以作为基础概念、重要概念的上位概念，更具有统摄性和包容性。大概念统领基础概念、重要概念的教学，有利于知识的结构化。同时在应用知识解决实际问题中，大概念可以较好地实现纵向迁移，实现理论与实践的有机结合，很好地促进知识的工具性价值的实现。

（2）大概念、单元整体教学与核心素养的关系。

教师应该"重视以学科大概念为核心，使课程内容结构化，以主题为引领，使课程内容情境化，促进学科核心素养的落实"。站在大概念或单元主题的高度去组织教学，能够帮助学生既学到具体的知识，也理解知识间的联系，掌握实践的技能，领会学科的思维方法，更能用大概念或从单元的角度整体去把握知识，发展系统的学科能力，并经过长期锻炼和实践，逐渐形成关键能力和必备品格，培育核心素养。例如在物理学中，物体由于运动而具有的能叫动能，由于发生弹性形变而具有的能叫弹性势能，由于被举高而具有的能叫重力势能，这些能的总和被称为机械能，同时自然界还存在电能、热能、光能、核能等，这些概念的上位大概念就是能量，是中学物理中几个大概念中的一个，能量综合问题也是学生在物理学习中感到难度最大的问题之一。能运用能量观点去思考和解决物理问题，思维往往非常简洁和深刻，也说明学生的思维能力和探究能力发展到了一个更高的水平。而从能量守恒的观念去观察和思考世界，则可以促进学生形成客观和理性的科学精神。

（3）大概念、单元整体教学案例及实践成效。

在总课题组的倡导要求下，各学科子课题组都做了积极的课堂方式变革实践探究。比如，语文学科组做了新课改背景下实施任务群教学和专题教学的探索，数学学科组做了为提升学生数据分析素养实施的概率统计大单元教学设计，地理学科组做了世界区域地理部分的主题整合教学，英语学科组围绕单元整体教学进行了单元学习目标分析、单元学材开发与分析、单元学习活动设计与单元学评检测等全方位的单元教学探索，等等。在研究实践的过程中，各学科不乏学科内容整合方面的创新尝试和做法，在教学内容、课堂教学方式的变革方面发出共鸣交响。

下面以地理和英语两学科的实践案例为例，对主题整合教学、单元整体教学的过程及成效进行具体说明。

**例1 地理子课题研究报告（节选）**

主题整合教学，是从学生身心发展的特点和地理教学内容出发，在学生的生活背景和情感体验的支撑下，通过遴选教学整合的主题，整合优化教学内容，开发出适合学生全面发展的课程资源，从而达到提高学生学习兴趣和学习效率的目的。这就要求教师打破原有的教材观，创造性地使用教材。

以课题"中东和欧洲西部"为例，对世界区域地理部分即《世界地理　下册》的教材进行主题整合研究（根据区域之间的差异和联系进行调整后，可以使学生更容易厘清、理顺和掌握学习区域地理的规律和方法，并在比较学习中提升自己的地理学习能力）。主题整合后，材料可从空间尺度分成三个主题：走进国家、认识地区和了解大洲。走进国家又分三个课题：走进陆上邻国——印度、俄罗斯，走进经济强国——日本、美国，走进南半球国家——澳大利亚、巴西。认识地区也分三个课题：认识富裕的地区——中东、欧洲西部，认识快速发展的地区——东南亚、撒哈拉以南非洲，认识极端恶劣的地区——极地地区。其实在对区域地理的学习中，区域知识只是作为一种重要载体出现，通过这个载体向学生传达的是地理思想和分析地理问题的方法。整合后的目录，从走进国家入手，然后认识地区，最后了解大洲。走进国家先从我国的邻国学起，通过对邻国的了解和熟悉，基本掌握了学习国家的方法，然后通过自主探究和合作学习等形式多样的学习方式，完成对其他国家的了解和掌握。用类似的方法来认识地区、了解大洲，清晰的学习线索、由浅入深的学习内容更容易被学生接受，能够更好地发挥学生的主观能动性，培养学生的地理学科素养。

【案例】首都师范大学附属丽泽中学李梦舒老师的"冬奥主题三部曲"单元教学片段

本教学单元针对八年级学业水平考试的单元复习，其定位是用已有知识的砖瓦建造新的高楼大厦。在"冬奥主题三部曲"中，"追根溯源""一探到底""身临其境"三课时的设计（如下图）就如同建造大厦的不同功能区一样，它们肩负着在复习课中基础知识的巩固、方法和过程的训练、情感态度和价值观的升华等不同的作用。

课程、教材、知识有效地优化统整，根植学科核心概念的阐释，提升地理学科能力和学科核心素养。通过下面设计意图，激发学生探究主题教学情境中的真实问题的欲望，在探究中有助于提升创新思维能力的培养，课时教学目标和单元主干知识的关联一目了然。

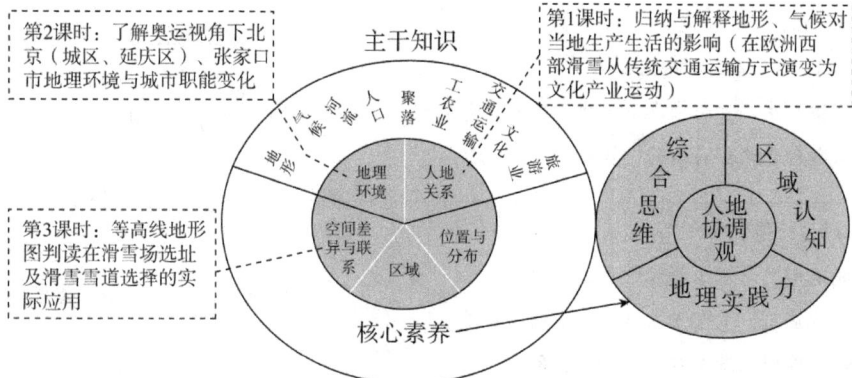

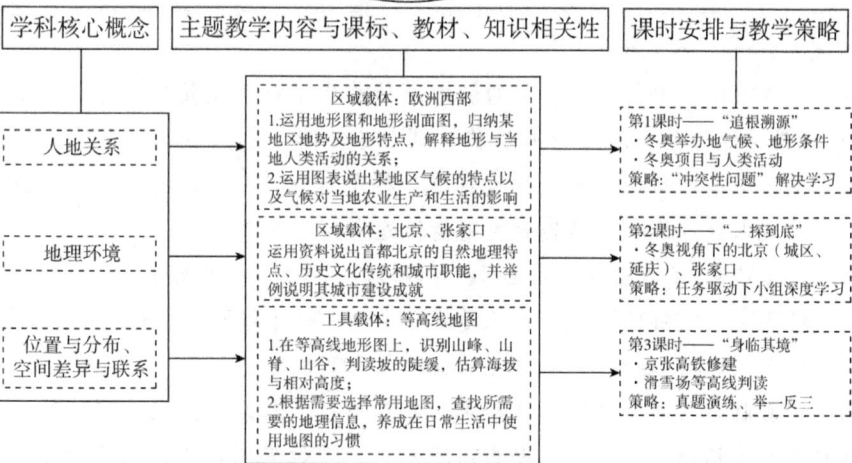

| 课时教学目标 | 单元主干知识 | 核心素养 |
|---|---|---|
| 第1课时："追根溯源" <br> 1. 归纳欧洲西部地形、气候特征对当地生产、生活的影响。 <br> 2. 渗透人地协调观。 | 位置与分布 | 区域认知 |
| 主题情境应用：①冬奥会历届举办地分布规律； <br> ②滑雪是从交通运输方式演变为体育运动的 | 要素因果关系 | 人地协调观 |

续表

| 课时教学目标 | 单元主干知识 | 核心素养 |
|---|---|---|
| 第2课时:"一探到底"<br>1. 对比冬奥视角下北京市城区、北京市延庆区、张家口市地理环境特征。<br>2. 举例说明北京城市职能变化。<br>主题情境应用:①北京冬奥会申办城市优势对比;<br>②北京冬奥会比赛场馆的"前世今生" | 地理过程与变化 | 综合思维 |
| | 区域联系与发展 | |
| 第3课时:"身临其境"<br>等高线地形图的基本判读方法。<br>主题情境应用:①京张铁路与京张高铁修建;<br>②滑雪场选址及滑雪雪道选择的实际应用 | 特征与差异 | 地理实践力 |

本设计突出以下3点:

第一,真情境,融情入境。主题教学设计构建了一个完整的情境"冬奥会三部曲",从历届奥运会举办地的分布规律,到北京冬奥会"一赛三址"的优势互补分析,最后结合等高线地形图进行滑雪赛道选择等活动,巧妙地将知识、技能、情感态度和价值观融合并围绕着冬奥的主题情境逐步深入展开。

第二,真问题,源于生活。此主题教学设计的三部曲,共设计了3个冲突性问题、6个核心探究问题,这些问题的突出特点是源于生活。所有真问题的设计,成为学习一步一步发现问题、解决问题的过程,学生收获的成就感满满。

第三,真收获,自主建构。让学生探究真问题,无论是探究地形、气候等地理要素对当地人类活动(生活)的影响,还是将地理位置图像化,或运用大量生活实例体现人类对自然环境主动适应的过程,都是基于核心概念,通过将主干知识统筹优化为单元教学主题,帮助学生自主建构知识体系,优化复习效果。

**例2 英语子课题研究报告(节选)**

单元学习目标制定的基础就是通过对单元知识结构与学生的认知结构的深度分析,建构主题意义架构的完整样态,以实现教材单元知识结构与学生认知结构的融通共生,引领学生经历语言认知的完整过程,实现英语核心素养在语言能力、思维品质、文化意识、学习能力等多层面、立体的全面发展。单元整体分析的核心任务有三:一是实现教材单元核心知识点跨课时学习的纵向联系和横向融通;二是实现教材单元知识的跨年段纵向联系与横向跨领域融通;三是实现教材年段知识的整体跨学科整合。通过单元整体分析，制定单元整体和具体课时的学习目标，为学生充分感受和把握教材的知识、方法与思想结构，夯实学习过程，拓展深度学习的认知空间，提升关键能力与必备品格，最终形成素养打下坚实基础。

【案例】中国教育科学研究院丰台实验学校王晓静老师的教学片段

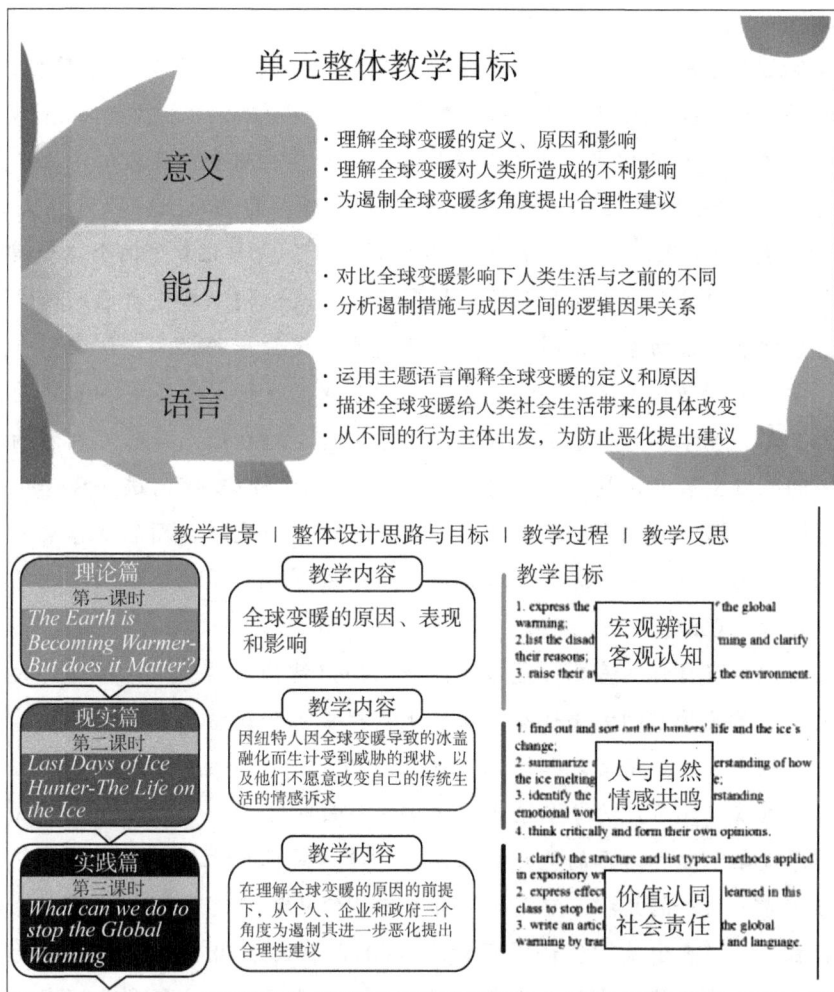

上面两幅图为中国教育科学研究院丰台实验学校王晓静老师的教学片段，通过对模块六 U4 Global Warming 单元的整体分析，教师针对主题语境"人与自然——全球变暖"，围绕着"横向延展，构建语境"和"纵向探究，完善意义"两个维度展开设计，激发学生主动探究、完善话题的积极性，形成对单元整体语境的理解和建构。从第一幅图中可看到教师从意义、能力以及语言三个层面设计单元整体目标。通过单元的学习，学生能阐述全球变暖的起因、表现和影响，复述因全球变暖而导致的冰川融化给因纽特人生活带来的具体影响。通过对遏制全球变暖的内容的学习，在了解结构、说明方法、多角度组织内容和语言借鉴的基础上完成仿写任务，从而形成人与自然和谐共处的正确价值观，实现学生对全球变暖的话题完整意义的建构，增强学生的理解、对比、分析能力，引导学生内化文本语言对真实生活场景进行个性化表达。

依据单元学习目标，整合学材内容，设计单元各课时的具体学习目标。例如，单元第一课时为人教版教材选修六第四单元主课文 The Earth is Becoming Warmer-But does it Matter？的学习，通过本课时的学习，学生对全球变暖的原因、表现和影响都有了清晰的理解。第二课时在此客观概念形成的基础上，以外刊文章 Last Days of Ice Hunter-The Life on the Ice 为学习资源，主要记叙了因全球变暖而导致的冰川融化给因纽特人的生活带来的具体影响，以及他们不希望自己的传统生活被改变的情感诉求，帮助学生深刻体会全球变暖给人类带来的影响，认识到自然与人的关系，学生被调动起了情感共鸣，使学生对全球变暖话题有了更加直观的体验和认知。第三课时在学生完成了前面两课时的学习后，对全球变暖的不利影响在形成价值认同的基础上展开，鼓励学生付诸实践，为防止全球变暖的进一步恶化而出谋划策。通过三个课时的横向延展，学生构建了对于全球变暖话题的立体意义，同时每一个课时内的相关话题的纵向深入挖掘，又帮助学生多角度、多层次地完善了对话题不同角度的理解。

制定单元学习目标的基础，是通过对单元知识结构与学生的认知结构的深度分析，建构主题意义构架的完整样态，以实现教材单元知识结构与学生认知结构的融通共生，引领学生经历语言认知的完整过程，实现英语核心素养在语言能力、思维品质、文化意识、学习能力等多层面、立体的全面发展。

优化深度单元整体学习的认知资源学材并非传统意义上的教材，而是包含教材在内的学生学习材料的总称，它是学生自主建构意义的"说明书"，也是学生学习活动的"行程表"。《普通高中英语课程标准（2017年版）》指出，英语语言能力构成英语学科核心素养的基础要素。程晓堂（2018）指出，基于主题意义探究的英语教学设计以语篇为基本学习材料，以语篇的内容和主题为中轴，辅之以聚焦语言知识学习的英语教学思路。因此，教师在围绕单元话题和主题意义探究进行分课时教学设计时，重点分析了每个文本核心内容的语言表达特点（这也是课标在"实施建议"一章中所提倡的做法），以及学生在理解语言上的难点。学材开发与分析是基于学生学习的教材理解与改造，贴近学生经验与旧知的问题引导与探究设计，更是学生建构主题意义的框架与载体。

【案例】北京市大成学校刘莹老师的教学片段

模块一 Unit 1 Lifestyle 单元属于"人与自我"主题。其主题意义在于通过展现不同的生活方式，让学生了解生活方式的多样性，激发学生对不同生活方式的思考和选择适合自己的、积极的生活方式。

1. 教材P8 Read and explore  I'm a...digital native! I'm a...go-getter!

第一个语篇介绍了英国学生 Joe 痴迷网络的生活状态，Joe 除了在网络上完成学习任务，还进行大量的娱乐、社交和购物活动。Joe 对网络的依赖与痴迷引起了父母的关注和担忧，Joe 也因此开始反思自己的生活方式。

第二个语篇介绍了高中生 Li Ying 忙碌和充实的生活状态。Li Ying 的生活以学习为中心，同时还兼顾了运动和社团活动。她有明确的目标和很强的自律能力，充分利用生活中的每一分钟实现自己的目标。但她的生活安排得过满，缺少娱乐，与朋友相处时间太少。两篇文章都使用了丰富的语言来描写学生生活，例如：do schoolwork, chat with friends, set a goal for every subject, prepare myself for my degree in science in university, be attentive in classes, think actively, be a member of a volunteering club 等；同时，清晰地表达了观点，例如：my parents are worried, there is a danger that... it's important to 等。

2. 教材P6  Topic talk

文章是一位高一新生介绍自己高中生活的独白。主要由三部分构成：第一部分介绍了新学校、新生活给她带来的感受；第二部分介绍了该感受产生的原因；第三部分讲述了她对高中生活的期待。独白中运用了丰富的语言来介绍自己的高中生活，包括 class schedules, do projects, fruitful, beautiful campus 等。

3. 外选 *I like painting*

该文是一篇记叙文，讲述作者喜爱绘画的原因、感受，自己对绘画的看法以及朋友的观点。例如：For me, it's so easy to paint. It's the most natural thing in the world to do.  It makes me very happy 等。

4. 外选 *Camp Makes Me a Better Person*

该文是一篇说明文，讲述作者参加夏令营活动的经历、感受和收获。文章篇章结构清晰，运用了丰富的语言来描述感受和收获，例如：become mentally, physically, and spiritually stronger, gain confidence, learn from your mistake and know what it feels like to be pressured 等。

5. 外选 *Why Should I Join the Math Club?*

该文描述作者在中学时参加数学社团的经历、感受、收获等。文章篇章结构清晰，学生阅读后可积累相关语言。

在这个教学片段中，刘莹老师选择了 5 个介绍不同国家学生的校园生活的语篇，学生通过阅读这 5 个语篇，能够理解不同生活方式和人生选择的特点和意义，了解同龄人多样的生活方式，发现不同生活方式的优点和不足，从而对自己的生活方式进行反思，树立积极的人生观、价值观，探索自己的生活方式和人生方向。5 个语篇结构清晰，语言丰富，在阅读过程中，引导学生关注段落内容、段落结构，培养学生的逻辑思维，为写作做铺垫。引导学生阅读完文章时要进行主题语境语言的积累，为后续的写作提供充足的语言支持。

学生的学习过程是复杂的，教师的教学过程也是复杂的。如何让学生的学习过程与教师的教学过程步调一致、深度融合？这需要教师从学习理解、实践应用、迁移创新的深度学习活动出发，搭建深度学习的认知路径。学程设计要注意单元目标的整体性与课时目标的层次性，才能实现单元整体设计的具体和统一。

单元整体教学设计需要解决"为什么教、教什么、怎么教、教得如何"这 4 个方面的问题。而基于深度主题意义建构学习的教学设计，不仅要解决这 4 个方面的问题，还要从深度学习理论出发，对这四个方面的问题进行重新思考与再设定。

（4）关于大概念、单元整体教学的评析与反思。

从上面几个案例可以看出，以主题进行相关教学内容的整合，打破了教材原有的结构和顺序。比如地理学科以北京冬奥会这个极具时代性的大事件为主题，统领多个模块中的相关知识，使得静态知识有机组合起来成为解决实际问题的动态知识系统。运用所学地理知识认识北京冬奥会的选址、交通、场馆建设等实际问题，深入理解北京冬奥会对北京城市发展、中国影响力提升带来的重要作用，体现中学生以学习的方式关心和参加北京冬奥会的实际行动。这不仅有利于学生知识体系的建构，发展学生的地理实践能力，培养学生的人地协调观念，也有利于激发学生对北京、对国家积极的情感，增强学生的民族自豪感和国家认同感。

单元教学设计就是从一章或者一单元的角度出发，根据章节或单元中不同知识点的需要，综合利用各种教学形式和教学策略，通过一个阶段的学习，让学习者完成对一个相对完整的知识单元的学习。钟启泉教授谈了单元设计的基本思路：由"三设问"（到哪里去？怎样实现目标？怎样才算实现了目标？）引出单元设计的"三重心"（目标的设计、方法的设计、评价的设计）。单元整体教学设计需要解决"为什么教、教什么、怎么教、教得如何"这 4 个方面的问题，即单元教学目标、单元教学内容、单元教学方法、单元教学评价。

上述案例还表明，单元教学设计的一般逻辑可以表现为：围绕学科核心素养设计单元教学目标，根据单元教学目标精选教学内容，根据教学内容的特点选择合适的教学方法、设计多样的学习实践活动，从单元教学目标实现的角度去设计可行的单元教学评价。

通过大量教学实践可以看出，以大概念、单元主题统领和整合教学内容，以单元进行教学设计，有利于学生整体理解学科课程，准确掌握知识结构；有利于学生的基础概念向上位概念生长，形成稳定的学科观念；有利于学生在解决具体问题中进行归纳和演绎，进行横向和纵向的迁移，使其思维能力由单点结构向多点结构、关联结构等高阶思维发展；有利于学生对问题的整体把握和系统思考，进而促进学生的方法论、价值观等核心素养的形成。

2. 真实情境下的问题解决

养成学生的核心素养，要求教师不能仅仅考虑所教的知识内容，更要把握学习的过程。从设计教学之初，教师就要充分考虑学生的学，整个教学过程都要引发、带动学生的深度参与，使其在以解决学科问题为核心的思维活动中不断有所感悟、有所发现。课题组所提出的"真实情境下的问题解决"正是这样一种符合核心素养养成学习观的教学策略。

（1）情境化学习的理论来源。

最早强调情境的教学作用的是杜威，他在《我们怎样思维》中将实际的经验情境作为学习的起始。杜威认为，经验产生于人与情境的互动，学生的学习思考是通过实际情境激发的。他提出"情境—问题—假设—推理—验证"五步教学："第一，学生要有一个真实的经验的情境——要有一个对活动本身感兴趣的连续的活动；第二，在这个情境内部要产生一个真实的问题，作为思维的刺激物；第三，他要占有知识资料，从事必要的观察，对付这个问题；第四，他必须负责有条不紊地展开他所想出的解决问题的办法；第五，他要有需要且有机会通过应用检验他的观念，使这些观念意义明确，并且让他自己发现它们是否有效。"

核心素养导向下的教学，强调学生的主动探究和主动建构，而探究与建构都来自情境的引导，"每一个科学问题都是特殊情境的产物。提问方式及问题的指向来自情境""困惑和问题不是出自纯粹的智力思考，而是出自在处理情境和成功处理事务时所经历的困难"。

（2）情境化学习与核心素养的关系。

学生核心素养中的学科素养养成标志，就是他们能以学科知识、能力、方法为依托，逐步解决复杂的现实和未来问题，而解决问题需要调动和运用已有知识技能，而已有知识技能的调动与运用，需要真实情境中实际问题的激发。通过带有明确学习指向的真实情境设置，帮助学生探索世界而不是证明真理。这就打破了传统讲授式课堂封闭、单向和稳定的知识传递路径，为学生构建起开放、多元的学习环境，使知识在情境中鲜活生动起来，从学习主体的认知特点出发，帮助学生在真实情境问题解决的体验中获得知识概念的建构过程，这有利于将单一的知识学习转化为对学科思想的理解内化，在独立思考、自由探索的空间中发挥学生的创新能力。

（3）真实情境下的问题解决教学案例及实践成效。

在课题推进的过程中，多个学科都通过设置生活性、学科性、学术性、社会性等多样化的情境引导学生在课堂学习中运用知识技能解决问题。比如历史学科，以美国的一份新闻材料作为情境引入，引导学生运用所学的 1787 年美国宪法中联邦制原则、分权制衡原则、民主原则进行新闻解读，在历史和现实之间搭建桥梁的过程中理解"北美大陆的新体制"这一学习内容。生物学科则用中国宇航员第一次在太空舱内栽培蔬菜这一情境，通过在太空中失重、无光、无水的环境装置设计的问题，引导学生验证光合作用的条件，启发学生从特殊到一般进行归纳总结，寻找进行实验探究的过程和方法，运用科学探究的一般方法解决实际问题。还有化学、数学、政治等学科也都联系现实生活，依循"创设问题情境—倡导合作探究—实现情感体验"的教学流程，借助声、像、图、文并茂的教学情境，进行富有创新性的课堂教学设计与实施。

下面即摘取政治学科的 5 个教学片段，呈现真实情境下问题解决的教学实施类型和成效。

**例 3　政治子课题研究报告（节选）**

策略一：创设导入情境，激发学习兴趣。

情境导入的主要目的是激发学生产生浓厚的学习兴趣和强烈的求知欲望。通过创设导入情境，能够激活学生思维，较快地将学生引入课堂学习中。

【案例】九年级上册《参与民主生活》教学片段

> 教师：老师今天给同学们带来了一份神秘的礼物，你们能猜到是什么吗？是一封信（分发信件），是《北京市生活垃圾管理条例修正案（草案送审稿）》。很多同学疑惑了，为什么要带给大家这封信？这封信和我们有什么关系呢？今天我们就通过这封信来探讨公民参与民主生活的问题。

教师以带给学生一份神秘礼物的方式创设轻松、愉悦的导入情境，激发学生兴趣，调动学生情绪，收获了较好的效果。

【案例】七年级上册《活出生命的精彩》教学片段

> 导入：教师配乐朗诵清代诗人袁枚的《苔》："白日不到处，青春恰自来。苔花如米小，也学牡丹开。"
>
> 提出问题：有没有同学知道这首诗表达了什么意思？（教师出示苔藓的图片）大家见过苔藓吗？
>
> 教师过渡：小小的苔花在自己所处的角落坚强地绽放自己的生命，我们又如何绽放自己生命的精彩呢？今天我们就来一起探究《活出生命的精彩》这个话题。

教师通过富有感情的配乐朗诵创设了温馨、高雅的意境，烘托氛围，能够较快地将学生带入所创设的氛围中去思考、交流。

策略二：优化生活情境，优化教学资源。

生活情境既包括学生身边的生活，又包括社会生活、国家重大时政等。展现生活情境的方式多种多样，需要教师具备灵活处理素材的能力，不能直接搬运新闻素材，毫无加工地呈现给学生，这样的生活情境缺少取舍和处理，必然无法引起学生的广泛共鸣和深入思考。

【案例】七年级上册《活出生命的精彩》教学片段

> 过渡：我想我们每个人也都感受过来自他人的关爱和帮助。比如老师去年冬天感冒发烧的时候……（教师讲述自己身边的同事对自己的关切）。
>
> 合作交流：学生说一说自己身边最美的人。
>
> 小结：希望我们都能成为别人身边最美的人，用真诚、热心给予他人关切，消融冷漠，共同营造互信友善、充满关爱的社会氛围。

教师通过讲述自己生病时同事对自己的关怀、帮助，伴随着情感抒发，创设良好的氛围，引导学生自由地表达自己的观点。

【案例】九年级上册《参与民主生活》教学片段

> 教师：现在，同学们一定期待我们的建议可以被政府看到，那么请打开手机，通过政府网站的政民互动板块，向政府表达你们对草案的看法吧。
>
> 教师指导学生登录北京市政府网站，现场提建议。
>
> 教师：第三组同学马上就成功了，他们提的建议是"我们支持减少使用一次性用品，希望国家能支持对一次性用品的改良"。同学们能够立场正确、逻辑清晰地表达自己的观点，这也是我们参与民主生活的要求。你们组谁来点击"提交"键？
>
> 学生点击提交。

> 教师：我来采访下，此时此刻你的心情是怎样的？
>
> 学生1：提交的那一刻，有点紧张，现在有点激动，没有想到我也可以给政府提建议。
>
> 教师：老师也有点激动，那么让我们一起铭记这个日子吧。
>
> 学生2：我觉得很自豪、很神圣，我们只是一个学生，居然可以参与到国家修订条例这样的大事中。
>
> 教师：是呀，其实民主就在我们身边。参与民主生活，是我们的权利，从一定意义上说，也是我们对国家、对社会的一份义务。从今天开始，我们一起多多参与民主生活吧！

教师通过创设在政府网站上提建议的情境，引导学生在活动情境中亲身体验民主，参与民主生活，进一步提升了学生对社会主义民主的理解和认同，达成了目标，培育了学科素养。

策略三：精练问题情境，启发思维活动。

《普通高中思想政治课程标准（2017年版）》提出"尊重学生身心发展规律，改进教学方式"的要求，明确指出"要通过问题情境的创设和社会实践活动的参与，促进学生转变学习方式，在合作学习和探究学习的过程中，培养创新精神，提高实践能力"。这里所说的问题情境的创设，既是教师改进教学方式的重要落点，也是学生转变学习方式的重要手段。

【案例】九年级上册《凝聚法治共识》教学片段

> PPT出示《北京市非机动车管理条例》的规定。
>
> 过渡：同学们，你们知道丰台区可以去哪个政府部门办理电动自行车牌照吗？需要准备哪些材料？课前，老师针对电动自行车上牌的情况对咱们学校的学生和家长进行了调查。请负责数据分析的同学上台给大家展示数据分析结果。
>
> 问卷问题：
>
> 问题一：您知道电动自行车从2018年11月1日起需办理牌照，2019年5月1日起需要有牌上路吗？
>
> 问题二：您知道丰台区有哪些可以给电动自行车上牌照的站点吗？
>
> 问题三：您知道电动自行车上牌需要准备哪些材料吗？请举出两点。

> 学生展示之后，总结。
>
> 总结：通过这位同学的介绍，大家会发现，咱们学校的同学和家长不清楚如何给电动自行车上牌照的情况还是比较普遍的。
>
> 提问：北京市为什么要实施给电动自行车上牌的政策？
>
> 总结：大部分同学都提到了电动自行车不遵守交通规则，甚至引发严重交通事故的情况。下面我们通过一段视频进行具体了解。
>
> PPT展示《法治进行时》节目对于北京市电动自行车使用情况的报道视频。
>
> 总结：电动车自行车车主不守交规、横冲直撞给社会带来了极大的安全隐患，给公民的生命和财产安全埋下了隐患。政府需要实施对电动自行车使用的管理，以规范社会秩序。我们应该做守法公民，按规定给电动自行车登记上牌照。

教师通过如何给电动自行车上牌照的问题，层层递进，步步引导，使学生通过对贴近自身生活的真实事例的思考和交流，提升对政府管理、规范社会秩序的认同。

（4）真实情境下的问题解决教学策略评析与反思。

从政治学科的案例中可以看出，上述几种情境的创设是密不可分的，它们有机地统一在整个情境教学之中。

还要特别指出的是，情境教学在理论上和实践上都十分明确地肯定情境设置的必要性，而且情境设置要以教材为依据，并以达成教学的要求为目标。虽然创设的情境千变万化，但不能脱离教材确定的重、难点，情境是为内容服务、为教学目标服务的，情境中的资源背景不是教学的主体部分，教师的活动设计应围绕教学的重、难点展开。

当然，在具体的教学实施中，教师还面临着不少困难，比如资源素材匮乏，找不到合适的情境或实际问题，不能将实际问题转化为学科问题等，这也给区域教研提出了更高的要求，要求学科教研员时刻保持学科敏感性，勤于收集日常生活中与核心素养养成相关的素材和情境，丰富教师的备课资源；将有价值的素材、情境用于基于核心素养的课堂教学之中，组织研讨课、观摩课，加强教师以情境引导问题解决的教学意识。

3. 以项目式学习培养学生的核心素养

随着基础教育课程改革的推进，项目式学习越来越受到关注。课题组在研究中也关注到这一教育实践的热潮，并以理论学习为先导，在一些学科中率先展开了用项目式学习的方式促成核心素养养成的探索尝试。从目前所取得的实践效果来看，关于项目式学习的学科教学推进值得进一步持续深入地研究。

（1）对"项目式学习"特质的理论认识。

为了了解项目式学习的内涵和教育实践运用，课题组首先组织了关于项目式学习的学术研讨会。通过集中阅读文献和聆听专家学术报告，课题组成员了解到项目式学习受到关注的原因和教育价值：项目式学习"注重帮助学生解决真实世界中复杂的、非常规的且具有挑战性的问题，培养学习者沟通合作、批判创新的高阶认知能力和工作方式"，作为一种学习方式，它的本质主要体现在"必须有目标、有计划、有评价，强调学习者的中心地位"，同时其项目特质又体现在"真实的情境性、系统思维和产品导向"。项目式学习因此而深刻影响了世界各国的课堂教学、课程改革，在当下成为传统课堂教学的重要补充。在具体的教学实施中，要注意保持项目式学习的完成过程形态，不能将其混同于综合实践活动、基于问题的学习以及主题式教学。"项目式学习的特点是从一个需要解决的问题开始，以产品的形式结束，此过程包括学习目标、真实或接近真实的问题情境、学生的自主权、社会及专业人士资源、学习共同体的创建及评价六大核心要素。贯穿项目式学习教与学过程始终的特征是生成和体验。"

（2）项目式学习与核心素养的关系。

从项目式学习的特质来看，这种学习方式本身就构建了一个完整、系统的模式，进入这一学习模式的学生必须根据问题解决的实际需求来主动学习，而学习的每一环节都是问题导向、目标明确的。学习活动的探究、学习资源的取得、学习共同体的创建都与现实生活的实际需要相融合、相一致，让学以致用的"学"和"用"自始至终都融于一体。在亲身调研、查找文献、收集资料、分析研究、制作成品的过程中，学生能够体验到自身的学科素养和关键能力如何不断增长，而依靠这些品格、能力，学生能够最终完成一个眼见为实的作品成果，这就是知识意义自主建构的过程，是素养养成的过程。项目式学习的复杂性和真实性在增加学生学习经验的同时，也增加着他们的生活经验。

（3）项目式学习教学案例及实践成效。

鉴于项目式学习设计的系统性和复杂性，课题组只在课程标准提出了明确要求、有实施条件的学科中开展了这一实践探索，目前开展得较为顺利、成果比较显著的是语文和化学两个学科子课题组。

在语文课堂中实施高中语文任务群学习，是《普通高中语文课程标准（2017年版）》提出的重要理念。高中语文学习的18个任务群均由若干学习项目组成，从语文的特点和高中生学习语文的规律出发，以语文学科核心素养为纲，以学生的语文实践为主线，进行设计。语文学习任务群以学习任务为导向，以学习项目为载体，整合学习情境、学习内容、学习方法和学习资源，引导学生在语言学习的过程中提升语文素养。与高中语文同时展开探索的还有初中语文，比如七年级设计实施的"申遗，我们在行动——身边的文化遗产"项目式学习，以申遗活动的形式展示研究成果，并通过模拟答辩进行深化交流，简要向同学们反馈文化遗产的推荐与评选情况，最终的项目成果是完成北京市级文化遗产"绢人"的申遗推荐和模拟评选。

化学学科子课题组将项目式学习本土化，与化学学科教学有机融合，根据各实验校特色，完成了一系列项目式学习教学实践。下面摘录化学学科的实践案例做一呈现。

**例4 化学子课题研究报告（节选）**

我们认为，在高学段，在面临中、高考的情况下，我们要基于课程标准，学业质量标准，学生的已有知识、能力和经验来设计项目主题，项目要能承载学科的核心思想方法、核心知识和技能等。项目可以来源于社会性议题，或者是学生身边的需要解决的实际问题等，应该是真实的有意义的、学生感兴趣的、能操作的、能实施的。项目的主要框架如下图所示，主要包括设计项目主题、梳理项目逻辑、确定学习目标和难点、设计学生活动、规划项目成果。这6个环节是一个有机的整体，彼此紧密关联。例如，在设计项目主题时，我们就必须考虑它能否承载课程标准中规定的学习内容，达到课程标准中要求的水平，同时还能满足适应中考的需要。

项目框架

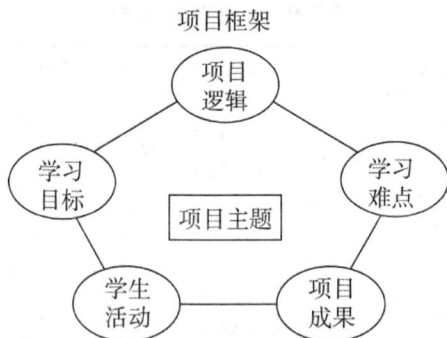

各年级的实验校结合本学校的特色分别确定了项目主题并完整实施。例如，北京市丰台区第二中学小屯校区选定了"土壤的改良"项目，因为他们每个班级有一块自留地，学生有实践的机会。清华大学附属中学丰台学校选定社会性议题"低碳行动"项目，作为美术特色校，学校想把项目成果与学生的特长建立联系。北京教育学院附属丰台实验学校分校结合学生在学习过程中反映出的问题，选定实施"从海水中获得餐桌上的食盐"项目。北京大成学校结合每年由学校出资毕业生送老师一份贴心毕业礼的传统，选定实施"合理使用金属保温杯"项目。在走进课堂之前，老师必须先对项目有一个整体的理解，形成项目框架。

**"土壤的改良"项目框架**

| 项目逻辑 | 学习目标 | 学习难点 | 学生活动 | 项目成果 |
|---|---|---|---|---|
| 如何表征土壤的酸碱性 | 会用 pH 试纸和酸碱指示剂检验溶液的酸碱性 | 溶液酸碱性的定性、定量表征 | 实验探究（测量溶液、土壤的酸碱性，自制酸碱指示剂） | 测得班级菜园土壤的酸碱性 |
| 土壤的酸碱性会影响植物生长吗 | 知道土壤的酸碱性对农作物生长的影响 | 控制变量思想在实验设计中的应用 | 实验探究（溶液酸碱性对绿豆生长的影响） | 找到适合班级菜园生长的农作物 |
| 如何改良土壤的酸碱性 | 认识酸碱的主要性质 | 证明无明显现象的化学反应的发生 | 实验探究，调查分析 | 知道了如何改良土壤的酸碱性 |
| 如何增加土壤的肥力 | 了解常见盐、化肥的名称和作用，认识复分解反应 | 从化学的视角解释化肥的合理施用 | 查阅资料，实验探究 | 能合理施用化肥 |
| | | | | "规划班级菜园，养好盆栽"长程作业 |

**"低碳行动"项目框架**

| 项目逻辑 | 学习目标 | 学习难点 | 学生活动 | 项目成果 |
|---|---|---|---|---|
| 周围环境中 $CO_2$ 的含量是多少 | 认识定量测定混合气体中某气体含量的一般方法 | 利用 $CO_2$ 与碱液的反应原理设计实验装置 | 设计实验装置、用传感器测定周围环境中 $CO_2$ 的含量 | 确定测定 $CO_2$ 含量的实验方案，了解环境中 $CO_2$ 含量 |
| $CO_2$ 是怎么产生的 | 认识产生 $CO_2$ 的方法及反应 | 基于元素观和转化观认识产生 $CO_2$ 的途径 | 自主梳理产生 $CO_2$ 的方法，小组讨论，查阅资料，展示交流 | 了解家校生活中产生 $CO_2$ 的行为及原理 |
| 如何降低空气中 $CO_2$ 的含量 | 掌握 $CO_2$ 的主要性质和用途，构建含碳物质的转化关系 | 运用化学知识分析解决实际问题 | 自主思考吸收 $CO_2$ 的方法，小组讨论，查阅资料，展示交流 | 了解自然界、实验室、工业中转化 $CO_2$ 的方法及原理 |
| | | | | 制定班级低碳公约和 Logo，走进社区进行宣传 |

**"从海水中获得餐桌上的食盐"项目框架**

| 项目逻辑 | 学习目标 | 学习难点 | 学生活动 | 项目成果 |
|---|---|---|---|---|
| 如何从海水中得到粗盐，粗盐中有哪些物质 | 复习溶液的组成、分离混合物的方法 | 分离、提纯思路方法的建立 | 思考、讨论、汇报交流 | 确定从海水中得到粗盐的方案，知道粗盐中含可溶性杂质 |
| 如何从模拟海水中尽可能多地得到较纯的氯化钠产品 | 综合应用溶解度、饱和溶液、结晶、复分解反应等知识，变式应用物质的鉴别和提纯思路 | 设计并评价从模拟海水中尽可能多地得到氯化钠并检验纯度的方案 | 设计方案，汇报交流，评价优化，实验探究 | 从模拟海水中得到较纯的氯化钠产品 |
| 如何得到加钙盐 | 创新应用溶液知识，解决实际问题 | 利用化学式、溶液浓度的有关计算确定一定量食盐中加入含钙物质的质量 | 思考、讨论、计算、实验 | 从模拟海水中得到餐桌上的加钙食盐 |

**"合理使用金属保温杯"项目框架**

| 项目逻辑 | 学习目标 | 学习难点 | 学生活动 | 项目成果 |
|---|---|---|---|---|
| 调查发现金属保温杯使用中的常见问题 | 了解如何正确地使用保温杯 | 从化学视角分析保温杯使用中存在的问题 | 设计"合理使用金属保温杯"公益宣传活动 | 明确宣传内容及所需的金属知识 |
| 认识金属制品 | 了解金属的分类，物理性质的共性和差异性 | 关注物质的化学成分，初步形成观察物质的化学视角 | 观察和实验，总结金属物理性质的共性和差异性，感受金属和合金物理性质的差异 | 了解金属保温杯的功能特征、成分及其含量 |

续表

| 项目逻辑 | 学习目标 | 学习难点 | 学习活动 | 项目成果 |
|---|---|---|---|---|
| 金属制品的性能 | 实验探究了解金属化学性质的共性和差异性 | 认识并应用金属活动性顺序表，提升学生的设计实验能力和动手能力 | 提出假设并设计实验探究，总结金属的化学性质 | 根据金属的性质，结合金属保温杯的成分，对金属保温杯的合理使用提出建议 |
| 金属制品的腐蚀、制法和回收 | 铁生锈的条件及防腐措施，金属制备及回收的方法 | 发展学生运用控制变量思想进行实验再设计的能力 | 实验分析，提出铁生锈条件的猜想，设计并完成实验。查阅资料，了解铁的制备和回收 | 对金属保温杯的制备和回收提出合理化的建议 |
| 为金属保温杯的合理使用献计献策 | 应用已学知识，完成小组宣传活动设计方案 | 应用化学知识支撑海报内容及宣传过程 | 完成小组宣传活动设计，为宣传活动做好准备 | 宣传活动前期准备及校内模拟宣传、进社区宣传 |

　　教师引导学生自主建构项目逻辑，学习目标能够满足课程标准、学业质量标准对于该部分教学内容的要求，学习活动主要采用小组合作的方式，以实验探究、查阅资料、调查分析、交流汇报为主，充分体现学生的主体性，有效地突破了学习难点。项目成果使学生充分体会了化学学科的有趣、有用，感受到了化学的学科魅力和应用价值。

　　（4）项目式学习的评析与反思。

　　从上述两个学科的案例中可以看出，项目式学习的突出成效是迅速帮助学生进入主动学习的状态。以往课程资源几乎都由教师直接提供，学生被动接受，而项目的任务设置推动引导学生关注身边的文化与生活，根据项目需求自主开发新的课程资源，这就拓宽了学科学习和运用的领域，也改变了接受式学习的单一性，提高了学生的学科实践能力和探究能力，充分凸显了学生的主体地位，实现了教学方式和学习方式的转变。

　　项目式学习的另一价值就在于实现了学习活动的跨学科展开。比如，语文学科项目式学习，有时就要求学生在语文学科和美术学科的交叉、渗透和整合中开阔视野；化学学科项目式学习也时有化学学科和生物学科的碰撞。

4. 指向高阶思维能力的深度学习

"深度学习"先是在人工智能领域提出，后扩展到基础教育领域，它的关键在于强调学习的深度，因"针对当前中小学课堂教学中存在的形式化、浅表化、碎片化、机械训练等问题"而受到注目。总课题组倡导各学科子课题组将深度学习的理念融合于日常教学和教研之中，进行了有实践改进意义的探索。

（1）关于深度学习的理论理解。

深度学习"将教学改进的目标指向发展学生的核心素养，指向增进学生的深度理解、实践应用和创造性解决问题的能力的提升"，是培养学生高阶思维能力的路径。深度学习之"深度"导向"知识的深度建构、思维的深度建构、能力的深度建构和人的发展的深度建构"，"以科学的建构策略和学习方式为支撑，致力于深度参与，最终使学生的高阶思维、关键能力以及情感、态度与价值观等实现深度发展"。

（2）深度学习与核心素养的关系。

过去以知识、技能、考试为导向的教学，造成浅层学习现象的流泛，知识概念的机械化记背、知其然而不知其所以然的肤浅，使得知识强行堆叠在学生身上，无法生成有意义的联结；问答、演示、角色扮演等看似热闹的活动，却因内涵的缺位而无法触及学习内容的内在本质。"深度学习"的提出，恰是呼应了新课标的要求，针对以往的浅表化学习，强调引领学生对课程内容的深化理解和学习过程的深度参与。

（3）指向高阶思维能力的深度学习案例及实践成效。

指向高阶思维能力的深度学习不是一个独立的教学策略，而是渗透在各种教学方式、贯穿于整个教学过程中的一种教学意识。因此，在各个学科富于思想性和创新性的教学设计与实施中，深度学习无处不在。比如，政治学科《文化的多样性与文化传播》一课，教师设置了问题："如何让中国剪纸艺术走出国门？有两种不同观点，你支持哪一种？为什么？"学生在已有的认识基础上，继续思考，畅所欲言，并在"辩"的过程中不断修正自己的观点，由表及"理"达到理性认识；英语学科从设计立体化的学习活动和解决现实生活中的问题的主题意义探究两方面开展深度学习的实践，用专业的语言多角度分析、多思路解决问题，帮助学生经历学习理解、实践应用、迁移创新三个层次，实现语言与思维的融通发展；生物学科《化毒为药——神经调节的复习》一课，以蛇毒中的神经毒素为讨论对象，分析其对神经系统的作用机理，并进一步讨论"化毒为药"，在讨论中，将神经调节相关知识的复习融入其中，巩固了原有知识并进行深度应用，以有学生思维参与的深度学习落实科学思维和科学探究。

下面以地理学科的教学案例为例，呈现学科教学中指向高阶思维能力的深度学习的设计和实施成效。

**例5　地理子课题研究报告（节选）**

相较于以往的浅层学习，目前的教学较侧重于开展深度学习，强调课程中学生的积极、有效、深度参与。本选题主要选取教师在深度参与的教学活动方面的创新尝试和做法。

【案例】北京市第十二中学刘志琰老师的《冷热不均引起的大气运动》中的问题解决阐述

> 课前作业和引课：结合作业牵引探究。教师将生活体验与地理新概念学习有机融合，在课前布置"做追风的少年，发现风的踪迹"的作业，学生们假期用心观察、用心体验、用心思考，用视频、照片和诗词等形式，记录和分析自己所发现的风。教师将学生提交的作业进行甄别、筛选和分类，形成鲜活的教学素材。引课中，结合学生作业，引导学生思考、归纳，从而水到渠成地习得地理概念——热力环流。
>
> 环节一：依托实验，探索比较，理解地理原理。教师展示学生根据教材实验所做的热力环流实验视频，学生们自行筹备器材，大胆尝试，在操作过程中发现事实与猜想不完全相符，于是反复调整实验步骤，更换实验器材，在一次次的实验过程中，观察现象，思考成因，发现规律，生成疑点，提升了地理实践力。
>
> 环节二：调动经验，寻找新知，对比分析原理具象。调动学生已有的知识经验来寻找获取新知识的突破口。引导学生对比分析"海陆风""山谷风""城郊风"，将抽象的地理原理分类具象化。
>
> 环节三：认识问题、发现问题、提出问题和解决问题，沟通表达，提升素养。让学生在认识问题、发现问题、提出问题和解决问题的过程中，完成认识的推进和知识的建构。通过展示学生的追风记录，让学生发现哪些风与热力环流有关，并归类分析，沟通交流，合作表达，结合校园旗帜的飘扬方向，分析北京气候与海陆间热力环流的关系，进一步学以致用。
>
> 环节四：传统文化引入课堂，建构情境、探索比较，发现局限、深入本质。设计意图：通过学生在古诗词中寻找的"追风元素"建构情境，结合原理分析比较在古人的诗词歌赋中东、西、南、北风的寓意与科学道理，将语文与信息技术学科整合。在超越学科边界的过程中，探索比较，将思维活动引向深入，引向本质，培养地理综合思维，促进学生深度参与课堂学习，有利于促进学生的可持续地理学习。

该课注重给学生探索的机会，让学生基于生活体验，在观察、比较和发展的基础上主动建构地理知识，达成深度学习，培养地理学科核心素养。

（4）指向高阶思维能力的深度学习评析与反思。

从上述地理学科案例可以看出，地理学科的学习不仅是简单的知识增长过程，还是丰富学生精神世界的过程。其实不仅仅是地理学科，当各个学科的教师和学生根据不同的情境自主构建教学活动时，都能够唤醒生命意识，激发生命潜能，增强生命活力，提升生命质量，让每位学生都能自由而充分地实现自己的生命价值。教育家叶澜说"教育是直面人的生命，通过人的生命，为了人的生命质量的提高而进行的社会活动"，只有经由深度学习才能深耕课堂教学，精细化地实现素养养成的育人目标。

5. 学生主动参与的学科实践活动

教学实践活动对于学生世界观的培养，道德品质的熏陶，知识领域的扩展和关键能力、创新精神的培养，有着不可替代的作用。同时，要培养学生的核心素养，就要尊重学生的主体地位，引导他们养成自主学习的习惯。学科实践活动是促使学生萌发学习热情，进而培养他们核心素养的重要途径。

（1）开展学科实践活动的价值认识。

人类普遍存在着三类实践样式：认知性实践、工具性实践、交往性实践。教学实践的空间虽然狭小，但它不是一种孤立的实践，包含多种实践特质，是高于某一单一实践的实践，更是具有崇高价值追求的主体性实践。价值视野下的教学实践，会在看到教学的智力发展功能时，还看到它的全人发展功能；价值统领下的教学实践，建构的不仅是一种新型的教学关系，还是一种具有生命意义的活动方式。教学实践成为一种主动的价值实践，实现的是教学活动与教学规律的接轨，教学内容与人的生活的接轨，教学方式与人的应有发展方式的接轨。

（2）学科实践活动与核心素养的关系。

核心素养的概念应运而生，其主要强调的就是对于新时代背景下的学生进行正确的引导教育。将核心素养的概念运用到学科教学实践活动中，引导学生能够对所学学科有正确的认识，从而让学生更好地理解学科本质，提升学生的学科学习能力。所以学科教学实践活动应该是一个开放的系统，教师要基于核心素养设计并实施多样化的实践活动，营造学生主动参与的氛围。通过教学实践活动，可有效激发学生的创造意识，活跃学生的创造性思维，培养学生的核心素养。

（3）学科实践活动案例及实践成效。

在深入研究学科能力内涵的过程中，我们依据各学科课程标准对学科教学实践活动的界定，紧紧把握学科特点，进一步思考与开发各学科的实践活动领域与特色，通过各学科教学实践活动的设计和实施，深入研究基于核心素养的学科教学实践活动的设计与开发。例如：数学组开发"数学综合实践案例开发"课程，通过案例开发提升教师对核心素养的理解，改变过去以学科知识体系为主的单一课程结构，强调将实践活动作为课程的加强内容。

为了提升一线教师的教学实践活动的开发与设计能力，课题组与北京教育学院合作开发"教师实践拓展培训活动"项目。主要在以下方面对一线教师进行指导与培训。

①拓展性实践活动：参观与历史、政治、生物、化学、地理、物理、实践活动等 7 个学科相关的场馆、公园基地等，聘请专门的实践培训专家完成。

例如：生物学科带领教师实地探究植物园、面包厂等场所；物理学科带领教师探究航天基地；地理学科带领教师去观察北京郊区各类地貌；化学学科带领教师探寻制酒厂等。

②实践类课程体验与培训：结合教育改革及课程改革需要，完成教师集中培训，提升他们实践课程的执行力。

③历史、政治、生物、化学、地理、物理、实践活动等学科已完成对参与的教师进行具体教学设计指导，并进行区级展示。

总课题组通过此项目对本课题研究进行推进，每学科每学年组织 1～2 次，共培训了约 2000 人次。

课题组认为，在教学实践活动中，学习任务要成为学习的核心，要以问题为引导，框定学习范围，以任务为驱动，以活动为中心，要求学生在活动中体验知识的形成过程，在开放性、基于资源的学习环境中综合性地完成任务。

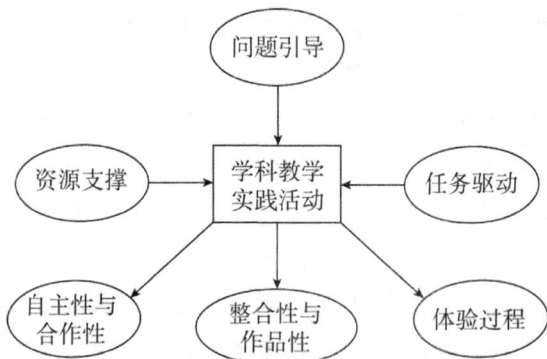

**例 6　数学子课题研究报告（节选）**

提升学生逻辑推理素养的途径之一是借助画图教学，促进学生思维水平的提升。

（一）逻辑推理素养的内涵和期望表现

逻辑推理素养是数学学科核心素养之一，贯穿于学生整个数学学习的始终。它是数学的基本思维方式，也是人们学习和生活中经常使用的思维方式。逻辑推理包括合情推理和演绎推理。在解决问题的过程中，合情推理用于探索思路，发现结论；演绎推理用于证明结论。实际上，在数学运算、数据分析、直观想象中都离不开推理。

《普通高中数学课程标准（2017 年版）》指出，逻辑推理主要表现为掌握推理基本形式和规则，发现问题和提出问题，探索和表述论证过程，理解命题体系，有逻辑地表达与交流。

（二）目前学生的表现及问题和问题归因

目前中学生的逻辑推理素养比较薄弱，无论是教师在平时教学中的观察感受，还是在考试中的数据显示，学生在逻辑推理素养方面都存在较大的问题。如近几年我区九年级学生在期末考试中的数据表现出推理能力相较于运算能力、数据分析能力、空间想象能力的得分率偏低，均在 0.72 分左右。学生在测试中的表现不容乐观，学生的答卷表现反映出有些学生对定理的使用条件不清楚、对定理的结论不明确，有误用乱用的现象，对图形的识别也存在问题，推理水平非常低。

因此我们开展此项研究，希望找到通过设计和实施学生画图实践活动，通过提升学生的作图技能，从而有效地促进学生推理素养的发展。

（三）问题解决的方法

我们在研究中重点围绕图形与几何中的画图进行分析。在图形与几何的教学中，画图指的是借助画图工具，如刻度尺、圆规、量角器、三角板等，根据题意画出符合要求的几何图形。借助几何直观可以把复杂的数学问题变得简明、形象，有助于探索解决问题的思路，预测结果。

给教师们提供相应的策略如下：

1. 概念形成中画图助理解

几何概念是对图形及其位置关系的文字描述，几何概念的抽象过程是图形、文字、符号表达的统一的过程，概念教学中安排学生画图，可以帮助学生更好地识别和判断图形，从多角度认识概念。特别是在几何入门阶段，更要关注画图的要求和示范。

2. 定理探究中画图促生成

傅种孙老先生说，作图和证明定理很相似，在证明定理时没有根据不许开口，在作图时没有成法不许动手，并指出作图题的解法应该按照 5 个步骤描述：①设定；②求作；③作法；④证明；⑤推究。傅种孙老先生认为寻求作图的解法都需要这样的分析过程：①假定图已经作成，画一个草图；②添画有重要关系的点和线；③所有位置已经确定的用特别的颜色和标记标出，所有大小已经求得的用另外的颜色和记号标出，其他逐渐推断和计算出来的就逐渐加上标记；④如果图形大小、位置完全确定就宣告结束；⑤如果不足以完全确定，就再添加次要的辅助线继续研究。

3. 知识梳理中画图巧穿"珠"

在复习课中，对知识的梳理是必不可少的，大多数教师采用让学生自己借助教材回顾所学知识，但是事实说明，大多数学生只是形式上看一看，效果不好。以什么样的方法进行梳理是有效的？如何在梳理中揭示知识间的联系继而提升学生的逻辑推理素养？下面的案例应该可以带给我们一些启示。

4. 学习难点处画图来突破

几何综合题一直是学生学习的难点，特别是在较为复杂的图形中，学生很难找到需要的元素间的关系，如何帮助学生突破这个难点呢？在教学中安排画图过程帮助分析题目条件、理解题意。画图展现了图形的分解、合成过程，教学中让学生重新画一遍图形，以便更好地看清图形及它们之间的位置关系，感受数量关系，建立条件和结论的联系，有效地帮助学生突破难点。下面案例中的教师开动脑筋，从学生的问题入手，聚焦障碍点，创设画图活动，帮助学生经历图形的生成过程，实现由背景图形到目标图形的转化过程，从而突破圆的综合题的难点。

小结：

（1）关注学法指导，促进学生学习能力的提高；

（2）关注画图步骤的确定及教师的示范；

（3）统筹兼顾画图的三个水平。

教学改进建议：

1. 教师要充分借助板书，以身示范规范画图的过程；

2. 信息技术使用要得当；

3. 关注文字语言、符号语言转换为图形语言的过程，三种语言的互译在教学中要充分体现；

4. 作图工具要齐全，作图过程要规范；

5. 一般要画一般图形及具有代表性的图形，不要画特殊图形；

6. 应注意图形比例的真实性；

7. 题目呈现时可先不给图形，学生自己先根据题意画图，然后再与题图对照。

（4）关于学科实践活动的评析与反思。

苏联著名教育家斯托利亚尔在他所著的《数学教育学》一书中指出："数学教学是数学活动的教学（思维活动的教学）。"

通过上述案例可以看到，数学子课题组在研究提升学生逻辑推理素养的途径中，开发了在动手画图中发展学生核心素养的案例。在实践研究中引导授课教师通过设计与实施画图技能培养实践活动，促进学生核心素养发展。借助画图教学，促进学生思维水平的提升。

课题组在研究中认为：让学生通过实践活动了解学科知识与生活的广泛联系，学会综合运用所学知识和方法解决简单的实际问题，加深对所学知识的理解，获得运用知识解决问题的能力和方法，从而全面提高学生的素养。同时教学实践活动要体现整合性、作品性、自主性与合作性的优点。情境化、问题化、任务化、活动化、开放性、整合性、弹性和基于资源的支撑是我们在研究过程中要实践的重点。

## 三、开展核心素养培养的教学效果评价

教学评价是教育的重要组成部分，也是教学过程中重要的环节之一。教学评价是依据教学目标，运用科学有效的手段和方法，收集教学过程中的相关资料和信息，对教学过程及结果进行价值判断，并为教学提供反馈信息的过程。判断学生的核心素养是否得到了发展或者发展水平怎么样，需要通过教学评价来实现。核心素养更具有内隐性，所以开展基于核心素养的教学评价的难度更大。即便如此，课题组还是积极探索基于核心素养的教学评价实践研究，并取得初步经验。

1. 核心素养评价的价值、内容和原则

基于核心素养的教学评价有着鲜明的价值导向。核心素养评价功能的价值逻辑由微观层面的直接逻辑"以评促学、以评促长"，中观层面的间接逻辑"以评促教"，宏观层面的终极逻辑"以评价提升教育质量"三个层面相互交织构成。从宏观层面来看，基于核心素养的教学评价有利于全面落实"立德树人"的教育根本任务，促进基础阶段教育质量的提升。从中观层面来看，基于核心素养的教学评价有利于引领学校办学的方向，促进区域和学校教学发展。从微观层面来看，基于核心素养的教学评价有利于"以评促教、以评促学，促进教、学、评一体化教学"要求的落实。

基于核心素养的教学评价具有信息反馈功能、激励功能和鉴别功能。将评价过程中收集到的信息反馈给教师，使教师对照教学目标，掌握教学目标达成情况，发现教

学中存在的问题，及时进行调整和优化；将信息反馈给学生，使学生对照学习目标，了解学习效果，发现学习中存在的问题，不断改进和提高；将信息反馈给班主任、家长，可以更好地促进家庭与学校间的沟通和合作，形成教育合力；将信息反馈给学校和教育主管部门，便于做出更好的教育决策，不断优化管理策略。基于核心素养的教学评价要求教学适合于学生发展水平，多采用创设具体生动的、真实的、有趣的问题情境，激发学生学习的内在动机，多采用鼓励表扬等积极的评价方式，有利于培养学生学习的自信心和兴趣，激励学生主动参与、积极探究、独立思考、勇于实践。高中各个学科的课程标准对学科核心素养进行了分层化的表述，并提出与之相对应的等级化学业水平质量标准。它是教师教学的重要依据，是学科教学的总目标和评价标准，可以促进教师不断改进教学，保证学科课程的有效实施，也是学科核心素养发展的评价标准，可以清楚划分核心素养层级，并以此鉴别学生和促进学生的全面发展。

学生核心素养包括 6 大方面，18 个要素，核心素养的培养渗透到学校课程、教育、教学等各个方面。每个学科都包含着各种核心素养的培养，虽然各学科的核心素养之间具有一定的差异性，但各学科的核心素养体系都应该包括学科观念、学科思维、学科能力、学科情感等几个基本部分。每种教学活动都涉及核心素养的培养，在基于核心素养的教学体系中，应该把各种素养尽数涵盖，才能实现评价对核心素养的培养形成全方位的考察。基于核心素养的教学评价要发挥学校、教师和学生等不同角色在教学评价中的作用，从不同视角进行教学评价。应将单项评价与整体评价、定量评价与定性评价、终结性评价与形成性评价有机结合，及时准确地反馈评价结果，保证评价结果与改进策略的一致性。基于核心素养的教学评价要将教学评价作为进一步促进学生学习和发展的重要手段，建立学生成长记录档案，记录学生的成长轨迹，激发个性潜能，激励学生不断地发展进步。现行的北京市中学学生综合素养评价系统就是行之有效的做法。

2. 基于核心素养的课堂教学评价

课堂是教学的主阵地，教师的教学行为、学生的学习行为、师生的交互教学活动主要在课堂内进行。课堂教学评价是课堂教学行为的导向，是课堂教学效果的重要保障。

课堂教学评价是学科教师在教学过程中通过有目的地观察、发现学生在学习过程中的各种情况，对学生的学习目标、学习效果、学习质量、学习能力、学习态度等做出价值判断，从而不断调整、优化教学过程中的教学实践活动。学科课堂教学评价调节和制约着课堂教学活动的进度、效果和质量，所以充分发挥课堂评价的功能，对规范课堂教学、促进课堂教学改革起着至关重要的作用。要提升课堂教学效能，提升学生的学科核心素养，需要以行之有效的课堂教学评价机制为导向，教师需要在课堂教学实践中不断地探索科学、高效的评价方式，使课堂教学评价成为教师促进自身教学效能提升的自觉活动。课堂教学评价构成的要素主要包括教师、学生、教学内容、教学方法、教学环境等。这些要素对教学效果的影响既包括这些要素本身对教学效果所起的作用，也包括这些要素之间的相互作用对教学效果的影响，例如教师与学生、学生与学生、教师与教学、教学与学生、环境与学生，等等。教学要素本身对教学效果的影响作用是决定性的，是直接的，表现得更为显性，比较容易观察和分析，所以这些要素往往成为中学学科课堂教学评价量化指标。教学要素之间的相互作用对教学效果的影响是发展性的，是间接的，表现得更为隐蔽，不太容易观察和分析，所以容易被忽视。新课程教学要真正体现以学生为中心，以学生发展为本，应该对传统以教师为中心，以教为本进行改革。在课程教学中要从学生认知、思维、情感以及学科核心素养等发展程度来评价教师，具体而言应该从目标达成状态、交往状态、思维状态和情绪状态来评价课堂效果。

随着课程改革推进和课题研究的不断深入，课题组于 2018 年下旬开始了课堂教学评价量表的研制工作。经过研讨确定了一、二级指标，初步形成了课堂教学评价表的结构，进一步研讨制定出详细的 20 条三级指标（评价要素）。一级指标为教学设计、教学活动、学习活动和教学评价 4 个部分，在传统课堂教学评价的基础上增加了学习活动的评价，体现了课堂教学由侧重教师的教向着学生的学的转变。在三级指标（评价要素）的制定上兼顾了传统课堂评价的优势，增加了促进核心素养发展的维度，如教学内容评价上突出了以单元或主题设计，教学过程评价上突出了创设真实教学情境，在学习活动评价上突出了多种学习方式、学习的深广度以及促进深度学习，在教学效果的评价上突出了围绕学科核心素养、依据学业质量标准进行评价等。这些都是前文提到的促进核心素养发展的重要路径，从而实现以课堂评价为导向，努力构建教、学、评一体化的范式。同时，在课堂教学评价表的设计上兼顾各学科核心素养的共通性和差异性，20 条三级指标（评价要素）中有 14 条是相同的，体现共通性和规范要求，6 条是学科各自的特色，从教学设计、教学活动、学习活动和教学评价 4 个方面均体现学科的差异性和学科特色。各学科在共同的基础上增加学科特色评价要素，形成学科课堂评价表。

## 丰台区中学（学科）课堂教学评价表

| 学校 | 年级 | 班级 | 教师 | 课题 | | 评课人 |
|---|---|---|---|---|---|---|
| | | | | | | |

| 一级指标 | 二级指标 | 三级指标 | 等级 | | | |
|---|---|---|---|---|---|---|
| | | | A | B | C | D |
| 教学设计 | 教学理念 | 1. 体现立德树人的教育任务，通过课堂教学实践课程育人 | | | | |
| | 教学目标 | 2. 符合学科课程标准，科学、明确、具体、可操作性强 | | | | |
| | 教学内容 | 3. 以单元或主题设计，条理清楚、逻辑严谨，体现整体性和结构性 | | | | |
| | | 4. 以知识为基础，体现学科思想方法，以学科能力、素养培养为重点 | | | | |
| | | 5. 学科特色要求 | | | | |
| 教学活动 | 教师素养 | 6. 教师学科积累丰富，教学基本功扎实，教学行为规范，媒体使用合理 | | | | |
| | 教学方式 | 7. 教学方式多样，教学手段丰富，能指导学生学会学习 | | | | |
| | 教学过程 | 8. 创设真实教学情境，设置合适的教学问题，教学思路清晰，课堂调控恰当 | | | | |
| | | 9. 教学民主，尊重学生，体现差异，师生互动充分，氛围融洽，关系和谐 | | | | |
| | | 10. 学科特色要求 | | | | |
| 学习活动 | 学生素养 | 11. 有一定学习基础，学习习惯良好，态度积极，主动参与 | | | | |
| | 学习方式 | 12. 学习方式多样，体现自主学习、合作学习、探究学习 | | | | |
| | 学习过程 | 13. 学习参与面广，不同层次学生均能参与，多方面参与，全程参与 | | | | |
| | | 14. 学习参与程度深，深入理解，充分交流，质疑创新，体现深度学习 | | | | |
| | | 15. 学科特色要求 | | | | |

续表

| 学校 | 年级 | 班级 | 教师 | 课题 | 评课人 |
|------|------|------|------|------|--------|
|      |      |      |      |      |        |

| 一级指标 | 二级指标 | 三级指标 | 等级 | | | |
|----------|----------|----------|------|------|------|------|
|          |          |          | A | B | C | D |
| 教学评价 | 评价方式 | 16. 主体多元,方式多样,从不同视角进行评价,注重激励 | | | | |
|          | 评价过程 | 17. 能围绕学科核心素养、依据学业质量标准进行评价,即时反馈,促进教学优化 | | | | |
|          | 教学效果 | 18. 知识落实扎实,突出学科特色要求 | | | | |
|          |          | 19. 能力发展良好,突出学科特色要求 | | | | |
|          |          | 20. 体现素养发展,突出学科特色要求 | | | | |
| 总体评价 | | | | | | |
| 评语 | | | | | | |

　　各学科课堂评价表中学科特色鲜明,如语文学科在教学设计要素中,阅读课立足文本,立足任务群,在阅读、写作、口语交际以及综合实践中研习"语言建构运用"能力;教学活动要素中重视言语实践,鼓励个性化、多元化审美体验,即时生成人格濡染、语文智慧;学习活动要素中,注重学生主动扩展语文积累,运用多种方法整合课程资源,从中发现语言运用规律,训练思维能力;对文本内容和形式做出理性的体察评价,提升审美品位;教学评价侧重从知识、能力、素养三个维度全面体现语文学科特点。其他各学科也是如此,从而较好地实现了课堂教学共同的价值追求和学科特色育人。

　　3. 在学习活动过程中的表现性评价

　　表现性评价是20世纪90年代在美国兴起的一种评价方式,是通过学生完成某一特定任务来测量学生的学习状态。不仅关注学生的基础知识、基本技能,而且重视解决问题的能力以及情感、态度和价值观的表现等。表现性评价的实施有利于学生知识、能力和水平的协调发展,其优势表现在:可以用来测量其他方法无法测量的复杂的思维学习结果和高级技能水平;不仅能评价任务完成的结果,还能评价完成任务的过程;体现了现代学习理论,鼓励学生进行积极的意义建构,而不只是知识的接受者。

在学生学习过程中给予全面、及时的表现性评价有利于学生及时了解学习进程、知识掌握情况、能力发展情况，产生积极的学科情感。在学习过程中，教师适时采用鼓励性评价，能有效地激发学生的学习兴趣，提升学生的成就感。教师通过观察学生的表情、眼神以及动作，及时了解学生的精力集中情况、情绪变化以及心理活动情况，通过提问、追问、评价及时掌控课堂。同时，学生是课堂评价的主体，学生可以反思自己获得的知识和方法，审视自己的课堂表现，总结自己的学习收获，对自己的学习过程进行自我评价。学生还可以在教师的指导下学会科学地评价同伴的课堂表现，相互质疑、相互激励、相互肯定，学会相互学习、相互评价，实现共同发展。在小组学习活动中，各小组成员分工明确，学生之间互帮互助，有利于提高学生的逻辑思维能力，增进同学之间的友谊，教师可以引导小组之间互评，最后由教师点评。

**例 7　物理子课题研究报告（节选）**

【案例】动量守恒定律（高中物理）教学片段

---

简要的教学过程：

【创设情境】教师以实际生活中的三个实验创设教学情境：两位同学滑旱冰，互相推手的游戏；两个小球进行对心碰撞，改变入射小球质量，出现不同的碰撞情况；反冲小车。

【提出问题】引导学生提出系统的概念，抽象出碰撞问题，以及碰撞中遵循的规律。

【实验探究】引导学生设计实验探究方案，进行实验探究。

具体任务：水平气垫导轨上两滑块互相碰撞，分别研究弹性碰撞、非弹性碰撞和完全非弹性碰撞。测量数据，填入表格。

【寻找规律】利用局域网进行师生交互，分享实验数据，引导学生理性分析、获取信息、分享数据、寻找规律。通过探究活动，发现无论何种碰撞，碰撞前后的动量都是不变的。

【理解规律】结合物理学史提出动量守恒定律。引导学生深入理解规律——动量守恒定律是自然界的普遍规律，学会从具体到一般的归纳研究方法。高中阶段主要研究一维运动的动量守恒定律。

---

【回归生活】学生通过讨论，应用规律，解释课堂开始时教师介绍的三个实验现象。

【自我评价】

1. 知识的角度：了解系统、内力、外力的概念，知道碰撞的类型，碰撞遵循动量守恒定律；理解动量守恒定律的条件；有些现象可以用动量守恒定律来解释。

2. 具体实验技能方面：能熟练测量速度，采集、分析数据能力的提高等。

3. 科学思维的角度：在研究千差万别的物理现象中，体会守恒的思想，学习用守恒的思想去分析思考问题。

设计意图：让学生自我评价，增强学生自我反思的意识，提高学生的总结能力，逐步养成自我反思、评价、提高的习惯。

在课堂外，也可以开展过程性评价。教师可以创新作业评价，不再是单纯的对与错，或是分数，而是基础掌握情况的分析、思维发展情况的点拨、情感态度的激励等。这样的评价既激励了学生学习的信心和勇气，又融洽了师生关系。教师可以与学生一对一谈话交流，向学生询问错误的原因，解答学生在学习过程中遇到的问题或困惑，指导学生养成良好的学习习惯。教师还可以利用现代信息技术创新评价方式。如 QQ、微信、学习社区等，在网络的虚拟世界里，教师和学生的关系更趋于朋友关系，更有利于沟通与评价。

4. 在学生综合实践活动中的评价

前文提到学生开展综合实践活动也是培养核心素养的重要路径。目前，丰台区中学除开设有综合实践课程专门进行研究性学习和综合实践活动外，各学科教学中还拿出 10％的时间进行学科综合实践活动，自然科学领域的物理、化学和生物学科还在初中三个年级进行开放性学科实践活动。在综合实践活动中，学生选定课题，拟订研究方案，开展科学观察和社会调查，自主查阅文献资料，撰写课题报告和小论文。一些人文学科开展角色扮演，创作和表演情景剧，模拟法庭、联合国、人大等实践活动。在这些综合实践活动中，也设计有评价量表，活动开始之初就提供给学生或学生在活动之前自行设计评价量表，在综合实践活动过程中运用这些评价量表客观评价，保证综合实践活动效果，也促进学生核心素养的不断发展。

## 例8 化学子课题研究报告（节选）

### 化学小组学习评价量表

| 活动 | 学生小组活动观察记录 | | | |
|---|---|---|---|---|
| 活动1：回忆乙醇的化学性质，并指出各反应的断键位置和反应类型，思考乙醇结构与性质之间的关系 | 学生讨论过程 | | | 备注 |
| | 1. 能否正确指出断键位置 | | | 反应a： |
| | 2. 能否正确判断反应类型 | | | |
| | 3. 能否关联结构与性质之间的关系 | | | |
| | 学习态度记录 | 非常积极 | 比较积极 | 不积极 |
| | 学生人数 | ＿＿人 | ＿＿人 | ＿＿人 |
| 活动2：预测乙醇其他可能的断键位置，推测反应类型及产物 | 学生讨论过程 | | | 备注 |
| | 1. 能否说出断③键发生取代反应 | | | |
| | 2. 能否说出断③④键发生消去反应生成乙烯 | | | |
| | 学习态度记录 | 非常积极 | 比较积极 | 不积极 |
| | 学生人数 | ＿＿人 | ＿＿人 | ＿＿人 |
| 活动3：依据所给信息推出产物的结构，并分析乙醇在该反应中的断键位置 | 学生讨论过程 | | | 备注 |
| | 1. 能否推出其由2分子乙醇脱1分子水得到 | | | |
| | 2. 能否推出其属于醚类 | | | |
| | 3. 能否推出其正确结构 | | | |
| | 4. 能否正确指出反应中的断键位置 | | | |
| | 学习态度记录 | 非常积极 | 比较积极 | 不积极 |
| | 学生人数 | ＿＿人 | ＿＿人 | ＿＿人 |
| 活动4：分析所给物质可能具有的化学性质 | 学生讨论过程 | | | 备注 |
| | 1. 能够正确说出其具有的化学性质 | | | ＿＿点 |
| | 2. 能否说出消去反应、催化氧化对结构有要求 | | | |
| | 学习态度记录 | 非常积极 | 比较积极 | 不积极 |
| | 学生人数 | ＿＿人 | ＿＿人 | ＿＿人 |

**例 9 数学子课题研究报告（节选）**

### 数学综合实践活动评价量表

| 阶段 | 评价内容 | 自评 | 小组互评 | 教师评价 |
|------|----------|------|----------|----------|
| 选题 | 合理选题，选题具有实际意义或研究价值 | | | |
| 开题 | 查阅资料具有代表性 | | | |
| | 研究思路清晰，步骤明确 | | | |
| | 分工明确 | | | |
| 做题 | 认真实践，按时完成阶段性任务 | | | |
| | 所有组员积极参与，合作融洽 | | | |
| | 积极和老师沟通 | | | |
| 结题 | 认真制作 PPT | | | |
| | 汇报时思路清晰，语言生动 | | | |
| | 在建模活动中有所收获 | | | |

## 四、课题研究的收获与发展

本课题经过四年时间对基于中学生核心素养的课堂教学方式的改进研究，取得了丰硕的成果，不仅表现在理论上进一步厘清中学生核心素养与学科核心素养之间的关系，还表现在通过大量的实践研究，总结了促进学生核心素养发展的课堂教学互动的策略与方法，分解落实学科的育人能力。主要收获有以下几个方面。

1. 教研员增强了整体驾驭学科研究的能力

通过本课题研究，教研员学习了大量教育教学理论知识，对中学生核心素养与学科核心素养的相关问题进行了深入的研究和思考，这对于提高教研员自身的业务水平起到了积极的促进作用，使得教研员整体驾驭学科的能力和水平得到提高，最终将影响和带动丰台区的教师队伍发展。

2. 参与研究的教师提高了自身的学科认识和研究能力

本课题采取行动研究，吸纳众多一线教师参与课题研究。在教学实施阶段，教师既是理论研究者，又是教学实践的行动者，极大地丰富了教师的教育理论知识，提高了教师的教学水平，同时调动了教师参与教科研的积极性。

教师增强了教学设计和实施能力。在研究过程中，通过学习、研讨、开展教学实践，充分调动了教师参与教育科研的积极性，锻炼和培养了课题研究骨干教师，涌现出大批中青年优秀教师，并在北京市教学设计评比和教学优秀论文评比活动中屡屡获奖，课题研究期间获北京市教学设计一等奖的课例共有 50 余节。

3. 总结了一批能体现基于中学生核心素养的课堂教学方式改进研究的案例，为

今后教师开展对学生学科能力培养的教学实践提供参考

本课题在历时四年的研究中，克服了课题跨度大、难度大，涉及学科多等种种困难，在系统理论研究的基础上，在丰台区范围内开展围绕课堂的主题教学实践活动，涉及不同类型的学校、课型。研究的实践成果丰富，形成了包括各学科基于素养的课堂教学案例集、论文等一系列可操作的工具，将学科素养培养的理论变成可以物化的成果，为深化课堂教学提供参考。课题研究期间共收集相关教学实录与案例 1000 余节（篇）。

每学年在实验校课堂教学改进实施结束后，各学科子课题组都要面向全区教学干部与教研组长进行一次针对课堂教学存在问题与整改措施的汇报，学科专家要面向全区学科教师进行一次学科课堂教学存在问题、引起这些问题的原因与整改措施的报告。2016 年 9 月、2017 年 9 月、2018 年 9 月、2019 年 9 月分别进行了成果汇报与推广交流会。

4. 区域内学生的核心素养得到发展

本课题在研究实践中，将学生发展素养与学科素养相融合，学生在学习活动中，通过真正地参与教学，既学到了知识，又在学科方法、思维方式、与人合作等方面得到发展。

由于自身和外部的客观原因，我们的研究在理论深度和实践力度上还不够深入。研究的内容尚待拓展深化。例如，学科核心素养培养的教学效果评价的实证研究还比较薄弱，有待深入的探讨。因此，本课题虽然已经结题，但研究并没有结束，还要在今后的课堂教学实践中进一步进行研究和提炼，下一步计划在本课题研究的基础上进一步研究基于核心素养的命题评价。我们将肩负起作为区级教研部门的教学质量监控的重要职责，使我们的考试命题也紧跟考育改革的步伐，在考试中努力落实"一核四层四翼"总体要求和渗透核心素养的要求。

附：成果细目（作者均为子课题组成员）

| 序号 | 学科 | 成果名称 | 作者 | 成果形式 | 颁发单位、发表刊物、出版单位 | 获奖、发表、出版时间 |
|---|---|---|---|---|---|---|
| 1 | 课题组 | 基于核心素养的中学课堂教学方式改进的研究案例 | 曾拥军 | 著作 | 北京出版集团 北京出版社 | 2020 年 7 月 |
| 2 | 课题组 | 基于核心素养的中学课堂教学方式改进的研究 | 曾拥军 | 著作 | 北京出版集团 北京出版社 | 2021 年 5 月 |
| 3 | 数学 | 学生核心素养培育的实践路径——数学素养领域的数学实验研究与案例 | 俞京宁 | 著作 | 北京科学技术出版社 | 2019 年 7 月 |
| 4 | 英语 | 基于思维发展的初中英语教学设计与实施 | 车向军 | 专著 | 北京出版集团 北京出版社 | 2017 年 7 月 |

续表

| 序号 | 学科 | 成果名称 | 作者 | 成果形式 | 颁发单位、发表刊物、出版单位 | 获奖、发表、出版时间 |
|---|---|---|---|---|---|---|
| 5 | 政治 | 创新课堂实践 落实素养培育 | 黄京、张璇 | 著作 | 北京出版集团 北京出版社 | 2020 年 6 月 |
| 6 | 综合 | 北京市教育学会"十三五"科研课题《基于核心素养的教学方式研究》 | 苏从尧（参与） | 著作 | 首都师范大学出版社 | 2017 年 7 月 |
| 7 | 地理 | 基于问题创设的地理综合思维能力培养——以"气候成因"复习课为例 | 朱克西 | 文章 | 《中学地理教学参考》 | 2017 年 5 月 |
| 8 | 地理 | 指向核心素养培养的初中地理"问题解决教学"活动设计研究 | 王莉 | 文章 | 《中学地理教学参考》 | 2019 年 6 月 |
| 9 | 化学 | 促进学生认识发展的主题式习题设计——以"海水资源利用"习题为例 | 徐敏 | 文章 | 《中学化学教学参考》 | 2017 年第 10 期 |
| 10 | 化学 | 以药物分子结构修饰为主题设计习题发展学生核心素养 | 徐敏 | 文章 | 《化学教育》 | 2019 年第 9 期 |
| 11 | 化学 | 整体设计能力发展进阶培养学生创新意识素养 | 徐敏 | 文章 | 《化学教学》 | 2019 年第 5 期 |
| 12 | 生物 | 基于核心素养的生物学教学方式的思考 | 田树青、王新、刘琳 | 文章 | 《生物学通报》 | 2018 年 3 月 |
| 13 | 数学 | 挖掘教材数学文化，提升数学核心素养——对"椭圆及其标准方程"教学设计的点评 | 张琦、高慧明 | 文章 | 《中学数学教学参考》 | 2018 年 12 月 |
| 14 | 英语 | 核心素养下英语语言能力培养的实践研究 | 付绘 | 文章 | 《中国多媒体与网络教学学报》 | 2018 年 5 月 |

| 序号 | 学科 | 成果名称 | 作者 | 成果形式 | 颁发单位、发表刊物、出版单位 | 获奖、发表、出版时间 |
|------|------|---------|------|---------|------------------------|-------------------|
| 15 | 英语 | 让学生的认知真正卷入课堂活动 | 姚军 | 文章 | 《英语学习》 | 2017年11月 |
| 16 | 语文 | 抓住教学点 在言语形式里穿行——《记念刘和珍君》教学设计 | 谢政满 | 文章 | 《中学语文教学》 | 2017年11月 |
| 17 | 语文 | 运用课程资源 有效实施探究教学 | 谢政满 | 文章 | 《中华活页文选·教师版》 | 2018年5月 |
| 18 | 政治 | 学科核心素养培育背景下的高三复习课教学情境创设 | 张璇 | 文章 | 《教学月刊》 | 2017年第3期 |
| 19 | 政治 | 新课程标准背景下政治学科能力改进再思考 | 李晓东、张璇、刘宇思 | 文章 | 《教育参考》 | 2018年第2期 |
| 20 | 地理 | 指向核心素养培养的初中地理问题解决教学活动设计——以"日本"为例 | 王莉 | 论文 | 北京教育科学研究院基础教育教学研究中心北京市教育学会 | 2019年11月 |
| 21 | 历史 | 基于核心素养背景下思想史教学的路径探讨 | 曾晓玲 | 论文 | 北京市教育学会历史研究会论文一等奖 | 2018年12月 |
| 22 | 历史 | 历史学科核心素养研究现状分析 | 陈立英 | 论文 | 北京市教育学会历史研究会论文一等奖 | 2017年12月 |
| 23 | 历史 | 浅谈历史教育在培养"学生发展核心素养"中的作用 | 朱致瑛 | 论文 | 北京市教育学会历史研究会论文二等奖 | 2016年12月 |
| 24 | 历史 | 基于核心素养培养的单元复习策略 | 朱致瑛 | 论文 | 北京市教育学会历史研究会论文一等奖 | 2017年12月 |

续表

| 序号 | 学科 | 成果名称 | 作者 | 成果形式 | 颁发单位、发表刊物、出版单位 | 获奖、发表、出版时间 |
|---|---|---|---|---|---|---|
| 25 | 历史 | 历史学科核心素养概念下的关键能力及其培养方式 | 朱致瑛 | 论文 | 北京市教育学会历史研究会论文一等奖 | 2018年12月 |
| 26 | 历史 | 高中历史基于主题的单元教学策略研究初探 | 朱致瑛 | 论文 | 北京市教育学会历史研究会论文二等奖 | 2019年11月 |
| 27 | 数学 | 践行课程理念提升研究能力——北京市某区落实数学核心素养论文评比总结报告 | 张琦 | 论文 | 北京市第六届"智慧教师"教育教学研究成果一等奖 北京市教育学会 | 2018年4月 |
| 28 | 数学 | 开设培训课程落实核心素养——北京市某区开设"数学建模"培训课程的实践与反思 | 张琦、王志霞 | 论文 | 北京市基础教育科学研究优秀论文一等奖 北京教育科学研究院基础教育教学研究中心 | 2019年11月 |
| 29 | 物理 | 以实验为依托促进学生核心素养提升 | 陈磊 | 论文 | 北京物理学会 | 2017年12月 |
| 30 | 物理 | 由"单课时设计"反观"大单元设计"的教学整合思路——以自由落体运动一课为例 | 李凯波 | 论文 | 北京物理学会 | 2019年11月 |
| 31 | 英语 | 基于核心素养培养的高中英语单元读写教学改进策略 | 付绘 | 论文 | 《基础外语教育》 | 2020年7月 |
| 32 | 英语 | 聚焦核心素养培养英语学科能力 | 付绘 | 论文 | 北京市教育学会学术年会论文评选二等奖 | 2017年11月 |

| 序号 | 学科 | 成果名称 | 作者 | 成果形式 | 颁发单位、发表刊物、出版单位 | 获奖、发表、出版时间 |
|---|---|---|---|---|---|---|
| 33 | 语文 | 基于核心素养的语文考试命题思考 | 亓东军 | 论文 | 北京市 2018—2019 学年度基础教育科学研究优秀论文一等奖 | 2019 年 11 月 |
| 34 | 语文 | "综合"并非"组合"——对语文综合实践课的思考和探索 | 谢守成 | 论文 | 北京市第五届"智慧教师"教育教学研究成果一等奖 | 2016 年 9 月 |
| 35 | 综合 | 从问题到方案策略初探 | 刘平、赵骏 | 论文 | 北京市第八届"京研杯"教育教学研学成果一等奖 | 2017 年 9 月 |
| 36 | 综合 | 基于技术核心素养培养的教学方式研究" | 苏从尧 | 论文 | 北京市教育学会劳动技术研究会一等奖 | 2019 年 8 月 |

## 【参考文献】

[1] 林崇德 . 学生发展核心素养：面向未来应该培养怎样的人？[J] . 北京：中国教育学刊，2016（06）：1-2.

[2] 辛涛，姜宇，刘霞 . 我国义务教育阶段学生核心素养模型的构建 [J] . 北京：北京师范大学学报（社会科学版），2013（01）：5-11.

[3] 中华人民共和国教育部 . 普通高中物理课程标准（2017 年版）[S] . 北京：人民教育出版社，2018.

[4] [美] 约翰·杜威 . 民主主义与教育 [M] . 王承绪，译 . 北京：人民教育出版社，2015：179.

[5] 刘敏，董华 . 问题蕴含与情境关涉——杜威探究理论的科学实践哲学意义 [J] . 北京：自然辩证法研究，2019，35（07）：28-33.

[6] 滕珺，杜晓燕，刘华蓉 . 对项目式学习的再认识："学习"本质与"项目"特质 [J] . 北京：中小学管理，2018（02）：15-18.

[7] 胡佳怡 . 从"问题"到"产品"：项目式学习的再认识 [J] . 北京：基础教育课程，2019（09）：29-34.

[8] 郑葳，刘月霞 . 深度学习：基于核心素养的教学改进 [J] . 北京：教育研究，2018，39（11）：56-60.

［9］袁国超．基于核心素养的深度学习：价值取向、建构策略与学习方式［J］．太原：教育理论与实践，2020，40（08）：3-5.

［10］顾志刚．教学的价值建构与价值实践［J］．南京：江苏教育，2020（26）：35-40.

［11］许开锜．加强教学实践活动　培养学生创新精神［J］．石家庄：学周刊，2020（05）：65.

［12］喻平．基于核心素养的高中数学课程目标与学业评价［J］．北京：课程．教材．教法，2018，38（01）：80-85.

［13］钟启泉．基于核心素养的课程发展：挑战与课题［J］．上海：全球教育展望，2016，45（01）：3-25.

# 第二章　基于核心素养的语文教学研究与实践

## 第一节　语文核心素养内涵与解读

目前在中国社会各界，尤其在教育领域，"核心素养"成为了人们普遍关注的热点问题。从本质上来说，关注学生的核心素养，就是关注"教育要培养什么样的人的问题"。著名语文专家王宁教授就曾经说过，"语言素养"是 21 世纪核心素养基础领域第一核心素养，是学生在积极主动的语言实践活动中构建起来、并在真实的语言运用情境中表现出来的个体言语经验和言语品质。由此看来，"核心素养"更应是我们每一个语文教育工作者必须思考和面对的问题。

### 一、厘清核心素养概念，优化语文课程体系

在语文课堂中如何有效落实语文核心素养？首先需要教师准确理解核心素养的概念，厘清核心素养与学科核心素养的关系，在此基础上构建并优化语文课程体系，提升学生语文核心素养。

北京师范大学林崇德教授带领的团队经过数年的深入研究，对"核心素养的定义""素养和素质、能力、技能、知能的区别""'核心'与'基本'的词义辨析"做了清晰的阐析。傅禄建在《核心素养的认定原则》一文中谈到"学生核心素养"认定应该有三个原则：一是不可补偿性；二是不可替代性；三是可迁移性。诸多专家的研究给了我们许多启发：在日常的语文学科教学和活动设计中，我们不仅要关注学生个体的发展，更要注重学生适应社会素养的提升；一定要转变能力观念中重知识、认知技能，轻态度、价值观等非智力因素的现象，促进学生"学、能、知、行"等多层面素养的和谐发展和有机统一，从而促进人的全面发展、适应社会需要，达成"立德树人"的学科教育功能。

学生核心素养与学科核心素养的关系究竟是怎样的呢？钟启泉教授的《核心素养的"核心"在哪里——核心素养研究的构图》、李晓东副教授的《理解学科核心素养的三个关键》、史宁中教授的《推进基于学科核心素养的教学改革》等文章中都有详细的阐述，他们精辟的论述使我们充分认识到："语文学科核心素养"的培养要以"学生核心素养"为教学终极目标，有效实施语文学科课程教学，要力求使学科教学为学生的终身发展服务，达成学科教学立德树人的育人功能；培养"语文学科核心

素养"要关注三个教学视点：一是独特性，即体现语文学科自身的本质特征：如语文学科中的文字表达、文学思维与文化传统；二是层级化，即语文学科教学目标按其权重形成如下序列：兴趣、动机、态度，思考力、判断力、表达力，知识及其背后的价值观，力避学科教学中单纯知识点的堆积；三是学科群，即将语文、外语学科或文史哲学科跨学科组合，使它们之间承担着相同或相似的学力诉求，促进各学科有效融通，搭建"语文学科核心素养"和"学生核心素养"培养的桥梁。

构建并优化学科课程体系是提升学生核心素养的有效途径，那么如何在核心素养导向下设置语文学科课程体系，提升学生核心素养呢？申屠永庆、缪仁票在《"五力"相成评育结合：高中生核心素养培育的校本探索》一文中介绍了浙江大学附属中学对高中生核心素养校本培育的探索情况。浙江大学附属中学以"健康力""人格力""学科力""学习力""规划力"来构建高中生核心素养模型。黄娟华在《以培养学生核心素养为目标的高中语文单元教学设计探究》一文中谈及高中语文单元教学设计的思考，探索如何设计好语文课程以提升学生的核心素养。她认为：单元教学支架的设计要多元化，它应当是模块化的，能化整为零将复杂的语文学习任务进行有层级的分解，能体现鲜明的学习路径和解决问题的步骤；单元教学内容的丰富性和学习主体的差异性又决定了作为"单元"课堂教学的"支架"应当是丰富、开放的。越是丰富开放的"支架"，越是容易推动课堂的生成，能够让学生在不同的起点得到提升和发展。这样才能让学生真正借助"支架"逐步深入发现、解决问题，水到渠成地在头脑中建构起某种阅读的"图式"或"框架"，并在此基础上建构起自己的意义世界和精神高地。

浙江大学附属中学制定的核心素养培养模型和黄娟华老师介绍的高中语文单元教学设计为我们探索高中生核心素养培养途径提供了有益的参考。设置和优化语文课程体系的思路应该是这样的：基于学生核心素养发展制定学科课程标准，以社会主义核心价值观为核心，立足学生关键能力和必备品格的培养，从课程目标、教学内容、教学评价建议、学业质量标准四个层面上细化培养内容和策略，构建学生核心素养课程培养模型，充分发挥课标导向的指导作用和学校领导、教师层面的主观能动性，充分发动和组织学生在课程实施中进行体验、感受、实践、创新，必然能使课程目标落地生根，促进学生的全面发展。

## 二、提升语文核心素养，培养学生核心素养

"语文核心素养"是学生核心素养在语文学科的具体体现，提升学生的语文核心

素养是提升学生核心素养的重要途径。

北京师范大学核心素养课题组在《中国学生核心素养框架》中强调，要将学生培养成为一个全面发展的人，需要在"文化基础""自主发展""社会参与"三个维度加以培养，其中"文化基础"维度要求：除了注重增强学生的人文底蕴（人文积淀、人文情怀、审美情趣）外，更要注重培养学生的科学精神（即理性思维、批判质疑和勇于探究精神）；"自主发展"维度要求学会学习（即乐学善学、勤于反思、具有信息意识），健康生活（即珍爱生命、健全人格、自我管理等），实则是培养学生的学习习惯、学习态度和学习精神，以及健康的鉴赏品位；"社会参与"维度要求具有责任担当意识（即社会责任、国家认同、国际理解）和实践创新（即劳动意识、问题解决、技术应用等），实则是培养学生形成正确的情感、态度、价值观。

《普通高中语文课程标准（2017年版）》认为"语文学科核心素养"是语文学科育人价值的集中体现，是学生通过学科学习而逐步形成的正确价值观念、必备品格和关键能力。语文核心素养是学生在积极的语言实践活动中积累与构建起来，并在真实的语言运用情境中表现出来的语言能力及其品质；是学生在语文学习中获得的语言知识与语言能力，思维方法和思维品质，情感、态度与价值观的综合体现。主要包括"语言建构与运用""思维发展与提升""审美鉴赏与创造""文化传承与理解"四个方面。

综上所述，我们可以大体厘清语文核心素养和学生核心素养的各种关联。

（1）培养学生核心素养，要指导学生通过语文学科学习，逐步提升文化修养，训练科学思维，培养科学精神，形成良好的语言学习能力、学习习惯、学习兴趣，提高正确的鉴赏品位，有效辨析传统文化的优劣能力，逐步形成正确的价值观念、必备品格和关键能力，才能提升语文核心素养，从而在文化基础、自主发展、社会参与等维度提升学生核心素养，达成语文学科立德树人的教育功能。

（2）语文课程需关注学生"语言建构与运用""思维发展与提升""审美鉴赏与创造""文化传承与理解"四个层面素养的提升，着力训练学生在语文学习中获得语言知识和语言能力，培养良好的思维方法与思维品质，形成正确的情感、态度与价值观念。

（3）语文课程中需要创设真实的语言运用情境，开展积极的语言实践活动，着力培养学生的语言能力和品质，积累和建构学生的语文核心素养。

## 三、语言与思维同步共进，提升文化品位

"语言建构和运用""思维发展与提升""审美鉴赏与创造""文化传承与理解"四个方面紧密关联，不可分割。

语文新课程标准专家王云峰教授曾描绘了一幅关于"语文核心素养四个方面是相互统一整体"的结构图，形象地阐述了"语言""思维""文化""审美"四方面素养之间的紧密关联，主要表现在以下三点。

（1）语言承载着文化和审美，语言是思维的表达工具，是思维的外化形式。

（2）"语言建构和运用"是语文核心素养的基础，语文课程思维是与语言密切联系在一起的思维，"语言建构和运用"与"思维发展与提升"是同一过程，同存共进。

（3）"审美鉴赏与创造""文化传承与理解"关乎正确价值观念的形成，但这两者的实现离不开"思维的发展与提升"，因为只有具备优良的思维品质，才能形成正确的鉴赏品位，才能有效辨析传统文化的优劣。

基于语文核心素养的提升，在语文课堂中要注重培养学生建构和运用语言文字的能力，同时训练学生形成良好的思维品质和思维方法，增强学生的文化积淀，培养学生正确的情感态度和价值观。例如，执教苏轼《定风波》时，在引导学生初步朗读课文、理解文意后，学生可能会对文中某些词句有所质疑，比如：为什么"竹杖芒鞋轻胜马"呢？"谁怕"到底是怕什么？"一蓑烟雨任平生"应该怎样理解？"料峭春风吹酒醒、微冷"中"微冷"有何内涵？等等。教师在引导学生厘清文脉时，可结合苏轼因乌台诗案被贬黄州的背景来引导学生品味词句，训练思维。作者在"竹杖芒鞋轻胜马"一句中运用"比喻"与"双关"的修辞手法，意在表明自己的内心世界：在沙湖过闲适自然的隐居生活远比做官自在轻松；同时，根据诗句上文语境"莫听穿林打叶声，何妨吟啸且徐行"可以体察到：作者思考的并非过去风雨飘摇的人生经历，而是充满着对未来隐居生活的向往和追求；后文"谁怕"一词表明作者对隐居生活充满信心，同样"一蓑烟雨任平生"中"烟雨"并非指"人生风雨"，而是与"一蓑"共同组构成一种这样的情境：披着蓑衣，在"烟雨蒙蒙""斜风细雨不须归"的情境中过着闲适自然的隐居生活；因为被贬黄州，"微冷"一词既写出了作者被春风吹醒后感觉到的微微凉意，也表明了作者复杂丰富的内心：既有隐居生活的快意，也有抱负不得施展的惆怅和无奈。如此引导学生结合背景和语境，悉心品味词句，探究作者随缘而适的豁达心境，也就能正确理解作者在黄州选择隐

居的人生态度，体会到其"达则兼济天下，穷则独善其身"的人生追求：既然不能施展政治抱负，与其沉溺于个人的痛苦之中，不如寄情于山水，冷静思考人生的经历，借以消释沉重的内心。深入研读文本的过程中，还可以结合作者在这一阶段写的其他文章如《念奴娇·赤壁怀古》《水调歌头·黄州快哉亭》等文章，实施群文阅读，走近作者，体察苏轼丰富复杂的内心世界。在培养学生建构和运用语言能力的同时，注重提升学生的形象思维和逻辑思维能力，并且由一篇达到多篇，实施专题阅读，增强学生的知识积淀，潜移默化中提升学生的思维品质和鉴赏品位，如此执教苏轼的经典名篇《定风波》，定能提升学生的语文核心素养。

## 第二节　语文核心素养调查与问题分析

为了将课题研究落到实处，真正实现在语文课堂中提升学生的语文核心素养，本课题组制定了"基于语文核心素养培养的教学方式改进的行动研究"调查问卷，在丰台区10所高中学校与部分初中学校近300位中学语文教师中展开了调查。本次调研研究数据主要来自高中语文教师。其中包括丰台区北京市第十中学、北京市第十二中学、北京市第十八中学、首都师范大学附属丽泽学校、中国教育科学研究院丰台实验学校、首都师范大学附属云岗学校、北京市航天学校、首都经济贸易大学附属中学、东铁匠营第一中学、丰台区中心职业教育学校等10所学校102位教师。总体来说，102位高中语文教师就结合调研试卷中关于如何认识和实践"中学生的学生素养""语文学科的核心素养"等方面的问题做了认真的思考和解答。下面我主要从"本次调研试卷的结构设计及试题内容"做一个简要的介绍，并以三类校教师解答的情况，以点带面，分析教师对"在语文课堂中如何提升学生的核心素养"的理解情况，并结合中学语文教师日常教学实情展开分析，为后阶段课题研究做好坚实的铺垫。

### 一、调研问卷简要介绍

本次调研问卷主要分为三大板块——基本信息板块、公共部分板块、学科板块。

基本信息板块主要从学生的年龄、学历、职称、所在年级四个方面展开调查，以便对参加调研的教师做一个基本的了解。

公共部分板块主要围绕"中学生的核心素养框架"，调研教师对于构成学生核心素养的三个维度——"文化基础""自主发展""社会参与"内涵的理解情况，引导教师立足培养学生成为一个全面发展的人而不断研究教育规律，提升语文课堂的教学效果。

语文学科部分主要从三方面设计试题内容。第一方面主要从"语文学科核心素养"的学习观、内涵、培养的活动方式、学习方式等角度设题，以便了解教师对"语文核心素养"相关内容的了解和理解情况。第二方面主要从"语文学科核心素养"的评价方式，即学生学业质量的方面设题，引导教师了解和把握高中学业质量标准的相关内容。第三方面主要从理论和实践层面设题，旨在了解高中语文教师目前在语文教学中提升"语文核心素养"的现状以及困难，以及今后如何从理念和实践层面改进教学策略，提升学生语文核心素养，为本课题研究如何提升学生语文核心素养提供重要的参考数据和研究依据。

## 二、教师调研情况分析

以丰台区二类校北京市第十中学、北京市第十八中学、首都师范大学附属丽泽学校三所学校的调研情况为例，从三大板块具体分析 31 名教师"基于语文核心素养培养的教学方式改进的行动研究"的调研结果，管中窥豹，以期探寻提升语文学科核心素养的策略和方法。

就第一部分教师基本信息调研结果而言，31 位教师，41～50 岁年龄段的教师 18 人，21～30 岁年龄段的教师 4 人，31～40 岁年龄段的 8 人，51～60 岁年龄段的 1 人；从学历角度看，23 位教师是本科学历，8 位教师是硕士研究生学历；就教师职称而言，高级教师 14 人，一级教师 10 人，二级教师 7 人；就所教年级而言，高三教师 11 人，高二教师 10 人，高一教师 10 人。总体而言，31 位教师都是具有较高学历、较为丰富语文教学经验的中青年教学骨干，从这个群体展开调研而获得的结果具有较高的参考价值和可信度。

就第二部分公共部分教师理解程度调研结果而言，本试卷主要从学生的核心素养维度，科学精神的具体内涵，人文底蕴、健康生活、责任担当、实践创新的概念理解等角度设题调研。从教师的解答情况看，31 位教师答卷中，不了解学生核心素养三个维度的有 27 人，答错科学精神内涵的有 28 人，不能准确把握人文底蕴、健康生活、责任担当、实践创新内涵的分别有 12 人、20 人、15 人、13 人。对以上数据统计分析可以得出，教师对于"学生核心素养框架"的理解明显不够理想，如何引导教师充分理解学生核心素养的概念、内涵，引导教师领悟教育教学"立德树人""培养全面发展的人"的教育理念至关重要。

就第三部分学科部分调研结果而言，31 位教师基本上都了解"语文学科核心素养"的基本概念，都认为培养学生"语文核心素养"非常重要或重要，但在具体理解"语文核心素养"的相关内容，以及如何在教学实践中落实"语文核心素养"等方面，31名语文教师的认识水平还是有一定的差别。

首先，就"语文核心素养"相关内容的理解调研情况而言，本调研问卷主要从"语文素养"的概念内涵的理解，"语文核心素养"的构成要素、学习观、培养方式及活动形式等方面进行调研。从调研结果看，31位高中语文教师中，对于"语文核心素养"所蕴含的学习观理解到位，都认为教师讲授、学生被动接受不利于培养学生的语文核心素养。但是，从调研结果看，还有8位教师不能很好地理解"语文素养"的概念、内涵，14位教师不能很好地把握"语文核心素养"构成的四要素及其内涵，6位教师不能从语文学科角度去辨析语文实践活动（阅读与鉴赏、表达与交流、梳理与探究）是专属于语文学科方面的活动形式，只有6位教师了解到目前主要设计了18个任务群，大部分教师没有了解到刚颁布的语文课程标准新增添了3个任务群：如中华传统文化经典研习、中国革命传统作品研习、汉字汉语专题研习等。由此看来，在高中语文教师中普及"语文核心素养"相关知识、辅助教师深度研读课标至关重要。

其次，就教师对"语文核心素养"中的"学生对高中学生学业质量标准"理解情况的调研结果而言，本次调研问卷共设了3道相关试题，如：要达到高中学业质量标准，学生需要完成多少学分；学生学习完必修一到必修四达到了学业质量标准几级；学生在达到几级学业质量标准才能参加高考。试题设计相对简单，意在了解教师对于如何评价学生学业质量标准的把握情况。就统计结果来看，高中教师解答的情况不太理想，31名教师的答卷中，只有4名教师全对，每道题都有近半数教师答错。由此可见，高中教师平时忙于日常教学，对新课程改革中提出的关于如何评价学生的学业质量标准疏于重视，对语文课程标准中提及的相关内容还要进一步落实。

最后，重点谈谈关于教师对目前语文课堂教学中语文核心素养现状（包括困难）的了解，以及今后如何从理论和实践层面在课堂中落实"语文核心素养"培养的调研情况。调研问卷涉及了如下问题。

(1) 您认为目前教学中语文核心素养培养普遍存在的问题有哪些？

(2) 您认为自己在培养学生语文核心素养方面最大的困难是什么？

(3) 您认为教师在培养学生语文核心素养过程中需要哪些转变？

(4) 您认为教学中语文核心素养评价应关注哪些方面？

（5）您认为在日常教学中哪些教学方式利于培养学生的语文核心素养？

（6）您在中学语文教学过程中开展的语文实践活动有哪些？

（7）您认为语文课堂中实行专题式教学主要体现有哪些特征？

（8）您认为语文实行整本书阅读教学主要体现有哪些特征？

（9）在日常的语文教学中，您是如何培养学生的语文核心素养的？请举一例，简述您讲课的课题、教学内容及主要教学方式。

以上 9 个问题，前 4 个问题主要从理念方面调研教师对语文核心素养培养的理解情况，后 5 个问题主要从实践层面调研教师在日常教学中采用何种活动方式，有效提升学生的核心素养。

从 31 名教师作答的情况看，在理念或理论研究方面，大部分教师认为目前语文教学中语文核心素养培养普遍存在的问题是理论和实践两张皮，如何在语文课堂中落实核心素养还欠深入思考、探究；也有相当一部分教师认为目前缺少切实可行的教材依托或可遵循的教学案例，不能给予学生开放的、独立思考的空间；只有少部分教师认为教材内容偏难。绝大部分教师认为自己在培养学生语文核心素养方面最大的困难是理论性太强，实践层面不好操作，缺少专业支持；也有相当一部分教师认为太抽象，自己还没有完全理解其教学理念，学生基础差；只有少部分教师认为教研组层面、备课组层面缺少彼此沟通、共同学习。绝大部分教师认为在培养学生语文核心素养过程中要关注教学理念的转变，由关注知识、能力转向关注学生综合品质的培养；转变教学方式，尊重学生差异，为学生提供多种学习方式；从"语言""思维""审美""文化"四个层面入手提升学生的核心素养；相当一部分教师认为需要关注语文教学本质，在此基础上强化语文素养的培养。绝大部分教师认为在教学中，语文核心素养评价应关注学生对中国传统文化知识的掌握程度，关注学生的学习态度、学习兴趣和学习方式，关注在对应情境下，分析解决语文问题的能力；相当一部分教师认为应该关注学生对基本语文知识的掌握程度。在语文教学实践认识层面，大部分教师都认为在日常教学中情境教学、主题探究、专题性研究学习都有利于提升学生的语文核心素养，一小部分教师认为传统讲授、言语实践活动、双课堂教学也有利于提升学生的核心素养。大部分教师都认为中学语文教学过程中开展的语文实践活动有演讲比赛、辩论赛、话剧表演；只有一小部分教师则认为还有长征路线游学、文化沙龙等，可见部分教师还没有认识到中国革命传统作品研习已经是学生必修的科目，文化沙龙对于训练学生的语言表达能力非常重要等。另外，对于目前开展得如火如荼的专题教学和整本书阅读，如专题教学中体现的特征如核心研究问题、多文本材料、读写共生、创设多样的语文活动情境等，整本书阅读中体现的经典阅读、专题研究、读写一体、网络平台等，还有一小部分教师认识不全面，认识不到创设多样的语文活动情境是有效实施专题教学、提升语文核心能力的重要环节，充分利用网络平台进行生生交流、师生交流是有效开展整本书深度教学的重要策略、训练学生语言表达能力的重要措施。调研问卷中最后一题要求教师结合日常语文教学，谈谈自己是如何培养学生的语文核心素养的。很多教师并未作答，作答的大部分都还不能到位，可见目前的语文教学还停留在以前的单篇教学，还没有条件或者还没有充分展开新课程背景下的语文教学，需要教研员和一线教师充分考虑到学生的学情，改进教学策略，提升语文核心素养。

## 三、语文实践层面的调研

基于语文调研试卷数据的分析，我们中学语文组在实践层面通过日常听课、研讨课、课题研究、专题研究等途径做了深入的分析，例如在 2017—2018 年中学语文组中开展了市级研讨课约 20 节、区级研讨课约 74 节、重要专题研讨活动 13 次、视导听课约 280 节。就 2018 年 10 月 31 日初高中联片教研和教学方式研究课例展示活动，开展了 10 节初中语文学科核心素养的联片教研研究课，研究主题主要涉猎整本书阅读、专题教学、写作训练、综合性学习等。研究方式主要表现为教研员指导、研究课展示、教师研讨、专家点评。开展了 6 节基于核心素养的高中语文课堂教学方式研究活动研究课，研究主题主要涉猎"学习任务群、专题教学、整本书阅读、写作教学"，研究方式主要包括"专家讲座、教研员指导、研究课展示、教师研讨点评"。通过日常的研讨活动和专题研究，关注到教师日常问题，主要表现在以下方面。

### (一) 教学观念陈旧

新课改背景下的语文课堂，部分教师依然不是基于学生学情和核心素养发展的需要开展语文教学，不是为了训练学生的语文能力而设计语文活动，忽视学生思考过程和个性体验，不能有效组织学生自主学习、实践，没有遵循语文学习规律和学生接受程度而开展语文探究活动。

### (二) 任务情境单薄

日常教学课堂中，教师提出的问题针对性、层次性不强，思维空间狭窄，语文活动情境单薄，无法有效形成任务驱动，不能将学习内容和学习进程融汇于任务情境中，引导学生在学中做，在做中学。

### (三) 学科特色隐退

教师重视活动方式的设计与开展、课程资源的开发以及传统文化的传承和理解，如开展"诗歌朗诵会""演讲比赛""辩论赛"等，着力激发学生的语文学习兴趣，但忽略学生语言的建构和运用，忽视学生语言文字运用能力的培养，不注重基于语文能力和语文素养的培养开展语文实践活动（如阅读与鉴赏、表达与交流、梳理与探究等）。

### （四）思维路径断裂

语文课程标准从"语言""思维""审美""文化"四个层面阐析了语文核心素养的内涵，其中"语言的建构与运用"与"思维的发展与提升"关联紧密。新课程背景下的语文教学应实现语言品位和思维的发展同步共进，但是日常教学中教师知识讲析和能力训练零碎重复，缺乏整体感和系统性，不符合语文学习、认知的思维规律。

### （五）评价方式简陋

《普通高中语文课程标准（2017年版）》特色之一是确定了语文课程内容和质量评价标准，因而语文教学评价（包括高考评价）应该与新课程改革背景下的语文学习联系起来，但是丰台区部分学校的语文课堂中教师不重视学习过程，未形成科学的评价标准，不能从各角度、各层面、各方位去考查学生的语文核心素养，不能以发展的眼光看待学生、诊断问题、总结规律，不利于学生不断改进学习方式，促使其语文核心素养的提升，助长其心灵的茁壮成长。

### （六）德育目标标签化

《普通高中语文课程标准（2017年版）》强调语文核心素养是在真实的语文情境下，在语文学习中获得的语言知识与语言能力、思维方法与思维品质、情感态度与价值观的集中体现。在日常语文教学中，教师重视语文教学的育人功能，但是核心价值观的培养渗透生硬，知识与能力目标和情感态度价值观目标脱节，"知识与能力""思维方法与品质""情感态度价值观"三个环节不是一气贯通，衔接紧密，势必背离高中语文学习的基本学习规律。

诸如此类的实践问题确实需要教师引起重视，进行反思并不断改进教学方式，真正基于学生核心素养的发展设计语文实践活动，开展语文教学探究。

## 四、教师理论和实践调研情况反思总结

通过以上调研，笔者认识到要有效开展课题研究、改进语文学习方式、提升学生语文素养，应该注意以下几点。

（1）认真学习《普通高中语文课程标准（2017 年版）》，理解"核心素养""语文素养""语文核心素养"等基本理念，领会新课改理念，用以指导日常语文教学。

（2）新课改背景下的语文教学需要立足语文教学本质，抓住语文教学点，在言语形式中穿行，训练学生运用祖国语言文字的能力。新课改背景下的语文教学依然需要注重单篇教学，引导学生品味语言，训练学生基本的语文能力——理解能力、分析综合能力，发展独立阅读的能力。

（3）新课改背景下的语文教学力求由单篇走向多篇，回避单篇教学环节中的知识讲析、能力训练的零碎化和重复性，围绕某一知识点、能力点，多角度、多层面地实施专题探究，建构起对某一知识点、能力点的认识，从而内化为学生自己的东西，提升语文核心素养。如组织和引导教师研究专题研究性教学和整本书阅读，引导学生聚焦专题，实施专题探究，进行深度阅读，提升学生对社会、自然、人生和自我的认识和见解，增强学生的人文积淀，从多层面、多角度、多方位提升学生的语文核心素养。

（4）在新课改背景下的语文教学，要注重实施任务群教学，积极开展语文实践活动（阅读与鉴赏、表达与交流、梳理与探究等），基于学生学情和现实生活需要的真实语文情境，实施任务驱动，将学习情境、学习内容和学习方式、学习资源加以整合，如在某一语文实践活动中将"听、说、读、写"等语文活动整合在一起，在训练学生阅读单篇文本能力的基础上，实施多文本阅读、群文阅读，多角度、多层面地提升学生的阅读面，开阔学生视野；在此基础上，实施读写结合，训练学生的写作水平。关注读写结合，打通阅读与写作，在尊重语文学科规律的基础上改进教学策略，真正提升学生的语文核心素养。

（5）在新课改背景下积极开展实践语文活动，引导教师充分发动学生，开展丰富多样的语文言语活动方式，从"语言""思维""审美""文化"等维度着力培养学生的语文能力，提升学生语文素养。

## 第三节　语文核心素养实践与养成途径

2017—2019 年这三年注定是不同寻常的三年。乘着新课程改革的东风，沐浴着《普通高中语文课程标准（2017 年版）》理念的熏染，课题组开始高中语文教学的实践与探索。在新教材还没有投入使用、教材资源严重缺乏的背景下，在许多语文专家的指引下，在丰台区高中教师的共同努力下，逐步领会了新课改的精神，并积累了许多教学实践经验，深刻认识到高中语文课程改革中培养学生核心素养、实现立德树人的教育目标的重要性，为以后的高中语文教学积攒了宝贵的经验。

《普通高中语文课程标准（2017年版）》强调，形成语文核心素养的基本途径是语文实践活动，语文实践活动可分为"阅读与鉴赏""表达与交流""梳理与探究"三个方面。这里谈及语文课堂中的探究活动："探究"就是师生在课堂上探讨一个又一个疑难问题，并在这一过程中力求有所发现和创新的过程。"探究能力"是从不同角度和层面对文本内容或形式进行体察、阐发与评价，基于知识和生活积累对文本意蕴进行领悟、探究和阐释。"探究式学习"就是在整个教学过程中，学生在教师的组织、启发、诱导下，针对具体的课堂教学内容，开展有目的的思考、质疑、讨论、探究、表达活动，以实现教育教学效果的最优化。语文学科的"探究式教学"基本特征可以从以下四个环节中来充分展现：师生在语文课堂中生成问题；学生结合相关材料分析问题；学生形成自己独到的见解和发现，解决问题；学生举一反三，触类旁通，探寻到规律性的东西。

由此可见，在语文探究课堂中，要注意营造真实的语言运用情境：基于学情、基于现实生活需求、基于语言实践活动的问题等，实施任务驱动；要开展积极的语文实践活动：在"阅读与鉴赏""表达与交流""梳理与探究"的语文活动中，设计丰富多彩的活动方式（演讲比赛、辩论赛、话剧表演、读书交流汇报等），激发学生兴趣，促进生生对话、师生对话；要有效实施语文探究式教学：以教师为主导、学生为主体，学生聚焦语文学习中的核心问题（语言点），实施任务驱动、开展专题教学（或主题教学），运用语文课程资源，从深度和广度对探究问题进行有目的的思考、质疑、讨论、探究、表达活动，提高学生建构与运用语言、提升与发展语文思维、提高审美鉴赏与创造能力、传承与理解文化等四个方面的语文核心素养。下面主要从四个层面谈谈如何在语文新课改背景下实施语文实践活动探究。

## 一、在新课改背景下如何实施单篇教学

新课改背景下的语文教学，需要立足语文教学本质，抓住语文教学点，在言语形式中穿行，训练学生运用祖国语言文字的能力。因而新课改背景下的语文教学仍然需要单篇教学，品味语言，训练学生基本的语文能力——理解能力、分析综合能力，发展独立阅读的能力。同时，新课改背景下的语文教学，力求由单篇走向多篇，回避单篇教学环节中的知识讲析、能力训练的零碎化和重复性，围绕某一知识点、能力点，多角度、多层面地实施专题探究，建构起对某一知识点、能力点的认识，

从而内化为学生自己的东西，提升语文核心素养。

例如，在执教鲁迅名篇《记念刘和珍君》时，基于学生问题：作者为何"反复诉说"刘和珍"始终微笑着，态度很温和"？引导学生阅读：朱自清《执政府大屠杀记》、石评梅《痛哭和珍》等文章，引导学生探究：作为刘和珍的生前好友，石评梅在《痛哭和珍》一文也说了三次"微笑"，和鲁迅的反复诉说表达效果一样吗？从而探究到内容核心点：鲁迅笔下的刘和珍温柔、和善、柔中有刚，形象更丰满；带起的内容、表达的情感（对刘和珍的赞扬、对反动政府的痛恨以及对刘和珍牺牲的痛惜）各有侧重，彼此映衬，逐层推进，形成了一种"回环往复"的语言结构形式，情感丰富而复杂。在此基础上，教师再组织引导学生归纳思考以下问题：同一情境或情绪在文中"反复"出现，形成"回环往复"的语言结构形式，表达作者复杂、丰富的思想情感。这是本文最重要的语言特点，可以引导学生再找出几处类似表达的词句，分析其表达效果。例如，学生结合朱自清《执政府大屠杀记》等文章继续思考讨论作者为什么反复诉说："我向来是不惮以最坏的恶意来推测中国人的，然而我还不料……""我实在无话可说……可是我还是要说"等问题，从而深层次探究到鲁迅先生对猛士、麻木的国民、反动政府、流言家的丰富而复杂的思想感情（深重的哀痛、无尽的悲哀、极度的愤慨、高度的赞美、殷切的期望等），了解到先生想要表达自己还要继续呐喊，揭露反动政府的罪恶和流言家的丑恶嘴脸，歌颂中国女子的勇毅，唤醒麻木国民的信心和决心。这节语文探究课主要从"始终微笑着，态度很温和"等三处反复诉说的句子入手，引导学生鉴赏了"反复诉说""回环往复"的语言特点，探究了鲁迅先生丰富而复杂的情感内涵；这样的单篇教学，着力挖掘了鲁迅"这位作家""这一篇"独特的教学价值：紧扣"反复诉说、回环往复"的语言表达形式，挖掘作品的艺术价值；这样的语文课堂注重体味语言表现力，紧扣语言形式，挖掘作品内涵及作家情感；这样的长文本阅读教学，需要找准某一教学点，牵一发而动全身："始终微笑着"等三处"反复诉说"拉动全篇的鉴赏。后一课时将以专题阅读形式由"这一篇"拓展到"这一类"，探究作者的青年情结及作者笔下的青年形象，激发学生作为当代青年的社会责任感。这节语文课表面上是实施单篇教学，却是立足单篇实施群文阅读的专题教学，这样的单篇教学，是新课程改革背景下实施语文课堂教学的理想模式，必将有效提升学生建构和运用语言的能力，有效提升学生的语文核心素养。

## 二、新课改背景下如何实施任务群教学和专题教学

《普通高中语文课程标准（2017 年版）》最重要的理念是倡导在语文课堂中实施高中语文学习任务群学习：从祖国语文的特点和高中生学习语文的规律出发，以语文学科核心素养为纲，以学生的语文实践为主线，设计语文学习任务群。语文学习任务群以学习任务为导向，以学习项目为载体，整合学习情境、学习内容、学习方法和学习资源，引导学生在语言学习的过程中提升语文素养。若干学习项目组成学习任务群。

**（一）在新课改背景下如何实施任务群教学，首先应该了解语文学习任务群的特点**

1. 建构全新的课程内容形态和结构体系，指向核心素养培养

18 个学习任务群贯穿必修及选修教材，学习内容、学习目标有差异性，但又彼此渗透融合、衔接延伸，有一定的层次性；任务群由若干学习项目组成，这里的学习项目是一个整合了学习情境、学习内容、学习方法、学习资源的教学单位，是一个体现了素养整合的项目；以语文实践活动为线，实施任务群教学，在学习项目中实施专题教学等，从语言、思维、审美、文化等维度提升学生的核心素养。

2. 重视整合，力求回避单篇教学在任务内容方面的实践偏向

单篇教学讲究知识点逐点讲析，学科技能逐项训练，有时会导致教学环节零碎化、知识讲析能力训练重复化，语文任务群教学讲究高中语文学习情境、学习内容等方面的整合。

（1）学习情境的整合。指向核心素养的教学设计，不是将经典文本、必备知识当成教学的起点，而是结合学习的主题，创设真实的任务情境，将整个学习内容、学习进程都置于问题情境之中，引发学生的言语行为表现。

（2）学习内容的整合。围绕素养设计整合式的单元，注重主次问题、多类文本等内容的系统设计，定位配合。如从任务情境出发，先设计一些综合性强、必须深入探究才能解决的上位问题，再去设计一系列小问题。解决完这些小问题，上位问题就能得到解决，核心知识的学习也会水到渠成，单元目标也得以达成。例如：系统设计各类文本篇目如何精读、略读、快速浏览，篇目如何定位、衔接，多篇文章如何分组、结构等，有效开发利用课程资源。

（3）学习方法的整合。基于单元的整体设计，语文学习活动中听、说、读、写

等言语表现行为，不是单一的技能训练，也不是简单地从主题内容层面上贴标签式的呼应，而是密不可分的整体。

（4）学习资源的整合。注重课内外课程资源的有机整合。教师依托教材，有效利用教材，但不局限于教材；指导学生选择多样的课程资源实施专题探究，这种课程资源可是纸质文本，也可是多媒体资源、网络资源、社区资源等。

3. 以《实用性阅读与交流·演讲词》教学设计为例，简要阐述"语文学习任务群"的"整合"特点

主要分为八个部分：

（1）导语。

（2）任务情境。

成功地完成一次演讲

任务一：认识演讲词。阅读学术文献，了解演讲词写作特点；交流研讨，整理演讲词写作的基本方法。

任务二：撰写演讲词。组成研究小组，编辑《演讲词自选集》；思考讨论，探究形成优秀演讲词的重要因素；交流研讨，小组推荐并赏析优秀演讲词；选择情境任务，撰写演讲词。

任务三：完成演讲。阅读学术文献，了解演讲的特殊要求；交流研讨，小组推荐最优演讲词；创设情境，进行演讲。

（3）学习目标。

研读演讲和演讲词的学术文章，认识演讲词特点，掌握演讲的特殊要求；诵读经典演讲词，善于抓住此类文章的主旨，明确作者的主要观点；赏析经典演讲词的艺术特色，体会演讲词的情感力量和多样化的表现手法，感受作者的人格魅力，体会其历史影响和思想价值；学以致用，学会在不同场合演讲：有对象意识，鲜明生动，明白易懂，力求有个性、有风度。

（4）学习过程。

在教师指导下，实施阅读与鉴赏、表达与交流、梳理与探究的语文实践活动，认识演讲词、撰写演讲词、参加演讲。

以任务二撰写演讲词为例：

第一环节：组成研究小组，编辑《演讲词自选集》。

第二环节：思考讨论，探究形成优秀演讲词的重要因素。

①分工阅读本单元"学习资源"第二组文章（学习资源3~6篇），注意每篇文章前面的"阅读提示"，带着问题研读，并记录下思考的要点。

②一篇优秀的演讲词，首先要达成观点明、情感真、讲逻辑、语言靓等艺术标准，撰写演讲词时如何才能达到这种艺术标准呢？请从本小组研究的主题入手，结合小组的《演讲词自选集》，探究形成此标准的重要因素，完成以下表格。

| 艺术标准 | 形成因素 | 实例说明 |
|---|---|---|
| 观点明确 | 观点清晰　立场坚定…… | …… |
| …… | …… | …… |

第三环节：交流研讨，小组推荐并赏析优秀演讲词。（内容略）

第四环节：选择情境任务，撰写演讲词。（内容略）

（5）学习建议。

关于交流发言注意的因素和评价的标准，如何研读经典演讲词，如何撰写演讲词、参加演讲要注意的因素等。

（6）本单元学习资源。

在阅读与鉴赏环节，教师提供给学生阅读的相关文献、资料等，每篇文章都有"阅读提示"和"单元思考题"引导学生深入探究。

第一组　认识演讲词

①于丽、郑文富《演讲词的文体特点与写作方法》。

②刘虎《老舍演讲词创作的艺术成就》。

第二组　经典演讲词

①马丁·路德·金《我有一个梦想》。

②马克思《在〈人民报〉创刊纪念会上的演说》。

③恩格斯《在马克思墓前的讲话》。

④莫言《讲故事的人——诺贝尔文学奖演讲获奖感言》。

第三组　认识演讲

①王京京《演讲中的情感把握》。

②杨益斌《鲁迅演讲的选题、标题和点题艺术》。

（7）课外推荐四部著作。

供学有余力的学生参考阅读。（著作略）

（8）评估与检测。

结合《演讲词》的相关内容，选择或提供客观题 3 道，主观题 2 道，检测评估学生的学习效果。

实用类阅读任务群·演讲词任务群教学设计将成功地完成一次演讲作为问题情境，实施任务驱动，通过开展语文实践活动（阅读与鉴赏、表达与交流、梳理与探究），组织学生认识演讲词、撰写演讲词、完成演讲，指导学生在学中做，在做中学，从而增强文化积淀，提高语言品味能力和逻辑思维能力、鉴赏审美品位，潜移默化中提升学生的核心素养。

### （二）在任务群教学背景下有效实施专题教学

专题教学、学习任务群与项目学习关联紧密，思想内涵、思维训练路径极为相似，在学习任务群教学资源极为缺乏的背景下，充分利用旧教材，实施专题教学是贯彻任务群教学、渗透新课改理念的有效途径，真正着眼于学生的成长、发展。主要体现在以下方面。

第一，专题教学中，"专题"来源于学生学习真实情境中的问题，包括从作者、文体、表达方式、学习策略等角度出发，找到的若干篇课文之间的关联点。

第二，专题教学是立足学生、依托教材对某一问题进行的专门研究，涉及"对现有的课程资源以及潜在的课程资源的选择、调整以及相应拓展"。

第三，专题教学以学生为主体，将学生的知识掌握与能力发展作为专题选择的出发点与落脚点。教学重点放在收集、运用材料进行分析综合、鉴赏评价、探究等环节，突出对学生思维方式的培养。

第四，专题教学是对教材和课程设计传统样态的突破，"听讲"不再是学生的主要课堂活动，活动的开展以学生的主动建构为主线，教师以指导者和帮助者的身份出现。

下面展示北京市第十中学李朝晖老师《如何巧用言语策略说服他人》的教学案例，主要是在执教文学作品阅读与鉴赏任务群古代抒情散文教学单元《陈情表》这篇课文时，课堂生成"如何巧用言语策略说服他人"问题情境时实施的专题探究，具体过程如下。

第一阶段：《陈情表》精读，生成问题，任务驱动。

第二阶段：互文比读，整合课内外资源，思考探究。

（1）下发互文比读资料一（《陈情表》《触龙说赵太后》《谏逐客书》《烛之武退秦师》等），学生自读并完成相应的学习任务。【课上进行】

学生思考：主人公进谏的目的是什么？遇到的阻力是什么？进谏成功的因素有哪些？进谏成功最关键的因素是什么？

（2）下发互文比读资料二（《申胥谏许越成》《宫之奇谏假道》《召公谏厉王止谤》《石碏谏宠州吁》等），学生自读并完成相应的学习任务。【课下进行】

学生思考：主人公劝谏的目的是什么？进谏失败的原因有哪些？进谏失败最根本的原因是什么？

第三阶段：师生研讨，归纳总结，深化认识。

课堂研讨：

问题1："一个完整的劝说流程"所包含的阶段，关涉的对象，以及影响成败的因素都有哪些？

问题2：成功或失败的劝说案例背后隐藏的共性是什么？从中看出"用语言说服他人"都有哪些技巧？

第四阶段：读写结合，整合阅读与写作，内化见识。

一次成功或失败的劝说，关涉到的因素是非常多的，但并非毫无规律可言。在学习了《陈情表》及两组比读文章后，相信大家对于"劝说"这门艺术，都有不少自己的理解。请结合学习到的这几篇文章，写一篇文章谈谈如何巧用言语策略说服他人。

要求：角度不限，题目自拟。不少于800字。

## 三、新课改背景下如何实施整本书阅读

《普通高中语文课程标准（2017年版）》强调通过读整本书，拓展阅读视野，建构读整本书的经验，体验读书乐趣，形成适合自己的读书方法，提升鉴赏能力，养成良好的阅读习惯，促进学生对中华优秀传统文化、革命文化、社会主义先进文化的深入学习和思考，形成正确的世界观、人生观和价值观；教师指导学生综合运用精读、略读与浏览等多种方法阅读整本书，读懂文本，把握文本的丰富内涵和精髓；教学以学生利用课内外时间自主阅读、撰写笔记、交流讨论为主，不能以教师的讲解代替或约束学生的阅读与思考，教师应基于自己的阅读经验，平等地参与交流、讨论；教师的主要任务是提出专题目标、组织学习活动，引导学生深入思考、讨论和交流。

基于语文新课标对整本书阅读内涵的阐释及教学建议，我认为在整本书阅读时

要注意以下几点。

教学核心点：由教学点到教学面到整本书，激发阅读整本书的兴趣。

基本思路：疑难—专题—整本书。

教学基本步骤：

第一步：组织学生阅读，集中提炼学生疑难问题，形成教学专题。

第二步：以解决疑难问题为任务驱动，实施专题教学，激发学生阅读兴趣，引导学生梳理情节，品析语言，感受人物形象，进而观照、体验整部作品中辐射出来的时代特征、世态人情、民俗风情、社会环境、人物风貌等。

第三步：联系相关材料，触类旁通，梳理整本书阅读中有规律性的思想内容，探究整本书的文章主旨，体悟作者的写作意图。

北京市第十二中学刘国富老师在执教《边城》时，基于学生的基本学情和教材特点，组织学生阅读《边城》整本书，由学生疑难问题到文本意蕴到作家情怀，取得了良好的效果。教学环节如下。

(1) 组织学生悟读、研读，集中学生问题，形成三个专题。

①边城之美　②悲剧之因　③从文之意

(2) 组织学生联读，关联阅读相关名家评论文章，指导学生欣赏沈从文笔下的边城之美，探析翠翠爱情悲剧之因，探究沈从文的创作意图，从而从三个层面整体认识《边城》的思想内容和艺术价值。

学习方式：组织学生课外阅读和课内交流，随时督促检测指导，实施读写结合，开展丰富的语文学习活动。

下面展示《边城》的研读环节。

第一步，教师布置学生研读《边城》，利用课外时间，一周内读完；要求采用跳读法，关注重点章节、情节，思考解决悟读过程中提出的疑问和困惑之处；再拟几个专题深入研究作者为什么这样写，并就上述问题或专题写成问题感悟和专题探究文章。

第二步，一周后检查研读《边城》落实情况：你提出的问题或探究的专题是什么？你思考探究的结果是什么？并把自己的问题和思考写在随笔本上。课后全班收齐检查，教师批阅。

第三步，教师看了全班同学写的随笔，了解了同学们研读《边城》所思考的问题及解答，归纳提炼为三个专题：①边城之美；②悲剧之因；③从文之意。要求同学们进一步思考研究这三个专题，形成自己的见解。

第四步，教师收齐检查全班研读的《边城》随笔，并利用早读时间、午自习时间在全班表扬、朗读、点评。

## 四、如何通过课程结构化，提升学生的语文核心素养

普通高中语文课程由必修、选择性必修、选修三类课程构成。三类课程分别安排 7～9 项学习任务群。三类课程所赋学分分别为 8 学分、6 学分、8 学分，质量标准水平分级分别为 1～2 级、3～4 级、5 级，与考试评价制度的衔接分别为学业水平合格考、高考、高考（或自考）等。

语文教学和评价是教学环节中的两个部分，彼此紧密关联，不可分割。《普通高中语文课程标准（2017 年版）》最大的特点是进一步优化了课程结构，研制了学业质量标准，各学科明确学生完成本学科学习任务后学科核心素养应该达到的水平，各水平的关键表现构成评价学业质量的标准。学业质量是学生在完成本学科课程学习后的成就表现，语文课程主要通过语文核心素养的四个层面（语言的建构与运用、思维的发展与提升、审美的鉴赏与创造、文化的传承与理解）来检测评价学生语文核心素养及其表现水平。

《普通高中语文课程标准（2017 年版）》强调高中各级考试的测试原则如下。

（1）以语文核心素养为考查目标，依据高中学生语文学业质量标准相应阶段要求，通过"阅读与鉴赏""表达与交流""梳理与探究"等语文实践活动，呈现核心素养的发展过程与现有水平。

（2）以情境任务作为试题载体，让学生在个人体验、社会生活和学科认知等特定情境中完成不同学习任务，呈现语文学习的不同表现。

（3）以综合考查作为命题导向，通过综合性言语实践活动，考查学生语文学习能力和水平。

（4）鼓励测试内容和形式创新，设置多样性和选择性的活动任务，以充分激发学生潜能，展现语文核心素养。

目前，各学科质量水平测试机制尚在探索和不断优化之中，语文合格考试及高考考试测试机制正在稳中求变、不断改进当中。北京师范大学王宁教授命制的一道

高考试题为我们探索新课改背景下的质量水平测试提供了较好的范本。具体环节如下。

请阅读下列文言文片段，回答下列问题。

1. 归去来兮，请息交以绝游，世与我而相违，复驾言兮焉求？

2. 假舆马者，非利足也，而致千里；假舟楫者，非能水也，而绝江河。

3. （华）佗之绝技，凡此类也。

4. 因左手把秦王之袖，而右手持匕首揕之，未至身，秦王惊，自引而起，绝袖。

5. 孔子晚而好易，读之，韦编三绝。

6. 天宝中，益州士曹柳某妻李氏，容色绝代。

问题1：上面6个文言文片段中，都有"绝"这个单音词，从前后文中理解它们的词义，说明这6个词义可以归纳为几个义项，并说明这样归纳的理由。

问题2：你是否还能写出其他含有"绝"这个词的句子？说明出处。

问题3：这些义项有什么关系吗？说明它们的相关处在什么地方？

问题4："断绝""继续""缠绕""缔结""编纂""纲纪""经纬""织维"这些名词，"红""紫""绿"这些颜色词都在"丝"部，说明它们较早的意义都与古人的哪一个生活领域有关？你能从这些词里想象这个领域的生活情景吗？写一篇短文把你的想象描绘出来。

王宁教授的这道试题创新了一种综合性的测试形式，设置一组有内在联系的、指向核心素养的问题或任务。同时，在阅读与鉴赏、表达与交流、梳理与探究等语文实践活动情境中，着眼考查学生的语文素养，避免了过去以单纯的知识点和能力点设计考题，导致死记硬背的教学导向。选用的言语材料贴近学生生活，具有典型性和多样性，充分体现语文学科运用祖国语言文字能力的本质特点。本试题设置主观性、开放性强，能充分展现学生的语文智慧和生活智慧，鼓励学生发挥和创造。

以上是我就丰台区语文学科高中年级如何在高中语文课堂中，逐步提升学生语文核心素养的探索中留下的点滴思考和实践：关于《普通高中语文课程标准（2017年版）》理念理解和实践探索的思考，关于新课改背景下高中语文核心素养理解和单篇教学的思考，关于学习任务群教学和专题教学的思考和实践，关于整本书阅读和学业水平质量检测机制的思考和实践等。拘于水平，限于篇幅，我不能将新课程改革背景下初、高中许多优秀的探索经验一一呈现，只能选取其中某一滴水，以点带面，展现我们中学语文组思考和实践的探索历程。理解还很肤浅，探索还只是摸索，值得高兴的是，新课改背景下的高中语文新教材已发到老师手中，捧着"千呼万唤始出来"的沉甸甸的新教材，我们的高中语文教学将更加任重而道远，我们须继续探索，不懈前行。

## 第四节　语文教学案例与评析

### 课例一　申遗，我们在行动
#### ——"身边的文化遗产"综合性学习阶段成果展示

课例撰写：康玮玮　北京市第十二中学

指导教师：富霄菱　北京教育学院丰台分院

## 一、指导思想和理论依据

**(一)《普通高中语文课程标准（2017 年版)》提出的课程理念**

(1)"积极倡导自主、合作、探究的学习方式。""语文综合性学习，有利于学生在感兴趣的自主活动中全面提高语文素养，是培养学生主动探究、团结合作、勇于创新精神的重要途径，应该积极提倡。"

(2)"努力建设开放而有活力的语文课程。""应拓宽语文学习和运用的领域，并注重跨学科的学习和现代科技手段的运用，使学生在不同内容和方法的相互交叉、渗透和整合中开阔视野。"

**(二)《普通高中语文课程标准（2017 年版)》提出的课程目标**

(1)课程总目标："认识中华文化的丰厚博大，吸收民族文化智慧。""能主动进行探究性学习，在实践中学习、运用语文。"

(2)初中学段目标："能提出学习和生活中感兴趣的问题，共同讨论，选出研究主题，制订简单的研究计划，从报刊、书籍或其他媒体中获取有关资料，讨论分析问题，独立或合作写出简单的研究报告。"

### (三)《语文学科教学改进意见》中的相关建议

"积极拓展、整合教学资源，促进和其他学科的衔接。加强学习过程的开放性、体验性和实践性，构建满足学生个性需求的教与学方式。"

## 二、教学背景分析

### (一)教学内容分析

学生就文化遗产"绢人"进行分组研究，本节课以申遗活动的形式展示研究成果，并通过模拟答辩进行深化交流。

### (二)学习情况分析

在学习能力上，实验班学生具备一定的思辨能力和语言表达能力；能通过小组分工与合作进行学习。但期待尝试更多样的学习手段，进一步提高语文实践能力和探究能力。

在学习内容上，对传统文化兴趣浓厚，已尝试汉字、对联、诗歌等专题学习；期待从社会生活和地方文化中发现更丰富的学习资源，拓展更广阔的学习领域。

## 三、教学目标

(1) 收集资料、调查研究、撰写报告，提高学生的语文实践能力和探究能力。

(2) 鉴赏绢人艺术、探溯绢人历史，以语言文字辅以现代技术手段呈现绢人之美，在语文、美术、历史等跨学科的学习活动中，学生的素养得到多方面提升。

(3) 了解地方文化，提高传承和弘扬中华优秀传统文化的意识。

## 四、教学重点、难点

### (一)教学重点

指导学生进行实践和探究，并进行成果展示。

### (二)教学难点

通过模拟答辩，释疑解惑，提升认识。

## 五、教学过程

| 教学环节 | 教师活动 | 学生活动 | 设计意图 |
| --- | --- | --- | --- |
| 环节一：课堂导入 | 导入语：中华文明博大精深，大智慧的祖先为我们留下了丰厚的文化遗产。在上个阶段，同学们进行了一系列的综合性学习活动，通过自己的行动走进传统文化，对文化遗产的宣传和保护做出了贡献。通过在身边的生活中寻找、发现，同学们一共推选出了 27 项文化遗产。 | 了解同学们推荐的遗产项目：<br>学生 1：孔明锁。<br>学生 2：张家口宣化辽墓。<br>学生 3：太极拳。<br>学生 4：春节。<br>学生 5：北京中轴线。<br>学生 6：卢沟桥。<br>学生 7：星宿。<br>学生 8：南苑。<br>学生 9：中国盘扣。<br>学生 10：驴打滚。<br>学生 11：吹糖人、鼓楼。<br>学生 12：老北京叫卖。<br>学生 13：老北京方言。<br>学生 14：饺子。<br>学生 15：中国结。<br>学生 16：旗袍、古筝文化、空竹。<br>学生 17：历代帝王庙。<br>学生 18：鲁班锁。<br>学生 19：拔河。<br>学生 20：跳皮筋儿。<br>学生 21：中山装。 | 引导学生关注生活中的资源，从中寻找和发现，培养兴趣；通过集思广益，形成积极向上、合作学习的良好氛围。 |
|  | 明确本节课主任务：绢人组研究成果展示。 | 学生 22：绢人。<br>学生 23：汉服。<br>学生 24：宛平城。 |  |
| 环节二：参选小组成果展示 | 教师组织、点评、追问； | （一）第一小组："羽衣霓裳几经沉浮，一段绢丝跌宕千年"。学生结合图片介绍绢人的发展历史。 |  |

| 教学环节 | 教师活动 | 学生活动 | 设计意图 |
|---|---|---|---|
| 环节二：参选小组成果展示 | 教师倾听，并且进行反馈与小结。 | （二）第二小组："赋绢纱以生命，施丝绸以灵性"。<br>学生活动：<br>1. 回顾本组的实践活动。<br>2. 绢人作品实物展示：学生从滑树林工作室借来实物作品"执扇侍女"，借助新技术，向大家展示实物并解说。<br>3. 讲解绢人的制作工艺。<br>【学生讲解实录】<br>同学 A：大家好，我们为大家介绍的是绢人的制作流程。北京绢人的制作运用了雕塑、绘画、缝纫、染织、花丝、裱糊等多种技能。大家跟我看这幅图，这幅图中，绢人的头、脸和手是用蚕丝制作的，而她穿的衣服、戴的所有配饰，以及她手中的道具则是用上等的丝绸和绢纱制成的。<br>同学 B：那么绢人具体是如何制作的呢？绢人的头、手和躯体是分开制作的，绢人头部的制作工艺较复杂。请大家跟我看：这是一个石膏头模，我们在制作前需要准备出来，再在上面糊上三层布，等糊上的布晾干之后，我们就可以进行五官的绘画，以及脸部的装饰了。最后，我们将头部剖开，进行棉花的填充，头就做好了。 | 【补充说明】绢人组的同学申请的是国家级的文化遗产，他们认真学习了《国务院办公厅关于加强我国非物质文化遗产保护工作的意见》，认真地研读了评审标准，关注到四个关键词：历史、工艺和技能、文化、精神，于是分成了四个小组，分别主动展开研究。今天的汇报也通过四个小组依次来呈现；<br><br>引导学生搜查资料、整理文献、提炼概况、梳理绢人的发展历史； |

续表

| 教学环节 | 教师活动 | 学生活动 | 设计意图 |
|---|---|---|---|
| 环节二：参选小组成果展示 | | 同学 A：我来为大家讲解绢人手部的制作。我们需要先用细棉线将5根10厘米长的铁丝的顶端捆在一起，做成手的骨骼，然后，我们需要再用脱脂棉缠在铁丝上面，作为手的肌肉，我们还需要在脱脂棉上缝纫一层手套，这样可以使手的形象更加逼真，最后，我们还需要添加一些手的动作。<br>同学 B：我来为大家讲解绢人的体形制作。我们需要先用金属丝制作出绢人的基本体形，然后再用棉花进行包裹，最后用茸毛等物填充，这样就做好了。<br>同学 A：我们在研究的时候最感兴趣的是绢人身上衣服的花纹是如何制作的。这些衣服看起来好像是绣上去的一样，但其实是运用了赛绣工艺。第一步是挤金，像在蛋糕上挤奶油一样挤在上面；第二步是填白，在金色的线条间填上白色；最后上色，这样一个赛绣工艺品就完成了。<br>（三）第三小组："中国历史的名片，传统文化的使者。"<br>【学生讲解实录】<br>同学 A：绢人主要取材于中国古典文学作品、戏剧作品以及现实生活这两大类。这是中国古典文学的代表《红楼梦系列》。 | 引导学生展示本组的活动过程，鼓励学生走出校园，走出课本，在实践活动中丰富认知，形成独特的体验，增强语文实践能力。 |

续表

| 教学环节 | 教师活动 | 学生活动 | 设计意图 |
|---|---|---|---|
| 环节二：参选小组成果展示 | | 同学 A：这是民间传说故事的代表，这是梁山伯与祝英台羽化成蝶时的场景，这幅是《四大美女系列》，是戏剧作品。这是杨家将穆桂英，让我们一起欣赏她的威武英姿，这是汤显祖《牡丹亭》中的人物，有谁知道他们是谁？<br>同学 B：那位女士应该是杜丽娘。<br>同学 C：男主应该是柳梦梅。<br>同学 A：对！这一幅是京剧人物系列，人物的服装、脸谱、造型等都符合京剧文化的特点。<br>同学 D：我来带大家了解第二大类——取材于现实生活的作品。请大家看，这是《五十六个民族舞蹈娃娃》中的三件作品。这一系列中的每个娃娃都有体现其民族特点的舞蹈动作。这是《大唐风韵》系列作品，其内容与大唐风韵相呼应，反映了唐代各阶层妇女的面貌。这两幅作品都是根据唐代名画制作的，上面这幅《簪花仕女图》描绘的是当时贵族仕女们舒适惬意的生活，而《捣练图》则是她们工作时的场景。我们认为，绢人传达的精神追求也代表着中华民族的性格与精神：有的体现着古代英雄保家卫国、热爱和平的爱国情怀，有的传递着人们对美好生活和爱情的执着追求，凝聚着人性的向善与唯美，还有的体现着我国各族人民团结向上的美好风貌。正因为绢人凝聚着多种中国元素，它成为中国传统文化的使者，走出国门，走进了国际视野。<br>同学 A：绢人曾代表中国多次参加国际的展览。它沟通了中国与各国的国际交流。 | 引导学生结合实物照片进行分类整理和研究，能结合图片进行解说。 |

续表

| 教学环节 | 教师活动 | 学生活动 | 设计意图 |
|---|---|---|---|
| 环节二：参选小组成果展示 | | （四）第四小组："拱着绢人往前走"。<br>【学生活动】<br>1. 回顾绢塑艺人的传承之路。<br>2. 讲述滑树林先生的"三个镜头"。<br>【镜头一】放弃公职，只为绢人<br>【镜头二】倾其所有，拯救绢花<br>【镜头三】潜心研究，精益求精<br>3. 交流感受。 | 引导学生在人物采访和阅读资料的基础上，讲述匠人故事，提高口语表达能力；感受人格魅力，学习工匠精神，汲取精神力量。 |
| 环节三：模拟答辩 | 教师介绍答辩规则，倾听并记录； | 学生进行模拟答辩活动。<br>【答辩片段1】<br>学生评委：第一组同学提到绢人有悠久的历史。其实很多工艺的历史都十分悠久，那么绢人最独特的历史价值是什么呢？<br>同学A：我觉得它体现了我国传统文化悠久的历史，当我们把这些工艺送给亲朋好友或者摆放在家里的时候，可以感到悠久的历史气息。<br>同学B：它不仅仅是一个简简单单的工艺品，它把中国传统工艺和悠久的历史结合在了一起。从工艺上，我们能了解到名著中的人物。他们被表现得活灵活现，栩栩如生。其实大家仔细看就会发现，每一个绢人的每一个动作都表现着这个历史人物的性格、特点，我觉得这就是绢人在历史方面的独特之处。<br>同学C：它是我们中华丝绸文化中很重要的一脉，不但体现了我们中华文化的博大精深，它还融合了我们北京地方的文化特色与文化地位，我觉得这是非常难能可贵的。 | 通过模拟答辩，释疑解惑，提升认识。 |

| 教学环节 | 教师活动 | 学生活动 | 设计意图 |
|---|---|---|---|
| 环节三：模拟答辩 | 教师提问：这样一个有丰富蕴含的民间艺术形式，到了当下社会，似乎变成了非常边缘和小众的存在。到底是什么样的原因使它处在一个这样的困境呢？我们又可以做些什么来帮助它摆脱这样的困境？<br><br>教师回应：如何注入新的活力，除了我们这一代去学习、去传承绢人手艺之外，还需要政府的扶持、社会各界的帮助。 | 【答辩片段2】<br>学生评委：我想请问第三小组，除了题材，你们觉得绢人的文化还体现在哪些方面呢？<br>同学 D：除了题材方面，我认为还有精神。它也传达着中华民族的一些情感，一些希望，对国家的一些期许。就像穆桂英保家卫国的心态，体现出了中国人民的一种奋发的民族精神。<br>同学 F：我觉得绢人能体现中国传统文化的还有它的服饰以及它的那些形态动作。我仔细观察前面同学给我们欣赏的两个作品，《红楼梦》还有《梁山伯与祝英台》我印象最深。他们身上所佩戴的玉佩、香囊，以及衣服上的花纹，都非常符合当时那个时代的历史审美，以及那个时候的传统文化，给我们的感觉好像把我们带到几千年前他们在做出动作的那一刻。<br>【答辩片段3】<br>同学 G：首先，它的制作材料非常昂贵，成本很高。其次，它制作工艺极其复杂，面临着后继无人的状况，没有人愿意去学习。我们可以通过做宣传片，去全国各地开设一些课程，让更多人去了解它，这样可能有更多的人愿意去传承它。 | |

续表

| 教学环节 | 教师活动 | 学生活动 | 设计意图 |
|---|---|---|---|
| 环节三：模拟答辩 | | 同学 H：绢人现在面临的最大问题是没有市场。它属于非常古老的工艺，没有存在感。这需要我们整个社会去集思广益，比如电视台可以拍一些相关纪录片，各行业比较有钱的人可以去资助绢人手工艺者。 | |
| 环节四：现场投票、分享收获 | 组织投票：<br>综合以上两个环节，你是否支持绢人被列为世界文化遗产呢？请大家投票。<br>教师在平板电脑上查看并实时宣布投票结果。<br><br><br><br><br><br>教师现场采访投反对票的同学：为什么不支持？<br><br><br>教师活动 1：组织学生进行分享任务。请分享你在这次申遗活动中的感想和收获，将之凝聚成三个关键词发表在讨论区； | 学生活动 1：用平板电脑为自己赞成的非遗项目投票。<br>学生活动 2：各抒己见，表达自己对于各项目的意见。<br>同学 A 发言：因为我们有两个传统文化项目，一个是春节，一个是绢人。我觉得如果让我从这两个权衡的话，我会选择春节。因为绢人在古时候只有富贵人家才能够去欣赏，而春节不一样。<br>同学 B：我是从很正面的一个角度说的。被列入国家级文化遗产的都是它是濒危项目，我觉得绢人还有着旺盛的生命力，还没有到濒危的地步。它还有发展的前途，有这样的空间。<br>学生活动 3：学生在平板电脑上操作，在讨论区留言。 | 通过现场投票及时评价或充分肯定，以鼓励学生大胆展示、灵活应变或发现不足，从而在下一阶段有所完善；活跃课堂氛围，增强互动； |

| 教学环节 | 教师活动 | 学生活动 | 设计意图 |
|---|---|---|---|
| 环节四：现场投票、分享收获 | 教师活动2：通过同屏展示讨论区学生留下的关键词，并请学生交流感想 | 学生活动4：现场进行交流与互动。<br>【学生交流实录】<br>同学C：我觉得我们需要坚持学习绢人文化，然后去更了解它，帮助它，传承它，发扬它，使它得到进一步的发展。<br>同学D：我认为实践、探究和传承这三个词是可以概括我们整个过程的。因为实践和探究代表的是我们在从参观滑树林先生工作室到收集资料，制作PPT最终展演这么一个过程，我觉得这个过程是我们的学习与发扬的一个过程，我觉得这是十分可贵的。在我们学习绢人之后，我们需要将这种濒危的，宝贵的，美丽的中国传统文化传承下去。 | 引导学生有意识地进行活动后的总结，分享交流，提炼方法，积累开展语文实践活动的经验，并且提高学生的概括能力和口语表达能力。 |
| 环节五：共鸣升华 | 教师活动：总结本课内容，与同学们分享诗歌《与我们同行》：<br>今古一脉，长歌九曲。<br>时光的长剑，无法切断我们对于先人的感念；<br>岁月的浮云，也无法遮蔽先人对我们的凝视。<br>我们需要思考，我们从哪里来？要到哪里去？<br>让我们在思想的田野上踏青，畅想和编织梦想吧！<br>让我们怀着感恩的心，对先人先贤们说：<br>我们充满自豪，因为你们与我们同行！<br>…… | 学生活动：学生一起动情朗诵《与我们同行》 | 《与我们同行》是同学们在采访绢人继承人滑树林时，滑先生为大家深情朗诵过的，当时，同学们深受感动。在这一环节，重温其中的片段，意在激发学生对中华文化的自豪感和责任感，形成情感上的共鸣。 |

## 六、学习效果评价设计

### (一) 评价方式——三级评价

1. 全班评价

课上对本次申遗活动的整体效果进行现场投票。

2. 个人评价

小组结合评价量规进行组内成员互评，推选本小组汇报代表，介绍小组在本次活动中的收获。

3. 小组评价

结合小组展示、答辩情况及小组代表的收获分享，对小组表现进行评价。

### (二) 评价量规

1. 课前准备阶段

(1) 小组活动的有效性。

(2) 小组活动的多样性。

(3) 小组活动的深入性。

2. 课堂实施阶段

(1) 主题（是否鲜明突出）。

(2) 内容（是否具体翔实）。

(3) 表达（是否流畅、有感染力）。

## 七、教学反思与特色说明

这次申遗活动在教研员富霄菱老师、第十二中学胡鸿琳老师和周国庆老师的帮助和指导下顺利开展，带给我和学生新的体验和满满的成就感，这来源于我们在活动过程中的几点与突破。

### (一) 课程资源来源于师生的自主开发

本节课，师生在关注社会生活与地方文化的基础上，自主开发出新的学习资源，拓宽了语文学习和运用的领域。

### (二) 我们力求通过多种形式的实践活动，全面提升学生语文素养

本节课以绢人这一地方文化为载体，通过多种形式的实践活动——收集资料、实地考察、人物采访、撰写报告、口语展示等，学生提高了运用语言的能力，提升

了概括归纳、有理有据表达观点，质疑释疑、个性化评价等思维，在了解绢人的历史与文化的过程中，学会欣赏，收获美的体验，激发传承传统文化的使命感。全面提升了语文核心素养，也充分体现了语文课程的实践性和综合性。

**(三) 这次活动有效利用现代技术，实现了跨学科学习**

学生在语文学科和美术学科的交叉、渗透和整合中开阔视野。借助智慧课堂平板的技术手段，通过同屏分享、抢答投票、实物展台、讨论留言等形式，极大地提高了课堂效率。

同时，这次申遗活动也为我们留下了一些遗憾和思考。

学生在开发资源与检索资料的广度、深度和准确性上，应更有效地指导。学生往往习惯通过上网搜索获得资料，而有时这些资料是杂乱无章的，准确性有待考察，我应指导学生学会利用图书馆、数据库等权威资源进行资料的筛选和辨别。

应鼓励学生更自主地利用科技馆、博物馆等文化资源，拓宽学习领域。本次活动中，我帮助学生联系到南站校区的王岭校长、李玲玲老师，得以顺利参观博物馆并采访继承人滑树林先生，今后，更应发挥学生的自主性和能动性。

应鼓励学生更有效地利用现代技术，比如班级空间、原创网站等形式，及时分享资源，补充资料，避免小组之间的重复工作。在共享的同时，鼓励学生在讨论区分享自己的感受或者质疑，加强互动，时刻关注学生的实际获得，追踪学生的能力成长轨迹。

## 八、案例评析

《普通高中语文课程标准（2017 年版）》明确要求语文课程应"积极倡导自主、合作、探究的学习方式""努力建设开放而有活力的语文课程"。语文综合性学习有利于学生在感兴趣的自主活动中全面提高语文素养，是培养学生主动探究、团结合作、勇于创新精神的重要途径，应该积极提倡。

在综合性学习活动课程中，教师注意拓宽学生语文学习和运用的领域，并注重跨学科的学习和现代科技手段的运用，使学生在不同内容和方法的相互交叉、渗透和整合中开阔视野。

《身边的文化遗产》综合性学习活动是统编教材八年级下册中的一个课程。教师利用学校自身的条件很好地开发了学生进行实践学习活动的资源。

北京第十二中学南站校区的"北京绢塑"非物质文化遗产校园博物馆是北京市

第一座校园博物馆。目前，博物馆主要展出北京绢人、北京绢花、北京绒鸟三项绢塑非物质文化遗产，还包括景泰蓝、宫灯制作、面人等其他22项国家级、市级非遗项目展品。

康玮玮老师引导学生关注身边的生活，从中发现问题，寻找课题，并能通过讨论和比较确定最优选题。

在学习内容上，教师并没有直接提供课程资源，学生被动接受，而是引导学生在关注身边的文化与生活的基础上，自主开发出新的课程资源，拓宽了语文学习和运用的领域。在学习方式上，以往遵循传统的课堂教学，学生被动接受学习内容，而本节课重在通过综合性学习活动，提高学生的语文实践能力和探究能力，充分凸显学生的主体地位，实现了教学方式和学习方式的转变。

（点评教师：富霄菱）

## 课例二 "议论与逻辑"系列之一：寻找论证的路径

案例撰写 高嘉敏 北京市第十二中学

指导教师 谢政满 北京教育学院丰台分院

### 一、指导思想和理论依据

根据《普通高中语文课程标准（2017年版）》，语文学科核心素养主要包括"语言建构与运用""思维发展与提升""审美鉴赏与创造""文化传承与理解"四个方面。其中，思维发展与提升是指学生在语文学习过程中，通过语言运用，获得直觉思维、形象思维、逻辑思维、辩证思维和创造思维的发展，以及深刻性、敏捷性、灵活性、批判性和独创性等思维品质的提升。

课程目标中，发展逻辑思维要求学生能有理有据地表达自己的观点和阐述自己的发现。提升思维品质，增强思维的深刻性、敏捷性、灵活性、批判性和独创性。

本节课的教学内容是议论文写作的思维训练。思维是议论文的生命，从审题、立论、谋篇、布局、结尾，以及整个行文中，处处都要运用思维方法。在议论文的三要素中，论点和论据问题一直以来备受重视，但是，议论文如何在"论证"过程进行推进，一直都缺少明确的指导。因此，本节课的定位是引导学生进行思维训练，学习在写作中运用逻辑进行思考和论证，让议论更深刻、充分。本节课将主要学习两种应用最普遍、操作相对简单的逻辑——归纳推理和演绎推理，让学生学会在议论文写作中运用逻辑，有效地提高逻辑思维的能力，让论证更加严密、有序、有力。

## 二、教学背景分析

### (一) 教学内容分析

本节课的定位是引导学生进行思维训练，学习在写作中运用逻辑进行思考和论证。逻辑指的是思维的规律和规则，是对思维过程的抽象。逻辑学是一个庞大系统的学科，传统的、现代的和辩证的、演绎的、归纳的和类比的、经典的和非经典的等。本节课将主要学习两种应用最普遍、操作相对简单的逻辑——归纳推理和演绎推理。归纳推理较容易理解，在写作过程中也经常用到。本节课将从归纳开始讲起，着重强调归纳推理可能出现的逻辑漏洞，培养学生写议论文逻辑严密的能力。演绎逻辑的应用，理解起来较有难度，可以先给出演绎推理逻辑式，再用实例让学生体会这种推理的结构特点，内化这种推理方式在实际写作中的应用，提高议论文的写作能力。

### (二) 学生情况分析

本节课面对的是高二学生，已经历一学期的议论文训练。绝大部分同学已经能够做到提出一个论点，使用一些论据进行论证，有了议论文的"样子"。但是大部分同学整篇文章始终就在一个层面上展开讨论，"好像议论文就是先有一个论点，然后铺开三个例子、四个故事、五个名言，最后得出结论，证明论点"。学生找不到展开论证的路径。而在以往的语文教育中，思维训练尤其是逻辑思维训练一直没有得到重视，学生欠缺高品质的思辨性阅读和表达。希望本课能够切实解决学生思维上的问题，给予学生明确的论证指导，让学生学会运用逻辑思维展开论证。

## 三、教学目标

1. 掌握两种逻辑形式——归纳和演绎
2. 学会在议论文写作中运用归纳和演绎的逻辑进行论证
3. 提升思维品质，加强理性思考

## 四、教学重点、难点

### (一) 教学重点

学会在议论文写作中运用归纳和演绎的方法进行论证。

## （二）教学难点

学会在议论文写作中运用演绎的方法进行论证。

# 五、教学方式

讲授＋引导探究＋训练。

# 六、教学过程

| 教学环节 | 教师活动 | 学生活动 | 设计意图 |
|---|---|---|---|
| 环节一：导入新课 | 导入语：今天，我们上一节作文指导课。请大家回顾一下议论文的三要素——论点、论据、论证。经过上一学期的议论文学习，绝大部分同学已经能够做到提出一个论点，使用一些论据，有了议论文的"样子"。但是，也很多同学反映，在写作中陷入瓶颈，写出来的文章就是先有一个论点，然后铺开三四个例子，最后总结一下论点，甚至有些同学写议论文都凑不够字数。这是因为大家不会展开论证。那么我们怎样展开论证呢？怎样做能让文章更有深度和力度呢？这节课我们就来解决这个问题——寻找论证路径。论证路径在何方？在逻辑！一定要明确，逻辑是论证得以成立的坚实基础。 | 回顾议论文写作的三要素——论点、论据、论证。 | 阐述学生议论文写作的现状，指出学生的问题，让学生知道这节课的学习目标，引入新课。 |

续表

| 教学环节 | 教师活动 | 学生活动 | 设计意图 |
|---|---|---|---|
| **环节二：归纳推理及其在写作中的应用** | 1. 教师活动：举一个归纳推理的例子，讲解归纳推理的公式。<br>例：<br>已知：动物是要死的。植物是要死的。微生物也是要死的。并且，动物、植物、微生物都是生物。<br>可以得出什么结论？<br><br>回看这个推理过程，对它进行抽象处理，可以提炼出归纳推理的公式：<br>A1 具有性质 P，<br>A2 具有性质 P，<br>A3 具有性质 P，<br>……An 具有性质 P。<br>并且，A1∈A，A2∈A，A3∈A（A1，A2，A3 是 A 的部分个别对象）<br>可以得出结论：A 具有性质 P。<br>归纳推理，本质上来讲是一种由个别到一般的推理，由特殊具体的事例推导出一般原理、原则的解释方法。<br><br>2. 教师活动：提问——怎样在议论文中运用这种逻辑形式呢？阅读资料1《谏逐客书》第一段，请同学们分析它是怎样论证的。 | 1. 学生活动：<br>（生答）生物都是要死的。<br>学生可以很容易地回答出上面推理的结论，并理解归纳推理。 | 1. 掌握归纳推理的公式，明确归纳逻辑的内核——列举个例。 |

| 教学环节 | 教师活动 | 学生活动 | 设计意图 |
|---|---|---|---|
| 环节二：归纳推理及其在写作中的应用 | 例：<br>臣闻吏议逐客，窃以为过矣。昔穆公求士，西取由余于戎，东得百里奚于宛，迎蹇叔于宋，来邳豹、公孙支于晋。此五子者，不产于秦，而穆公用之，并国二十，遂霸西戎。孝公用商鞅之法，移风易俗，民以殷盛，国以富强，百姓乐用，诸侯亲服，获楚、魏之师，举地千里，至今治强。惠王用张仪之计，拔三川之地，西并巴、蜀，北收上郡，南取汉中，包九夷，制鄢、郢，东据成皋之险，割膏腴之壤，遂散六国之众，使之西面事秦，功施到今。昭王得范雎，废穰侯，逐华阳，强公室，杜私门，蚕食诸侯，使秦成帝业。此四君者，皆以客之功。由此观之，客何负于秦哉！向使四君却客而不内，疏士而不用，是使国无富利之实，而秦无强大之名也。 | 2. 学生活动：分析案例运用的论证方法。<br>论点——客何负于秦/客使国有富利之实，而秦有强大之名。<br>论证——列举了昔穆公、孝公、惠王、昭王用客取得功业的例子。 | 2. 感受归纳逻辑在论证中的使用。 |
| | 3. 教师活动：再举一个不完全归纳推理的例子，让学生进一步明确归纳逻辑在使用时的注意事项。<br>例：<br>王一是山东人。<br>王二是山东人。<br>王三是山东人。 | 3. 学生活动：积极发表意见。<br>能够举出反例，并且相比第一个归纳逻辑列举包含了全部，这个归纳不是全部。 | 3. 明确归纳逻辑使用过程中的注意事项，注重议论的逻辑严密。 |

| 教学环节 | 教师活动 | 学生活动 | 设计意图 |
|---|---|---|---|
| | 王一、王二、王三都是山东人。<br>所以，姓王的都是山东人。<br>教师活动：提问——这个推理怎么错了？<br>教师活动：归纳就是由个别推出一般，由个性推出共性。归纳存在不完全归纳。所以，使用归纳逻辑需要注意几个原则：<br>原则一——个别事件集合具有普遍性，完全归纳<br>原则二——没有反例<br>原则三——A与P具有明确的因果关系。 | | |
| 环节二：归纳推理及其在写作中的应用 | 4. 教师活动：<br>（1）在这次习作中，有同学就运用归纳逻辑来写作。请大家阅读材料2《"磨"出成功》的作文大纲，你觉得他的论证是否严密？<br>例：<br>标题："磨"出成功<br>①"磨"有着很多种意思，在不同语境中表达着不同的含义，如：磨合、打磨、磨炼等。它还可以代表不同的生活态度。我认为，"磨"带来成功。<br>②磨炼出成功。举例：乔丹磨炼自己，直至成功。<br>③磨合出成功。只有与同伴磨合好，才能更好地进行团队合作，通向成功的彼岸。 | 4. （1）学生：消磨时间不成功，存在反例。 | |

续表

| 教学环节 | 教师活动 | 学生活动 | 设计意图 |
|---|---|---|---|
| | ④打磨出成功。86版《西游记》经过多年打磨才成为经典。<br>⑤但是，"磨"不等于无效率。举例：消磨时间不成功。<br>⑥综上所述，我们要利用正确的"磨"去磨炼自己，磨合他人，慢工打磨，不能磨时间，才能真正磨出成功。<br>(2)教师活动：这篇文章是如何消除核心话题的逻辑漏洞的？<br>(3)教师活动：总结采用归纳逻辑进行论证的原则：<br>原则四——明确概念界定<br>原则五——缩小概念范围。 | (2)学生活动：把"磨"的范围缩小，只说"积极"的"磨"。 | |
| 环节三：演绎推理及其在写作中的应用 | 1.教师活动：运用归纳逻辑进行论证的关键在于列举，而列举穷尽非常困难，比如论证"人是会死的"，列举出所有人，这是不可能的，所以还需要学习另外一种逻辑形式来补充。<br>举例讲解演绎逻辑的公式：<br>例1：<br>已知：凡是生物都会死的。<br>　　　　——大前提<br>人都是生物。<br>　　　　——小前提<br>结论：人是会死的。<br>　　　　——结论<br>例2：<br>已知：知识由教育而得。<br>　　　　——大前提 | 1.学生活动：正确的中项——学习/生产力发展/科技/追求高远/文化繁荣/社会和谐……由于演绎推理理解难度较大，本环节通过一组练习，让学生进一步理解演绎推理的公式，并尝试寻找中项。在课堂练习中，会发现很多同学补充的中项是失败的，导致未能搭建出正确的逻辑式。造成这种现象的原因：一方面是学生不能打开思路，对问题的思考局限在很小的领域；另一方面部分学生对演绎逻辑的理解需要一个过程，今后还需加强练习。 | 1.掌握演绎推理的公式，明确演绎逻辑的内核——搭建中项； |

| 教学环节 | 教师活动 | 学生活动 | 设计意图 |
|---|---|---|---|
| **环节三：演绎推理及其在写作中的应用** | 人类须有知识。<br><br>　　　　——小前提<br>结论：人类必须有教育。<br>　　　　——结论<br>演绎推理由两个含有一个共同项的性质判断做前提，得出一个新的性质判断为结论。经典三段论演绎推理包含三个部分：<br>大前提——已知的一般原理<br>小前提——所研究的特殊情况<br>结论——根据一般原理，对特殊情况做出判断。<br>论证就是推理的"逆行"。<br>为了方便学生理解，用不同颜色明确三段论推理公式：<br>大前提：绿　　蓝<br>小前提：红　　　绿<br>证明：红　　　蓝<br>为了要证明论点红和蓝存在某种关系，需要搭个桥（中项）——绿，只需要证明绿和蓝存在关系，红和绿存在这种关系，那么红和蓝存在这种关系。关键就是搭建中项——绿。<br>学生活动：之前的习作《说"安"》，论点是：安定可以使人类进步，运用演绎逻辑来证明这个论点。<br>证明：安定可以使人类进步。<br>（X），可以使人类进步。<br>安定，可以（X）。<br>安定，可以使人类进步。 | | |

| 教学环节 | 教师活动 | 学生活动 | 设计意图 |
|---|---|---|---|
| 环节三：演绎推理及其在写作中的应用 | 2.（1）教师活动：演绎逻辑除了可以帮助我们建构分论点框架外，还可以让我们在进行分论点论证的时候，更加充分。材料3《2号文：磨难，磨出奇迹》，同样是用凡·高的例子来证明"磨难，磨出奇迹"，我们同学的写作是这样的——凡·高经历哪些磨难，创造了什么奇迹，所以，磨难出奇迹。那么，我们来看看范文是怎么写的呢？请同学们阅读材料3《2号文：磨难，磨出奇迹》第2段，按照教师的要求进行标识。<br>例：<br>磨，总给人带来痛苦煎熬之感，沧桑的质感总让人想逃避。然而，有时正是磨难，磨出了奇迹。凡·高的一生充满孤独与被遗弃感，其孤独又令人不堪折磨的悖论撕扯着他的灵魂，让饱受饥寒、家人离别、爱情打击的凡·高备受磨难。饥饿吞噬着他的意志，痛苦的孤独占据着他的灵魂，生活几乎磨灭了他，然而这个无绘画功底又贫穷又不合群的怪异画家依然努力追求艺术与美的信仰，他在几近毁灭式的折磨下励志穿透"绘画的铁墙"，正如加缪所言，明知世界的冷酷与丑恶，也要尽力燃烧，为世间带来 | 2.学生活动：小组合作——用红色笔画出与"磨难"有关的内容，用蓝色笔画出与"奇迹"有关的内容。 | 2.理解演绎推理在议论文写作中的运用——构建分论点/分论点段内论证，让论证更充分。 |

| 教学环节 | 教师活动 | 学生活动 | | 设计意图 |
|---|---|---|---|---|
| 环节三：演绎推理及其在写作中的应用 | 爱和美。他用大片明黄宣泄心中不堪折磨的孤独，在现实的磨砺中不屈与挣扎，战胜一切打击，犹如穿越一道人生的窄门，门后便是几百年来不曾凋谢的灿烂的向日葵，诡秘又充满魅力的星月夜。在与磨难做伴的人生中，他不放弃艺术家追求理想的本质，打磨出炽烈的激情与不朽的成就。<br><br>（2）寻找中项，你能完成几组三段式演绎推理？<br><br><br><br>（3）总结，跟大家自己写的对比一下，这就是用演绎推理和不用演绎推理的区别。通过中项，可以让论证变得丰富而饱满。 | 1. 励志<br>2. 明知冷酷与丑恶，尽力燃烧<br>3. 不屈与挣扎<br>4. 不放弃<br>5. 追求艺术与美的信仰 | 奇迹 | |
| | | 磨难 | 1. 励志<br>2. 明知冷酷与丑恶，尽力燃烧<br>3. 不屈与挣扎<br>4. 不放弃<br>5. 追求艺术与美的信仰 | |
| | | 磨难 | 奇迹 | |

| 教学环节 | 教师活动 | 学生活动 | 设计意图 |
|---|---|---|---|
| 环节四：课堂练笔 | 教师活动：理解了演绎推理的原理和使用之后，我们来尝试运用演绎推理，寻找中项的方式，论证"磨炼铸就成功"。请前三排的同学用演绎逻辑的方式列出论证大纲（列出两条以上的分论点），后三排的同学用演绎逻辑的方式写一段分论点论证。 | 交流练笔成果。<br>生1：磨炼，让人收获良好的心态/磨炼，让人获得能力积淀。<br>生2：磨炼，增加了阅历/磨炼，培养了人独立思考的能力。<br>…… | 作为一节写作指导课，最终还是要落实到练笔上。但是由于时间关系，这部分未能充分展开，因此留为作业完成。 |
| 环节五：总结 | 写作是思维的过程，是思想的存在和表达。思想是一篇作文的灵魂，思想的有无、深浅决定了一篇文章的价值与生命。希望大家今后在写作中能够寻找到议论的路径，绽放思维的火花。 | | |
| 板书设计 | | | |

## 七、学习效果评价设计

### （一）布置作业

分别用归纳和演绎逻辑，写一段论证文字，论证"磨炼铸就成功"。

## （二）评价量表

| 评价方式 | 评价内容 | | | | |
|---|---|---|---|---|---|
| | 评价项目 | 评价等级 | | | |
| | | A | B | C | D |
| 自评 | 对本节知识的兴趣 | 浓厚 | 较浓厚 | 一般 | 弱 |
| | 本节课独立思考的习惯 | 强 | 较强 | 中 | 弱 |
| | 自信心、体验到学习成功的愉悦 | 多 | 较多 | 一般 | 少 |
| | 理解别人的思路，与同伴交流的意识 | 好 | 较好 | 一般 | 弱 |
| | 在知识、方法等方面获得收获的程度 | 高 | 较高 | 一般 | 低 |
| 同伴互评 | 本节课发言的次数 | 多 | 较多 | 一般 | 少 |
| | 发言的质量 | 好 | 较好 | 一般 | 差 |
| | 课堂参与的积极性 | 高 | 较高 | 一般 | 低 |

# 八、教学反思与特色说明

本节课的设计初衷是切实地解决一个学生写作议论文存在的困难。学生从高一第二学期开始学习议论文写作，已经能够写出一篇"像样子"的议论文，但是绝大部分同学的文章只是"徒有其表"，欠缺深度。这个问题不是出在文章上，而是出在思维上，学生没有触及议论的核心——逻辑。因此，这节课的定位就是进行思维训练，学习在写作中运用逻辑进行思考，让议论更深刻、更充分。

整节课的实施过程和教学效果基本符合教师的设计预期。课堂教学氛围较好，学生能够积极思考，略有遗憾之处在于时间不足，课堂练习未能充分进行。从课后作业反馈的情况来看，也基本上达成了教学目的。90%以上的学生可以运用归纳逻辑进行论证（个别同学想不出例子），大约70%的同学能够在写作中合理运用演绎逻辑进行论证，剩余30%的同学表示课上讲的逻辑听懂了，但是在实际写作中想不到合适的中项，还需在今后的写作教学和练习中，反复使用，融会贯通。

本节课只是"议论与逻辑"系列教学的一次尝试，在这次备课中我发现有很多逻辑学的知识可以应用到议论文写作中来，但是这需要运用教师的智慧来进行设计。中学生需要学习一些逻辑学知识来提高思维品质。掌握逻辑之后，如何进行文章写作，仍然是一个复杂的问题。这节课只是学习逻辑的一个起点，也是议论文初级阶段的指导，议论文写作教学任重而道远，需要教师系统科学的设计。

## 九、案例评析

逻辑是议论文的灵魂，但是中学生并没有逻辑学的学习背景和专门的训练，本节课是"议论＋逻辑"的一次教学探索，从课堂效果来看：

第一，本节课充分尊重学情，基于议论文的写作要求进行指导，教学针对性强。

当前高中写作教学的议论文教学中存在的主要问题是，学生写作的观点不鲜明、概念不清楚，论证缺乏逻辑，从而减弱了文章的论辩力度。本节课立足议论文写作的核心问题，聚焦"有逻辑地进行论证"的核心话题，指导学生实施写作训练，训练符合教情学情，指导性和针对性强。

第二，本节课较好地运用了逻辑学的相关理念，理论联系实践，使教学课堂富有思想智慧。

本课教师能很好地学习逻辑理念，并且很好地将深刻的理论渗透进教学课堂中，使课堂具有思辨色彩。教师首先联系生活实际讲透教学理念，然后结合相关习作实例指导学生成功地运用了归纳和演绎，指导有高度，又接地气，符合学生的认识水平。

第三，尤其值得一提的是，本节课注重了配套练习的设置，在教学过程中辅之以评价量表，制定了推理方法的合格标准和优秀标准，做出了教学评一体化的有益尝试。

例如：通过学生的练笔作业，检测学生是否学会用归纳和演绎的方式进行论证。

合格标准：检测归纳逻辑应用的标准——列举出两个人或企业或国家经历磨炼成功的实例，检测演绎逻辑应用的标准——在论点分析中，能够找到两个以上正确的中项，自圆其说进行论证。

优秀标准：能够综合使用归纳逻辑和演绎逻辑进行论证，且论证语言富有文采。

（点评教师：谢政满）

## 【参考文献】

[1] 林崇德. 21 世纪学生发展核心素养研究［M］. 北京：北京师范大学出版社，2016.03.

[2] 傅禄建. 核心素养的认定原则［J］. 江苏：教育研究与评论（中学教育教学），2015（07）：92.

[3] 钟启泉. 核心素养的"核心"在哪里——核心素养研究的构图［N］. 北京：

中国教育报，2015（04）：第 007 版 1-3.

　　[4] 李晓东．理解学科核心素养的三个关键 [J]．重庆：今日教育，2016（03）：15-17.

　　[5] 史宁中．推进基于学科核心素养的教学改革 [J]．北京：中小学管理，2016（02）：17-19.

　　[6] 申屠永庆，缪仁票．"五力"相成评育结合：高中生核心素养培育的校本探索 [J]．北京：中小学管理，2015（09）：15-18.

　　[7] 黄娟华．以培养学生核心素养为目标的高中语文单元教学设计探究 [J]．上海：上海课程教学研究，2016（05）：36-39.

　　[8] 中华人民共和国教育部．普通高中语文课程标准（2017 年版 2020 年修订）[S]．北京：人民教育出版社，2020.05.

# 第三章　基于核心素养的数学教学研究与实践

## 第一节　数学核心素养内涵与解读

人类步入 21 世纪之后，知识的价值越来越重要，尤其是随着信息时代的到来，知识的生产速度与更新速度都在迅速加快，由此对教育提出了新的挑战。传统上那种知识与技能本位的教育已无法适应人们日益复杂的工作环境，人们更需要具有面向未来工作与生活需求的素养。有别于知识与技能，素养是人们通过学习而获得的知识、能力、态度的综合体现。为了适应急剧变化的社会，每个个体必须具备某些共同的关键素养，这些共同的关键素养是最低的共同要求，是个体发展中不可或缺的素养。在此背景下，到底培养什么样的人才能符合时代发展的要求，是各国面临的共同问题。面对这一问题，各国开始对教育进行新探索，核心素养研究应运而生，成为 21 世纪时代与教育的标志，并且有很多国家都把核心素养视为课程的"DNA"，在核心素养理念的引导下构建出适应时代变化与发展的教育体系，以推动教育向前发展。

### 一、核心素养与数学核心素养

#### （一）核心素养

基于价值理念的差异性，不同组织与国家对核心素养的表述有一定的差异，国际上已有的核心素养大致可以分为 4 类：以思维的发展为核心基于成功及美好生活取向，以知识为核心体现以人为本的终身学习理念取向，以价值为核心基于个体发展取向，以关键能力为核心促进教育综合性发展取向。

我国关于核心素养的研究可以分为两条主线：一条是关于我国核心素养体系构建的研究，即解决"教育究竟要培养什么样的人"的上位问题；另一条是对各学科核心素养的构建研究，即解决"如何将核心素养落实在课程设置与教学实践中"的下位问题。除此之外，关于核心素养的内涵、与学科核心素养的关系等一系列问题也贯穿其中。

所以核心素养指的就是那些一经习得便与个体生活、生命不可剥离的并且具有较高的稳定性，有可能伴随其一生的素养。其根本特质不在于量的积累，而在于生命个体品质与气质的变化和提升。

**(二) 核心素养与数学学科核心素养**

素养应理解为"整合了知识、技能、态度、情感与价值观的集合体概念"，并在一定程度上可被看成对于教育领域中一贯强调的素质这一概念的具体解释或必要发展。核心素养可被看成数学素养、语文素养、物理素养等各个学科素养的总和，建构核心素养指标体系的目的是将核心素养落实与推行到具体的教育中，因此每一项核心素养的落实都依赖于核心学科知识的发展和学生理解。我们不仅应当积极提倡各个传统学科的综合，而且应以"整体性思维"去完全取代所谓的"学科性思维"。

由于教育观念由原来的"以知识为本"转变为"以人为本"，人们更加注重对学生的关注，为此有必要从素养发展的角度对不同学科在不同学段的核心素养进行研究，实现核心素养在各学科、各学段的垂直贯通。数学学科由知识本位向育人本位的转变也是时代发展的必然趋势，其中"培养什么样的人"的问题处于转变的关键地位，要想以人为本地思考这一问题，建立起宏观教育目标与教育实践的桥梁，核心素养的确定就显得至关重要。数学作为人类文化的重要组成部分，它倡导的不是"死读书"或者"读死书"，而是"知其然，知其所以然"，是能举一反三、活学活用，是成为未来公民"所必须具备的一种基本素质"。所以，将素养结构核心化和学科化，用核心素养指导和辐射数学学科，让数学"教学"升华为"教育"，为的便是有效帮助学生具备数学中最核心的思维品质和关键能力，完成自我实现，适应自身与社会发展的需要。数学核心素养包括：数学抽象、逻辑推理、数学建模、直观想象、数学运算和数据分析 6 个部分。

**(三) 数学学科核心素养与数学能力**

教育部制定的《普通高中数学课程标准（2017 年版）》明确指出，数学核心素养是数学课程目标的集中体现，是在数学学习的过程中逐步形成的。数学核心素养是具有数学基本特征的、适应个人终身发展和社会发展需要的人的思维品质与关键能力。

核心是相对外围而言的，有两层意思：一是关键，是指个体在 21 世纪生存、生活、工作最关键的素养；二是共同，是指课程设计所面对的某一群体所需要的共同素养。

研究各个学科的核心素养，就是要通过学科核心素养的落实转化为学生的素质。一个人的素质是经过一门一门学科的学习实现的，而不是简单地增加一些内容。因此，素质教育反映在整个学校的教育教学之中，反映在课程、活动中，反映在学校的显性和隐性的文化中。数学核心素养，覆盖了知识与技能、思维与方法、情感态度与价值观等多个不同的成分或维度。

## 二、研究现状

国内关于数学核心素养的研究，有一个较长的"孵化"期，大致经历了从数学素养到数学核心词，再到数学核心素养的过程。

华东师范大学的崔允漷教授认为：新中国的课程发展分成三个时期。2000 年以前称为双基时期；2000 年以后称为三维时期；2015 年开始称为核心素养时期。

2000 年版初中、高中数学教学大纲首次以国家文件的方式提出数学素养这一概念，并将"思维能力、运算能力、空间想象能力（空间观念）、解决实际问题的能力、创新意识、良好的个性品质和辩证唯物主义观点"纳入数学素养范畴。

《义务教育数学课程标准（2011 年版）》首次出现了核心词的提法："本标准在设计思路中提出了几个核心词：数感、符号意识、空间观念、几何直观、数据分析观念、运算能力、推理能力、模型思想以及应用意识和创新意识，它们是义务教育阶段数学课程内容的核心，也是教材的主线。"并指出"在设计试题时，应该关注并且体现"这几个核心词。

基于上面的原则，我们需要描述，通过高中阶段的数学教育，培养出来的人是什么样的。数学是基础教育阶段最为重要的学科之一，通过基础教育阶段的数学教育，不管接受教育的人将来从事的工作是否与数学有关，终极培养目标都可以描述为会用数学的眼光观察现实世界，会用数学的思维思考现实世界，会用数学的语言表达现实世界。本质上，这"三会"就是数学核心素养，也就是说，这"三会"是超越具体数学内容的数学教学目标。数学的眼光，就是数学抽象和直观想象；数学的思维，就是逻辑推理和数学运算；数学的语言，就是数学模型和数据分析。

总之，数学核心素养是诸多数学素养的核心，是与一定情境相关的，可以通过人的行为表现出来的，是学生终身发展与适应社会发展所需要的关键能力、思维品质和行为准则。它兼具内隐性和统摄性，既是学生在数学相关活动中内化的、稳定持久的数学思想、意志和品质，又是凝聚数学知识能力等的结晶。

## 三、关键词的界定

### 1. 素养

素养是指一个人的素质和修养，是个人的才智、能力和内在涵养，是才干和道德力量的综合。

### 2. 核心素养

核心素养是学生在接受相应学段的教育过程中，逐步形成的适应个人终身发展和社会发展需要的必备品格和关键能力。所以核心素养是个体在解决复杂的现实问题过程中表现出来的综合性能力。它不是简单的知识或技能，而是以学科知识技能为基础，整合了情感、态度和价值观在内的，能够满足特定现实需求的综合性表现；是不同学习领域、不同情境中都不可或缺的共同底线要求；是必备品格与关键能力，是所有学生应具有的最关键、最必要的共同素养；是后天教育的结果，它有别于一个人潜在的能力。

### 3. 数学核心素养

数学核心素养是具有数学基本特征的适应个人终身发展和社会发展需要的人的关键能力与思维品质。数学核心素养不仅包含外显能力，还包含内在思维品质。我们认为新的高中数学课程标准中提出的 6 个数学素养是全面、准确的，即数学抽象、逻辑推理、数学建模、直观想象、数学运算、数据分析。

### 4. 教学方式

教学方式是为完成教学任务而采用的办法，它包括教师教的方法和学生学的方法，是教师引导学生掌握知识与技能、获得身心发展而共同活动的方法；是在教学过程中，教师和学生为实现教学目标，完成教学任务而采取的教与学相互作用的活动方式的总称。

针对以往教学方式存在的不足，通过教学方式改进的行动研究，将对数学核心素养的养成具有积极的促进作用。

# 第二节　数学核心素养调查与问题分析

## 一、调查目的

（1）了解教师对核心素养理论体系的实际掌握状况。

（2）了解教师现有教学方式与学生学习方式的真实情况。

通过对所收集到的数据进行分析，能够得到有别于经验主义的研究资源，为教师提升教学的有效性提供帮助，同时有利于北京教育学院丰台分院中学教研室厘清"十三五"课题研究的问题并确定研究方向。

## 二、调查方法与对象

### （一）调查方法

本研究采用纸质问卷调查（采用纸笔作答的方式，再利用电脑对数据进行分析）和网上调查（能直接生成调查报告）相结合的调查方式。

### （二）调查对象

基于调查目的，本次调查对象选定为北京市丰台区初中和高中的数学教师。参与网上调查的数学教师共 251 人，收回有效问卷 251 份；参与纸质问卷调查的数学教师共 50 人，经筛查收回有效问卷 38 份。

## 三、调查问卷及结果分析

### （一）设计调查问卷

在总结已有经验的基础上，结合我区的具体实际设计了调查问卷。调查问卷主要围绕以下 6 个问题展开：

（1）你对核心素养了解多少？

（2）你对数学学科核心素养了解多少？

（3）你对数学课堂教学的教学方式了解多少？

（4）你在平时数学教学中使用的方法和习惯是什么？

（5）你对《普通高中数学课程标准（2017 年版）》了解多少？

（6）你对评价及反思的思考有哪些？

### (二) 调查问卷框架

此次调查问卷的框架设计如下。

| 一级维度 | 二级维度 | 三级维度 | 题号 | 题量 |
|---|---|---|---|---|
| 教师的基本情况 | 1. 基本信息 | | 1、2、3 | 3 |
| 核心素养 | 2. 对核心素养的认知 | | 4、5、6、7、8、9、10、33 | 8 |
| | 3. 对数学核心素养的认知 | | 11、12、31 | 3 |
| | 4. 对《普通高中数学课程标准（2017年版)》的认知 | | 23、24 | 2 |
| 教学与评价 | 5. 教学方式和方法 | 教学方式 | 13、14、15、16、25、32 | 6 |
| | | 教学策略 | 17、18、19、20、21、22 | 6 |
| | 6. 评价及反思 | | 26，27，28，29，30 | 5 |

在此框架的基础上，经过反复研讨打磨，编制了"基于核心素养的教学方式与学习方式调查"问卷。该问卷共33道题，其中选择题30道，简答题3道。每题选项设置因题目而异，本问卷预计作答时间为10～15分钟。

### (三) 调查问卷结果分析

1. 教师的基本情况

参与本次调研的教师共301人，收回有效问卷289份。其中年龄20～30岁的教师占比20.07%，30～40岁的教师占比29.41%，40～50岁的教师占比39%，其余为50岁以上。学历水平本科占比85.47%，硕士占比14.19%，博士占比0.34%。教师职称二级教师占比24.22%，一级教师占比33.22%，高级教师占比42.56%。

2. 通过数据分析教师对新课程的认知情况

在调查中，我们重点关注了教师对核心素养、数学学科核心素养的认知情况，对开展探究性教学的认识情况，对《普通高中数学课程标准（2017年版)》的了解情况，以及教师角色与课堂教学模式的改革情况。调查的基本结论如下。

(1) 教师学习核心素养的态度比较积极。

对学生发展核心素养的认知，很了解的教师只有4.84%，基本了解的有

45.67%，剩下的约50%的教师是知道一点或不知道。关于数学学科核心素养的认知，很了解的教师有15.57%，基本了解的有61.94%，情况要好于学生发展核心素养。在这种情况下，有65.4%的教师认为课堂教学的教学方式需要改变，并会积极响应，努力适应；14.19%的教师表示愿意改变，但感觉无从下手；14.88%的教师表示可以接受改变，但担心效果，需要指导，最后有5.53%的教师认为维持原状就很好。通过数据分析，我们认为，数学教师对学生发展核心素养的认知比较有限，需加强学习；对数学学科核心素养的认知较好，但仍需继续加强；对开展新一轮课程改革有比较充分的认识，且愿意积极参与。

（2）《普通高中数学课程标准（2017年版）》的课程体系和结构得到充分认可。

通过数据分析，我们认为，本区多数教师对《普通高中数学课程标准（2017年版）》比较熟悉，对新课程体系和结构有比较深入的了解。教师们普遍认为，在学生发展过程中，最重要的数学学科核心素养是逻辑推理，其次是数学建模，数学运算能力位居最后。对于学生的掌握情况，教师们认为掌握得最好的是逻辑推理和数学运算，掌握得最不好的是数学抽象和数学建模。可以发现，教师们认为，学生应该掌握的和已经掌握的数学学科核心素养之间是存在错位的，因此我们进行新一轮的课程改革是有必要的。

（3）教师课堂施教的模式与角色得到不断改善。

教师们在上新课的时候，有55.02%的教师采取"讲练结合"的教学方法，有38.06%的教师采取"学生分组、共同讨论"为主的教学方法。对于开展探究性教学的方法与原则有60.9%的教师基本了解，32.18%的教师知道一点。

通过调研，可以发现我区大部分的数学教师都充分认识到数学课程应突出基础性、普及性和发展性，应面向全体学生。目前，多数教师已经转变成了课堂教学的组织者、引导者和合作者，教师的教与学生的学正逐渐转变成一个主动交流探索的过程。同时，大量多媒体课件的使用使抽象的教学过程变得更加生动有趣，极大地提高了课堂教学效果。

（4）在教学反思方面做得不足。

数据显示，有3.1%的教师从来不写"反思日志""教学反思"等，29.4%的教师很少写，62.3%的教师有时写，5.2%的教师几乎每天写。课后作业形式主要还是习题、试卷，占比96.19%。

事实上，很多教师认为，在基于核心素养的课堂教学实施过程中存在的主要困难和问题是教师教学任务量大，精力有限。这也是教师们只能有时写"教学反思"的主要原因。这个问题值得深思和研究。

## 四、调查体会

### （一）转变教师的教育观念是新课标理念顺利实施的必要前提

通过调查我们发现，一节传统教学方式的课堂，4.15％的教师讲解时间在10分钟（含）以内，2.77％的教师讲解时间在30分钟以上，其余绝大部分的教师讲解时间在10~30分钟。在采用探究式教学方式的课堂中，有61.25％的课堂学生自主探究时间占一节课的1/3~1/2，教师讲解的时间基本在20分钟以下。

数据看起来不错，但是在实际教学过程中，情况并非如此。在教学中，有的教师总是放不开，觉得有些地方不讲不行，怕学生不理解，这实际上是教育观念的问题。中学数学教师，尤其是过去经验丰富的、具有娴熟的知识和教学基本功的教师，一定要从传统的数学教学模式中跳出来，重新认识数学的教学目标，要从强调双基的1.0教学模式，过渡到三维的2.0模式，现在更要进化到核心素养的3.0模式。为了实施素质教育，培养创新人才，数学教师必须适应新课标，在创新上狠下功夫，努力学习先进的教育理论和教学技术，完善和调整自己的知识结构，深入领会数学的本质，积极投身于课改。

### （二）提高教师驾驭课堂的能力是实现新课标理念的有效途径

在问卷中，50％以上的教师认为自己能够依据学生的不同情况给予分层教学和辅导，60％以上的教师认为能够注意培养学生从数学角度发现和提出问题的能力，分析和解决问题的能力。

在实际教学过程中，做到上述两点的教师却不多。教师有时会因为准备得不充分，结果底气不足，不敢采用启发式、引导式的教学方式，不敢放开课堂；有些教师不知如何应付课堂上"收不回来"的局面，造成课堂"失控"，也不敢放开课堂；结果就是使课堂气氛沉闷，学生情绪低沉，教学效果不佳。因此，作为数学教师，要有意识地挖掘有价值的教学资源，多用身边鲜活生动的材料因势利导，灵活恰当地根据学生的反应调节教学节奏，争取做到控而不死、放而不乱。

### （三）实现"师生共同成长"是新课标理念的重要目标

我们认为，新课程改革并不是传授知识内容的改变，而是我们要摆脱所谓的"师道尊严"，由一名布道者转变成一名组织者、引导者和合作者。学生情感的培养与课堂上师生的民主平等有很大的关系。不尊重学生的教师是得不到学生的尊重的，不允许学生提问、发言的教师是不受学生欢迎的，这样将最终影响教学效果，降低教学质量。应加强对学生的数学学习状况的调查，适应学生心理发展，改善师生关系，把学生的发言权、思考权、选择权等科学地、艺术地交给学生。

### （四）发展学生数学核心素养是数学教育的最终目标

数学教育作为教育重要的组成部分，对学生个性化的成长有着无法忽视的影响。在现实生活中，数学学习是每个人进行其他学习的基石，无论是科学技术还是经济规律，甚至是文化发展，都离不开数学学习。可以说数学学习是全面发展的需要，更是终身学习的前提。它不仅使学习对象掌握与数学相关的理论知识，还会对他们的价值观产生深远影响。从这个角度来讲，用数学的方法进行育人，而不是贴标签式的"情感、态度与价值观"教育，才能使学生的数学学科核心素养得到发展，才能落实立德树人的根本任务。

## 第三节　数学核心素养实践与养成途径

本次研究，我们围绕 6 大数学核心素养之中的 3 项——数学建模、逻辑推理、数据分析，进行了较为深入的研究与实践，从中尝试提炼提升学生素养的策略，从而更好地指导教师的教学实践。

## 一、提升学生数学建模素养途径——做中学

《普通高中数学课程标准（2017 年版）》指出，数学建模活动是对现实问题进行抽象，用数学语言表达问题，用数学方法构建模型解决问题的过程，主要包括：在实际情境中从数学的视角发现问题、提出问题，分析问题、构建模型，确定参数、计算求解，检验结果、改进模型，最终解决实际问题。数学建模活动实际上是课题研究过程从选题、开题、做题到结题的全过程。并且，课标明确要求数学建模活动与数学探究活动以课题研究的形式开展，在必修课程中，要求学生完成其中的一个课题研究。

另外，由于信息技术近年来的迅猛发展，数字工具在数学课堂中的使用逐渐广泛化，它的引入也为学生提供了探索问题的机会。

**(一) 策略一：基于真实情境发现、提出问题**

数学建模活动的开始就是选定研究课题。事实上，一次建模活动的成功正是起始于一个好的选题。这里的"好"不是指这个课题多么深奥，多么"高大上"，而应该是有意义又适合学生。因此，精选探究课题，对于无建模经验的学生和教师来说，在某种程度上会决定该建模活动的成败。那么，该如何精选课题呢？我想，当学生基础弱时，就需要教师花费很多功夫；学生基础比较好时，可以适当放手给学生。选题可以从以下方面进行考虑。

1. 阅读教材或已有研究论文，用同样的方法研究类似问题

如人教 A 版教材在《数学　必修　第一册》中提供了"茶水的温度随时间的变化规律"建模过程。有条件的学校，可以改进实验设计，用温度传感器代替温度计直接连接电脑，得到实验结果，进而提高实验数据的精准性；再或者，我们可以研究冻肉等生鲜食品的温度随时间的变化规律，探究外卖小哥的送餐保温问题等。

2. 阅读教材或已有研究论文，换个研究角度，或者变换问题研究的背景做进一步探究

如北师大版教材在《数学　必修　第一册》中提供了一个生活实例：在一个十字路口，绿灯亮起的 15 s，在一条直行道路上能有多少辆汽车通过十字路口？我们在这个问题的研究基础上，可以考虑变换问题的实际背景。两条车道怎么办？三条车道呢？有无左、右拐弯的情况？是否只考虑单向车道？双向车道呢？或者，研究红绿灯联网时间差问题，如何实现一路绿灯？

3. 寻找隐藏在我们身边的问题

数学来源于现实生活，数学模型是对现实生活的刻画，因此，数学模型无处不在。比如由我们熟悉的搭乘公交车，就可以引出研究某具体公交车的优化线路、某地区的老年人及其他免乘类成本、某具体公交车的最优发车时刻间隔设计以及扶手优化等问题。再比如，正处于青春期的高中学生，可能注重自己的外形与身体健康，那我们可以研究学生的 BMI（身体质量指数），可以研究学生的体育锻炼与 BMI 的关联性分析，可以研究我们宝贵的视力与使用电子产品的时长、学习时长之间的关系，等等。课题无处不在，精选析之，意在体验数学建模全过程，培养学生数学建

模核心素养。

本次在我校开展的建模活动，立足我校学情。在素材把握上，主要将学生的兴趣点与数学结合，最大限度地调动学生的主观能动性。这里，教师精选课题，为学生提供了 9 个可参考研究的问题，选题的方式为学生根据自己能力和爱好自由选择，自由组建团队。在寒假放假前，选题工作已经完成。最终两个班 43 位同学，共分为10 组，每组 4～5 人，每组选定了不同课题。

**（二）策略二：基于个人优势开展团队合作**

选定课题后，学生们开始着手开题前的准备工作，如：明确课题报告的格式，小组分工，确定建模任务规划，设计调查问卷，撰写开题报告，等等。

学生真正经历建模的具体过程如下：

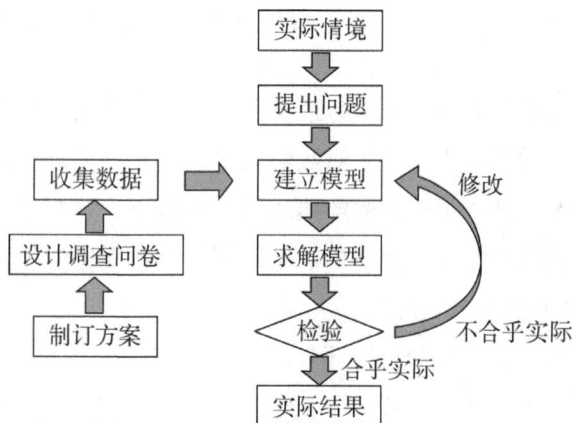

各小组内成员根据自己的分工，完成分内任务，有困难的地方线上相互讨论，互助合作。具体过程分成两步：

第一步：建立数学建模组长群（组长负责制）；

第二步：制定并实施测量（实验）报告，线上、线下收集数据。

**（三）策略三：基于数字工具支持建模活动**

教师通过微信等方式指导学生了解并应用 R 语言等编程软件，对借助 Excel 软件进行的数据处理和数据分析给出具体指导。

设计意图：通过指导学生使用数字工具（统计软件 R、Excel、图形计算器等）和互联网（微信、腾讯会议等）的使用，体会现代科技在解决实际问题中的便利，提升学生的学习热情。

### (四) 策略四：基于答辩与评价促进思维发展

结题以答辩的形式展开。具体执行过程如下：

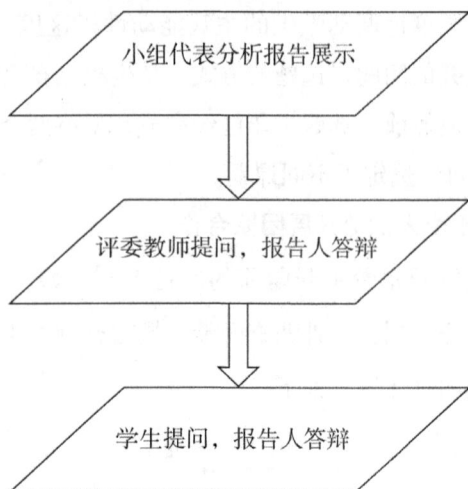

```
┌─────────────────────────┐
│    小组代表分析报告展示    │
└─────────────────────────┘
            ↓
┌─────────────────────────┐
│   评委教师提问，报告人答辩  │
└─────────────────────────┘
            ↓
┌─────────────────────────┐
│   学生提问，报告人答辩     │
└─────────────────────────┘
```

设计意图：通过报告展示、教师与报告人的互动、学生与报告人的互动，进一步突出巩固重点内容教学，引发学生对数学建模进行系列整理与思考。建模展示汇报课的最后答辩环节，评委将依据数学建模的评价要点，评判学生的建模报告达到数学建模素养水平的哪个等级，是否可以结题等，以此促进学生基于数学思维运用模型解决实际问题的综合实践能力。

下面以一个小组为例，展示结题环节。

环节一：小组代表分析报告展示

借助腾讯会议，小组内成员线上分工合作汇报，以不同形式报告，组内学生有人负责总体汇报，有人负责专项汇报，汇报重、难点突出。

设计意图：培养学生学习数学的兴趣，提升学生的自信心。

环节二：评委教师提问，报告人答辩

教师：在你们组的建模报告中，我反复听到了最佳口感温度35 ℃，请问这是如何确定的？

学生：主要是通过网上查阅资料，但是，不同食物的最佳口感温度是不一样的。因为我们选择的是用热水做实验，所以定的这个温度。

设计意图：使学生体会到，建模过程所用的指标要有依据，数学建模的最终目标是要解决我们一开始发现的实际问题，建模一定要和实际接轨。

教师：还有一个问题，你们的这个实验是用一个密闭房间来模拟外卖小哥送餐的保温箱，这样会不会存在很大的误差，你们是如何考虑的？

学生：我觉得这个误差应该不会很大。开始我们说过，选的那个房间是一个小的密闭房间，实验室保证在无风的条件下，并且环境温度选择的是高温环境。如果是送餐保温箱的话，应该和这个房间的环境差异不太大，保温箱内也是一个无风、高温的环境。

教师：那你们组有没有考虑过，这个误差具体有多大，如何修正呢？

学生：根据多次测量吧，反复实验。

设计意图：使学生认识到做数学建模时，首先要考虑的是相关因素及假设，假设要合理，不合理的假设会引起较大的误差。使学生意识到数学建模中误差分析的重要性，引导学生思考，对于人为误差应如何进行误差修正的问题。

环节三：学生提问，报告人答辩

学生1：我发现有一个地方不合理，如果餐食被送到顾客手中时的温度真的就是35℃时，顾客应该是不满意的，应该是吃的时候35℃。送餐人送餐到达目的地时，餐的温度应该是多少？

学生2：应该不是35℃，可能是50℃。

学生3：如果送到目的地时食物的温度算出来了，那能不能实现？

报告人：可以，我们能算出来。比如，我们的食物送到目的地时温度就是50℃，假设我们送餐需要20分钟……

学生1：一般送餐，从做好餐出餐到送到，行业要求多少时间？你们假设的时间符不符合这个行业标准？所以你们组的结论要按实际需求去考虑。

学生2：这样才是回到了你们组研究的实际问题——外卖送餐保温问题研究。

报告人：谢谢大家的意见，我们组会从这出发，先调研外卖行业的送餐时间标准。

设计意图：在学生互相提问中，讨论、思考，产生智慧的火花。

评价数学建模的成果，不仅要关注结果，更要关注过程。评价时要对整个数学建模过程给予评价，评价方式为教师评价、学生小组内评价与学生自评相结合。教师及时对学生的成果给予肯定和表扬，可以增加学生的自信心，提高学生数学学习的兴趣，培养学生充满正能量的情感、态度与价值观；同时也要及时指出学生建模活动中存在的问题和需要改进的内容，并提出改进措施，使学生的建模能力得到进一步提升。

结语：

（1）中学数学建模是一种具有其规定性的课程形态。

中学数学建模课程是教师引导下的，学生自主进行的综合性学习活动，是基于学生的经验，密切联系学生自身生活、学习实际，体现对数学知识的综合应用的实践性课程。它以"问题引领、操作实践"为特征，包含数学建模的典型过程（提出问题和假设；建立数学模型；运用数学方法和计算工具求解；给予结果解释或赋予实际意义；判断结果是否符合实际要求，是否需要修订假设和模型，进入新的求解循环），分为选题、开题、做题、结题4个典型环节。

（2）中学数学建模是一种经验性课程。

作为一种课程形态，中学数学建模打破了数学知识内部严密的知识体系和技能体系的界限，强调以学生的经验、学习实际和社会需要的问题为核心，以问题求解的需要为导向，对学生学过的数学学科内部和跨学科的知识、工具、方法、资源进行整合应用，能有效地培养和发展学生解决问题的能力、探究精神和综合实践能力，有助于学生在活动中积累数学活动经验。

（3）中学数学建模是一种实践性课程。

作为一种课程形态，中学数学建模尤其注重学生学习方式的转变，试图改变学生那种单一的以知识授受为基本方式、以知识结果的获得为直接目的的学习活动。提倡多样化、个性化、有时代特征的学习和实践，如网络搜索、问卷调查、计算机仿真实验、现场观察、合作探究等，强调"做数学、学数学、用数学"，让学生真正动起来。因而，中学数学建模比其他任何数学课程都更强调学生对实际的活动过程的亲历和体验。

（4）中学数学建模是一种"问题引领"、向学生生活领域延伸的课程。

作为一种课程形态，它的突出特征是围绕着一个学生能够提出、发现、解决、理解、拓展的问题或问题串展开的过程。因此，中学数学建模比其他任何数学课程都更强调"问题引领、问题意识和问题解决，强调数学的应用价值、数学与生活的联系"。中学数学建模强调超越教材、课堂和学校的局限，在活动时空上向自然环境、学生的生活领域和社会活动领域延伸，密切关注学生所学的数学知识与自然、与社会、与生活的联系。

课程通过教师对数学建模有目标、有层次的教与学的设计、开展和指导，影响学生的学习过程，改变传统的学习方式，引导学生主动、自主地做数学、学数学、用数学。实现激发学生自主思考，促进学生合作交流，提高学生学习兴趣，发展学生创新精神，培养学生应用数学的意识和能力，最终使学生提升适应现代社会要求的可持续发展的素养。

## 二、提升学生逻辑推理素养的途径——借助画图教学，促进学生思维水平的提升

### （一）逻辑推理素养的内涵

逻辑推理素养是数学学科的核心素养之一，贯穿在学生整个数学学习的始终。它是数学的基本思维方式，也是人们学习和生活中经常使用的思维方式。逻辑推理包括合情推理和演绎推理，合情推理是从已有的事实出发，凭借经验和直觉，通过归纳和类比等推断某些结果；演绎推理是从已有的事实（包括定义、公理、定理等）和确定的规则（包括运算的定义、法则、顺序等）出发，按照逻辑推理的法则证明和计算。在解决问题的过程中，合情推理用于探索思路，发现结论；演绎推理用于证明结论。实际上，在数学运算、数据分析、直观想象中都离不开逻辑推理。

### （二）学生目前的表现及问题和问题归因

目前中学生的逻辑推理素养比较薄弱，无论是教师在平时教学中的观察感受，还是在考试中的数据显示，学生在逻辑推理素养方面都存在较大的问题。

从中考试题的角度看，近几年试题中对推理能力的考查渗透在数与代数、图形与几何和统计与概率各领域的问题中，特别是借助识图、画图、用图能力的考查评价学生推理能力的水平。如 2019 年北京市中考数学试卷中，有 20 道题都与图形有关，占全卷试题的 70%，特别是第 16 题和第 22 题，学生均需借助画图进行推理。下面以第 16 题为例：

16. 在矩形 $ABCD$ 中，$M$，$N$，$P$，$Q$ 分别为边 $AB$，$BC$，$CD$，$DA$ 上的点（不与端点重合）. 对于任意矩形 $ABCD$，下面四个结论中，

①存在无数个四边形 $MNPQ$ 是平行四边形；

②存在无数个四边形 $MNPQ$ 是矩形；

③存在无数个四边形 $MNPQ$ 是菱形；

④至少存在一个四边形 $MNPQ$ 是正方形.

所有正确结论的序号是_____.

第 16 题主要考查平行四边形和特殊平行四边形的判定，从图形的对称性考虑，把对角线作为判定的线索，很容易获得正确的结论，这对学生的推理素养要求较高，学生要清楚平行四边形与特殊平行四边形之间的联系与区别，且能运用运动的观点进行分析；此外，学生也可以借助有序画图分析本题，由于 $M$，$N$，$P$，$Q$ 分别为边 $AB$，$BC$，$CD$，$DA$ 上的点，位置不确定，学生可以通过画图尝试在改变点的位

置的过程中，分析出形状的变化规律，继而根据特殊四边形的判定做出正确的判断。傅种孙老先生所说的"画图即证明"在这道题上有充分的体现。本题的得分率仅为0.51，说明学生对特殊与一般的关系不清楚，且画图技能也较为薄弱。

画图中蕴含着推理，学生画图的过程也是理解题意的过程，能否画出正确的图形，反映了学生是否准确理解了题意。2019年的试题特征充分说明了画图在数学问题解决中具有重要的地位。中考命题者发现教师在日常课堂教学中对画图的重视不够，忽视了对学生画图技能的培养，特别是由于信息技术引入课堂，很多画图环节由课件直接呈现，没有了图形的生成过程，也缺失了教师的画图示范，以至于学生在这方面的能力日益减弱，于是苦心采用考改撬动课改的方式，促使教师们不得不对画图教学在培养学生推理素养方面的作用重新进行思考。

反观我们自身解决问题的过程，你是否有这样的经历？当你遇到与图形有关的复杂问题时，通常会根据题目的表述重新画图，在图形生成的过程中，实现对元素及其关系的再认识，使复杂的问题变得相对简单，从中获取问题解决的思路。此外，有些与数有关的问题也可以借助图形巧妙地解决。正所谓以形助数，可以使得抽象的数学问题形象化。

因此我们开展培养学生画图技能的研究，希望找到提升学生画图技能的途径，从而有效地促进学生推理素养的发展。

### （三）问题解决的方法

初中数学学习的各个领域都有图形的内容。数与代数中有数轴和函数图象，统计和概率中有统计图，实践与综合运用中有图形的操作和设计等，图形与几何部分更不必说，研究对象就是图形，处处有图。在数学学习中，我们常常利用图形进行理解、分析、表达、交流，探索解决问题的方法与策略。

本研究中重点围绕图形与几何中的画图进行分析。在图形与几何的教学中，我们的画图指的是借助画图工具，如刻度尺、圆规、量角器、三角板等，根据题意画出符合要求的几何图形，借助几何直观可以把复杂的数学问题变得简明、形象，有助于探索解决问题的思路，预测结果。

画图技能的培养是分阶段、循序渐进的，我们把画图技能按复杂程度划分为三个水平。

水平一：直观—测量；水平二：翻译—转化；水平三：实施—迁移。

现阶段，由于教研部门在教研过程中的引导，教师们都开始关注日常教学中对学生画图能力的培养，但现实中教师缺乏对画图策略的研究，所以我们期望借助几个小案例给教师们提供相应的策略。

1. 概念形成中画图助理解

几何概念是对图形及其位置关系的文字描述,几何概念的抽象过程是图形、文字、符号表达统一的过程,概念教学中安排学生画图,可以帮助学生更好地识别和判断图形,从多角度认识、理解概念。特别是在几何入门阶段,更要关注画图的要求和示范。如在几何初步的学习过程中,学生从线段、角入手,开启了几何图形的研究之旅。教学初期,多从实例抽象出几何图形,继而对其组成元素及相关元素做进一步研究。如角平分线是学生进入初中学习的第二个图形,在角平分线的教学中,为了让学生了解研究图形的一般内容和方法,教师设计了如下的学生活动,引导学生经历概念的形成过程。

**案例一　角平分线**

活动一:

| | | 线段的中点 |
|---|---|---|
| 概念 | 图形 | 点 $C$ 是线段 $AB$ 的中点(画图) |
| | 定义 | |
| | 符号语言 | |
| 性质 | | |

教师借助表格引导学生课前梳理线段的中点的学习内容与研究的思路,以便类比线段的中点研究角平分线,渗透研究几何图形的一般思路。

此环节要达到画图水平一(直观—测量):能按要求画图,学会三种语言的互译。

以旧引新:线段可以被平分,那么角是否也可以被某个点或某条线平分呢?

活动二:思考

(1) 用什么方法可以快速地把纸片上的已知 $\angle AOB$ 分成相等的两份?

(2) 请你观察下面两个图形中的射线 $OC$,哪条可以看作 $\angle AOB$ 的角平分线?为什么?

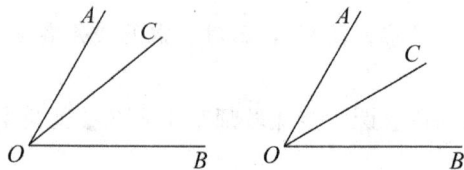

(3) 请写出角平分线的定义并给出图形语言和符号语言。

要达到画图水平二(翻译—转化):由给定的图形,能进行语言的描述,会用符号语言表示。

活动三：巩固新知

（1）已知：如图，射线 $OC$ 是 $\angle AOB$ 的角平分线，图中的三个角之间有怎样的数量关系？

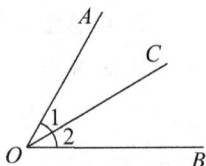

请类比线段的中点的表示方式表示出角平分线：

（2）看图说话：

① $\because \angle 1 = \angle 2$（已知），

$\therefore$ _____。（角平分线定义）

② $\because DE$ 平分 $\angle MDN$（已知），

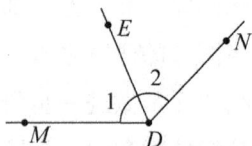

$\therefore$ _____。（角平分线定义）

活动四：画图

已知 $\angle AOC$，请画出它的角平分线 $OD$，画完后和同伴交流一下画图方法。

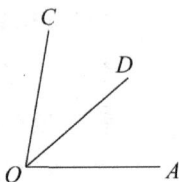

要达到画图水平一（直观—测量）：能够按照明确的指示，利用量角器画图。

活动五：实践交流

已知：如右图，$OD$ 平分 $\angle AOC$，

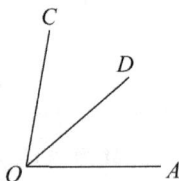

（1）若 $\angle COD = 40°$，求 $\angle AOC$ 的度数。

（2）若 $\angle AOD = 40°$，求 $\angle COD$ 的度数。

（3）若 $\angle AOC = 80°$，求 $\angle AOD$ 的度数。

（4）如下左图，在 $\angle AOC$ 外画一条射线 $OB$，作 $\angle BOC$ 的角平分线 $OE$，若 $\angle BOE = 20°$，$\angle AOD = 40°$，求 $\angle DOE$ 的度数。

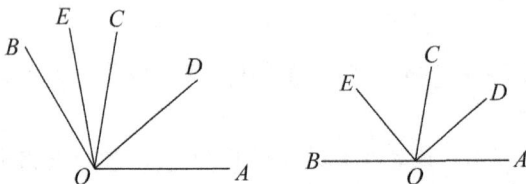

（5）如上右图，若 $A$，$O$，$B$ 三点在同一直线上，$OE$ 平分 $\angle BOC$，若 $\angle AOD = 40°$，求 $\angle DOE$ 的度数。

要达到画图水平三（实施—迁移）：面对与常见任务略有不同的问题情境，能用画图的方法解决。

本节课是角平分线的概念课，授课教师基于画图技能培养促进学生核心素养发展的设计理念进行设计：

（1）关注画图步骤的确定及教师的示范。

对于角平分线的画法，在以前教学中很多教师认为学生会画，默认画图为学生

已经掌握的技能。事实上，忽视了角平分线的规范画图对学生来讲是新知识，同时画图的过程也是对概念理解的过程。关注到这一点，教师引导学生总结出先度量，再计算，然后按度数画射线的步骤，并进行板书展示操作程序，使学生明确画图的步骤。学生在此不是简单地模仿，而是在教师的引导下思考画图步骤与依据，体现细分画图步骤并明确依据的策略。教师要发挥示范作用，在黑板上按步骤规范画图，同时要求学生动手画图。

（2）统筹兼顾画图的三个水平。

教师要求学生能够利用量角器度量角的大小，并在计算的基础上作出角平分线，然后对图形再认识，准确识别不同的角，并明确它们之间的关系，实现画图技能水平一直观—测量；继而根据角平分线的特征，要求学生对三个角之间的关系进行分析，并用文字、符号加以表示完成水平二翻译—转化；最后要求学生用画图的方法解决与角平分线有关的角度计算问题，达到水平三实施—迁移。本节课关于画图的三个水平逐步实现，体现了教师的智慧。

2. 定理探究中画图促生成

傅种孙老先生说，作图和证明定理很相似，在证明定理时没有根据不许开口，在作图时没有成法不许动手，并指出作图题的解法应该按照 5 个步骤描述：①设定；②求作；③作法；④证明；⑤推究。傅种孙老先生认为寻求作图的解法都需要这样的分析过程：①假定图已经作成，画一个草图；②添画有重要关系的点和线；③所有位置已经确定的用特别的颜色和标记标出，所有大小已经求得的用另外的颜色和记号标出，其他逐渐推断和计算出来的就逐渐加上标记；④如果图形大小、位置完全确定就宣告结束；⑤如果不足以完全确定，就再添加次要的辅助线继续研究。

初中课程标准中共有 9 个基本事实，约 50 个定理，这些事实和定理以图形为研究对象，教学中可以让学生经历画出图形的过程，再引导学生观察测量，有利于提出猜想，自主发现结论，并给证明提供思考的方向。例如，在全等三角形的学习中，学生对于全等三角形的判定方法中"已知两边及一边所对的角分别相等的两个三角形是否全等"的理解存在问题，对这条判定方法一般靠死记硬背，这样的后果是学生初学时都能做出准确判断，但是随着时间的推移，知识内容掌握得越来越丰富，图形的复杂程度增加，学生往往会出现混淆，在较为复杂的几何问题中会错用这个假命题。出现这个问题的本质也是学生的推理素养不够。那么如何帮助学生真正理解为什么"有两边和其中一边的对角分别相等的两个三角形不一定全等"，显然仅仅靠教师的讲解和举反例是无助于学生理解的，更无助于对学生的推理素养的培养。在此可以延续对三角形全等判定方法的寻求思路，采用画图的方法，让学生经历画图探究三个条件下三角形全等关系的判断。

### 案例二　再探 SSA

案例中的教师设计了两个学生画图的活动，引导学生经历了在已知"两边及一边所对的角分别相等的两个三角形"这个条件下的"不一定"到"一定"的探究过程。

活动一：已知 $\triangle ABC$ 中，$c=2$ cm，$\angle B=30°$，画 $\triangle ABC$。

（1）$b=3$ cm 时，画图并填表，得到初步发现。

（2）改变 $b$ 的长度，会有不同的发现吗？

教师借助几何画板演示连续变化的 $b$ 值，全体学生观察 $\triangle ABC$ 的个数与 $b$ 的取值范围之间的关系。师生共同归纳一般性发现。

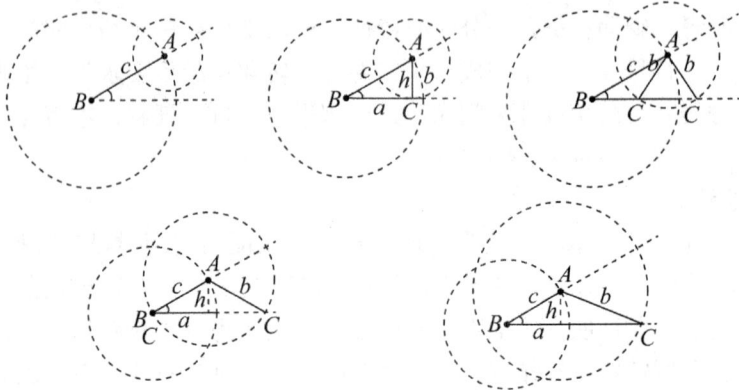

已知线段 $c$、线段 $b$、$\angle B$ 为锐角时，画 $\triangle ABC$ 有如下几种可能：设点 $A$ 到对边的距离为 $h$，则：

（1）当 $0<b<h$ 时，无法画出点 $C$，$\triangle ABC$ 不存在；

（2）当 $b=h$ 以及 $b\geq c$ 时，画出一个点 $C$，$\triangle ABC$ 唯一确定；

（3）当 $h<b<c$ 时，画出两个点 $C$，$\triangle ABC$ 有两个。

活动二：在得到了活动 1 的发现后，你还想改变哪个元素探究呢？

教师组织学生讨论探究思路、方法与猜想，并请学生分享并用课件演示 $\angle B$ 的变化过程.

情况一：当 $\angle B$ 是锐角时，即 $0°<\angle B<90°$ 时。

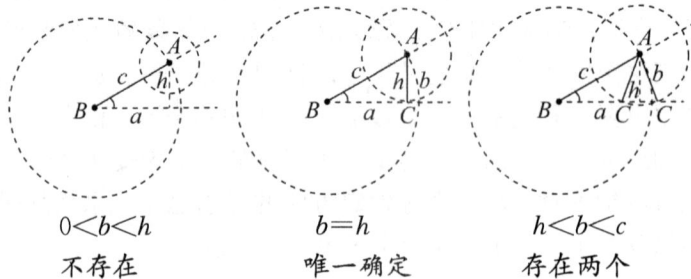

| $0<b<h$ | $b=h$ | $h<b<c$ |
| :---: | :---: | :---: |
| 不存在 | 唯一确定 | 存在两个 |

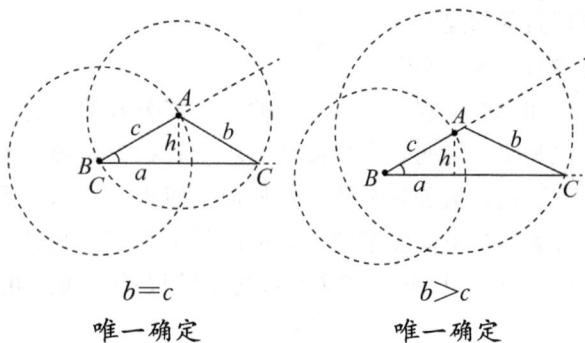

b＝c
唯一确定

b＞c
唯一确定

情况二：当∠B是直角时，即∠B＝90°时。

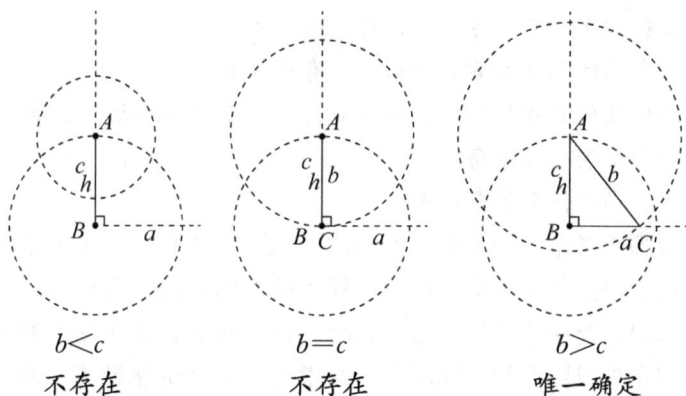

b＜c
不存在

b＝c
不存在

b＞c
唯一确定

情况三：当∠B是钝角时，即90°＜∠B＜180°时。

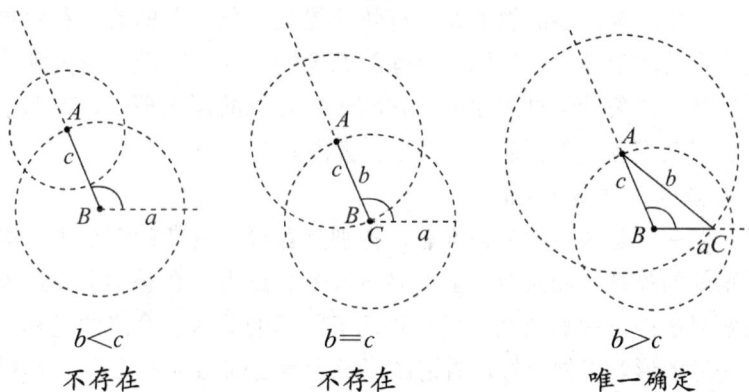

b＜c
不存在

b＝c
不存在

b＞c
唯一确定

师生共同小结：

（1）∠B可以按照锐角、直角和钝角来分类；

（2）由于大边对大角，因此当∠B是直角或钝角时，三角形存在的条件只有b＞c，否则违背了三角形的三边关系。

以上教学过程设计引导学生经历借助画图探究两个三角形关系的全过程，不仅有利于学生理解SSA的使用条件，更是在设计画图的过程中从有序思考到分类讨论，促进了学生推理素养的提升。

3. 知识梳理中画图巧穿"珠"

在复习课中，对知识的梳理是必不可少的，大多数教师让学生自己借助教材回顾所学过的知识，但是事实说明，大多数学生对于教材只是形式上的看一看，效果不好。以什么样的方法进行梳理是有效的？如何在梳理中揭示知识间的联系，继而提升学生的逻辑推理素养？下面的案例应该可以带给我们一些启示。这是一节九年级综合复习课，教师利用三个任务完成了对初中阶段关于角的相等关系的知识的梳理。

**案例三　画一个角等于已知角**

任务一：探究"画一个角等于已知角"的方法。

任务二：对所画的两角相等的图形进行有序分类。

任务三：借助几何画板软件，从图形变换的角度动态演示生成等角图形的过程。

（1）利用图形变换生成等角图形；

（2）在图形运动中识别等角图形。

案例中的教师选择学生乐于参与的画图活动——"画一个角等于已知角"为本节课的主线，以3项任务驱动学生借助多样化的画图方法，以点带面地串联起初中几何的大部分知识，建构了知识网络；同时实现了对隐含等角图形的再认识，特别是运用运动的观点生成图形和变换图形，给学生带来"恍然顿悟"的感受，打破了学生对复习课只是大量地做题的"偏见"，以题带知识点。这种借助画图活动实现温故知新、促进学生思维发展的教学设计有效地提高了复习课的效率和效果，真正体现了以学生为本的教学理念，特别是对画图原理的追问，有助于学生理性精神的培养。引导学生换个视角看学过的知识，有助于对知识的深入理解，有助于方法的掌握，更有利于突破难点。正所谓"小活动，大内涵"。

4. 学习难点处，画图来突破

几何综合题一直是学生学习的难点，特别是在较为复杂的图形中，学生很难找到需要的元素间的关系，如何帮助学生突破这个难点呢？在教学中安排画图过程可以帮助分析题目条件，理解题意。画图展现了图形的分解、合成的过程，教学中让学生重新画一遍图形，以便更好地看清图形及元素之间的位置关系，感受数量关系，建立条件和结论的联系，有效地帮助学生突破难点。下面的案例中，教师开动脑筋，从学生的问题入手，聚焦障碍点，创设画图活动帮助学生经历图形的生成过程，实现由背景图形到目标图形的转化，从而突破圆的综合题的难点。

**案例四　圆中的直角三角形**

（一）课前探究活动

请运用我们所学习过的数学知识，构造一个直角三角形，并说明构造直角三角形的作图方法及依据。

（二）课上交流，归纳方法及依据

方法一．过线段 $AB$ 端点 $A$ 作 $CA \perp AB$ 于 $A$，连接 $BC$；过△$ABC$（四边形 $ABCD$）顶点 $C$（$D$）作 $CD$（$DE$）$\perp AB$ 于 $D$（$E$）。

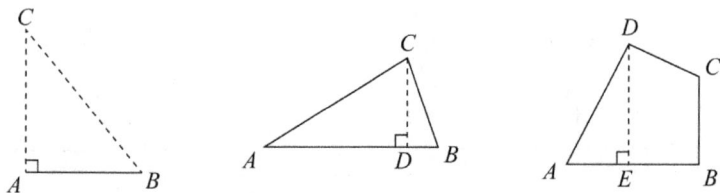

依据：垂直定义。

方法二．作等腰△$ABC$ 底边中线 $AD$。　　方法三．连接矩形对角线 $BC$。

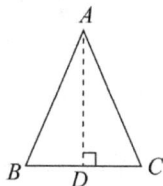　　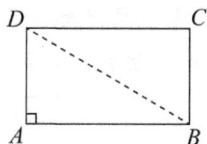

依据：三线合一。　　　　　　　依据：矩形的四个角是直角。

方法四．连接菱形对角线。　　方法五．作⊙$O$ 的直径 $AB$，在圆上任取一点 $C$。

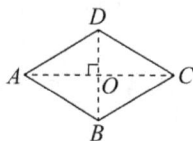　　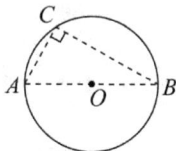

依据：菱形的对角线互相垂直。　　依据：直径所对圆周角是直角。

方法六．作⊙$O$ 的弦 $AB$，过 $AB$ 中点 $E$ 作⊙$O$ 的直径 $CD$。

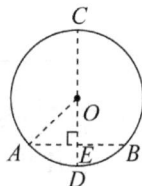

依据：垂径定理的推论。

方法七．过⊙$O$ 外一点 $A$ 向圆作两条切线，切点为 $C$，$B$，连接 $OC$，$OB$。（补充连接 $BC$→垂径定理）

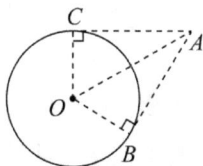

依据：圆的切线垂直于过切点的半径。

方法八．连接平面直角坐标系中 $x$ 轴和 $y$ 轴上的两点 $A$，$B$。过平面直角坐标系内一点 $A$ 向 $x$ 轴作垂线交 $x$ 轴于点 $C$，连接 $OA$。

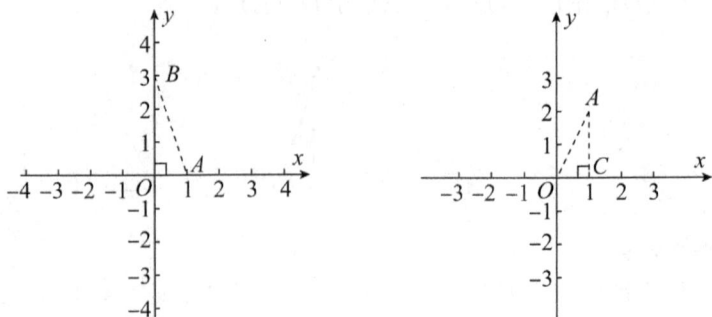

依据：平面直角坐标系定义、点的坐标性质。

（三）归纳方法并提炼关系

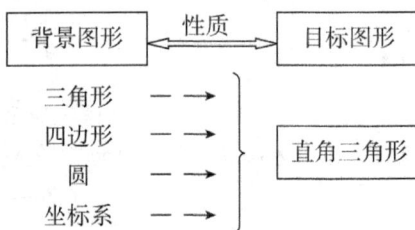

在直角三角形的这一基本图形中，具备两个条件：直角、斜边中点，可以得到 $D$ 为 $AC$ 的中点。

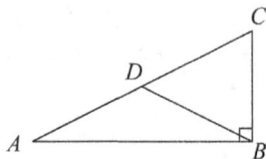

如果图形中已知 $D$ 是 $AC$ 中点，还有哪些图形的性质可以得到直角？

1. 菱形对角线：　　　　　2. 圆的切线：

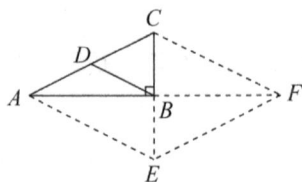 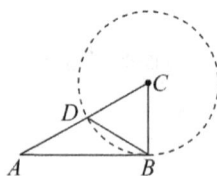 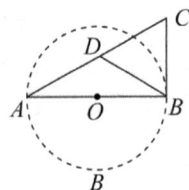

这节课借助图形的生成，将三角形、四边形、圆等相关知识进行整合，通过探究，使学生既可以在直角三角形的基本图形中生成所需背景图形，又能在已知背景

图形中高效地识别出目标图形——直角三角形，并应用直角三角形相关知识解决背景图形的问题，将三角形、四边形、圆甚至是平面直角坐标系等相关知识有机地结合在一起。既完成了知识建构，构造了与直角有关的知识体系，又通过改变题目的背景，使学生感受到在背景的变化下解题思路的一致性，实现多解归一，提升了学生对中考几何综合题的认知，提高了学生对复杂图形的识图能力，拓宽了学生解决几何综合题的思路，为难点的突破打下了良好的基础。

从以上几个案例中可以看到，教师对画图的重视已经提到了教学日程中，体现在教学设计及教学实施中，画图是学生形成几何直观和空间观念的基础，有助于学生更好地观察图形中元素间的位置关系，促进学生识图能力、用图能力的发展。画图分析的过程正是执果索因的过程，画图步骤的设计，遵循操作必有成法的原则，正是言必有据的体现。画图不仅是操作的技能，更是几何思维的具体体现。

### （四）教学建议

画图技能在提高学生推理素养方面的作用毋庸置疑，重视日常教学中画图技能的培养势在必行。抓技能培养从七年级开始，在概念教学中，利用画图及图形变式多角度、多层次地认识和理解概念；在定理教学中，借助画图探究定理的条件和结论；在习题教学中，尝试不给图形，由学生翻译文字和符号语言，自己画图，以期更好地理解题意。此外，以下几点建议需要教师们在教学中关注。

从教师角度：

（1）充分借助板书，以身示范规范画图的过程；

（2）信息技术使用要得当，借助动态生成体现图形生成过程；

（3）关注文字语言、符号语言转换为图形语言的过程，三种语言的互译在教学中要充分体现；

（4）呈现题目时可先不给图形，让学生自己画，然后与题图对照。

从学生角度：

（1）作图工具要齐全，作图过程要规范；

（2）画图题要用铅笔；

（3）一般要画一般图形及具有代表性的图形，不要画特殊图形；

（4）应注意图形比例的真实性。

总之从培养学生的画图技能入手，设计实施适当的教学策略，提升学生的画图水平，提高学生的几何学习能力，进而发展学生的数学核心素养。

## 三、提升学生数据分析素养途径——整体把握概率统计知识，实施"大单元"教学设计

随着时代的发展，我们的日常生活已处在一个信息世界中，数据处理能力已经成为公民应具有的能力，发展学生数据分析的核心素养也自然成为数学教育的目标之一。与数据分析素养相关的主要数学知识是统计与概率。概率的研究对象是随机现象，为人们从不确定的角度认识客观世界提供重要的思维模式和解决问题的方法。统计的研究对象是数据，核心是数据分析，概率为统计的发展提供理论基础。章建跃老师曾说："基于统计与概率的实践品质和应用取向，对培养学生的实践能力和用数据说话的理性精神是其他学科无法替代的"，所以必须把统计与概率作为重要内容纳入中小学数学学习之中。

### (一) 数据分析素养的内涵和期望表现

数据分析素养是指针对研究对象获取数据，运用数学方法对数据进行整理、分析和推断，形成关于研究对象知识的素养。具有一定数据分析素养的学生的主要表现：收集和整理数据，获得和解释结论，概括和形成知识。

《普通高中数学课程标准（2017 年版）》中关于概率统计的学业要求中明确提出：能够掌握古典概型的基本特征，根据实际问题构建概率模型，解决简单的实际问题。能够借助古典概型初步认识有限样本空间、随机事件，以及随机事件的概率。能够根据实际问题的需求，选择恰当的抽样方法获取样本数据，并从中提取需要的数字特征推断总体。能够正确运用数据分析的方法解决简单的实际问题。能够区别统计思维与确定性思维的差异、归纳推断与演绎证明的差异。能够结合具体问题，理解统计推断结果的或然性，正确运用统计结果解释实际问题。由此可见，新课标对大数据背景下的高中学生在数据分析方面对知识理解和应用能力都提出了更高的要求。如何使学生在经历了小学、初中、高中的概率和统计的系统学习后顺利达到课标要求的学业水平是我们中小学数学教师都要研究的长久课题。

### (二) 现阶段概率统计教学的困境

一提及概率统计课的教学，许多教师都显得底气不足，与此对应的是很多调查学生学习兴趣的数据都显示选择"上概率统计课没有兴趣"的人数明显多于选择其他模块的，那么问题出在哪里呢？

笔者认为有两个主要因素，一是由于概率的随机思想和统计预估思想与精准数学存在着明显差异，使得部分教师自身对此部分知识的本质和内在联系挖掘得不够深入，教学方式还停留在轻知识、重习题的应试模式，重视概率统计公式的计算，忽略统计量意义的深度探究，这样的课一定是枯燥乏味的，殊不知随机思想和统计思维的养成，不是一蹴而就的，要通过给学生设计一系列的学习活动，如动手实验、收集数据、分析数据、形成结论等逐渐感悟的。二是区别于其他模块，概率统计的教材编排呈现明显的螺旋上升特点，每学段知识之间既有知识的重复再现，也有知识的进阶提升，部分教师只关注本学段的知识安排，不关注其他学段的知识编排和课标要求，造成知识的重复教学或教学断层，致使学生的学习是割裂的，碎片化的，学习效率大大降低，更何谈数据分析素养的养成与发展？

### （三）整体把握概率统计知识，实现各学段的衔接与融通

基于上述分析，要走出目前概率统计教学的困境，就需要我们教师在教学理念和教学方式上尝试改变。需要教师们具有"大课程""大单元"的教学观念，打通学段的格局，将概率统计中各学段均出现的知识看成一个整体或"大单元"，以单元教学设计和实施为抓手，通过整体把握概率统计知识，突出数学内容本质和联系的教学设计，加强学生学习的实践和体验过程，这样才能促进学生对数学知识真正理解、迁移和应用，提升学生的数学素养。

教学中要整体把握相关知识之间的内在联系与区别，明确相同知识在不同学段的内容要求和学业要求，既做到不仅要明确学生现学段的学习任务和学业要求，还要清楚学生以前的知识储备，更要知晓学生未来的学习前景，避免在教学中出现重复与脱节的授课现象。教学重点应该在原有认知基础上突出新知识与旧知识的联系和进阶的必要性，同时还要对后续相关知识和思想方法有意识地进行适度的渗透和铺垫，使此数学领域的学习是贯通的，即知识螺旋上升，思想逐渐体会，思维拾级而上，真正做到各学段的有机衔接和融通。在各学段的统计概率备课中，我们建议教师关注各学段统计概率知识间的横向联系，从以下几方面着手进行"大单元"教学设计。

1. 整体把握统计量的意义，引领学生运用数字特征分析和表达数据

对于刻画一组数据集中趋势的统计量平均数、中位数、众数，三个学段均有涉及，小学教学重点在简单平均数的应用，对中位数和众数虽没有明确提出定义，但

让学生比较数据的大小顺序和数据出现的次数，也是在有意识地渗透这两个概念在分析数据的作用。

初中教材从学生理解数据的简单平均数入手，引出加权平均数来刻画适当类型的分组数据。平均数在一般情况下可以作为数据一般水平的代表值，但它不是万能的，由于平均数的取值与每一个数据都有关，易受极端数据的影响，从而引出中位数和众数也可以描述数据的集中趋势，告诉学生在不同情境下需要选择恰当的统计量刻画数据的集中趋势，继而教材又继续研究数据的波动程度，介绍方差的统计意义和算法。

高中教材对平均数、中位数、众数、方差的研究又进了一步，站在用样本的数字特征估计总体的数字特征的角度，用平均数、中位数、众数等统计量表达和分析样本数据，体现了用样本估计总体的统计思想。除了必要的数学计算外，还要求学生可以从样本数据的频率分布直方图中估计出总体的平均数、中位数、众数，同样对比平均数、中位数的优缺点，阐述选择恰当的统计量刻画样本数据的集中趋势的必要性。最后介绍用均值与方差描述离散型随机变量的集中和波动程度。

在初中课堂中我们看到，有些教师在平均数、中位数和众数的教学中，忽略了三个数字特征的统计意义的辨析。例如，为什么在有极端数据时，用中位数表达数据的一般水平或中等水平比平均数更合适；又如，数据的中位数与平均数的高低，可说明数据有怎样的特征；等等。教师没有通过设置恰当的问题情境帮助学生对比三个数字特征的统计意义的不同，过分关注计算结果的获得，致使学生到高中学习样本数据的三个数字特征时还要重新理解这三个数的统计意义。对于数据的方差概念的教学只告诉学生计算公式和刻画数据波动程度的结论，至于从数学的角度为什么可以描述数据的波动程度，教学中一笔带过，很多学生到高中完全忘记了方差公式，还要在教师的带领下再次衔接方差的概念和作用，很大程度上降低了学习效率。

有些高中教师在数字特征的教学中，忽略知识间的联系，只满足给学生呈现教材书面的内容，不做更深层次的研究。例如，同样是均值和方差，离散型随机变量的均值（数学期望）与方差和样本数据的平均数与方差之间的区别和联系是什么？应该说离散型随机变量可以看成是刻画某一总体的量，它的均值和方差也就是该总体的均值与方差。一般它们都是未知的，但都是确定的常数。样本的平均值和方差都是随机变量，不同的试验一般会得到不同的样本，随着样本的不同，样本的平均数和方差就会改变，对于简单随机样本，随着样本容量的增加，样本的平均数越来越接近总体的均值，样本的方差也就越来越接近总体的方差。

2. **整体把握统计图表的特征和作用，引领学生使用图表分析和表达数据**

统计图和统计表格是表达数据的最直观的工具，充分体现了数形结合的思想。看懂统计图表是我们在信息时代都应该具备的基本能力，它在日常生活中的应用非常广泛。例如，在关于新冠肺炎疫情的报道中，人们就是通过频数（频率）分布表、折线图、扇形图、条形图等统计图表第一时间掌握疫情的现有状况，专家们通过研究疫情发展趋势图表，做出对疫情发展的研判和抗击疫情的策略指导。

小学数学课程标准中在第二学段要求：认识条形统计图、扇形统计图、折线统计图，能用条形统计图和折线统计图直观且有效地表示数据。初中的第三学段中要求：会制作扇形统计图，能用统计图直观有效地描述数据；能画频数直方图，能利用频数直方图解释数据中蕴含的信息；通过表格、折线图、趋势图等，感受随机现象的变化趋势。《普通高中数学课程标准（2003 年版）》要求：在表示样本数据的过程中，学会列频率分布表，画频率分布直方图、频率折线图、茎叶图，体会它们各自的特点；认识正态分布曲线的特点及曲线所表示的意义。由此可见，中小学阶段对统计图表的课程要求还是比较高的，随着学段的升高，学生对统计图表的认识与应用也逐渐提升，不仅要会分析统计图表，还要能够制作统计图表表达数据。

在教学中，教师应该给学生明晰各种统计图表的特征和作用，这样才能让学生更好地利用统计图表描述数据。常用的统计表格有频数与频率分布表，直接呈现数据间数字的对应关系。统计图中，条形统计图可以清晰直观地表示各种数量的多与少；扇形统计图表可以直观反映出部分与部分、部分与整体之间的数量关系；折线统计图能够直观显示数据的变化趋势，反映事物的变化规律；茎叶统计图的特征是没有原始数据信息的损失，方便记录与表示，可随时添加记录，但只方便记录两组数据。直方图是用来研究数据出现频数或频率分布的统计图，由于用矩形面积表示数据的频数（率），故称为直方图。由于一般都是等距分组，每个矩形的面积大小与等长的矩形高度的大小关系等同，所以频数直方图中的纵坐标由原有的频数（组距）简化为频数，如果不等距分组是不可以简化的。频率直方图和折线图的联合应用，还可以表示总体密度曲线。我们发现，在教学中一些初中教师没有讲清楚频数直方图这一演变过程，只告诉学生频数直方图的画法，当时解题虽不受影响，但到高中学习频率直方图时学生就会茫然，产生困惑：为什么频率直方图的纵坐标要除以组距？只用频率表示行不行？所以教师一定要整体把握知识的一惯性，否则就会给学生的学习带来困惑与障碍。

3. 整体把握概率的定义，引领学生应用随机思想分析数据

人们对概率概念的建构，经历了从古典定义到几何定义，再到统计定义，最后到公理化定义的几个阶段，体现了概率定义"从简单到复杂、从特殊到一般、从具体到抽象"的逐步变化，体现了人类认识随机现象所走过的艰难曲折的道路，渗透着丰富的数学化、模型化思想方法，蕴含了深刻的辩证哲理。中小学教材只介绍了概率的三种描述性的定义方法。

概率由于其对随机事件发生结果的不确定性，与其他精确数学相比显得极为抽象，必定成为学生学习的难点，教材采取难点分散、螺旋上升的方式，渐进渗透概率的随机思想。

小学阶段首先了解简单的随机现象，并能够定性描述随机现象的可能性大小，概率这个名词虽没有出现，但随机现象的可能性大小学生通过实例已能定性分析。初中阶段对概率的认知是从特殊到一般，首先定义了随机事件的概念，然后以古典概型的概率作为重点研究对象，进行定量刻画，最后渗透通过大量试验，随机事件的频率可以估计概率的思想。2007年版人教版高中数学教材的概率认知呈现的顺序是从一般到特殊，首先定义随机事件的概念，然后从随机事件的频率估计概率开始重新理解概率，给出统计定义，并对其深刻理解，继而对古典概型、几何概型展开研究。而2019年版人教版数学教材对概率部分的呈现方式做了调整，更加顺应了学生的认知规律，即与初中教材保持一致，在引入有限样本空间与随机事件的概念后，研究事件的关系和运算，然后在给出概率概念后学习古典概型和概率的基本性质，最后研究频率与概率的关系，删去几何概型。

无论哪一学段的教师，都应明确每套教材对概率部分的整体编写意图，精心设计概率的每一节课，为学生在概率方面的长足学习做好衔接和铺垫，让学生会用随机思想看待数据，提升数据分析的素养。

(四) 基于"大单元"观念下的教学设计实施

为了更好地提升学生的数据分析素养，我们做了一次有意义的尝试，以各学段概率的起始课作为一个大单元，在整体梳理概率定义的四次定义发展过程后，进行三个学段概率概念的教学设计实践，全区中小学三百多位数学教师齐聚一堂，通过不同学段的三节课例展示，让教师们体会各学段之间概率知识层面的无缝连接和思

维层面的逐层进阶。

小学展示课以《摸球游戏》为课题，通过由明盒到暗盒的简单摸球游戏和推测点球大战中守门员扑球方向的学习活动，使学生在猜测、操作、讨论中初步感受数据的随机性，感受随机现象发生的可能性有大有小，并初步尝试根据统计数据，做出简单决策的过程。

初中以概率起始课《随机事件发生的可能性大小》为课题，首先呈现随机事件的概念，师生探讨得出随机事件、必然事件、不可能事件之间可以相互转化的结论，继而学生分组进行摸球试验，进行随机事件发生的可能性大小的探究，学生经历了猜想结论、收集数据、统计数据、分析数据、验证猜想结论的学习过程，得出不仅可以定性描述随机事件发生可能性的大小，还可通过比值定量刻画随机事件发生可能性的大小的结论，体验随着试验次数的增加，比值越来越趋于稳定的过程。虽然频率、概率、古典定义、统计定义的名词均没有出现，但其中猜想用球个数之比表示可能性即是概率的古典定义，通过多次试验得到的频数比值估计概率就是概率统计的定义，在用试验证明猜想的探究过程中，所蕴含的概率方法和思想早已悄然渗透，为后面的概率学习做好铺垫。最后再让学生对实际生活事件发生的可能性进行分析，使学生经历了数据分析的全过程。

高中阶段概率内容的起始课以 2007 年版旧教材为蓝本，以《随机事件的概率》为题，从"分赌资"问题为引入背景，通过问题的设置，复习了事件的相关概念，引出了模拟试验：同时抛掷两枚硬币。通过试验，收集、整理、分析了试验的结果，在 TI 图形计算器的辅助下，学生看到了分组频率与累计频率的不同，发现了累计频率呈现的规律——同时抛掷两次硬币各种可能的结果的概率，体会到了频率与概率的关系，以及大量重复试验是获得随机事件的概率的重要方法，解决了"分赌资"问题，发展了学生在数据分析方面的数学素养和创新思维。

史宁中先生认为："培养学生的数据分析观念，难点在于如何创设恰当的活动，体现数据的获得、分析、处理进而做出决策的全过程。"我们已经按下了教学实践改革的启动按钮，只要坚持，相信通过我们的数学教育，在整体把握知识本质的基础上，以"大单元"为教学设计理念进行教学方式的改进，学生一定可以做到用概率统计的知识分析和表达数据，并对生活的事件做出合理的研判与决策，真正做到用数学的语言表达现实世界。

# 第四节　数学教学案例与评析

## 课例　随机事件及其可能性（1）

课例撰写：赵晓玲　北京市丰台区第二中学

指导教师：柳晓青　北京教育学院丰台分院

## 一、指导思想和理论依据

概率的研究对象是随机现象，为人们从不确定的角度认识客观世界提供重要的思维模式和解决问题的方法，具有一定的概率知识是现代公民必备的素养。《义务教育数学课程标准（2013年版）》指出，初中阶段学生将从对随机事件发生可能性的定性描述进阶到定量刻画；对于概率的古典定义，学生了解即可，重要的是体会概率的随机思想；同时知道"通过大量的重复试验，可以用频率来估计概率"。基于以上课程要求，本节课的设计宗旨是：遵循学生已积累的数学活动经验，在经历猜想、试验、收集与分析试验结果的过程中发展学生的随机观念，促成数据分析观念的养成。

## 二、教学背景分析

### （一）教学内容分析

本节课是人教版《数学　九年级上册》第二十五章第一节《随机事件与概率》的第1课时，是初中"概率初步"的起始课。在小学学习的经验基础上，本节课在实例中学习必然事件、不可能事件、随机事件的概念，以及通过摸球试验，经过收集、统计数据，归纳出随机事件发生可能性的大小可以用球的个数之比、用大量重复试验的频数之比表示，学生会发现两个比值随着试验次数的增加逐渐接近，从中体会频率与概率之间的关系。通过本节课学习，不仅对本章知识有了初步的整体认识，还为后续学习概率奠定了基础。

### （二）学生情况分析

本节课的学习者是九年级学生，他们已能通过实例感受简单的随机现象，能对一些简单随机现象发生的可能性大小做出定性描述。随着生活经验的丰富，他们分析问题的能力有所增强，能通过观察、试验、分析揭示出事物的本质，找到事物间的联系。基于学生的认知特点，本节课以摸球试验、生活中的事例为载体，使学生对简单随机事件发生的可能性有更深层次的理解。

## 三、教学目标

（1）了解必然事件、不可能事件、随机事件的概念并会正确判断；体会随机事件发生的可能性是可以定性分析、定量刻画的。

（2）通过摸球试验积累基本的数学活动经验，进一步培养观察、归纳、猜想的能力，养成科学的探索精神。

（3）在数学试验的探究过程中，学会用数学的眼光观察生活中的随机现象，增强应用数学的意识。

## 四、教学重点、难点

（1）教学重点：随机事件的概念及其发生的可能性。

（2）教学难点：对随机事件可能性的理解。

## 五、教学过程

| 教学环节 | 教师活动 | 学生活动 | 设计意图 |
|---|---|---|---|
| 环节一：创设情境，引入新知 | 教师活动1：<br>两个不透明的盒子内各有5个球，除颜色外，球的形状、大小、质地等完全相同，教室左右两边的学生从指定的盒子中随机摸出一个球。（左边盒子里都是黄球、右边盒子里都是白球）<br>（1）摸出黄球，奖品一个；<br>（2）摸出白球，无奖品。 | 学生活动1：<br>学生独立思考后进行回答。 | |

续表

| 教学环节 | 教师活动 | 学生活动 | 设计意图 |
|---|---|---|---|
| 环节一：创设情境，引入新知 | 提问1："除颜色外，球的形状、大小、质地等完全相同"能否删掉？它的作用是什么？ | 回答1：不能。保证球被摸出前不能确定球的颜色，以及每一个球被摸到的机会相等。 | 体会等可能性的必要性。 |
| | 提问2：右边同学是比左边同学运气好吗？为什么？ | 回答2：不是。因为右边盒子内装的全是黄球，左边盒子内装的全是白球。 | |
| | 追问1：游戏对教室左边的同学公平吗？为什么？ | 回答追问1：不公平。右边盒子内装的全是黄球，参与者必然摸到黄球；左边盒子内装的全是白球，参与者显然不可能摸到黄球。 | 通过活动1感知"必然发生，必然不发生，可能发生也可能不发生"事件的各自特征，为归纳概念做好铺垫。 |
| | 追问2：怎样使游戏对大家都公平？ | 回答追问2：把球混装在一个盒子内；摸球前不能确定摸到的球的颜色，并且摸到每个球的可能性是一样的。 | |
| | 小结：运气是一时的、是偶然的；勤奋刻苦学习才是永恒的、必然的。 | | |
| | 提问3：回顾活动过程，以下事件是否会发生？<br>(1) 盒子中有 5 个黄球时，随机摸出一个球，摸出黄球。<br>(2) 盒子中有 5 个白球时，随机摸出一个球，摸出黄球。<br>(3) 盒子中有 5 个黄球、5 个白球时，随机摸出一个球，摸出黄球。 | 回答3：(1) 必然会发生。<br>(2) 必然不会发生。(3) 可能发生，也可能不发生。 | |
| | 教师活动2：<br>提问1：以下事件是否会发生？<br>(1) 木柴燃烧，产生热量。<br>(2) 经过有交通信号灯的路口遇到红灯。<br>(3) 煮熟的鸭子飞了。<br>(4) 篮球运动员投篮一次，投中。<br>(5) 明天早上在学校门口遇见校长。 | 学生活动2：<br>回答1：<br>(1) 必然会发生。<br>(2) 可能发生，也可能不发生。<br>(3) 必然不会发生。<br>(4) 可能发生，也可能不发生。<br>(5) 可能发生，也可能不发生。 | |

续表

| 教学环节 | 教师活动 | 学生活动 | 设计意图 |
|---|---|---|---|
| 环节一：创设情境，引入新知 | 提问 2：如何对事件进行分类？（板书）<br><br>追问 1：活动 1 中三个事件，同样是摸出黄球，为什么事件的类型却不一样？<br>完善总结：<br>在一定条件下必然会发生的事件称为必然事件。<br>在一定条件下必然不会发生的事件称为不可能事件。<br>在一定条件下可能会发生，也可能不会发生的事件称为随机事件。<br>例 1：判断下列事件的类型。<br>（1）掷一次骰子，向上一面的点数为 7。<br>（2）两个正数相乘，结果为正。<br>（3）两个数相乘，结果为正。<br>（4）小明下次数学测验考100 分。<br>小结：<br>生活中有大量的必然事件、随机事件和不可能事件，虽然随机事件发生的结果是不确定的，但随着人们对随机事件发生可能性的深入研究，发现许多偶然事件的发生都是有规律的。 | 回答 2：可分为必然发生事件，不可能事件，可能发生也可能不发生事件。<br>回答追问 1：前提条件不一样。<br><br>回答例 1：<br>（1）不可能事件。<br>（2）必然事件。<br>（3）随机事件。<br>（4）随机事件。 | 理解事件的发生结果和条件有关，从而完善概念。<br><br>概念辨析，并明确在改变条件时，三种事件可以相互转化，加深对三种事件的认识。 |

续表

| 教学环节 | 教师活动 | 学生活动 | 设计意图 |
|---|---|---|---|
| 环节二：动手试验，深入探究 | 教师活动3：<br>袋子中装有4个蓝球、2个黄球，除颜色外，球的形状、大小、质地等完全相同。在看不到球的情况下，随机从中摸出一个球。<br>提问1：摸到哪种颜色的球的可能性大？<br>追问1：如何验证猜想？<br>试验目的：<br>通过摸球试验验证摸到蓝球的可能性大。<br>试验步骤：<br>(1) 小组分工：1人负责重复做试验20次，1人负责统计并将结果填入下表。<br><br>（见下表）<br><br>(2) 各组汇报结果，教师填入 Excel 表。<br>(3) 利用 Excel 表的计算功能和作图功能，画出折线图。<br>(4) 通过折线图，得出结论。<br>试验要求：<br>(1) 每次摸球前，用同样的力度摇匀袋子。<br>(2) 摸球后放回。<br>将学生的试验结果输入 Excel 表格中并分析。 | 学生活动3：<br><br><br><br>回答1：蓝球。<br><br>回答追问1：做试验。<br><br><br><br><br><br>学生分小组做试验，并汇报试验结果。 | 体会随机事件发生的可能性有大小之分。 |

下表（嵌于教师活动中）：

|  | 摸到蓝球次数 | 摸到黄球次数 |
|---|---|---|
| 次数 |  |  |

续表

| 教学环节 | 教师活动 | 学生活动 | 设计意图 |
|---|---|---|---|
| | 追问2：比较每组试验摸出蓝球、黄球的次数，通过试验，每组得出的结论都和我们的猜想保持一致吗？出现这种情况合理吗？为什么？ | 回答追问2：不是；合理；试验次数太少、具有偶然性。 | 保证在相同条件下做重复试验。 |
| | 追问3：把每3组的数据加起来，得到6组数据，可以看出摸出蓝球的次数比摸出黄球的次数多，也就是摸出黄球的可能性大，如果重新做6组试验，每组试验60次，会不会出现摸出黄球的次数比摸出蓝球的次数多呢？ | 回答追问3：会出现，但和之前18组数据相比较，出现这种情况的可能性会更小。 | 在具体情境中，了解简单随机事件，了解在相同的条件下重复同样的试验，结果的不确定性。 |
| 环节二：动手试验，深入探究 | 追问4：把6组数据加起来呢？全班数据加起来呢？ | 回答追问4：会出现，但随着试验次数的增加，这种可能性越来越小，甚至为0，从而验证了我们的猜想。 | |
| | 提问2：你认为摸到蓝球和摸到黄球的可能性分别是多少呢？ | 回答2：分别是 $\frac{2}{3}$，$\frac{1}{3}$。 | |
| | 追问1：如何得到？ | 回答追问1：用球的个数比。 | 让学生理解可以用比值（球的个数之比、次数之比）刻画可能性的大小，加深对可能性含义的理解。 |
| | 追问2：如果摸到蓝球和摸到黄球的可能性相等，袋子内如何放球呢？ | 回答追问2：两种球的数量一样多。 | |
| | 追问3：什么情况下能用球的个数比表示摸到球的可能性的大小？用刚才做试验的方式可以吗？如何表示？ | 回答追问3：等可能；可以；摸到的球的次数比上试验总次数。 | |
| | 追问4：用球的个数比和摸的次数比得到的数值，有什么关系吗？ | 回答追问4：随试验次数的增加，通过两种方式得出的结果越来越接近。 | |
| | 小结：随机事件的可能性不仅可以定性地描述，还可以用比值定量地刻画。 | | |

续表

| 教学环节 | 教师活动 | 学生活动 | 设计意图 |
|---|---|---|---|
| 环节三：尝试应用，巩固新知 | 教师活动4：<br>例2：两位同学去超市购物，小红去A超市，小强去B超市。当天两超市都在搞促销活动，消费满100元及以上可获得一次抽奖机会，奖品都是文具盒。A、B两超市中奖率分别为80%和50%，购物后，两位同学都获得了一次抽奖机会。<br>提问1：如何理解中奖率？谁中奖的可能性大？为什么？<br>提问2：小红和小强有几种中奖情况？小红没中奖，小强中奖这种情况你能理解吗？<br><br><br>提问3：B超市的中奖率是50%，是否意味着你如果有两次抽奖机会，必有一次中奖？<br>提问4：如果你事先知道两个超市的中奖率，你会选择去哪个超市？<br>小结：虽然随机事件发生的可能性不能确定事件是否发生，但是我们可以根据随机事件发生可能性的大小做出预测，从而做出决策。 | 学生活动4：<br>学生小组讨论得出结果。<br><br><br><br><br><br><br><br><br>回答1：小红的中奖率高。<br><br>回答2：两人都中奖，其中一人中奖或者是两人都没中奖；能，因为可能性大的事件不一定发生，可能性小的事件不一定不发生。<br><br>回答3：不一定。<br><br><br>回答4：A超市。 | 随机事件发生的可能性的应用。 |
| 环节四：课堂小结 | 提问：结合本节课所学，谈谈你对事件发生的可能性的认识。 | 回答：<br>(1) 随机事件具有随机性。<br>(2) 随机事件的可能性有大小之分，可以用比值表示。<br>(3) 所做试验次数越多，可能性的比值越趋于稳定。 | 梳理本节课所学知识。 |

## 六、教学反思与特色说明

（1）精心设计问题链，使其成为引导学生探究问题的指明灯，直击并有效突破教学重、难点。

（2）学生历经收集数据、统计数据、分析数据、做出决策的全过程，逐步加深对随机事件可能性的理解，培养随机观念。

（3）通过 Excel 表格让学生看到动态的过程，直观形象，能够很好地理解随着次数的增加，频率所呈现的稳定性规律。

（4）关注小、初、高衔接。本节课在小学认识的基础上，通过摸球试验使学生进一步认识可能性有大小之分，并用比值去估计可能性的大小。其中用球的个数比值刻画随机事件的大小渗透古典定义，为本章后续的学习进行铺垫；用试验的频数之比刻画随机事件的大小，渗透用频率估计概率的方法，是概率的统计定义，为高中阶段继续学习概率做好铺垫。

## 七、学习效果评价

| 学习环节 | 评价内容 | 自评 | 小组互评 | 教师评价 |
|---|---|---|---|---|
| 环节一 | 认真观察教师和同学演示 | ☆☆☆☆☆ | ☆☆☆☆☆ | ☆☆☆☆☆ |
| | 努力思考教师所提问题 | ☆☆☆☆☆ | ☆☆☆☆☆ | ☆☆☆☆☆ |
| 环节二 | 所有组员参与试验，合作融洽 | ☆☆☆☆☆ | ☆☆☆☆☆ | ☆☆☆☆☆ |
| | 积极和同学、教师沟通 | ☆☆☆☆☆ | ☆☆☆☆☆ | ☆☆☆☆☆ |
| | 汇报时思路清晰，语言生动 | ☆☆☆☆☆ | ☆☆☆☆☆ | ☆☆☆☆☆ |
| 环节三 | 在小组讨论中主动发言 | ☆☆☆☆☆ | ☆☆☆☆☆ | ☆☆☆☆☆ |
| | 善于倾听同学想法 | ☆☆☆☆☆ | ☆☆☆☆☆ | ☆☆☆☆☆ |
| | 通过交流有所收获 | ☆☆☆☆☆ | ☆☆☆☆☆ | ☆☆☆☆☆ |

## 八、案例评析

为了使"大概念""大单元"教学设计观真正落地生根，北京市丰台区数学教研室以《概率》起始课为载体，实施小学、初中、高中三学段的联合课例展示，目的是让所有数学教师通过以培养随机思想为共同教学目标的三节不同学段的概率起始课，体会从知识的螺旋上升到思维的逐层进阶的全过程，从中感悟整体把握知识、实施单元设计的必要性。本节课作为三学段中的中间学段，有着承上启下的桥梁作用。整节课以摸球试验贯穿始终，学生在历经了动手试验、收集数据、统计数据、分析数据等过程后得出通过比值（球数之比或频数之比）来刻画随机事件发生的可能性大小的结论，有效地提升了学生的数据分析观念。

课例　数学建模初探
课例撰写：李玉慧　首都师范大学附属丽泽中学
指导教师：张琦　北京教育学院丰台分院

## 一、指导思想和理论依据

《普通高中数学课程标准（2003 年版）》（以下简称实验版课标）在"课程的基本理念"中指出，"高中数学课程应提供基本内容的实际背景，反映数学的应用价值，开展'数学建模'的学习活动，设立体现数学某些重要应用的专题课程"。在"课程设置说明"部分则具体要求"高中数学课程应把数学探究、数学建模的思想以不同的形式渗透在各模块和专题内容之中，并在高中阶段至少安排较为完整的一次数学探究、一次数学建模活动"。数学建模不单独设置课时，渗透在每个独立的知识模块或者专题中。从这个角度来讲，实验版课标非常重视数学建模的相关内容。

2018 年初，教育部制定了《普通高中数学课程标准（2017 年版）》（以下简称2017 年版课标）。2017 年版课标较实验版课标对数学建模的要求更加明确，不仅将数学建模作为六大核心素养正式提出，同时在课时分配建议时给出了具体的建议课时。在教学提示中指出，数学建模的"课题可以由教师给定，也可以由学生与教师协商确定。课题研究的过程包括选题、开题、做题、结题四个环节"。

## 二、教学背景分析

### （一）教学内容分析

关于数学应用，可以从两个方面进行理解。一是在数学学科内部，利用所学过的数学知识研究数学问题，我们可以简单理解为数学探究；二是实际应用，也就是数学建模，需要利用数学方法解决实际问题。

数学建模教学贯穿于整个高中课程学习，可以采用分阶段螺旋上升的形式开展教学活动。我们将其分为两个阶段进行设计：第一阶段，以学生身边熟悉的生活背景为素材，截取建模过程中便于在课堂上实施的分析问题、建立模型、求解模型的过程，引导学生经历建模的基本过程，体会什么是数学建模。第二阶段，由学生自主选择感兴趣的课题进行探究，让学生了解如何以课题研究的形式进行数学建模，即经历选题、开题、做题、结题的过程，同时通过不同类型的建模实例，拓宽学生的视野，为学生下一步的选题做好准备。

**(二) 学生情况分析**

学生在此之前已经学习了函数、几何等基础数学知识，有一定解决实际问题的经验，但仅局限于数学应用题等已经高度数学化的数学模型，并没有数学建模的实际经验。因此需要教师循序渐进地引导学生从未知到了解再到熟悉，逐步在数学建模的过程中提升认识。

我所教授的学生虽然具有较强的探索欲望，对新事物有较强的接受能力，但从现实生活中发现问题、提出数学问题的能力较弱。

## 三、教学目标

(1) 经历从实际背景中抽象出数学问题，构建模型解决问题的过程，发展数学建模的数学学科核心素养。

(2) 从实际背景中抽象出数学问题，提升发现问题、提出问题的能力，构建数学模型解决实际问题，提高分析问题、解决问题的能力。

## 四、教学重点、难点

(1) 教学重点：数学建模过程中的分析问题、建立模型、求解模型三个环节。

(2) 教学难点：将实际问题转化为数学问题并建立模型的过程。

## 五、教学过程

| 教学环节 | 教师活动 | 学生活动 | 设计意图 |
|---|---|---|---|
| 环节一：结合实例，发现问题 | 提问1：篮球是同学们喜爱的运动之一。打篮球的时候，大家最希望的就是进球。那么，能否建立一个数学模型用来研究投篮命中率问题呢？ | 根据教师提出的问题，进入问题情境。 | 来自学生身边的问题才能最大限度地激发他们探究的热情。利用投篮命中率问题激发学生的探究欲望，明确本节课的研究主题。 |
| 环节二：模型假设，提出问题 | 教师活动1：<br>分成不同小组，合作探讨影响进球的因素有哪些。为了便于研究，在这些影响因素中，可以认为哪些因素是确定的？哪些是最重要的？哪些可以暂时忽略不计？ | 课前：小组合作、讨论，完成课前任务。<br>课上：展示，完善表格。<br>预设如下：<br><br>**确定因素**：篮筐高度3.05 m。篮球质量600 g。篮球抛出后的运动轨迹为抛物线。<br>**重要因素**：投篮时球离篮筐的水平距离以及出手点高度、角度、力度、速度等。<br>**可忽略因素**：环境因素（风力、对方的防守），心理因素（紧张等），篮球、篮筐的大小（把它们看作点）。 | 分析影响因素以及这些因素的重要性，明确研究问题时的研究变量，从而进行合理的模型假设。 |

续表

| 教学环节 | 教师活动 | 学生活动 | 设计意图 |
|---|---|---|---|
| 环节二：模型假设，提出问题 | 教师活动2：<br>经查阅相关资料发现，投篮的最优角度与出手点的位置有直接关系，但是基本在45°左右，为了研究问题方便，我们假设投篮角度为45°。<br>提问2：我们还应该做出哪些基本假设？<br><br>教师活动3：<br>此时投篮是否进球的影响因素还有3个，分别是出手高度、力度、投篮时球离篮筐的水平距离。因为物理学知识限制，同学们还不会计算与力相关的问题。我们知道，投篮力度越大，球飞得越高。因此，我们用篮球达到最高点时离出手点的垂直距离来刻画力度的大小。 | 通过师生共同分析、总结，做出基本假设。<br>(1) 篮球抛出后的运动轨迹为抛物线。<br>(2) 篮筐高度3.05 m，篮球质量600 g。<br>(3) 投篮的出手角度为45°。<br>(4) 投篮时无人防守，且球员心理素质优良。<br>(5) 忽略篮球和篮筐的大小，把它们看作点。<br>确定影响因素：<br>(1) 出手高度 $BF$。<br>(2) 篮球达到最高点时离出手点的垂直距离 $CH$。<br>(3) 投篮时球离篮筐的水平距离 $BH$。<br>设篮球出手高度 $BF=h$ m，篮球达到最高点时离出手点的垂直距离 $CH=s$ m，投篮时球离篮筐的水平距离 $FD=p$ m。 | 数学建模过程中，基本假设具有举足轻重的作用。假设太宽，会使问题没有求解的价值；而如果假设太窄，会使约束条件太多进而无解，所以选择什么样的基本假设，是需要严格规范的，故而有必要在课堂中进行展示。 |
| 环节三：分析问题，建立模型 | 教师活动4：<br>将上述问题翻译成数学问题，并写出已知条件和所求问题。<br> | 已知：点 $A$，$B$，$C$ 所在曲线为抛物线，其中点 $C$ 为抛物线的顶点。$CH$ 为抛物线的对称轴，$BH \perp CH$，$CH=s$，过点 $A$，$B$ 分别作 $AD$，$BF$ 垂直于 $BH$，且 $BH /\!/ DF$，$AD=3.05$，$BF=h$，$FD=p$。<br>求 $s$，$p$，$h$ 之间的代数关系。 | 引导学生把实际问题转化成数学问题，明确已知条件以及要求的问题，为建立模型做好准备。 |

| 教学环节 | 教师活动 | 学生活动 | 设计意图 |
|---|---|---|---|
| 环节三：分析问题，建立模型 | 提问2：由物理的力学知识可以得到，投篮角度为45°时，不管力度多大，篮球达到最高点时离出手点的垂直距离是水平距离的$\frac{1}{2}$，即$\frac{CH}{BH}=\frac{1}{2}$。参考已学知识，解决该问题。 | 解：以点$F$为原点建立平面直角坐标系。因为篮球运动的轨迹为抛物线，可知，抛物线的最高点为$C$（$2s$，$s+h$），同时经过点$B$（0，$h$），$A$（$p$，3.05）。因此设抛物线解析式为$y=a$（$x-2s$）$^2+s+h$，代入点$B$（0，$h$），$A$（$p$，3.05）得 $$\begin{cases} a（p-2s）^2+s+h=3.05 \\ a（2s）^2+s+h=h \end{cases}$$ 解得 $$-\frac{(p-2s)^2}{4s}+s+h=3.05$$ （$h>0$） | 将实际问题数学化以后，就需要用数学工具对问题进行求解。通过本例，得出$s$，$p$，$h$之间的代数关系式，让学生经历数学建模的过程，培养数学建模的热情，为后续解决实际问题做好准备。 |
| 环节四：回归实际，解决问题 | 提问3：若假设站在罚球线处投篮（离篮筐水平距离约为4 m），你能得到什么样的关系？ 提问4：结合自己的身高和起跳高度，估算自己需要怎样投篮才能进球？（用图形计算器计算） <br><br> | 由$p=4$可解得$s=\frac{16}{4h+3.8}$（$h>0$）。两人一组，计算数据并分享，如：同学$A$起跳后使得球的出手高度为$h=2$ m，则可解得$s\approx1.33$ m。也就是说在基本假设的前提下，该同学用的力度为篮球达到最高点时离出手点的垂直距离为1.33 m时，就能够进球。 | 回归实际问题，体验利用模型解决实际问题的过程。 |

| 被研究者 | |
|---|---|
| 出手点高度 $h$/m | |
| 最高点离出手点的垂直距离 $s$/m | |

| 教学环节 | 教师活动 | 学生活动 | 设计意图 |
|---|---|---|---|
| 环节四：回归实际，解决问题 | 提问 5：讨论上述模型有哪些不完善的地方可以改进。<br>（1）在实际操作中，垂直距离 $s$ 并不容易测量。<br>事实上，结合物理学知识，我们能够进一步建立 $s$ 与篮球出手时的初速度 $v$ 以及 $s$ 与投篮的平均力度 $F$ 的函数关系：<br>$$v=\sqrt{4gs},$$<br>其中 $g\approx 9.8\ \text{m/s}^2$。<br>$F=\dfrac{2gms}{x}=ks$，其中 $m$ 为篮球质量，$x$ 为手接触篮球经过的距离。<br>这部分物理学知识同学们还没有学到，等同学们学完相关物理知识后也能够自己推导上述关系。根据这两个关系。我们就可以列出 $s$ 和力以及初速度的对应值表。<br>（2）这个模型是否能准确反映实际情况呢？ | 同学们利用图形计算器计算，继续完善表格（以 $x=0.5\ \text{m}$ 为例）：<br>$$F=\frac{2gms}{x}=ks=23.52s$$<br><br>| $h/\text{m}$ | 1.6 | 1.8 | 2.0 |<br>|---|---|---|---|<br>| $s/\text{m}$ | 1.57 | 1.45 | 1.36 |<br>| $F/\text{N}$ | 36.89 | 34.21 | 31.89 |<br>| $v/(\text{m/s})$ | 7.84 | 7.55 | 7.29 |<br><br>因为初速度可以利用速度传感器测量，因此这个对应值表就可以在实际篮球训练中发挥作用。<br><br>数学模型必须经得起实践的考验，因此，我们还需对模型进行检验。<br>检验方法：通过投篮试验，然后借助物理的速度传感器进行测速来检验计算的数据是否准确。 | 建立数学模型后，解决相关的问题。但是还要注意，此时并不意味着"万事大吉"，我们可以不夸张地说这只是数学建模的第一步，之后我们还要用这个模型解决实际问题，看所得结果与实际的吻合程度。关键的是，即使现在吻合得比较好，之后也还需要对模型进行持续的修订，以使其适应更新的形势。 |
| 环节五：课堂小结，总结提升 | 提问 6：请你对之前总结的流程图做适当修改，总结出利用函数知识解决实际问题的步骤。<br> | 在教师的引导下，总结数学建模的过程：<br> | 巩固所学知识，同时加深对函数建模方法的认识，学会用数学的观点观察身边的现实生活，做一个心中"有数"的人。 |

141

## 六、教学特色分析

### (一) 循序渐进，关注学生的实际能力

数学建模活动是基于数学思维，运用模型解决实际问题的一类综合实践活动，对学生的综合能力要求较高。而此前，学生并没有数学建模的经验，对数学建模的认知几乎为零。因此，本主题的设计把数学建模的教学过程拆分成两个阶段，以达到螺旋上升的目的。

### (二) 动手实践，关注学生的真实体验

本主题数学建模的教学设计中，不拘泥于课堂师生互动的教学形式，而是通过课前精心准备，课堂适当搭建台阶，最终达到放手让学生亲自实践的目的。本主题的教学把课内和课外有机融合，以达到提高学生综合能力、激发学生探索欲望、树立严谨的科学精神、发展学生核心素养的目的。

## 七、案例评析

首都师范大学附属丽泽中学李玉慧老师的《数学建模初探》这节课有以下特色，值得分享。

### (一) 关注核心素养，理性认识建模

李老师的这节课，通过对"篮球投篮问题"模型进行细致分析，带领学生总结出数学建模活动的 4 个主要过程：问题分析过程、假设化简过程、模型求解过程、验证修改过程，为数学建模课"教什么、怎么教"做了很好的示范。

### (二) 精设课堂活动，培养建模意识

在本节课重点的"解模"过程中，李老师也非常重视师生、生生之间的质疑和互动。老师通过问题引发学生的思考，学生通过思考、解答、质疑、补充、完善等活动，以一种相对民主、自由的氛围展开讨论，充分体现学生的主体地位，让他们了解数学建模的基本流程和相关要求。

# 第四章 基于核心素养的英语教学研究与实践

## 第一节 英语核心素养内涵与解读

党的十八大提出把立德树人作为教育工作的根本任务，明确强调了教育的本质功能和真正价值，提出了"教育要培养什么样的人"这一根本问题。因此，新一轮基础教育改革要凸显教育的育人价值，要致力于学生核心素养的培养、发展和提升。

在课程改革的时代背景下，在英语学科领域进行基于英语学科核心素养培养的教学方式改进这一课题研究，是英语课程改革实践的必然要求。

本文仅从英语学科核心素养内涵研究和教学方式发展研究两个方面，通过对1997—2016年中国知网核心期刊文献进行词频统计和内容分析，阐释了英语学科核心素养内涵解读的主要观点，梳理了近20年来我国英语教学方式发展状况及所呈现的基本特征，结合新修订的学科核心素养理念的内涵对教学方式进行评析，并针对基于英语学科核心素养培养的教学方式改进这一子课题，力求找到符合丰台区教学实际的研究方向。

### 一、英语学科核心素养的研究

#### （一）国内有关核心素养的研究

从不同年份论文发表的篇数看，1997年1月—2017年1月发表在核心期刊的有关核心素养研究的论文218篇，筛选出有效论文203篇（见表1）。总体上来看，论文数量在持续增长，特别是到2016年，较以往达到了一个高峰。可以看出，在课程改革的新形势下，随着核心素养理念的提出，越来越多的教育教学研究人员和教师从理念上逐渐深化了对教育本质的认识，在实践中开展了有关核心素养的研究。

表1

| 年份 | 2016 | 2015 | 2014 | 2013 | 2013—1997 |
|------|------|------|------|------|-----------|
| 篇数 | 159 | 33 | 7 | 4 | 0 |
| 百分比 | 78% | 16% | 4% | 2% | 0 |

从研究方向看，67％的论文还停留在核心素养理念的认识和解读上，23％论文着手对学科核心素养的培养研究，但对核心素养理念指导下的学科教学具体实施情况和实证研究还没有起步（见表2）。

表2

| 研究方向 | 核心素养理念研究及核心素养体系构建 | 学科核心素养 | 核心素养与课程建设 |
|---|---|---|---|
| 2016 | 107 | 37 | 15 |
| 2015 | 20 | 9 | 4 |
| 2014 | 7 | / | / |
| 2013 | 3 | / | 1 |
| 总计 | 137 | 46 | 20 |
| 百分比 | 67％ | 23％ | 10％ |

那么核心素养理念的深刻内涵是什么？虽然不同国家、地区对核心素养内涵的阐述各有不同，但回归教育"育人"本质的思想是被广泛认同的，具体体现以下特征：一是以培养完整的个体和促进社会发展两个维度为起点；二是强调培养学生的公民素养和国际公民意识；三是各国在"求同"的同时，尤其关注本国优良传统文化，使"核心素养"扎根于本国土壤。

教育部组织专家研制的中国学生核心素养指标体系以培养"全面发展的人"为核心，分为文化基础、自主发展、社会参与三个方面，综合表现为人文底蕴、科学精神，学会学习、健康生活，责任担当、实践创新六大素养。文化基础、自主发展、社会参与三个方面构成的核心素养总框架，与我国治学、修身、济世的文化传统相呼应，有效整合了个人、社会和国家三个层面对学生发展的要求。责任担当等六大素养既涵盖了学生适应终身发展和社会发展所需的品格与能力，又体现了核心素养"最关键、最必要"这一重要特征。

因此，就学科教育而言，要在核心素养理念指导下，围绕学科特点，推进教学方式的改进，致力于"全人的发展"。

**（二）英语学科核心素养的研究**

在统计的203篇论文中，其中涉及英语学科核心素养方面的研究只有三篇：分别是程晓堂、赵思奇《英语学科核心素养的实质内涵》；陈艳君、刘德军《基于英语学科核心素养的本土教学理论建构研究》；李明远、彭华清《英语阅读教学中学科核心素养的培养》。这三篇文章分别是从核心素养内涵解读、核心素养的教学理论建构、核心素养实现途径三个视角进行阐释的。通过阅读以上三篇论文，并结合英语课标组专家们在各种研讨会和讲座上的解读，笔者梳理了英语学科核心素养理念的内涵。

新修订的《普通高中英语课程标准（2017 年版 2020 年修订)》（待颁布）将英语学科核心素养归纳为语言能力、文化意识、思维品质和学习能力四个方面。

1. 语言能力

语言能力是指在社会情境中，以听、说、读、看、写等方式，理解和表达意义、意图和感情态度的能力。

第一，语言能力指的是语言运用能力，语言运用一般离不开具体的社会情境。

第二，语言使用的方式或渠道主要是听、说、读、看、写。

第三，语言使用的目的是理解和表达意义、意图和情感态度，或为了做事。

第四，在英语教育中，语言能力必须和文化意识、思维品质、学习能力协同、整合性发展，才能够达到育人目标。

2. 文化意识

文化意识是指对中外文化的理解和对优秀文化的认同，是学生在全球化背景下表现出的情感态度、人文修养和行为取向。

和原课程标准有关文化意识内容相比，文化意识目标具有以下特点：

第一，文化意识不限于文化理解、跨文化交际意识和能力，而是指向全球化背景下的公民素养。

第二，文化学习的内容不再仅以英语国家文化的学习为目标，而是立足中国，面向世界，把英语学习纳入"大语言学习"的宏观范畴之中，将母语学习和外语学习联手成为核心素养形成与发展的重要途径。

第三，强调文化知识学习的功能和目的，强调文化知识内化为人的身心素养。要帮助学生建立中华民族的文化自信，树立中华文化自觉，在此基础上，认同和维护人类文明的均衡发展。

第四，阐明了文化品格发展的层次性和相应的水平表现，反映了人的品格锻造、能力发展的渐进规律。

3. 思维品质

新修订的《普通高中英语课程标准》明确提出思维品质是英语学科四大核心素

养之一，强调思维的逻辑性、批判性和创造性，培养学生的思维品质是英语学科教学的一项重要的任务，并按照难易程度、复杂程度、深度和广度等分三级水平对思维品质做了具体的描述。

水平一：根据所获得的信息，提取共同特征，形成新的概念；

水平二：根据所获得的多种信息，归纳共同要素，建构新的概念；

水平三：根据所获得的综合信息，归纳、概括内在形成的规律，建构新的概念。

学生可通过观察、比较、分析、推断、归纳、概念建构、批判性思维、创新思维活动提升思维品质。

4. 学习能力

新修订的《普通高中英语课程标准》把学习能力作为核心素养之一，提出："学习能力指学生积极运用和主动调适英语学习策略、拓宽英语学习渠道、努力提升英语学习效率的意识和能力。学习能力的形成有助于学生英语学习的自我管理，养成良好的学习习惯，拓宽学习渠道，提高学习效率。"

需要注意的是，作为核心素养的学习能力，并不局限于学习方法和策略，也包括对英语和英语学习的一些认识和态度，还要能够监控方法和策略的使用情况，评估使用效果，并根据需要调整学习方法和策略。学生不仅需要在学英语、用英语的过程中使用学习策略，而且要形成学习英语的能力，为自主学习和可持续学习创造有利条件。

课标修订组专家、北京师范大学教授王蔷老师在《从综合语言运用能力到英语学科核心素养》一文中提道：英语教学中学生要以主题意义探究为目的，以语篇为载体，在理解和表达的语言实践活动中，融合知识学习和技能发展，通过感知、预测、获取、分析、概括、比较、评价、创新等思维活动，构建结构化知识，在分析问题和解决问题的过程中发展思维品质，形成文化理解，塑造学生正确的人生观和价值观，促进英语学科核心素养的形成和发展。

## 二、国内有关教学方式的研究

### (一) 教学方式的界定

通过对中国知网 1997 年 1 月—2017 年 1 月发表在核心期刊的论文主题关键词检索，涉及核心素养理念下的英语教学方式方面的研究论文没有找到，所以笔者首先从教学方式切入，共发现相关论文 315 篇，通过研读发现学者们对于教学方式的实质观点是一致的，他们都认为教学方式就是在教学情境中，教师为达到教学目标、优化教学过程、提高教学成效所采取的一系列教学行为和师生互动的活动方式，使教学活动能够更有效地促进学生的发展。对教师而言，它是一种教学方式，是教师在指导学生获得知识、培养能力等方面的过程中所采用的各种施教方式。对学生而言，它是一种学习方式，是学生在完成学习任务时自主性、探究性和合作性的体现。

### （二）英语教学方式的研究

学术界也经常将教学方式和教学模式的概念联系在一起。通过对中国知网1997年1月—2017年1月发表在核心期刊的论文主题关键词检索，笔者共发现有关英语教学模式的相关论文293篇，主要涉及网络环境下的英语教学模式、输出教学模式、自主教学模式、互动教学模式、体验式教学模式的研究。笔者列举了英语学科教学领域新兴的几种教学模式。

互动教学模式：互动教学模式是由20世纪70年代初在美国兴起的"合作学习"（Cooperative Learning）的理念发展而来的。李秀英、王义静在《"互动"英语教学模式》一文中提出培养英语表达能力是英语教学的目标所在，而这种表达能力的形成必须在使用英语的过程中即"互动"的过程中得以实现。武和平和张维民认为，外语课堂上的师生、生生互动能有效地给学习者提供更多的可理解性语言输入和输出，并凸显所学语言的形式特征，促进学习者之间的意义协商，最终达成目的语语言和文化的习得及内化。

输出教学模式：输出教学模式以学生既有的英语知识和技能为基础，根据社会对英语交际的识记需要设定教学任务，并以此为激发因素，开展英语教学，从提取和调动学生的知识储备入手，引导学生主动认知英语资源，经过综合分析，形成解决实际问题的对外输出。同时，在整个过程中，以英语应用的实际标准不断检测、矫正和完善学生的输出，提升学生的输出水平，提高学生的英语实际交际运用能力。吕孟荣在《英语课堂输出教学模式研究与实践》一文中比较分析了国内外外语教学的理论与实践后，提出在课堂中采用英语课堂输出教学模式的改革与实践。

自主教学模式：自主教学模式是以学生为主体的教学模式，强调教师应该为学生提供和建立自主的学习环境，有意识地遵循系统而稳定的教学结构引导学生开展自主学习，帮助他们成为自主学习者。自主教学模式要求教师尊重个体差异，选择满足学习者实际需求的教学材料，确定与之能力相符的要求，结合学生实际制定相应目标。自主教学在课堂上体现为教师如何依托教材营造师生、生生互动的教学气氛，使教与学双方在自主的课堂交流中完成知识的构建与自主性发展。龚嵘在《大学英语自主式课堂教学模式中教师角色探微》一文中提道：对学生而言，自主学习是以发展为本的高品质学习方式；对教师而言，它又是一种"学生为中心"的现代教学模式，涵盖所有倡导并有效促进学习者自主学习的教学策略、实践与环境。

网络教学模式：网络教学模式是在一定的教学思想和教学理论指导下，依托计算机网络技术，为达成一定的教学目标而构建起来的较为稳定的教学结构框架和教学方式。网络教学模式能提供大量真实、地道的英语学习资源；能提供新的师生交流平台；有利于学生语言能力的提升；有利于培养学生的自主学习能力。肖亚东、韩政在《网络教学模式下教育理念的重塑》一文中提道：网络教学模式不仅突破传统教学模式中单向传播和师生交互不足的局限，而且实现了由封闭教育向开放教育和以教师为中心向以学生为中心的转变，即从单纯的校园教育转向以校园为核心、打破传统校园界限的开放式教育；从以教师为中心的灌输式教育转向以学生为中心的主动学习；从应付考试为目标的应试性教育转向以开发学习者创造力为目标的素质教育；从传统的以传授知识为主的教学模式转向以探索、发现、协作创新等为主的素质教学模式。

## 第二节　英语核心素养调查与问题分析

### 一、调查问卷设计的依据

阅读教学部分：当前英语教学改革的目标主要是提高学生对语言的实际运用能力。但由于我国目前英语教学中缺少语言实际环境，学生听、说能力的发展受到一定的限制，所以阅读显得尤为重要，它为学生学习英语提供了良好的语言实践和获得语感的条件。长期以来，我们的阅读教学停留在精读课的层面上，在固定的教材内容范围之内，学生的选择面小，语言输入量少，他们的阅读能力很难提高。学生普遍存在阅读速度慢、理解能力弱的现象。其次，学生缺乏阅读的兴趣。大部分学生除了作业中的阅读练习，从来不主动阅读课外材料，而且也对阅读的内容缺乏深层的理解。英语课外阅读课程根本没有得到应有的重视，课外阅读教学也一直是中学英语教学中的薄弱环节。近期状况有所改变，但很多地方课外阅读的安排仅停留在教师随意布置或发放阅读材料的基础上，根本谈不上正规化与课程化。很多实证调查表明我国中学生课外阅读存在以下问题：虽然学生对课外阅读的重要性认识明确，但是还是缺乏课外阅读的积极性和主动性；课外阅读中词汇量小、阅读时间不够以及缺乏教师指导是比较突出的问题。丰台区开展课外阅读课的困难：尽管开展课外阅读课很重要，但实际教学中还存在一些现实问题。学生课业负担较重，没有阅读时间；学生没有合适的英文读物；学生缺乏阅读兴趣和良好的阅读习惯；学生的语言知识基础薄弱，不足以支持阅读课外资料；教师对学科核心素养的认识还比较浅层，尤其是对阅读教学的理解，教学行为上仅仅停留在课内阅读的层面，没有开展课外阅读的动力和精力。部分教师有开展课外阅读的愿望，然而缺乏相应的方法，对学生的阅读缺乏有效的指导。

写作教学部分：写作技能是英语教学和语言训练的重要内容，也是语言学习评价的重要项目。《普通高中英语课程标准》要求学生能运用英语正确、达意和得体地表述事实、观点、情感、想象力，交流信息，形成规范的写作习惯。为了能提高丰台区英语写作教学的有效性，我们就写作教学现状做了一次比较全面的问卷调查和分析，在此基础上提出改进英语写作教学的一些建议。目前我们主要的问题是：厘清语言学习中输入与输出的关系；解决前期课改中语言学习过程人为分割阅读教学和写作教学的问题。

基于以上问题，特设计此调查问卷。本调查问卷分为四个部分：1～6 题为教师基本信息，7～10 题为教师对学科核心素养的认识，11～23 题课外阅读教学的素材资源、教学方式、评价管理方式等同之前两处，24～43 题写作教学的观念、教学方式、评价方式调查同之前两处。本调查问卷旨在调查丰台区英语教师对学科核心素养及培养的基本理念的理解程度、课外阅读输入基本情况、写作教学基本情况。从而根据教师现状设计教师培训、形成课外阅读训练区域引领计划、改善阅读和写作教学低效的现状。

本研究的调查对象为丰台区初高中全体教师，收回有效问卷 426 份。问卷针对英语阅读教学实际以及新课程标准对英语阅读教学方面的基本要求，设置了以下维度的问题：教师对英语课外阅读教学的态度和整体认识、对学生课外阅读困难的归因分析、教师通常采用的课外阅读教学方式等。问卷针对英语写作教学实际以及新课程标准对英语写作教学方面的基本要求，设置了以下维度的问题：教师对英语写作教学的态度和整体认识、对学生写作困难的归因分析、对教学中提倡的以读促写教学方式的认识、教师通常采用的写作教学方式等。

## 二、问卷数据分析

### (一) 阅读部分数据分析

1. 对学生课外阅读困难的归因分析

第17题　你认为学生课外阅读的主要困难是：[多选题]

| 选项 | 小计 | 比例 |
|---|---|---|
| 学生课业负担较重，没有阅读时间 | 332 | 77.93% |
| 学生没有合适的英文读物 | 166 | 38.97% |
| 学生缺乏阅读兴趣和良好的阅读习惯 | 331 | 77.7% |
| 学生的语言知识基础薄弱 | 320 | 75.12% |
| 其他 | 4 | 0.94% |
| 本题有效填写人次 | 426 | |

分析：丰台区有相当一部分教师认为学生的课业负担过重，同时缺乏相应的阅读兴趣和阅读习惯，因而，会对阅读产生畏难情绪，在实际操作中，正是因为教师认为学生有可能会出现困难，因而老师也较少去指导学生开展课外阅读。

2. 教师通常采用的课外阅读教学方式

第14题　您经常采用的课外阅读训练方式有：[多选题]

| 选项 | 小计 | 比例 |
|---|---|---|
| 讲练阅读题 | 324 | 76.06% |
| 阅读圈阅读 | 157 | 36.85% |
| 限时阅读 | 244 | 57.28% |
| 持续默读 | 185 | 43.43% |
| 其他 | 11 | 2.58% |
| 本题有效填写人次 | 426 | |

分析：从以上图表的分析可以看出，大部分教师还是采取讲练阅读题的方式开展课外阅读，真正通过阅读圈、持续默读等多种方式开展的多种形式的有利于激发学生学习兴趣的阅读方式相对比较少，可以看出老师们的教学行为相对比较单一，理念上也相对滞后。

第 19 题　您是如何指导学生开展课外阅读的？[多选题]

| 选项 | 小计 | 比例 |
|---|---|---|
| 以教师为主体给学生讲解指导 | 152 | 35.68% |
| 经常与学生进行一对一的阅读指导 | 85 | 19.95% |
| 引导学生导读之后指导学生自主阅读 | 333 | 78.17% |
| 以学生为主体交流展示，教师给予指导 | 271 | 63.62% |
| 其他 | 5 | 1.17% |
| 本题有效填写人次 | 426 | |

分析：从以上图表的分析可以看出，大部分教师还是能够在引导学生导读之后指导学生进行自主阅读，同时可以以学生为主体进行交流展示，但也有一部分教师还是会沿袭以教师为主体的讲解方式，并且也很少对学生进行一对一的阅读指导，长此以往，会使得泛读指导的针对性大大减弱，需要关注。

第 20 题　您是如何对学生的课外阅读过程进行管理的？[多选题]

| 选项 | 小计 | 比例 |
|---|---|---|
| 给学生提供材料、场所和时间，让学生在学校自主阅读 | 229 | 53.76% |
| 给学生提供材料，规定时间让学生在家自主阅读 | 292 | 68.54% |
| 根据学生的情况阅读不同的材料，课上分享交流 | 208 | 48.83% |
| 全班阅读同一本书，然后课上分章节交流展示 | 165 | 38.73% |
| 其他 | 3 | 0.7% |
| 本题有效填写人次 | 426 | |

分析：从以上图表的分析可以看出，大部分教师可以给学生提供材料，供学生在家进行自主阅读，还有相当一部分教师可以给学生提供材料，场所和时间让学生在学校自主阅读，这都使得泛读活动得以有效地开展，同时还有一部分教师可以根据学生的不同情况安排学生阅读不同的材料，课上进行分享交流，也使得阅读的时效性得以保障。全班共读一本书，分章节交流展示做得不够，也就是泛读活动开展得不够细致深入，需要进一步加强。

### (二) 写作部分数据分析

1. 对写作培养途径的整体认识

第26题　您认为写作能力是如何养成的？[多选题]

| 选项 | 小计 | 比例 |
|------|------|------|
| 老师教的 | 124 | 29.11% |
| 学生经常写 | 351 | 82.39% |
| 背范文 | 219 | 51.41% |
| 学什么，写什么 | 143 | 33.57% |
| 长篇幅写作 | 39 | 9.15% |
| 广泛阅读 | 330 | 77.46% |
| 深度阅读 | 202 | 47.42% |
| 其他 | 5 | 1.17% |
| 本题有效填写人次 | 426 | |

分析：丰台区大部分教师认为写作教学有利于提高学生综合语言运用能力，还有少数教师认为写作教学有利于深化对文本意义的理解，培养思维品质。大多数教师认为常写、广泛阅读是提高写作能力的主要途径。还有相当部分教师认为可以通过深度阅读、背范文提高写作能力。

2. 教师通常采用的写作教学方式

(1) 写作任务布置。

第30题　您经常布置什么样的写作任务？[多选题]

| 选项 | 小计 | 比例 |
|------|------|------|
| 考试作文 | 156 | 33.62% |
| 教材上的写作任务 | 267 | 62.68% |
| 自由写作（周记、读后感） | 71 | 16.67% |
| 根据单元话题编制的写作任务 | 254 | 59.62% |
| 其他 | 2 | 0.47% |
| 本题有效填写人次 | 426 | |

分析：丰台区多数教师会布置教材上的写作任务或根据单元话题编制的写作任务，超过1/3教师会留考试作文，少部分教师会让学生写周记、读后感。

（2）写作教学方式。

第27题　您通常上写作课的方式是：[多选题]

| 选项 | 小计 | 比例 |
| --- | --- | --- |
| 以读促写，读写课 | 344 | 80.75% |
| 布置写作任务，限时写作 | 129 | 30.28% |
| 作文讲评课 | 177 | 41.55% |
| 读后语言运用（仿写、改写、翻译等） | 150 | 35.21% |
| 其他 | 0 | 0% |
| 本题有效填写人次 | 426 | |

分析：对于写作课，大部分教师会选择以读促写，读写课的方式，还有教师会选择布置写作任务，限时写作；作文讲评课；读后语言运用（仿写、改写、翻译等）等方式。

第35题　您在批阅作文时最关注什么？[多选题]

| 选项 | 小计 | 比例 |
| --- | --- | --- |
| 要点齐全 | 340 | 79.81% |
| 结构清晰，有条理 | 372 | 87.32% |
| 词汇语法使用正确 | 278 | 65.26% |
| 衔接词语 | 43 | 10.09% |
| 好词好句的使用 | 80 | 18.78% |
| 交际得体 | 74 | 17.37% |
| 书写清楚、美观、整洁 | 31 | 7.28% |
| 其他 | 3 | 0.7% |
| 本题有效填写人次 | 426 | |

分析：在作文评价中可以看出教师首先非常关注语篇结构，其次是内容，最后是语言的准确使用。小部分教师关注好词好句的使用，以及交际得体。大家对衔接词语的使用和书写关注不大。

第36题　您上作文讲评课最关注什么？［多选题］

| 选项 | 小计 | 比例 |
|---|---|---|
| 审题 | 311 | 73% |
| 谋篇布局 | 228 | 53.52% |
| 细节添加 | 124 | 29.11% |
| 语言的使用 | 282 | 66.2% |
| 逻辑表达 | 247 | 57.98% |
| 交际得体 | 36 | 8.45% |
| 其他 | 0 | 0% |
| 本题有效填写人次 | 426 | |

　　分析：在作文评价中可以看出教师非常关注审题、语言使用、逻辑表达和谋篇布局。部分教师关注细节添加和交际得体。

## 三、结论

### (一) 阅读部分数据分析结论

（1）部分教师的教学观念有待进一步提升，面对泛读教学的认识有待进一步深化。

（2）泛读训练的素材需要更加多样化，尤其是要增加分级阅读材料的比重，对于学生更有针对性和时效性。

（3）教师采取泛读训练的方式要更加适合学生，尽可能多地采取以学生为主体的方式，同时增加学生交流展示的机会。

（4）需要加强对泛读活动的设计，使其更加科学深入地开展。

（5）每周泛读活动的时间、场所都需要尽量得以保证。

（6）尽管开展课外阅读课很重要，但实际教学中还存在一些现实问题。学生课业负担较重，没有阅读时间；学生没有合适的英文读物；学生缺乏阅读兴趣和良好的阅读习惯；学生的语言知识基础薄弱，不足以支持阅读课外资料。

### (二) 写作部分数据分析结论

（1）教师在写作教学中对语言的关注较多，认为通过阅读可以学习、模仿和借鉴语言，丰富和深化写作内容，模仿篇章结构，借鉴写作手法。大多数教师认为常写、广泛阅读是提高写作能力的主要途径。还有相当部分教师认为还可以通过深度阅读、背范文提高写作能力。

（2）写作课教师多会让学生写命题作文或考试作文，采取自由写作、让学生用英语表达自己的真实想法的时候少。

（3）批阅作文时，教师们最关注文章是否结构清晰、有条理、要点齐全、词汇语法使用正确。

（4）上作文讲评课时，教师最关注审题、语言的使用、逻辑表达、谋篇布局。部分教师喜欢上写作课，半数教师对写作课喜欢程度一般。

（5）教师不关注学生写作学习策略和习惯的养成，具体方法指导欠缺。

（6）要提升读写教学的实效性，加大拓展文本分析的种类和深度，提高教师的文本分析能力；增加读写结合的案例分析，初高中融通分析文本，培训教师；系统设计和使用丰台区初中和高中读写训练的文本素材，提高写作教学的实效性。

## 第三节　英语核心素养实践与养成途径

基于前期文献学习和针对阅读和写作教与学方式的调查研究，中学英语学科从以下三个方面展开了基于核心素养的中学英语课堂教学方式改进的研究与实践。

### 一、转变教与学的方式，设计单元整体教学，提升英语学科核心素养

《普通高中英语课程标准（2017年版2020年修订）》实施建议提出，教师要关注主题意义，制定指向核心素养发展的单元整体教学目标。具体来说，教师要认真分析单元教学内容，梳理并概括与主题相关的语言知识、文化知识、语言技能和学习策略，并根据学生的实际水平和学习需求，确定教学重点，统筹安排教学，在教学活动中拓展主题意义（中华人民共和国教育部，2018）。英语学科单元整体设计可以从单元学习目标制定、单元学材开发与分析、单元学习活动设计和单元学评检测等四个维度进行整体把握、系统架构、层级设计，形成围绕主题意义建构的、包含六要素整合学习活动的动态循环系统，促进学生英语学科核心素养的发展。

#### （一）单元学习目标制定

单元学习目标制定的基础就是通过对单元知识结构与学生的认知结构之间的深度分析，建构主题意义构架的完整样态，以实现教材单元知识结构与学生认知结构的融通共生，引领学生经历语言认知的完整过程，实现英语核心素养在语言能力、思维品质、文化意识、学习能力等多层面、立体的全面发展。单元整体分析的核心任务有三：一是实现教材单元核心知识点跨课时学习的纵向联系和横向融通；二是实现教材单元知识的跨年段纵向联系与横向跨领域融通；三是实现教材年段知识的

整体跨学科整合。通过单元整体分析，制定单元整体和具体课时的学习目标，为学生充分感受和把握教材的知识、方法与思想结构，夯实学习过程，拓展深度学习的认知空间，提升关键能力与必备品格，最终形成素养打下坚实基础。

【案例分析】

以中国教育科学研究院丰台实验学校王晓静老师为案例，通过对模块六 U4 Global Warming单元的整体分析，教师针对主题语境"人与自然、全球变暖"，围绕"横向延展，构建语境"和"纵向探究，完善意义"两个维度展开设计，激发学生主动探究完善话题的意义，形成对单元整体语境的理解和建构。能够看到教师从意义、能力以及语言三个层面设计单元整体目标。通过单元的学习，学生能阐述全球变暖的起因、表现和影响；复述因全球变暖导致的冰川融化给因纽特人生活带来的具体影响；通过对遏制全球变暖的语篇的学习，在结构、说明方法、多角度组织内容和语言借鉴的基础上完成仿写任务，从而形成人与自然和谐共处的正确价值观。实现学生对全球变暖的话题完整意义的建构，完成学生理解、对比、分析能力的增强，引导学生内化文本语言对真实生活场景进行个性化表达。

之后，依据单元学习目标，整合学材内容，设计单元各课时具体学习目标。例如，单元第一课时为人教版教材选修六第四单元主课文 *The Earth is Becoming Warmer-But does it Matter？* 的学习，学生对全球变暖的原因、表现和影响有了清晰的理解；第二课时在此客观概念形成的基础上，以外刊文章 *Last Days of Ice Hunter-The Life on the Ice* 为学习资源，主要记叙了因全球变暖而导致的冰川融化给因纽特人的生活带来的具体影响以及他们不希望自己传统生活被改变的情感诉求，帮助学生深刻体会了全球变暖给人类带来的影响，认识到自然与人的关系。调动了学生的情感共鸣，对全球变暖话题有了更加直观的体验和认知；第三课时在学生通过前面两课时学习对全球变暖的不利影响形成价值认同的基础上展开，鼓励学生付诸实践，为防止全球变暖的进一步恶化而出谋划策。通过三个课时的横向延展，帮助学生构建了对于全球变暖话题的立体意义，同时每一个课时内的相关话题的纵向深入挖掘，又帮助学生多角度、多层次地完善了对话题不同角度的理解。

单元学习目标制定的基础就是通过对单元知识结构与学生的认知结构之间的深度分析，建构主题意义构架的完整样态，以实现教材单元知识结构与学生认知结构的融通共生，引领学生经历语言认知的完整过程，实现英语核心素养在语言能力、思维品质、文化意识、学习能力等多层面、立体的全面发展。

## （二）单元学材开发与分析

优化深度单元整体学习的认知资源学材并非传统意义上的教材，而是包含教材在内的学生学习材料的指称，它是学生自主建构意义的"说明书"，也是学生学习活动的"行程表"。《普通高中英语课程标准（2017 年版 2020 年修订）》指出英语语言能力构成英语学科核心素养的基础要素。程晓堂（2018）指出，基于主题意义探究的英语教学设计以语篇为基本学习材料，以语篇的内容和主题为中轴，辅之以聚焦语言知识学习的英语教学思路。因此，教师在围绕单元话题和主题意义探究进行分课时教学设计时，重点分析了每个文本核心内容的语言表达特点（这也是《普通高中英语课程标准（2017 年版 2020 年修订）》在"实施建议"一章中所提倡的做法），以及学生理解语言方面的难点。学材开发与分析是基于学生学习的教材理解与改造，贴近学生经验与旧知的问题引导与探究设计，更是学生建构主题意义的框架与载体。

## 【案例分析】

模块一 Unit 1 Lifestyle 单元属于"人与自我"主题。其主题意义在于通过展现不同的生活方式，让学生了解生活方式的多样性，激发学生对不同生活方式的思考并选择适合自己的、积极的生活方式。

1. 课本 P8 Read and explore  I'm a … digital native! I'm a … go-getter!

第一个语篇介绍了英国学生 Joe 痴迷网络的生活状态，Joe 除了在网络上完成学习任务，还进行大量的娱乐、社交和购物活动。Joe 对网络的依赖与痴迷引起了父母的关注和担忧，Joe 也因此开始反思自己的生活方式。

第二个语篇文本介绍了高中生 Li Ying 忙碌和充实的生活状态。Li Ying 的生活以学习为中心，同时还兼顾了运动和社团活动。她有明确的目标和很强的自律能力，充分利用生活中的每一分钟实现自己的目标。但她的安排过满、缺少娱乐，也存在与朋友相处时间太少等遗憾。两篇文章都使用了丰富的语言来描写学生生活，例如：do schoolwork, chat with friends, set a goal for every subject, prepare myself for my degree in science in university, be attentive in classes, think actively, be a member of a volunteering club 等；同时，清晰地表达了观点，例如：my parents are worried, there is a danger that … it's important to 等。

2. 课本 P6  Topic talk

文章是一位高一新生介绍自己高中生活的独白。主要由三部分构成：第一部分介绍了新学校、新生活给她带来的感受；第二部分介绍了该感受产生的原因；第三部分讲述了她对高中生活的期待。独白中运用了丰富的语言来介绍自己的高中生活，包括 class schedules, do projects, fruitful, beautiful campus 等。

3. 外选 *I like painting*

该文是一篇记叙文。讲述作者喜爱绘画的原因、感受，自己对绘画的看法以及朋友的观点。例如：For me, it's so easy to paint. It's the most natural thing in the world to do. It makes me very happy 等。

4. 外选 *Camp Makes Me a Better Person*

文章是一篇说明文，讲述作者参加夏令营活动的经历、感受和收获，文章篇章结构清晰。文中运用丰富的语言来描述感受和收获。例如：become mentally, physically, and spiritually stronger, gain confidence, learn from your mistake and know what it feels like to be pressured 等。

5. 外选 *Why Should I Join the Math Club?*

该文描述作者在中学时参加数学社团的经历、感受、收获等。文章篇章结构清晰，学生阅读后积累相关语言。

以上是北京市大成学校刘莹老师案例，刘老师所选五个语篇介绍的是不同国家学生的校园生活。学生通过阅读五个语篇，能够理解不同生活方式和人生选择的特点和意义，了解同龄人多样的生活方式，发现不同生活方式的优点和不足，从而对自己的生活方式进行反思，树立积极的人生观和价值观，探索自己的生活方式和人生方向。五个语篇结构清晰、语言丰富，在阅读过程中，引导学生关注段落内容、段落结构，培养学生的逻辑思维，为写作做铺垫。引导学生阅读完文章，都要进行主题语境语言的积累，为后续的写作提供充足的语言支持。

### （三）单元学习活动设计与单元学评检测

要想搭建深度学习的认知路径，学生的学习过程是复杂的，教师的教学过程也是复杂的。如何让学生的学习过程与教师的教学过程的行进步调一致，深度融合，就需要教师从学习理解、实践应用、迁移创新的深度学习活动出发。学程设计要注意单元目标的整体性与课时目标的层次性，这样才能实现单元整体设计的具体和统一。

单元整体教学设计需要解决"为什么教、教什么、怎么教、教得如何"这四个方面的问题。而基于深度主题意义建构学习的教学设计，不仅要解决这四个方面的问题，而且要从深度学习理论出发，对这四个方面的问题进行重新思考与再设定。单元学评检测要解决"教得如何"或"学得如何"的问题，也就是单元整体教学评价的问题，实现教学评一体。

## 【案例分析】

表  单元整体目标下学习活动设计

| 单元整体目标下学习活动设计 | |
| --- | --- |
| Performance tasks | Other evidence |
| Period 1：<br>1. One student shares and explains his/her map.<br>2. Four students act as Ryan to answer the interview question. | 1. Other students compare their maps with the map on the blackboard and tell whether the content is complete or not and whether they want to add any information.<br>2. Students choose the best Ryan and best journalist and give their reasons. |
| Period 2：<br>1. Read the text and find out what Nicholas Winton did during each period of time and draw a timeline.<br>2. Students talk about questions about themselves and Nicholas Winton. | 1. Other students compare their own timeline with the timeline on the blackboard and tell whether they want to add any information.<br>2. Students give comments to each other in terms of content, fluency and pronunciation. |
| Period 3：<br>Ss retell stories of Ryan and Winton<br>Ss introduce and evaluate charity projects | Peer evaluation<br>Students answer questions：is his/her retelling good? who，why，what，how<br>Presentation evaluation<br>Students make choices and tell reasons.<br>Idea：creative，influential，operable，altruistic<br>Presentation：complete，clear，loud，logical |

以上表格是北京市第十二中学李婧、张小羽、潘虹、王金老师外研版教材 M3U1 Make a difference 教学案例。本单元的话题是 making a difference，属于《普通高中英语课程标准（2017 年版 2020 年修订)》"人与社会"主题语境下"社会服务与人际沟通"中第二项的"公益事业与志愿服务"。教师以 making a difference 为主题，共设计了三节课，层层递进，帮助学生理解主题意义（understand），对该主题进一步拓展和深化（develop），最后尝试运用所学语言创造性地表达个人意图、观点和态度，学以致用（present）。根据单元整体教学目标和三课时具体的教学目标，

教师整体设计学生主题意义建构过程中的学习理解、实践应用、迁移创新三个层次的系列教学活动以及检测指标，完成教学评一体的单元整体教学设计。

## 二、实施课堂教学改进，开展深度学习，促进学生语言与思维的融通发展

Hewlett 认为，深度学习既是一种学习方式，又是一种综合能力，主要包括理解能力，以及解决问题、自我管理、人际交往等能力。深度学习是学习者在未来获得成功的关键，这种以促进学习者批判性思维和创新能力发展为目的的学习，不仅可以促进学习者积极主动学习、实现知识整合和意义连接，还可以提升学习者高阶思维和解决复杂问题的能力。对于深度学习，不同的学者从不同的角度给出了不同的见解。黎加厚认为，深度学习意味着理解与批判、联系与构建、迁移与应用；孙银黎认为深度学习就是批判性思考、对信息的整合、自我导向、积极主动地学习、终身学习；李松林等在《深度学习究竟是什么样的学习》中形成四种观点：深度理解说、理解—迁移说、体验学习说、三元学习说（高阶学习、整合性学习、反思学习）。

通过分析综合各位专家学者的观点可以看出，深度学习是指在理解基础上，学习者能够批判性地学习新思想，并将其纳入原有认知结构与其他思想进行联系，从而做出决策和解决问题的学习。学生的深度学习，就是在理解和体验基础上进行新知识的迁移、应用、创新的反复循环过程。英语学科开展深度学习，提升学生语言和思维品质的实践研究主要从两个方面展开。一是学生认知活动也就是学习活动要立体设计，经历学习理解、实践应用以及迁移创新三个层次；二是主题意义探究的目的是解决现实生活的实际问题，用专业的语言多角度进行分析，多态度包容和表达，多思路解决问题；这才是语言与思维的融通发展。

### （一）设计立体的学习活动，发展多元思维和批判性思维

《普通高中英语课程标准（2017 年版 2020 年修订）》指出，实践英语学习活动观，着力提高学生英语的学用能力。课标倡导教师应设计具有综合性、关联性和实践性特点的英语学习活动，使学生通过学习理解、应用实践、迁移创新等一系列融语言、文化、思维为一体的活动，获取、阐释和评判语篇意义，表达个人观点、意图和情感态度，分析中外文化异同，发展多元思维和批判性思维，提高英语学习能

力和运用能力。面对课标中学生核心素养的培养，英语课堂要改进教学方式，要解决学生学什么、怎么学以及为什么学的问题。只有学生主动参与意义建构、学生体验内化语言、学生语言意识形成思维以及学生生成认识思考，才能做到语言与思维的融通发展。而这些都需要通过创设意图清晰、层次明确、形式友好的学习活动才能实现。以下用案例阐释这些学习活动设计需要关注理解能力和表达能力的融通培养、关注认知过程和认知层次之间的关联以及关注学生经验、体验和参与学习活动的需求。

## 【案例分析】

Activity 1. Read and underline the name, the celebrations and the theme of the six festivals.

Activity 2. Talk to your partner about one of the festivals you are interested in.

Activity 3. Have a discussion.

Why do people celebrate festivals? Give at least two examples.

What kind of celebrations or activities do people choose to celebrate that festival?

Activity 4. Read and underline the similarities and the difference between those West and Chinese festivals. And find out the writer's attitude towards our Chinese festivals.

Activity 5. Talk to your partner about how similar and different they are using your own words.

Activity 6. Writing task：Should we Chinese celebrate west festivals? Why or why not?

以上是北京市航天中学吴桃荣老师的案例。学生通过参与六个学习活动，对节日话题进行了复习和学习，认知过程由表及里，认知层次由易到难。具体而言，学生的认知过程从感知到记忆到思维和言语；学生的认知层次也从学习理解到应用实践，最后到迁移创新；语篇类型也从之前一周有关节日介绍的说明文、节日庆祝习俗的传统故事到后面中西方节日文化异同对比及有关节日文化该不该传承或融合的论说文。学生的思维内容也从节日的庆祝主题和庆祝活动到中西方节日的异同对比，到思考该不该或者如何传承与融合中西方节日。学习活动之间内容上的关联使得有关节日的语言不断被复现并被重复使用，节日主题意义的建构也在活动中不断丰富和深刻。同时，语篇形式的多样和学习活动认知层次的不断深入也使得学生将有关节日的思维和语言融为一体，一直在努力理解和表达节日主题意义，有效地提高了有关节日话题的言语能力。而且，学习活动形式上输入输出相结合也使得理解能力和表达能力在过程中循序渐进、相辅相成、不断提升。总之，六个学习活动的设计关注学生认知过程和认知层次之间的关联，最大限度提高了节日这个话题的复习效果。

### （二）解决真实问题，从具体经验走向抽象经验

依据"经验之塔"理论，英语教学应当从"具体经验"逐步走向"抽象经验"，在解决真实问题的语言情境中，使抽象知识具体化，英语教学要从学生已有认知水平出发，基于学生已有经验实现"具体经验"向"抽象经验"转化。深度学习是一种注重高阶思维发展的学习，旨在培养学习者解决问题和创造思维能力，通过将英语抽象知识具体化，抽象经验生动化，既可以培养学生的高阶思维能力，也有助于深度学习的发生。

【案例分析】

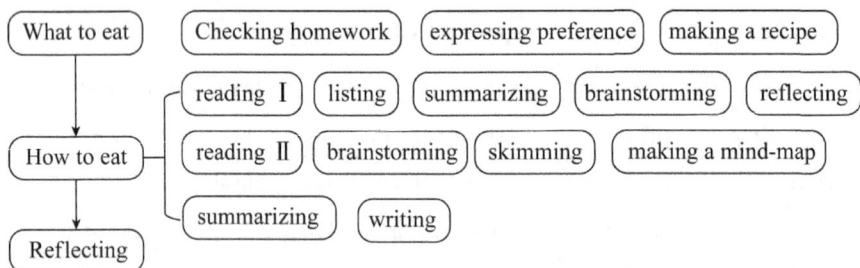

以上案例是北京市丰台二中李芳芳老师的案例。在健康饮食（Healthy Eating）的案例中，教师设计的多个语言内化活动和输出活动都关注了学生的经验、体验和活动参与需求。例如，学生交流自己喜欢哪个餐厅并说明原因，制作自己一日三餐的食谱，补充自己了解的健康饮食习惯，反思自己饮食习惯的问题。这些活动设计都基于学生自身经验和体验，无形中刺激学生主动参与活动的需求和愿望。又如，在建构如何吃（How to eat）的环节中，两个输出活动是补充自己总结的健康窍门（enrich other good eating habits）和反思自己日常饮食习惯（reflect on your own eating habits）。学生首先根据个人经验丰富和补充健康饮食习惯方面的信息，加深对健康饮食方式和习惯的理解；然后，通过反思自己日常饮食方式和习惯的口头表达活动，评价自己的饮食习惯，形成对健康饮食方式和习惯更加理性的认识。至此，从具体经验到抽象经验，在参与活动的过程中解决真实问题，形成自己独特的见解和认识，语言与思维共同发展。

## 三、落实教学评一体化理念，加强以评促学，完善素养培养过程

在建构主义视角下，全球范围内教学评价的重要趋势是从传统的心理测量范式转换到教育评价范式。而教育评价范式从"关于学习的评价"转变为"促进学习的评价"，这使得教师担负起更多的评价职责（崔允漷，2013）。评价不再是一个独立于教学过程又高于教学过程的存在，而成为教学的一部分，与教学、学习变成一个整体。与传统以选拔为目的的评价规则不同，"促进学习的评价"旨在让学生根据个人的能力、个人的智力和兴趣来发展，这正符合新课改"促进每一位学生的发展"的方针。转变的教育评价范式使教师在进行"促进学习的评价"时所扮演的角色发生根本性的变化。教师应具备与之相应的评价素养，才能合理地选择和开发评价方案，进而改进教学，提高学生学业成就。只有这样，教师才能满足《普通高中英语课程标准（2017年版2020年修订）》中对教师的教学评一体化教学实践的期许。

Davison（2008）提出了教师课堂评价框架，展示了教师、学生、课程和课堂间的核心部分：教、学、评并重。在框架中，课堂评价总体分为四个步骤，即规划评价、收集关于学生学习成果的信息、做出专业性的判断和提供恰当的反馈或建议。贯穿每个步骤的重要内容是记录。从这个框架中，我们也可以看出教师在其中扮演的角色和应该拥有的素养（见图1）。

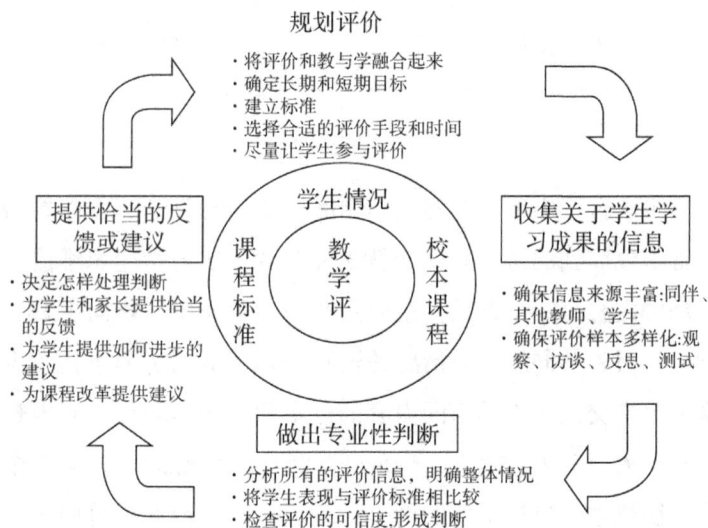

规划评价
· 将评价和教与学融合起来
· 确定长期和短期目标
· 建立标准
· 选择合适的评价手段和时间
· 尽量让学生参与评价

提供恰当的反馈或建议
· 决定怎样处理判断
· 为学生和家长提供恰当的反馈
· 为学生提供如何进步的建议
· 为课程改革提供建议

学生情况
课程标准　教学评　校本课程

收集关于学生学习成果的信息
· 确保信息来源丰富:同伴、其他教师、学生
· 确保评价样本多样化:观察、访谈、反思、测试

做出专业性判断
· 分析所有的评价信息，明确整体情况
· 将学生表现与评价标准相比较
· 检查评价的可信度,形成判断

**图1　Davison 课堂评价框架（2008）**

落实教学评一体化理念，加强以评促学，完善素养培养过程需要教师在教学设计时，一要有明确目标意识，二要有评价手段。在课前设计和课堂实施中要关注目标达成、评价主体和方式多元、评价反馈落实。

**【案例分析】**

阅读圈活动设计

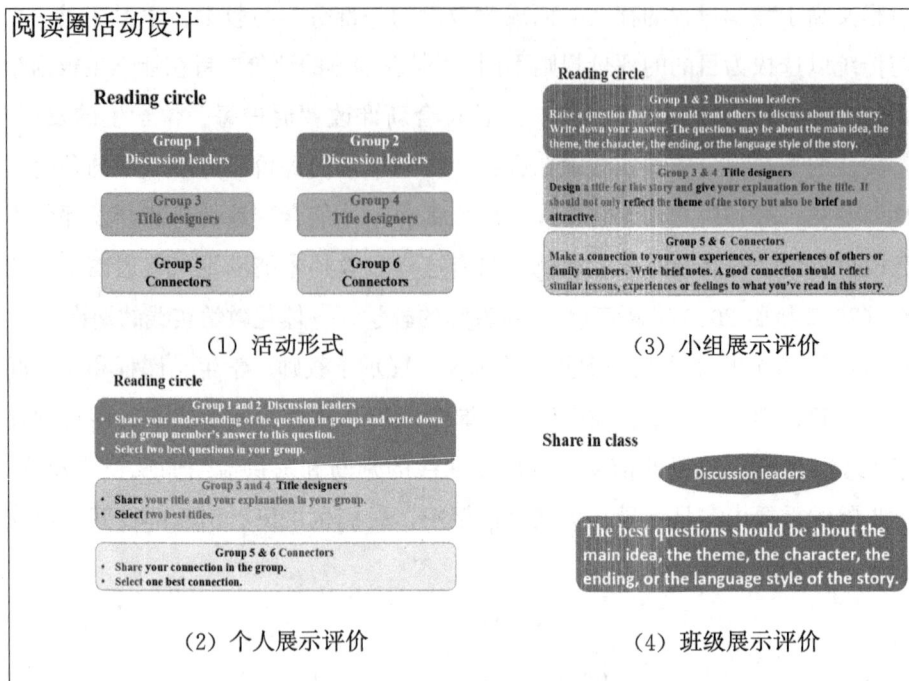

**图 2**

图 2 是北京市丰台二中范欢老师文学圈阅读的活动设计。可以看出教师评价设计和实施上非常细致周到的考量有助于教学环节的落实与学生思维能力的提升。其中，阅读圈活动的内容分三个方面：指向主题的问题质疑、指向主题的主旨提升及解释，以及指向学习者共同经历或情感的迁移分享；活动过程包括学生个人独立思考与同组同学的分享交流、不同组同内容的分享和筛选、全班不同内容的分享与评价；活动形式有个人、三人、六人、全班分享评价；评价的内容分三个层次：个人角色评价、小组围绕主题挑选最好的两个、班内非小组同学回答问题、出问题的组负责对比补充评价。评价形式包括自评、组互评、跨组互评、班评，评价主体包括教师、同组学生、异组学生。评价设计保证了活动的可操作、可参与、可检测。明

确的目标意识和多元的评价设计保证了学生语言能力、思维品质和学习能力的综合提升。

## 【案例分析】

1. Self-improvement（2'）

对照评价表，读一遍自己的报道，做修改，逐条打钩。

Is your writing include all the necessary parts of news?

Is your language correct (tense, spelling and sentence pattern)?

2. Pair-evaluation（5'）

Share in pairs and make necessary improvements according to the requirements. (show a sample news lead on PPT)（红笔批改）

Is his/her writing include all the necessary parts of news?

Is his/her news lead contains the key points (5W and H) of the story, and begin with the most important elements of information?

3. Group-evaluation（3'）

1）Watch a short video to show Ss how to report a news.

2）Report their news in groups. Pick out the best one. Underline the shining points in the selected news.

Is the news attractive? In what way?

Can you find all the information you want to know in this news?

Can you feel the beauty and love of the school life in this news?

4. Share in class（5'）

Ask two groups to report their news. Select the one that can best embody the beauty of school life. (The same requirements used in group work)

以上是首都师范大学附属丽泽中学杨甜老师的案例。教师在设计迁移创新类活动时，通过自评、互评、班评环节，检测自己新闻报道中的语言、结构、逻辑的准确性，并准确评价欣赏他人的新闻报道，提出恰当的意见。正是有清晰明确的目标意识、具体多样的评价方式和手段才保证了学生写作思维的形成，以及学生对个人写作目标和成果的清晰认识。

## 【案例分析】

**Writing**

If you have a chance to design a tour in the future, what will it look like?

Please write a passage to describe your "One-day tour in the future" and post it in the class zone to recommend it to your classmates.

**Evaluation**  Choose your favorite tour and tell the reasons.

| Evaluation | | | | | |
|---|---|---|---|---|---|
| Content | Grade (5') | Writing | Grade (5') | Presentation | Grade (5') |
| theme | | clear | | clear | |
| transport | | correct | | confident | |
| place | | coherent | | | |
| experience | | comprehensive | | | |
| My favorite: | | | | | |
| Reasons: | | | | | |

课堂实录

(1) 学生发言——课上写作

A Normal Day

When I woke up, it was already 9 o'clock. In order to go to work on time and not be punished. I pressed the button of time-travelled machine and it sent me back to 6 o'clock. I had another one-hour sweet dream.

I woke up again, my assistant "E" which is a robot helped me brush the teeth, wash my face, put on shoes and clothes. I had the breakfast that I had designed the day before. Delicious——but, well, a little bit boring. I quickly finished it and went out of my house, which was made of chocolate. I didn't forget to have a bite on the chocolate door. Don't be that surprised. My friend X designed her room as an eggshell, which she thought, was very safe.

On my way to work, I took out my phone, which looked like a pair of glasses and wore it. Quickly checking the messages, I found my boss was urging me. Well, afraid of his terrible temper, I had to take the "place switching" machine. In no time, I was already at the office.

Don't envy me. it costs a lot.

Finally I finished my work and went back home with the tiredness. I simply had a chocolate bath and went to sleep. What a normal day!

（2）学生评价

S：I prefer Zhang Yuxuan's tour. Because she has introduced many special machines to help us live in a convenient life and more comfortable life. Even if she can't work, something can help her and solve her problems. Although she said it is a normal day, I hope in the future every day would be like that.

T：How about her presentation? Do you think it is clear and she is confident?

S：Yeah, I think so.

T：OK! Just like yours.

以上是北京市第十二中学李婧老师的教学案例。教师布置写作任务并提醒学生在写作前关注一篇游记的主要内容（where, when, how, who, what）以及一篇好文章的标准。学生在阅读、思考和讨论后形成了自己的想法，通过书面形式将自己对未来生活的预期准确清晰地表达出来。之后，学生通过自评和互评来对自己和同伴的表达进行评价，并通过第二次上课时教师分享的优秀作业来互相了解同伴对未来的期许，学习同伴的表达，从而改进和完善自己的表达。从学生的课堂评价反馈话语中可以看出：学生在表达自己对他人旅行的看法时，有观点，有依据，但遗憾的是发言学生更多地关注了同学的旅行中的内容，而忽略了评价表中的其他内容。教师在反馈过程中试图引导学生对更多的内容进行反馈，但因为时间能补救的有限。教师在意识到这个问题后，课后给学生留了作业，要求每个学生将自己的作文通过平板电脑发到班级空间，每个人在阅读了他人的旅行后，书面完成评价表，进行反馈。教师在批改作文时，针对相关内容进行了书面点评，在作文讲评时，组织同学进行了相应的反馈。

# 三、小结

基于核心素养的中学英语课堂教学方式改进的研究与实践历经三年时间，中学英语学科从转变教与学的方式，设计单元整体教学，提升英语学科核心素养、实施课堂教学改进，开展深度学习，促进学生语言与思维的融通发展、以及落实教学评一体化理念，加强以评促学，完善素养培养过程三个方面展开了大量实践研究。研究过程和成果推广对教师改变区域课堂教与学方式、落实核心素养培养、改变教学观念和行为有非常大的促进作用。

# 第四节 英语教学案例与评析

### 课例一 摇篮里的猫

课例撰写：刘淼 北京市第十中学

指导教师：付绘 姚军 北京教育学院丰台分院

## 一、指导思想和理论依据

《普通高中英语课程标准（2017年版2020年修订）》指出，英语课堂要以主题意义统揽教学内容和教学活动，并指向基于核心素养的教学目标。同时进一步阐释，语篇是英语教学的基础资源。语篇赋予语言学习以主题情境和内容，并以其特有的内在逻辑结构、文体特征和语言形式，服务于主题意义的表达。因此，教师需要以主题为引领，以语篇为依托，将语言知识学习、文化内涵理解、语言技能发展和学习策略运用融合在学习理解、应用实践和迁移创新等三类语言与思维活动中。

## 二、教学背景分析

### （一）教学内容分析

本学段为高一英语学习阶段——音乐主题引领下的单元学习。音乐这一话题出现在人教版高中英语教材 M2U5 这个单元中。作为音乐主题引领的单元，课本中的音乐作品传递了各种主题。本篇听力材料最初是一首诗歌，后来被改编为一首歌曲，课本配有相应的诗歌朗诵以及歌曲演唱录音。本材料的标题是 *Cat's in the cradle*（摇篮里的猫）。从父亲的视角讲述了父亲缺少陪伴儿子的遗憾。标题揭示了作者 Harry Chapin 创作这首歌曲时的心境，即作者认为儿子小时候就像摇篮里的猫，他认为这段时间会很长。但是事实并非如此，时间流逝，孩子总会长大，离开家，离开父母，不再是摇篮中的小婴儿。本节视听说课选取了课本中一首表达亲子关系主题的歌曲，其原因是亲子关系是学生随着年龄的增长，在生活中必将重新审视的问题。

### （二）学生情况分析

本文话题为陪伴和亲子关系，学生对此话题熟悉。同时，高中的学生已基本形成对亲子关系的判断与看法，因此从背景知识、生活经验以及思维能力上能够与作者的思维进行碰撞，形成最佳教育契机。具体来讲，本课针对的是高一学生，他们的听说能力相对更强，更有能力通过欣赏诗歌、歌曲、视频后，使用其中的语言对亲子陪伴表达自己的感触和评价。此外，较初中学生而言，学生看问题具有更广的角度以及更好的思维深度，有更好的独立思考和感性思考能力，可以更好地与作者互动，对听力的内容做出更具有个人意义的判断，从而形成独立的思想。

## 三、教学目标

（1）获取关于父子关系的信息。

（2）根据语调的变化感知父亲的后悔。

（3）有感情地朗读父亲的话。

（4）发表关于自己与家长关系的看法。

## 四、教学重点、难点

### （一）教学重点

（1）通过一系列听力训练技巧帮助学生获取语篇中的语言和信息，感知人物情感并朗读。

（2）诗歌，理解诗歌标题。

### （二）教学难点

发表关于亲子关系的看法。

## 五、教学过程

| Lesson 1 Getting to know the story of the poetry | | | |
|---|---|---|---|
| 教学阶段 | 教师活动 | 学生活动 | 设计意图 |
| **Warm up** | 1. Teacher shows some photos of the Ss.<br>2. Teacher encourages Ss to ask questions about the pictures. | Ss observe some photos of their classmates.<br>Ss ask questions and the Ss in the photos answer questions to share his/her growing experience. | To get ready for the topic. |
| **Listening for general information** | 1. Teacher plays the story and asks Ss to write down their questions.<br>2. Teacher encourages Ss to ask and answer questions in class. | Ss listen to the story and write down their questions individually.<br>Ss in the groups of five choose one question and present it in class.<br>Ss in other groups answer the questions. | To get the main idea of the story. |
| **Listening for details of the story** | 1. Teacher helps Ss know the skills of taking notes of key words.<br>2. Teacher plays the story twice.<br>3. Teacher encourages Ss to decide and explain their outcome in class and retell the story based on their notes. | Ss get to know the skills of taking notes of key words.<br>Ss listen to the story and take notes.<br>Ss in groups discuss and decide ten key words.<br>Ss show and explain their outcome in class and explain.<br>Ss retell the story based on their notes. | To develop the skills of taking notes.<br>To get the details of the story. |
| **Summing up** | Teacher helps Ss review what they have learned in lesson 1. | Ss review what they have learned in lesson 1 with the teacher's help. | To help review lesson one. |

续表

| Lesson 2 Appreciating the poetry | | | |
|---|---|---|---|
| 教学阶段 | 教师活动 | 学生活动 | 设计意图 |
| Speaking | 1. Teacher asks Ss to read the story with emotion to express the feelings of the father.<br>2. Teacher shows the video of the song *Cat's in the cradle* and asks Ss to talk about why the father wrote the song.<br>3. Teacher encourages Ss to share their comments on this topic. | Activity 1. Reading aloud to appreciate.<br>Ss read the story with emotion to express the feelings of the father.<br>Activity 2. Viewing the video to appreciate.<br>Ss enjoy the video of the song *Cat's in the cradle* Ss talk about why the father wrote the song.<br>Activity 3. Voice their opinions to appreciate.<br>Ss share their comments on this topic. | To understand and talk about the father's regrets.<br><br>To voice their own opinions on the relationship between parents and children. |
| Summing up | Teacher helps Ss review the title of the poetry. | Ss reflect on the title of the poetry with the teacher's help. | To know the meaning of the title. |
| Assigning homework | Teacher presents Ss with the homework. | Ss are presented with the homework: Write a letter to your mom or dad with the reference of the samples on the hand-outs.<br>Ss make an outline of their letters.<br>Ss introduce the outline of their letter.<br>Ss finish the letter after class. | To express on this topic by synthesizing the ideas they were exposed to and using the language learnt in class and in the samples. |
| Ending | Teacher makes a summary about the topic. | Ss listen to the summary and reflect on the topic. | To reflect on the topic. |

## 六、教学反思与特色说明

### (一) 以主题意义统揽教学内容和教学活动

本课例中，学生在听说的过程中，对于主题的思考并不是终结性的，而是过程性的。学生刚接触听力材料，就开始思考。从识别文章的主要内容，到最终反思自己与家长的相处模式中一直鼓励学生思考，与文本互动。在获取并理解这些信息的基础上，学生将文章内容与自己的已有经验进行比较，不断对自己提问：文章的内容与我的经历是一致的还是矛盾的？我想不想要作者这样的父亲或母亲？我长大之后会不会成为作者这样的父亲或母亲？

### (二) 运用英语学习活动观实现学生的自主学习

英语听说教学的一个问题就是学生总是被题目牵着走，然后不明不白地就跳进题目的坑，学生很难体验听说的快乐。而在本节课上，教师大胆放手，设计了一系列与主题相关的活动，把视听说完全还给了学生。让学生自主地去探究，自主地去体验，自主地与作者对话。让学生听听力，并记录作者的经历，并根据这些信息来描述自身经历评价自己对于亲子关系的看法，学生出色地完成了这一具有挑战性的任务，体会到了这一活动的快乐和成就感。

### (三) 导入和结尾有特色

本节课的导入环节是从课本的四幅图片中选取两幅，使学生非常好奇两位主人公之间发生的故事以及他们的关系，帮助学生迅速进入学习情境，并巧妙而自然地导入本节课的话题。在本节课的结尾教师还是选择播放这首歌曲的视频，视频集中展示了这对父子关系的演变及父亲的心路历程。这也让人情不自禁地心生伤感和遗憾。教师的深情诵读让学生感受到语言美的同时，学生对于自己父母的爱也油然而生。

## 七、案例评析

### (一) 目标从学科教学转向学科教育

培养学生的情感是教育的目标之一。外语教学要富有教育性，促进学习者的全人发展。学习不仅是知识再现，更是意义建构，这表明外语教育首先是人的培养，培养一个怎样的"人"，而不是单纯的语言学科知识的传授。语言学习任务不仅应有意义，而且应有教育的目的或价值。本节课的教学目标立足于"人"的培养和发展，尤其是"人"的亲情的培养，充分体现语言学习的人文性和思想性。

### （二）主体从教师转向学生

教育过程中要充分重视学生的主体作用，提供过程与经验，由学生自己进行意义的建构，而不是令其接受现成知识，直达结果。从课堂话语方面，学生的个人表达、小组交流占整堂课话语的2/3，教师的话语仅占1/3，而这1/3话语主要是简要地呈现语境或任务、提出启发式问题或追问激励性或评价性反馈。从过程上看，教师的角色主要是提供学习的语料以及启迪学生思考的语境，语境的提供也是多元的，从图片到诗歌，从诗歌到歌曲，从歌曲到视频，激发学生的情感。而学生作为学习的主体，不断与读者的思维、同伴的思维、教师的思维进行碰撞，最后把自己通过学习获得的丰富情感与大家分享。

## 课例二　Unit 6　Role Models Lesson 17 People in our lives.（1）

课例撰写：秦华　北京市丰台区长辛店第一中学

指导教师：陈勇　北京教育学院丰台分院

## 一、指导思想和理论依据

《义务教育英语课程标准（2011年版）》（以下简称《课标》）指出，义务教育阶段英语课程应"面向全体学生，关注语言学习者的不同特点和个体差异"，本课根据学生学习基础、学习需求和学习特点的不同，设计不同层次、可选择的学习任务，最大限度满足个体需求，进而获得最大化的整体教学效益。

英语课程具有工具性和人文性的双重性质。程晓堂和赵思奇两位教授在《英语学科核心素养的实质内涵》一文中提出，中小学的英语学科和英语课程，除了使学生把英语作为交流工具来学习以外，还具有多重的育人价值。王蔷教授也强调，英语学科的首要任务是育人，教师需要通过教授这门学科实现育人的目标。本课学习内容是身边的榜样，更能凸显英语学科的育人价值。

语言与思维的关系十分密切。学习和使用语言要借助思维，同时，学习和使用语言又能够进一步促进思维的发展。王蔷教授指出，英语教学应关注学生思维发展，教会学生发现问题、解决问题，培养学生用英语进行思维的能力。

## 二、教学背景分析

### （一）教学内容分析

第 17 课是北师大版《初中英语》九年级（全一册）第 6 单元第 2 部分。单元话题是 Role Models。本单元的第 16 课是阅读课，通过阅读，了解姚明的职业生涯及慈善事业，培养学生能够成为有优秀品质的人。第 18 课主要了解苹果创始人之一，史蒂夫·乔布斯的生平。第 17 课是一节听说课，体裁是演讲稿，题材是 3 名演讲人分别讲述他们身边榜样的故事。第 16 课和第 18 课的素材谈论的都是名人，但第 17 课把视角放在平凡的普通人身上，三节课都是引导青少年学习做人的品质和做事的态度。正是有这样循序渐进的学习，在 Communication Workshop 中学生才能更加自信地描述自己的榜样。

第 17 课素材取自每个讲述者身边的真实故事。语言知识涉及一般现在时态、现在完成时态和一般过去时态。重点是培养学生《课标》5 级听的目标中能听懂有关熟悉话题的谈话，并能够提取信息和观点；能借助语境克服生词障碍、理解大意；能听懂接近自然语速的故事和叙述，理解故事的因果关系；能针对所听语段的内容记录简单信息；以及 5 级说的目标中能够就简单的话题提供的信息表达简单的观点和意见，参与讨论。

### （二）学生情况分析

我所教的初三年级绝大多数学生对学习英语感兴趣，也有少部分学生学习基础薄弱。对于优秀人物的品质，学生在第 2 单元达·芬奇、王选，第 4 单元给宇航员刘洋的信，第 5 单元 J. K. 罗琳这些名人的故事中都有所了解，学生从他们身上能够学到面对困难永不放弃的精神。

通过对本单元第 16 课 Yao Ming 和第 18 课 Steve Jobs 的课文学习，已经能够初步说出和写出有关人物品质的词语，并能够针对人物的品质陈述出相应的理由。具备了获取、理解、归纳和记录信息的能力。通过本节课的学习，学生不仅能够了解另一种优秀人物"普通人"，还能够学习到普通人的品质，让每个学生认识到具备了优秀的品质，自己也可能会成为他人的榜样的事实。

## 三、教学目标

(1) 通过听，记录三名演讲人的榜样是谁，以及他们的品质和所做的事例。

(2) 通过记录的信息，深入理解三个普通人成为榜样的原因。

(3) 运用本节课所学到的词汇和句子，口头描述自己能够从榜样身上学到什么。

(4) 通过平板电脑选择老师设计好的学习材料，自主选择要听的演讲，解决在学习中遇到的问题。

## 四、教学重点、难点

### (一) 教学重点

(1) 学生通过听能够获取三名演讲者的榜样，以及他们榜样的品质和事迹。

(2) 学生能够深入理解三个普通人成为演讲者榜样的原因。

### (三) 教学难点

学生能够发现自己身边的榜样，口头描述从榜样身上能学到什么。

## 五、教学过程

| Unit 6 Role Models Lesson 17 People in our lives. (1) ||||
|---|---|---|---|
| 教学环节 | 教师活动 | 学生活动 | 设置意图 |
| **Pre-listening** | 1. T shows the photos of Yao Ming and Steve Jobs and ask some questions about them.<br>2. T asks some questions and lead students to talk about their own role models. | 1. Students talk about the qualities they learned about famous people such as Yao Ming and Steve Jobs.<br>2. Students talk about who their role models are and whether their role models are famous people or common people. | 激活学生已知，引发学生思考：普通人是否能够成为榜样 |

续表

| 教学环节 | 教师活动 | 学生活动 | 设计意图 |
|---|---|---|---|
| **Pre-listening** | 3. Task Presentation<br>T：Our school is going to hold a speech contest next Tuesday. The topic is *My Role Model in My life*. Let's see how they give speeches and learn to give a good speech about our role models in our lives. | Students get to know the task. | 创设语境，呈现本节课的学习任务。 |
| **While-listening** | 1. T asks Ss to take out their worksheets. Let's listen to the speakers and find out：Who are their role models? | Students learn to identify the names of the three speakers and his/her role model. （学生听贝拉演讲的前两段录音，完成听力任务1。） | 学生听第一遍录音，了解人物之间的关系，引发学生探究，普通人能够成为榜样的原因。 |
| | 2. Students listen and find out why Bella's role model is her dad.<br>(T 追问：Bella thinks her father is like a friend. Can any friend be a role model?) | Students listen and find out why Bella's role model is her dad by choosing statements from Ex. （学生听贝拉演讲的前两段录音，完成听力任务2。） | 学生听录音获取贝拉演讲的主要内容。 |
| | 3. T asks a question and leads Ss to listen again and find out why Bella thinks her father is like a friend. | Students listen again and find out why Bella thinks her father is like a friend. （学生听贝拉演讲的前两段录音，完成听力任务3。） | 学生听录音获取贝拉演讲的细节信息。 |
| | 4. T asks Ss to listen again and find out how Bella's father helped her. | Students listen again and find out how Bella's father helped her. （学生听贝拉演讲的最后一段录音，完成听力任务4。） | 学生听录音获取贝拉演讲的其他细节信息，重点挖掘贝拉爸爸作为榜样的核心品质。 |

续表

| 教学环节 | 教师活动 | 学生活动 | 设计意图 |
|---|---|---|---|
| | 5. T leads Ss to think about what Bella thinks of her father. | Students think about what Bella thinks of her father. | 学生深层理解贝拉把爸爸作为榜样，不仅是爸爸为贝拉做的事情，还有爸爸的品质。 |
| While-listen-ing | 6. T shows the question and asks Ss to choose one of them to finish. T：Why do they take their neighbor and cousin as their role models? | Students choose Adam's or Lily's speech to listen to in groups and find out why they take their neighbor and cousin as their role models. （学生选择听 Adam 或者 Lily 演讲的录音，完成听力任务 5 或任务 6。） | 引导学生简要听 Adam 和 Lily 的演讲，探寻 Ms Li 和 Jack 成为他们榜样的主要原因并且能够向他们学到什么。 |
| | 7. T asks Ss to open their books on page 187, choose one speech and read with the speaker. | Students choose of the speeches and read with the speaker. （学生选择一个演讲，听录音跟读课文，完成听力任务 7。） | 学生进一步理解和内化信息，为后面的输出活动做准备。 |
| Post-listening | 1. T asks the questions. Q1：Who impressed you most? Why? Q2：What have you learnt from them? | Students talk about who is the best role model in their hearts. | 学生综合运用语言。 |
| | 2. T presents the task again and lead Ss to sum up how to give a good speech about the role model. | Students talk about how to give a good speech through the mind map on the blackboard. | |
| Homework | 1. 听录音跟读演讲 3 遍。 2. 以 "My Role Model in My life" 为题完成一篇演讲稿。 | 记录作业要求。 | 巩固本节课所学的内容，并将所学延伸到课外。 |

| 教学环节 | 教师活动 | 学生活动 | 设计意图 |
|---|---|---|---|
| **Blackboard design** | | | |

## 六、教学反思与特色说明

### (一) 尊重学生个性发展，设计不同层次的听力任务

学生详听素材中 Bella 的演讲，在问题引导下逐层理解 Bella 的爸爸能够成为他榜样的原因。其中的一个任务是要通过听探究 Bella 的爸爸是怎样帮助他克服困难的。这个任务设计了两种不同的获取信息的方式，学生可以依据自身的实际情况选择完成。选择 A 听录音补全段落所缺的词或者选择 B 依据问题，记录关键词。学生略听 Adam 和 Lily 的演讲任务单，以 Mind-map 的形式呈现，含有填空和回答问题。学生以小组为单位，选择听自己感兴趣的人物演讲。在听跟读课文的时候，学生可以自主选择最感动他的一个人物演讲边听边读。学生的选择被尊重，参与率高，效果好。

### (二) "互联网＋"的教学提高了学生的学习效率

用平板电脑和耳机听录音，学生间互不干扰，还可以依据自己的实际情况自主选择听力的次数和所听的素材；通过电子书包，学生课前自主完成论坛讨论，课上将完成的任务单拍照上传，拓宽了交流面；学生用批改网自主修改自己的演讲稿，这些都有助于提高学生的学习效率。

### (三) 充分发挥思维导图对学生理解和输出语言的支撑作用

在听 Bella 的演讲录音时，教师将学生获取到的与主线有关的信息逐一呈现在黑板上，形成 Bella 演讲结构的思维导图。Mind-map 的形成过程让学生看到描述身边的榜样，可以从三个层面入手：第一，介绍他是谁（人物的基本信息）；第二，陈

述他成为榜样的理由（人物的品质和事例）；第三，从榜样身上能学到什么。Mind-map 和多媒体课件内容也起到了互相补充的作用。还对学生略听 Adam 和 Lily 的发言到最后 Post-listening 输出都很有帮助。

## 七、案例评析

### (一) 突出学生个性发展

本课根据学生学习基础、学习需求和学习特点的不同，设计不同层次、可选择的学习任务，最大限度满足个体需求，Pad、耳机和电子书包辅助学生选择听力任务、决定听的次数，进而获得最大化的整体教学效益。将课堂教学延伸到课外的班级和年级英文演讲比赛，拓展了学用渠道，培养学生的综合语言运用能力。

### (二) 体现学科育人的价值

本课学习内容是身边的榜样，更能凸显英语学科的育人价值。课文听力材料中 Bella's dad、Ms Li 和 Jack 都是普通人，但他们的品质和行为感动、感染、影响了演讲者，学生能够通过不断地听文本逐层体会和学习到转换视角观察身边的人，也有可以成为自己榜样的人；同时懂得了拥有优秀的品质和行为，自己也会成为他人的榜样。

### (三) 促进学生思维的发展

针对课前的调研，学生的榜样全是名人的事实，本课通过问题引发学生思考"身边的普通人可以是榜样吗？"，进而通过听力获取、理解信息回答该问题；通过环环相扣的问题链设计，引导学生探寻"普通人能够成为榜样的深层原因"。在主题意义探究和解决问题的活动中，整合语言知识学习和语言技能发展，体现文化感知和品格塑造，发展思维品质和语言学习能力。

# 第五章　基于核心素养的物理教学研究与实践

## 第一节　物理核心素养内涵与解读

教育部关于《全面深化课程改革 落实立德树人根本任务的意见》于 2014 年 3 月正式颁布。文件中明确指出：要根据学生的成长规律和社会对人才的需求，把学生德、智、体、美全面发展的总体要求和社会主义核心价值观的有关内容具体化、细化，要研究制定学生发展核心素养体系和学业质量标准。要根据核心素养体系，明确学生完成不同学段、不同年级、不同学科学习内容后应该达到的程度要求，明确各学段、各学科具体的育人目标和任务，完善高校和中小学课程教学的有关标准。要依据学生发展核心素养体系，指导教师准确把握教学的深度和广度，使考试评价能更加准确地反映人才培养要求。各级、各类学校要从实际情况和学生特点出发，把核心素养和学业质量要求落实到各学科教学中。

### 一、从"双基教学"到"核心素养"的物理学科教学改革回顾

#### (一)"双基教学"概念的提出

1982 年 7 月由中国物理学会召开，华东师范大学和《物理教学》杂志编辑部负责筹备的全国中学物理特级教师会议在上海华东师范大学举行。27 个省（直辖市、自治区）的中学物理特级教师和优秀教师，省（直辖市、自治区）教育厅（局）教研室的同志以及《物理教学》杂志部分编委等共 125 人参加了会议。会议达成共识：在中学物理教学中加强学生能力培养的问题，是提高中学物理教学质量的一个关键问题。通过这次会议，进一步明确了在中学物理教学中加强基础和能力培养两者是相辅相成的，对学生能力的培养，主要应该在物理学的基本概念、基本规律和基础实验的教学过程中进行；而能力的提高，又将促进学生比较顺利地接受新知识。会议认为，我们的教学必须贯彻执行全面发展的教育方针，面向大多数学生，而不能只着眼于少数。当前中学物理教学中的一个重要任务，是要贯彻因材施教的原则，使我们学生的物理知识在原有基础上都能得到应有的提高，以适应我国现代化建设对青年一代的要求。会议向全国中学物理教师提出倡议：

1. 认真贯彻教育方针，面向全体学生

物理教学一定要以教学大纲为依据，按照教学计划进行教学，关心学生德、智、

体、美的全面发展，不加课时，不赶进度，不搞"题海"，使学生扎扎实实地学好物理基础知识，掌握基本技能。物理教学要面向全体学生，对基础知识和智力水平不同的学生，要从实际出发，因材施教，注意调动学生的积极性，努力把物理知识教好。

2. 加强双基教学，重视能力培养

要认真研究和处理好知识传授和能力培养的关系，立足于知识的传授，着眼于能力的培养，寓能力培养于知识传授之中。要深入发掘教材中培养能力的因素，不断改进教学方法，打好基础。

3. 坚持理论联系实际，注意知识的灵活运用

理论联系实际是我国中学物理教学的好传统，一定要坚持和发扬下去，要在教学的各个环节中注意理论联系实际，引导学生把理论和实际结合起来，灵活运用所学知识去分析和解决问题。

4. 改进和充实实验设备，提高实验教学质量

物理学是一门以实验为基础的科学，实验不仅是形成概念和掌握规律的基础，而且是发展学生能力的重要手段。要认真研究物理的实验教学法，不断改进和充实实验设备，在当前实验仪器较为欠缺的情况下，大力提倡自制教具，充分挖掘设备的潜力，千方百计地让学生动手做实验，进一步提高实验教学的质量。

5. 开展教学研究，促进教学质量的提高

提倡教师结合教学，开展教学研究和教改试验，不断总结经验教训；提倡大家都来学习教育学、心理学和教学法，深入了解学生，认真研究教学规律，提倡教师加强专业进修，不断提高自己的业务水平。通过这些方面，不断提高物理教学质量。

**(二) 三维目标的提出及内涵**

"双基"阶段的教学过程过分注重基础知识与基本技能的教学，造成了学生主体性的缺失、情感性的缺失和创造力的缺失，泯灭了不少学生可持续发展的动力，导致了"高分低能""有才无德"等现象的产生。2003 年开始的新课程改革明确提出要实现"三维目标"：知识与技能、过程与方法、情感态度与价值观，构建起课堂教学比较完整的目标体系，由以知识本位、学科本位转向以学生的发展为本，真正对知识、能力、态度进行了有机整合，体现了对学生在学习中的主体地位的高度重视和充分肯定，体现了对人的生命与发展的整体关怀。

1. 三维目标的内涵

知识与技能：在知识方面，要求掌握物理学的基础知识；了解物质结构、相互

作用、物体运动的一些基本概念和规律；初步了解物理学发展的历程，了解物理学的基本观点和思想，关注物理知识在生产、生活中的应用和影响。在技能方面，要求掌握物理实验的一些基本技能，会使用基本的实验仪器和测量工具，能够独立完成一些基础的物理实验；会记录实验数据，知道简单的数据处理方法，会写实验报告，描述实验结果。

过程与方法：通过各种途径感知身边的物理现象，并形成物理表象；经历科学探究过程，初步学会根据收集到的信息，通过比较、抽象、概括等思维过程，形成物理概念，进而理解物理规律，并学会科学探究的方法，具有一定的信息收集和处理能力；了解物理学的研究方法，尝试运用已获得的物理概念与规律，对物理现象进行分析，做出判断、解释；尝试从学习和生活中发现物理问题，提出探究思路，收集相关信息，运用有关知识和方法，提出解决问题的设想，具有初步的提出问题、分析概括、解决问题的能力；运用适当的方法和手段，表达自己的学习体会、看法和成果，有一定的交流合作能力。

情感态度与价值观：保持对自然界的好奇心和对科学的求知欲，乐于探索自然现象和日常生活中的物理学道理，有将物理知识应用于日常生活和生产实践的意识，领略探索中的艰苦与喜悦；敢于坚持真理和创新，具有实事求是的科学态度和精神，具有判断大众传媒是否符合科学规律的初步意识；有主动与他人合作的精神及与他人交流的愿望，敢于坚持正确观点，勇于放弃或修正错误观点；关注并思考与物理学相关的热点问题，了解并体会物理学对经济、社会发展的贡献，有可持续发展的意识，能在力所能及的范围内，对社会的可持续发展有所贡献；关心国内外科技发展的现状与趋势，有将科学服务于人类的意识，热爱祖国，为社会的可持续发展做出贡献。

2. 三维目标之间的关系

三维目标互相促进，有机统一。知识与技能、过程与方法、情感态度与价值观是一个相互联系、相互渗透的整体，是一个人在学习活动中实现素质建构的三个侧面。在实际教学过程中，不应该将它们设计为三个环节分别操作。对三维目标的关系，有研究者认为，课程目标的每一维都可以成为学习的目标，而同时也可作为达成其他二维目标的辅助和凭借。第一，过程与方法可以作为知识与技能生成的导控保障系统，情感态度与价值观可以作为知识与技能学习的动力支持系统而体现其价值，从而实现知识与技能学习的高效和优质；第二，知识与技能、过程与方法也可以作为实现情感态度与价值观培育的凭借与途径，作为情感态度与价值观养成的方法与手段；第三，知识与技能、情感态度与价值观也可以作为一种教学资源服务于过程的体验与反思、方法的习得与训练。

三维目标是一个问题的三个方面，立体来看，就如同一个立方体的长、宽、高三个维度。因此，知识与技能、过程与方法、情感态度与价值观是相互依存，有机统一，不可分割的。

### (三) 核心素养让教育改革进入"3.0时代"

1. 提出背景

教育部2014年印发的《全面深化课程改革 落实立德树人根本任务的意见》中，首次提出"核心素养体系"概念。同时，正在进行的普通高中课程标准修订也将核心素养作为重要的育人目标。

2014年9月13日，《中国学生发展核心素养》研究成果在京发布。该成果是教育部委托北京师范大学，联合国内高校近百位专家成立课题组，历时3年完成，事关今后的课标修订、课程建设、学生评价等诸多方面。华东师范大学课程与教学研究所崔允漷教授指出：我们的传统是重视"双基"，即基础知识与基本技能，后来又提出三维目标——知识与技能、过程与方法、情感态度与价值观。从"双基"到三维目标，再到核心素养，是从教书走向育人这一过程的不同阶段。打个比方，若落实"双基"是课程目标的1.0版，则三维目标是课程目标的2.0版，核心素养就是课程目标的3.0版。

值得关注的是，核心素养的提出，将会进一步落实立德树人的根本目标，改变教育领域内依然大量存在的"唯分数论"的现象。教育部基础教育二司副司长在报告中谈道："近年来，素质教育在取得显著成绩的同时，仍存在课程教材的系统性、适应性不强，课程体系评价标准不明确，高校、中小学课程目标有机衔接不够，部分学科内容交叉重复等问题。"要解决这一问题，需要以核心素养为纲，通过各部门协同配合，从整体上推动各教育环节深层次的改革。明确核心素养，一方面可通过引领和促进教师的专业发展，改变当前存在的"知识本位"现象；另一方面可帮助学生明确未来的发展方向，激励学生朝这一目标不断努力。

2. 学生发展核心素养的内涵界定

根据2014年发布的《中国学生发展核心素养》研究成果，核心素养以培养"全面发展的人"为核心，分为文化基础、自主发展、社会参与3个方面，综合表现为人文底蕴、科学精神、学会学习、健康生活、责任担当、实践创新6大素养，具体细化为国家认同、理性思维等18个基本要点。

学生发展核心素养研究课题组负责人、北京师范大学教授林崇德介绍："中国学生发展核心素养研究，主要遵循 3 个原则：科学性、时代性和民族性。"要紧紧围绕立德树人的根本要求，坚持以人为本，遵循学生身心发展规律与教育规律；充分反映新时期经济社会发展对人才培养的新要求，全面体现先进的教育思想和教育理念；着重强调中华优秀传统文化的传承与发展，把核心素养研究植根于中华民族的文化历史土壤，系统落实社会主义核心价值观的基本要求，确保立足中国国情、具有中国特色。要以评价做抓手，推动核心素养在实践中的落实。

## 二、物理学科的核心素养

《全民科学素质行动计划》指出，科学领域课程应以提升学生科学素养为目标，学生通过课程的学习应了解必要的科学技术知识、掌握基本的研究方法、树立科学思想、崇尚科学精神，并具有一定的应用它们处理实际问题、参与公共事务的能力。物理作为自然科学领域的重要基础课程，在培养学生方面的价值则体现在从科学知识、科学方法、科学精神与态度、科学应用等 4 个方面为学生今后的生活和工作做准备，使学生养成终身发展所需的必备品格与关键能力，形成学生的物理学科核心素养。物理学科的核心素养包含 4 个方面的内容。

### (一) 物理观念

物理观念方面的核心素养表现为对物理学科发展中核心概念和规律的理解。物理学发展的过程也是人类认识世界的过程，在认识世界的过程中对客观事物共同属性和本质特征的抽象形成了物理概念，在探索物理现象内在联系的过程中形成了物理原理和规律，这些都是人们今天认识世界的基础。学生通过物理课程的学习，应该能够认识和理解自身生活的客观世界，认识自然界的构成、现象和规律，认识物质存在的多样性、复杂性和统一性，形成科学的唯物主义世界观。

### (二) 科学思维

科学思维方面的核心素养表现为了解并掌握研究世界的基本思想和方法。物理学家为更有效地研究和认识自然界，探索出了许多研究思想和方法，这些思想和方法比科学知识更有价值。例如，忽略次要因素的理想化模型方法、控制变量的方法等，都是学生今后思考和处理身边问题的重要方法。学生通过物理课程的学习，应该能了解物理学研究问题运用的思想和方法，并认识到这些思想和方法在解决问题中的价值。

### （三）科学探究

科学探究方面的核心素养表现为应用所学知识、方法解决现实问题的意识和能力。学生通过物理课程的学习，不仅要能够解析"模型化"的物理试题，更要有解释生活中的物理现象的意识，利用科学知识和方法解决学习、生活和工作中遇到问题的意识和能力。物理课程的教育价值在于让学生养成这 4 个方面的核心素养，让学生具备科学的思维和意识、科学研究的方法、适应社会所需的物理学知识、了解科学的起源和树立科学的世界观、严谨的科学态度和实事求是的科学精神。

### （四）科学态度与责任

科学态度与责任方面的核心素养表现为对科学研究的热情和实事求是的态度。学生通过物理课程的学习，应该能领悟物理学研究过程中表现出来的尊重事实、实事求是的科学探究态度，能在学习、生活和工作中坚持做到实事求是。

## 三、基于核心素养的物理课堂教学方式研究的意义

教育部《全面深化课程改革 落实立德树人根本任务的意见》中指出，21 世纪以来，特别是教育规划纲要发布实施以来，教育系统认真贯彻落实中央有关精神，积极探索，勇于实践，推动课程改革取得显著成效。德育为先、能力为重、全面发展的教育理念得到普遍认同。符合素质教育和时代要求的课程教材体系不断完善。人才培养模式改革不断深化，自主、合作、探究的学习方式与启发、讨论、参与的教学方式不断推广，育人的针对性、实效性进一步增强。

该意见同时指出课程改革面临新的挑战。经济全球化深入发展，信息网络技术突飞猛进，各种思想文化交流、交融、交锋更加频繁，学生成长环境发生深刻变化。青少年学生思想意识更加自主，价值追求更加多样，个性特点更加鲜明。国际竞争日趋激烈，人才强国战略深入实施，时代和社会发展需要进一步提高国民的综合素质，培养创新人才。这些变化和需求对课程改革提出了新的更高的要求。

传统教学方式中，教师常把学生当作接受教育的被动者，教师在课堂上教什么，学生就学什么，一切都是以教师为中心的。现代教育心理学的研究表明，学生的学习是一个主动建构的过程，教师要充分认识学生的主体地位。在新的理念指导下，新的课堂教学要求从教师角色到师生交往的方式以及教材的呈现方式等方面都要发生变化。

### （一）课堂教学中教师角色的转变

1. 从传授者到促进者、引导者、合作者

传统的教学方式中，人们把教师作为知识的传递者，传道、授业、解惑为教师的天职。现代教育心理学对学习进行了重新认识，认为学生的学习不是一个被动的接受过程，而是一个主动建构的过程，学生在求知的过程中组织属于他们自己的知识。教师在学生的学习过程中，不再只是传道、授业、解惑，还要成为学生学习的促进者。由于现代科学知识的极大丰富，教师不可能将所有知识全部传授给学生，所以教师的职责要变为促进学生能力的培养，教会学生获取知识的方法。

新课程强调，教学是教与学的交往、互动，师生双方相互交流、相互沟通、相互理解、相互启发、相互补充，在这个过程中教师与学生分享彼此的思考、见解和知识，交流彼此的情感、观念与理念，丰富教学内容，求得新的发现，从而达到共识、共享、共进，实现教学相长和共同发展。教学从教师教、学生学的机械相加，不断让位于师生互教互学，彼此形成一个真正的学习共同体。

教师还要充当学生人生发展之路上的引导者，引导学生沿着正确的方向前进，并在学生的心理健康方面起到一个保健者的作用，在学生学习的具体方面做一个指导者。在新课程中，教师的教和学生的学将被师生互教互学取代，在信息时代，学生很容易从学校外部资源中获得很多知识和信息，教师可以从学生那里学到很多，所以教师可以参与学生的学习，与学生合作，和学生共同进步，共同发展。

2. 从课程的执行者到课程的研究者和课程资源的开发者

传统的教学活动和研究活动彼此是分离的，传统的教师只是教学，研究被认为是专家们的事，教师不仅没有从事研究的机会，更缺乏研究的观念。新课程要求教师不仅要成为课程的实行者，还要能以研究者的心态置身于教学情境之中，以研究者的眼光审视和分析教学理论与教学实践中的各种问题，对课堂教学进行必要的反思。新课程还要求教师成为课程资源的开发者，因为教师最了解学生的身心发展特点，对学生的要求最有发言权，所以，教师有权利和义务参与课程资源的开发。

**(二) 课堂教学中师生交往方式的转变**

传统的师生交往是单向的，只是教师向学生传授知识。新课程理念下，师生交往是双向甚至是多向的，实现了师生互动、生生互动的交往形式，不再只是教师向学生传递信息了，学生也可以向教师提出问题、反映问题。在这样一个新型的师生交往方式中，学生体验到平等、自由、民主、尊重、信任、友善、理解、宽容、亲情与关爱，同时受到激励、鞭策、鼓舞、感化、召唤、指导和建议，形成积极的、丰富的人生态度与情感体验。在交往中，教师不再处于权威的地位，而是处于和学生平等的地位，学生与教师可以平等地对话。

师生交往方式的转变，带来课堂教学的转变。传统的课堂教学是以灌输、记诵、被动接受为主要特征的，而现在提倡的课堂教学，是师生平等对话的过程。

**（三）课堂教学中学生学习方式的转变**

课程改革所倡导的新观念，将深刻影响、引导着教学实践的改变。而教师的教学方式的改变是随着学生学习方式的改变而改变的，新课程要求转变学生的学习方式，改变原有的单一、被动的学习方式，建立和形成旨在充分调动、发挥学生主体性地位的多样化的学习方式，倡导自主学习、合作学习、探究学习，促进学生在教师指导下主动地、富有个性地学习。

1. 自主学习

根据国内外的研究成果，自主学习概括地说就是"自我导向、自我激励、自我监控"的学习方式。要促进学生的自主学习，就要求教师创设让学生参与到自主学习中来的情境与氛围。

2. 合作学习

合作学习是指学生在小组或团队中为了完成共同的任务，有明确的责任分工的互助性学习。根据建构主义学习理论，学生是在自己已有的知识、经验和文化背景的基础上建构新知识的，学生知识、经验和文化背景的差异会导致对知识理解的侧重点不同，小组合作学习通过学生间的互动交流能够实现优势互补，从而促进知识的建构。通过合作学习，学生的合作意识和能力（包括合作的知识、技能和情感态度等）得到培养，学生在学习过程中减轻了压力、增强了自信心，增加了动手实践的机会，因此能够培养创新精神和实践能力，同时促进全体学生的个性发展（包括学习成绩、情感等个性品质的发展）。教师要理解小组合作学习的结构和要素，设计好操作程序并给予恰当的指导，使合作学习达到实质的效果。

3. 探究学习

探究学习即从学科领域或现实社会中选择和确定研究主题，在教学中创设一种类似于学术（或科学）研究的情境，通过学生自主、独立地发现问题、实验、操作、调查、收集与处理信息、表达与交流等探索活动，获得知识与技能、情感态度与价值观，特别是激发探索精神和发展创新能力。

必须强调的是，倡导学生自主、合作、探究的学习方式，并不意味着完全否定以往传统的教学方式，选择何种学习方式，取决于学习内容、学习目标和学习者的学习习惯。有些无须探究的问题硬要去探究，往往会导致探究的浅层化和庸俗化。实际上，越探越复杂的探究就是没有意义的，一些以听讲、记忆、模仿、练习等为特征的陈述性知识根本不需要学生花时间去探究，完全可以通过接受学习来掌握，它可以使学生在尽可能短的时间内获得尽可能多的知识和技能，从而提高课堂效率。

新课程强调探究式学习并不意味着全盘否定接受式学习，探究式学习和接受式学习在课堂中不能截然分开，应该交替应用，在接受中有探究，在探究中有接受，两者应彼此取长补短，不可偏废。

新课程教学目标是多种教学因素共同作用的结果，而教师、学生、教材是诸多因素中的重点，教学活动是教师与学生以教材为中介而展开的活动。学生的学习方式与教师的教学方式以及教材的呈现方式之间是相互关联的。教师选择的教材呈现方式和教学方式在很大程度上决定着学生的学习方式；学生的学习方式反作用于教师的教学方式，并影响着教师对教材呈现方式的选择。因此，学生学习方式的转变同教学方式、教材的呈现方式的转变有着紧密的关系。

怎样的物理教学才能有效促进学生科学素养的提升，是每一位从事物理教学工作的教师应该深思的问题。我们基于物理课程的价值追求，提出物理核心素养导向的教学，通过物理课程教学，培养学生的物理核心素养，让物理课程成为培养学生科学素养的课堂，给学生留下对他们终身发展最有价值的东西。为实现这样的培养目标，我们有必要反思当前的物理教学，重构核心素养导向的物理教学，能够为基础教育物理课程及教学改革指明方向。

## 【参考文献】

[1] 吴加澍. 对物理教学的哲学思考 [J]. 北京. 课程·教材·教法，2005（07）：64－69.

[2] 中华人民共和国国务院. 全民科学素质行动计划纲要 [EB/OL]. http：//www. gov. On/zhengce/Content/2016-3/14/Content-5053247. htm

[3] 阎金铎，郭玉英. 物理教学概论 [M]. 北京：高等教育出版社，2009：139.

[4] 中华人民共和国教育部. 普通高中物理课程标准（2017）[M]. 人民教育出版社，2018.

[5] 出席"全国中学物理特级教师（部分）会议"的全体同志. 倡议书 [J]. 物理教师，1982.

# 第二节 物理核心素养调查与问题分析

## 一、调研背景

2014 年教育部研制印发《全面深化课程改革 落实立德树人根本任务的意见》，意见中提出"要明确各学段学生发展核心素养体系，明确学生应具备的适应终身发展和社会发展需要的必备品格和关键能力"。2016 年 9 月，中国学生核心素养体系正式发布，以培养"全面发展的人"为核心，分为文化基础、自主发展、社会参与 3 个方面、6 大素养（见下图）。2018 年 1 月，《普通高中物理课程标准（2017 年版)》正式发布，明确提出了物理学科的核心素养包含物理观念、科学思维、科学探究、科学态度与责任 4 个方面（见下图）。中学物理教学正式进入了以"发展学生核心素养"为目标的新时代。

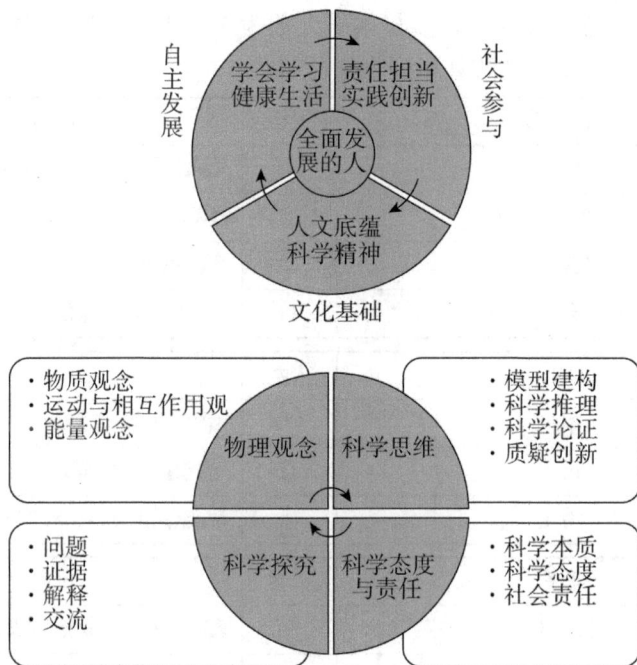

## 二、调研的主要内容

在以上的研究背景下，基于核心素养的物理课堂教学方式研究课题组经过深入的思考和细致讨论，决定将以下内容作为课题中期研究的主要内容。

（1）促进学生物理学科核心素养的主导者——全体中学物理教师对于核心素养理解的程度如何？

（2）目前的物理课堂教学现状如何？

（3）基于核心素养的物理课堂教学应具备哪些特点？

（4）如何引导一线教师转变教学方式，关注学生核心素养的提升？

对以上问题答案的寻找过程构成了我们课题研究的主要内容。我们采用了问卷调查、观察、访谈、座谈等多种方式，对以上问题进行了细致的研究。通过对不同研究方法得到的结果的分析，形成了下面的调研报告。

## 三、调研结果分析

### （一）中学物理教师对核心素养的理解程度

1. 研究对象分析

我们采用问卷调查的形式对这一内容进行了研究。调研对象为北京市丰台区全体中学物理教师（总数 240 人，参与调研人数为 177 人，占比 73%）。参与调研的教师的年龄结构、学历、职称如下列表格所示。

| 年龄/岁 | 人数 | 比例 |
|---|---|---|
| 20（含）～30 | 40 | 22.60% |
| 30（含）～40 | 64 | 36.16% |
| 40（含）～50 | 62 | 35.03% |
| 50（含）～60 | 11 | 6.21% |

| 学历 | 人数 | 比例 |
|---|---|---|
| 本科 | 132 | 74.58% |
| 硕士 | 41 | 23.16% |
| 博士 | 4 | 2.26% |

| 职称 | 人数 | 比例 |
|---|---|---|
| 二级 | 69 | 38.98% |
| 一级 | 62 | 35.03% |
| 高级 | 46 | 25.99% |

通过上面的表格我们可以看出，参与问卷的教师群体从年龄结构上来看50（含）～60 岁、30（含）～50 岁、20（含）～50 岁三个年龄段的比例约为 1∶7∶2；据不完全统计，教龄在 10 年以上的中学物理教师约占总人数的 70%。从学历水平上来看，

学历为本科的教师数量占比较高，超过 25％的教师为研究生及以上学历。从职称情况来看，参与问卷的教师中二级教师占比相对较高，其次为一级教师和高级教师。

2. 研究结果分析

(1) 对学生核心素养的认识情况调查。

中国学生发展核心素养以培养"全面发展的人"为核心，分为文化基础、自主发展、社会参与 3 个方面，综合表现为人文底蕴、科学精神、学会学习、健康生活、责任担当、实践创新等 6 大素养，具体细化为国家认同等 18 个基本要点。通过对177 份有效问卷的调研，我们发现教师们对学生核心素养的了解情况不是非常理想。下面的表格给出了不同年龄段的教师对学生核心素养的几个问题的问卷调查结果，不难看出无关年龄，90％以上的教师不仅对学生核心素养的 3 个方面、6 大素养不清晰，对与每种素养的 3 个要点同样不清楚，对每个要点的具体解释也同样缺乏基本的了解。

学生的核心素养包括（　　　　）。

| 年龄 | 文化基础 | 自主发展 | 学会学习 | 社会参与 | 人数 |
|---|---|---|---|---|---|
| 20（含）～30 | 36（90%） | 39（97.5%） | 38（95%） | 39（97.5%） | 40 |
| 30（含）～40 | 56（87.5%） | 58（90.63%） | 59（92.19%） | 51（79.69%） | 64 |
| 40（含）～50 | 54（87.1%） | 60（96.77%） | 60（96.77%） | 48（77.42%） | 62 |
| 50（含）～60 | 9（81.82%） | 9（81.82%） | 10（90.91%） | 9（81.82%） | 11 |

科学精神具体包括（　　　）、（　　　）、（　　　）等基本要点。

| 年龄 | 理性思维 | 逻辑推理 | 批判质疑 | 勇于探究 | 人数 |
|---|---|---|---|---|---|
| 20（含）～30 | 34（85%） | 37（92.5%） | 37（92.5%） | 38（95%） | 40 |
| 30（含）～40 | 54（84.38%） | 57（89.06%） | 58（90.63%） | 57（89.06%） | 64 |
| 40（含）～50 | 49（79.03%） | 55（88.71%） | 56（90.32%） | 61（98.39%） | 62 |
| 50（含）～60 | 9（81.82%） | 9（81.82%） | 11（100%） | 11（100%） | 11 |

学生在认识自我、发展身心、规划人生等方面的综合表现是指（　　　　）。

| 年龄 | 健康生活 | 自我调节 | 学会学习 | 学会生活 | 人数 |
|---|---|---|---|---|---|
| 20（含）～30 | 8（20%） | 10（25%） | 4（10%） | 18（45%） | 40 |
| 30（含）～40 | 15（23.44%） | 15（23.44%） | 14（21.88%） | 20（31.25%） | 64 |
| 40（含）～50 | 13（20.97%） | 15（24.19%） | 15（24.19%） | 19（30.65%） | 62 |
| 50（含）～60 | 3（27.27%） | 1（9.09%） | 1（9.09%） | 6（54.55%） | 11 |

（2）教师对学科核心素养的认知情况。

2018年1月，《普通高中物理课程标准（2017年版）》正式发布，明确提出了物理学科的核心素养包含物理观念、科学思维、科学探究、科学态度与责任4个方面。通过问卷调查、访谈、观察等方法，我们发现参与调查的教师对学科核心素养的认知情况好于对学生核心素养的认知。80%以上的教师明确了解物理学科核心素养包含4个方面的内容，但仍有10%左右的教师对学科核心素养的4个方面不够明确。对于每方面素养包含的具体要素，80%左右的教师能够明确，同样有10%～15%的教师不了解四个素养的具体要素。

物理学科核心素养包含哪些方面（　　　）。

| 年龄 | A. 物理观念 | B. 科学思维 | C. 科学探究 | D. 科学态度与责任 | 人数 |
|---|---|---|---|---|---|
| 20（含）～30 | 36（90%） | 39（97.5%） | 35（87.5%） | 35（87.5%） | 40 |
| 30（含）～40 | 56（87.5%） | 63（98.44%） | 58（90.63%） | 54（84.38%） | 64 |
| 40（含）～50 | 52（83.87%） | 61（98.39%） | 59（95.16%） | 52（83.87%） | 62 |
| 50（含）～60 | 9（81.82%） | 9（81.82%） | 11（100%） | 11（100%） | 11 |

科学思维包含哪些要素（　　　）。

| 年龄 | A. 模型建构 | B. 科学推理 | C. 科学论证 | D. 质疑创新 | 人数 |
|---|---|---|---|---|---|
| 20（含）～30 | 37（92.5%） | 38（95%） | 38（95%） | 38（95%） | 40 |
| 30（含）～40 | 56（87.5%） | 62（96.88%） | 63（98.44%） | 54（84.38%） | 64 |
| 40（含）～50 | 54（87.1%） | 56（90.32%） | 57（91.94%） | 52（83.87%） | 62 |
| 50（含）～60 | 9（81.82%） | 10（90.91%） | 11（100%） | 9（81.82%） | 11 |

科学思维包含哪些要素（　　　）。

| 学历 | A. 模型建构 | B. 科学推理 | C. 科学论证 | D. 质疑创新 | 人数 |
|---|---|---|---|---|---|
| 本科 | 115（87.12%） | 123（93.18%） | 124（93.94%） | 114（86.36%） | 132 |
| 硕士 | 37（90.24%） | 39（95.12%） | 41（100%） | 35（85.37%） | 41 |
| 博士 | 4（100%） | 4（100%） | 4（100%） | 4（100%） | 4 |

| 职称 | A. 模型建构 | B. 科学推理 | C. 科学论证 | D. 质疑创新 | 人数 |
|---|---|---|---|---|---|
| 二级 | 61（88.41%） | 65（94.2%） | 67（97.1%） | 59（85.51%） | 69 |
| 一级 | 55（88.71%） | 59（95.16%） | 59（95.16%） | 55（88.71%） | 62 |
| 高级 | 40（86.96%） | 42（91.3%） | 43（93.48%） | 39（84.78%） | 46 |

从年龄构成、学历结构、职称情况等方面做交叉分析，我们发现对于学科核心素养的认识，年龄较小的教师和学历水平较高的教师认识程度要好于其他教师。而从职称上来看，职称为一级的教师对学科核心素养的认识程度更加深刻。

通过做细致的归因分析发现，参与调查的教师年龄和学历水平之间有内在的联系：教龄低于 10 年、年龄在 35 岁以下的教师学历水平多为硕士和博士，年龄在 45 岁以上的教师学历多为本科学历，因此调查结果中这两个要素的相关性很强。相对于年龄较大、学历为本科的教师来说，年龄较小、学历为硕士和博士的教师群体在学校期间接受到的教育理念跟现行的教育理念更接近，接受新的教育理念的能力更强，因此对学科核心素养的理解和认知也更加深刻。从职称结构上分析，职称为一级的教师教学经验要比职称为二级的教师经验更丰富，而从专业发展愿望上来看，职称为一级的教师比职称为高级的教师的专业发展愿望更为强烈，因此对于学科核心素养的理解，职称为一级的教师要好于其他教师。

### （二）目前中学物理课堂教学的现状调查

基于以上对教师关于学生核心素养和学科核心素养的理解情况调查分析，我们进一步对目前中学物理教学的课堂教学现状进行了调查，不仅在 177 位中学物理教师的问卷中设计了关于目前课堂教学现状的几个维度的问题，同时进行了 400 节左右的实际课堂观察和约 30 次的教师访谈。通过对几种调查方法所得调查结果的深入分析，我们发现了以下目前关于中学物理课堂教学的现状。

1. 以学生为主体的课堂教学理念深入每个教师的内心

在传统物理教学中，教师和学生处于"我教你学""我讲你听"的关系，课堂教学的节奏完全由教师自己根据多年的教学经验把握，因此教学过程中学生完全是被动参与者。在这种教学过程中教师处于居高临下的地位，师生之间的关系显然是不平等的。这种以教师讲为中心的教学，使学生处于被动状态，不利于学生的潜能发展和身心发展。长此以往，学生就习惯被动学习，学习的主动性也渐渐丧失。这样的教学方式导致学生在学习过程中缺乏创造力和想象力，从而进一步导致了学生在人生发展中的一些重要能力的缺失。

从 1.0 版本的双基教学到 2.0 版本的三维目标再到如今 3.0 时代的核心素养，教师的教育教学理念有了显著的变化。不管是从问卷的结果，还是从课堂观察的实际情况，我们都发现教师在进行教学设计时，会优先思考学生如何学的问题；在教学过程中，也会针对学生对于课堂教学内容的掌握情况，进行教学方式的调整，必要时对学生进行学法的指导；在对学生进行评价的过程中，教师们不再只对学习效果进行单一的评价，还会对课堂教学过程中学生的个体反应进行一些过程性的评价；教师在课后反思的过程中也会着重对课堂教学中学生学习效果不理想的环节进行教学方式和方法的深刻反思。

在进行一节课的教学设计时，您最关注的环节是（　　）。

| 选项 | 人数 | 比例 |
|------|------|------|
| A. 确立教学目标 | 21 | 11.86% |
| B. 研读教材内容 | 13 | 7.34% |
| C. 思考怎么教 | 36 | 20.34% |
| D. 思考学生怎么学 | 102 | 57.63% |
| E. 选择或制作教学课件 | 5 | 2.82% |

教学过程中，当您发现有学生对学习失去兴趣时，您会（　　）。

| 选项 | 人数 | 比例 |
|------|------|------|
| A. 及时调整教学方式 | 142 | 80.23% |
| B. 停下来进行思想教育 | 19 | 10.73% |
| C. 开始烦躁，为学生不认真学习着急 | 4 | 2.26% |
| D. 继续讲课，完成课时任务 | 12 | 6.78% |

您在教学反思的过程中，最关注的主要问题是（　　）。

| 选项 | 人数 | 比例 |
|------|------|------|
| A. 教学方式的合理性或者有效性 | 34 | 19.21% |
| B. 学生的学习效果 | 86 | 48.59% |
| C. 课堂教学中生成性的问题 | 46 | 25.99% |
| D. 教学中重难点的强调与突破 | 11 | 6.21% |

您对学生学习效果的评价方式是（　　）。

| 选项 | 人数 | 比例 |
|------|------|------|
| A. 平时学习态度和过程 | 130 | 73.45% |
| B. 平时考试成绩 | 30 | 16.95% |
| C. 终结性考试成绩 | 17 | 9.6% |

### 2. 课堂教学中的教学方式呈多样化趋势

教学方法包括教师教的方法（教授法）和学生学的方法（学习方法）两大方面，是教授方法与学习方法的统一。教授法必须依据学习法，否则便会因缺乏针对性和可行性而不能有效地达到预期目的。但由于教师在教学过程中处于主导地位，所以在教法与学法中，教法处于主导地位。李秉德教授主编的教学论中的教学方法分类中按照教学方法的外部形态，以及相对应的这种形态下学生认识活动的特点，把中国的中小学教学活动中常用的教学方法分为5类。第一类方法：以语言传递信息为主的方法，包括讲授法、谈话法、讨论法、读书指导法等。第二类方法：以直接感知为主的方法，包括演示法、参观法等。第三类方法：以实际训练为主的方法，包括练习法、实验法、实习作业法。第四类方法：以欣赏活动为主的教学方法，例如陶冶法等。第五类方法：以引导探究为主的方法，如发现法、探究法等。

通过问卷调查、访谈和实际的课堂观察，我们发现教师们虽然对教学方法缺乏系统的认识，但是在实际教学过程中，会根据课堂教学内容和学生的知识、能力基础在讲授法的基础上，综合采用多样化的教学方法，如演示法、探究法、练习法、讨论法、任务驱动法、自主学习法等。这些教学方法的多样性呈现也充分体现了一线教师在教育教学理念上与时俱进的可喜变化，也与课程改革的总体目标不谋而合。

您目前教学过程中主要采用的教学方式有（　　　）。

| 选项 | 人数 | 比例 |
|------|------|------|
| A. 讲授式 | 142 | 80.23% |
| B. 探究式 | 134 | 75.71% |
| C. 问题式 | 124 | 70.06% |
| D. 启发式 | 139 | 78.53% |
| E. 任务驱动式 | 91 | 51.41% |
| F. 其他，请补充：_____ | 1 | 0.56% |

请将您选择教学方式的依据按照优先度排序（　　　）。

| 选项 | 平均综合得分 |
|------|------|
| A. 教学内容特点 | 3.18 |
| C. 学生情况 | 3.18 |
| B. 知识难度 | 2.26 |
| D. 已有市、区研讨课的课例 | 1.08 |

3. 教师的教育教学理念在实际的课堂教学中实践时存在一定的偏差

随着课程改革的进一步深入，教师的教育教学理念与时俱进，以学生为主体，教师为主导的教学观深入每个一线教师的内心。但是在实际的课堂教学实践中，要将这一理念落地，显然并不是一件容易的事情。我们通过问卷、访谈和实际的课堂观察发现，教师在实际课堂教学实践中还存在以下问题。

（1）讲授式教学依然在教学中占据主导地位。

传统的教学模式仍然在实际教学过程中具有压倒性优势。课堂教学"讲风"太盛，教师独霸课堂话语权，学生的阅读、思考、交流、讨论、书写多种权利被严重剥夺。学生的主体地位没有得到应有的尊重，教师角色、学习方式、教学方式的转变和教师课堂讲授限时政策没有从根本上落实到位，课堂教学中仍以讲析烦琐的"填鸭式"和提问琐碎的"满堂问"为主要教学方式。

有人认为目前的教学整体上仍然是"课堂中心、教科书中心"，对此，你认为（　　）。

| 选项 | 小计 | 比例 |
| --- | --- | --- |
| A. 同意 | 37 | 20.9% |
| B. 不同意 | 67 | 37.85% |
| C. 基本同意 | 73 | 41.24% |

一节课 45 分钟，您一般讲多长时间（　　）。

| 选项 | 小计 | 比例 |
| --- | --- | --- |
| 10 分钟以内 | 4 | 2.26% |
| 10（含）～20 分钟 | 51 | 28.81% |
| 20（含）～30 分钟 | 108 | 61.02% |
| 30（含）分钟以上 | 14 | 7.91% |

您目前教学过程中主要采用的教学方式有（　　）。

| 选项 | 小计 | 比例 |
| --- | --- | --- |
| A. 讲授式 | 142 | 80.23% |
| B. 探究式 | 134 | 75.71% |
| C. 问题式 | 124 | 70.06% |
| D. 启发式 | 139 | 78.53% |
| E. 任务驱动式 | 91 | 51.41% |
| F. 其他请补充 | 1 | 0.56% |

（2）课堂教学过程中，侧重结论的得出和应用，忽视了结论形成过程中的方法和思想。

重结果轻过程，这是传统物理课堂教学中的一个十分突出的问题，也是一个十分明显的教学弊端。所谓重结果，就是教师在教学中只重视知识的结论，教学的结果，忽略知识的来龙去脉，有意无意地压缩了学生对新知识学习的思维过程，而让学生去背诵物理公式；所谓重过程，就是教师在教学中把教学的重点放在过程和揭示知识形成的规律上，让学生通过感知—概括—应用的思维过程去发现真理、掌握规律。在这个过程中，学生既掌握了知识，又发展了潜力。重视过程的教学要求教师在教学设计中揭示知识的发生过程，暴露知识的思维过程，从而使学生在教学过程中思维得到训练，既增长了知识，又提高了能力，提升了素养。

（3）课堂教学方式的探索步伐过大，使得方式的改变流于形式。

"自主、合作、探究式学习"流于形式。自主学习时教师不给予有效指导，学生没有任务驱动，随意性比较大。合作讨论前教师没有给学生提供充分的阅读思考和讨论交流的时间，没有考虑设计的问题是否有合作讨论的必要和价值，没有对学生进行明确的分组分工，没有制定规范的合作讨论规程，形式主义倾向比较明显。探究学习时教师没有设计具有一定深度的探究课题，没有进行科学有效的探究方法指导，探究缺少必要的深度和广度。

（4）课堂教学实践时环节设计没有起伏，教学过程缺乏节奏感。

一般来说，教学程序的安排必须符合学科的教学规律、学生学习的认知规律和审美教育规律，要像写文章一样，抑扬顿挫，高潮迭起。但绝大多数教师的教学程序安排达不到这个要求。教学的速度缺少快慢行止，从头到尾一个速度，毫无起伏。教学内容缺乏详略的取舍安排，各个环节平均用力，看不出课堂教学的重点和高潮。学生的思维活动没有鲜明的节奏感，问题与思维的难度不是渐次加大，教师提供的外部刺激缺少强弱变化，学生思维训练的形式单一枯燥。教学环节的安排没有层次性、序列性和递进性，且目标意识不强、意图不明显，不能形成一种层层深入的、循序渐进的整体节奏。

（5）教学设计时缺乏对学生的精准诊断。

为了更好地了解学情，教师通常会做一些诊断分析，传统的诊断方法是采用画"正"字的方法。通过统计"正"字，教师掌握每个题目的差错情况，内心也有一个标准，比如超过 20% 的学生出错，下节课就应该实施补救性教学。传统的诊断方式很多年来未曾发生改变，尽管画 "正" 字是一种简单劳动，但教师却为此花费了许多时间。有数据表明，画 "正" 字统计一个班级的作业（以 50 人为样本），大约要耗费一个小时，画 "正" 字统计一个班级的试卷，耗费的时间就更多。归纳起来看，这种传统的诊断方法存在三个弊端：一是画 "正" 字虽然是一种简单的劳动，但耗费了教师大量的时间；二是诊断的精准度低，教师虽然统计出做错题的学生的人数，但一般不会记录是哪些学生出错；三是诊断的跟踪性差，画 "正" 字统计是点状诊断，缺乏对学生个体的线状跟踪分析，诊断的教学价值因此大大降低。因此，基于对学生精准诊断的课堂教学将是未来课堂教学的主流。对学生精准诊断的过程有助于教师精准把握学情，精准制定课堂教学目标，精准设计教学活动，精准评估学生的学习结果（反馈），精准运用学生的评估结果（矫正与强化）。过去，我们往往依靠拼体力、拼时间来赢取教学成绩；在信息时代下，我们可以通过信息技术，实施并实现课堂精准教学，及时诊断和反馈教学质量状况，为教与学提供依据，指明方向。

（6）教学实施过程中缺乏规律意识，教学操作能力较差。

教师缺乏课型意识。教师在实施课堂教学时不管教学内容的特点，统一按照相同的教学模式组织教学，模式化倾向严重。如试卷讲评课，许多教师对 "讲什么、为什么讲、怎样讲" 缺少整体规划，逐题讲习的多，重点突出的少，没有充分发挥典型试题在知识建构和能力迁移中的作用，就试卷讲试卷的倾向明显；笔练意识淡薄，学生动口的多，动笔的少，能上黑板板演的机会更少，学生规范答题的习惯较差；试卷讲评中忽视互动性，没有为学生充分表达思维过程提供机会，学生参与度不够。又如综合复习课，教师中普遍存在教学起点和标高确定不当的问题，示例分析中缺少方法渗透，方法领悟与示例分析脱离，示例呈现缺乏层次、梯度、拓展和延伸等问题。

（7）教学环节不完整。

首先是部分教学环节的缺失，如课堂导入、课堂小结、课堂板书、拓展训练、作业布置等环节经常被教师省略；其次是环节之间缺少过渡与照应，各个环节之间没有内在的联系；最后是教学的各环节之间缺少一条清晰的教学线索，教学内容散乱，逻辑性不强。这些缺点在新教师的课堂教学上体现得尤为明显。

（8）学生活动不充分。

教师调动不够，学生参与度较低，课堂活动成为少数优秀学生的专利。活动形式单一，个别学生活动时其他学生因为没有任务驱动而乱动。学习过程缺失，结论教学倾向比较明显，学生表达与交流的机会不够充分，学生的问题意识得不到培养。活动的深度与广度不够，活动的效率低、价值不大，无效活动较多。讨论交流的向度单一，只见师生之间的一问一答，不见师生、生生之间的互动对话。

（9）课堂点评与指导不到位。

首先是课堂点评没有原则，缺少激励与引导作用，绝大部分教师错误地理解了新课程关于学生评价的理念，对学生的回答不问正确与否，不管是否合理，一律使用"好""你真棒""你真聪明"等语言予以评价，对学生的错误理解不及时矫正，尤为关键的是教师不能通过恰当的课堂点评将学生的思维引向纵向深入，推动教学过程的有序展开。

（10）多媒体辅助教学手段运用不当。

部分教师的课堂教学中虽然运用了多媒体辅助教学，且制作了精美的课件，但使用的时机、长度、效度不好。要么使用时机不当，多媒体应用牵强附会，与教学内容、教学目标严重背离，未做到有机结合；要么用之无度，有的教师在制作课件时，盲目地追求"高大全"，堆砌了大量的素材，把教学课件搞成多媒体成果展览；要么用之无效，不是把使用多媒体课件的根本目的落实到有效上，而是把它当成区别现代教学与传统教学的唯一标志，反而造成学生注意力分散，教学时间分配失当，教学重心偏移，教学效率降低。

**（三）基于核心素养的中学物理课堂教学应当具备哪些特点**

基于教师对核心素养的理解程度和目前中学物理教学的现状，我们梳理了基于核心素养的中学物理课堂教学应当具备以下重要的特征。

1. 基于核心素养的教学必须充分发挥学生的主体作用

教师要具有有效教学的理念，要把学生有无进步或发展作为衡量课堂教学的唯一指标。如果学生不想学或学了没有收获，教学就成为了无效的或低效教学。以学生为主体的教学理念是新课程的基本理念。课堂教学中力求使学生的主体地位得到充分的体现，打破了传统教学过程中教师是"主角"，少数学习好的学生是"配角"，更多的学生充其量是陪衬的"演员"，甚至是"观众"或"听众"的弊端，使更多的学生成为学习的主体，能给全体学生上台"表演"的机会，集中精力，均有收获。

2. 深入了解学生，找准教学的起点

上课要找准教学的起点，了解学生的准备状态，然而在实际教学中这一点往往被教师们有意或无意地忽视。为了充分了解学生，在上课前不妨认真思考并回答以下问题：学生是否已经具备了进行新的学习所必须掌握的知识和技能？学生是否掌握了或部分掌握了教学目标中要求学会的知识和技能？没有掌握的是哪些？有多少人掌握了？掌握的程度怎样？哪些内容学生自己能够学会？哪些内容需要教师的点拨和引导？只有准确地了解学生的学习现状，才能确定哪些知识应重点进行辅导，哪些可以略讲甚至不讲，从而提高课堂教学的效率。

3. 充分暴露学生的思维过程，鼓励质疑

质疑是创新的基础，好奇好问是学生的天性，要培养学生的创新精神和实践能力，就要转变学生的学习方式，要转变学生的学习方式，就要转变教学方式。但在课堂上，我们很少看见学生质疑，即使教师安排了质疑环节也形同虚设，很少收到实际的效果，这恐怕与我们对待孩子的方式有关，在学校里往往是教师说了算，书本说了算。长期以来，许多教师在课堂教学过程中，为了充分显示自己的能力，往往自己唱"主角"，让学生扮演"配角"，常常按照事先设计好的教案教学，几乎把学生可能发生的思路全部提示出来，面面俱到，以防患于未然，致使学生无疑可质。或者被唯书唯师的观念束缚，当学生在课堂上以独特的感受和思维方式童言无忌地提出一些问题时，教师就会在不同程度上制止，使学生在一定程度上受到压抑和挫伤，致使一些学生有疑也不敢质。

4. 准确设问，多法施教，体现学生的主体性

现代教学论的基本观点之一就是强调学生的主体性发展，调动所有学生参与获取知识的过程。因此，在教学过程中要以教师为主导，学生为主体。教师通过钻研教材，提出准确的问题，引导学生观察、思考，组织学生讨论发现知识规律，充分体现学生的主体作用，让他们要学、会学、乐学。充分发挥学生在学习中的主体作用，激发学生学习的积极性。教学过程中的问题设计要有针对性、启发性、开放性、层次性、深刻性，用好的问题设计引导教学目标的逐步达成。

我们相信，随着我们研究的进一步深入，我们会更加清晰和明确基于核心素养的课堂教学特征，其内容也会更加丰富。

**（四）如何引导一线教师转变教学方式，提升学生的核心素养**

随着课程改革的逐渐深入，以提升学生核心素养为目标的课堂教学改革势在必

行。我们通过调研发现，一线教师对于基于核心素养的课堂教学存在以下困惑：中、高考导向不明确，教学任务重，教师精力有限，教育教学理念需要更新，等等。对于如何进行基于核心素养的课堂教学，教师们也提出了自己的看法。

您认为在"基于核心素养的课堂教学"实施过程中存在哪些困难和问题？

| 选项 | 人数 | 比例 |
|---|---|---|
| A. 核心素养目标在实际教学中难以实施 | 66 | 37.29% |
| B. 难以把握新教材的深度和广度 | 91 | 51.41% |
| C. 中、高考导向不明确 | 82 | 46.33% |
| D. 由于条件的不完善，探究和合作学习实施困难 | 94 | 53.11% |
| E. 班级学生多，难以分层教学 | 80 | 45.2% |
| F. 教师教学任务量大，精力有限 | 99 | 55.93% |
| H. 教师自身知识和素质提升困难 | 52 | 29.38% |
| G. 学校的硬件和教学资源缺乏 | 65 | 36.72% |
| I. 教育教学理论缺乏 | 58 | 32.77% |

开放性问题：您认为促进学生核心素养发展的教学方式有哪些特点？

☑学生(71)　☑探究(22)　☑学习(18)　☑思维(16)　☑为主(15)　☐教学(13)　☐培养(13)
☐发展(12)　☐能力(12)　☐主体(11)　☐方式(10)　☐开放(9)　☐中心(9)　☐思考(9)
☐问题(8)　☐参与(7)　☐兴趣(7)　☐实验(6)　☐启发(6)　☐知识(6)　☐核心(6)　☐关注(6)
☐激发(6)　☐过程(6)　☐讨论(6)　☐素养(5)　☐实践(5)　☐习方(4)　☐提升(4)　☐生活(4)
☐全选　　生成图形

小 柱状图　　●饼状图　　折线图　　条形图

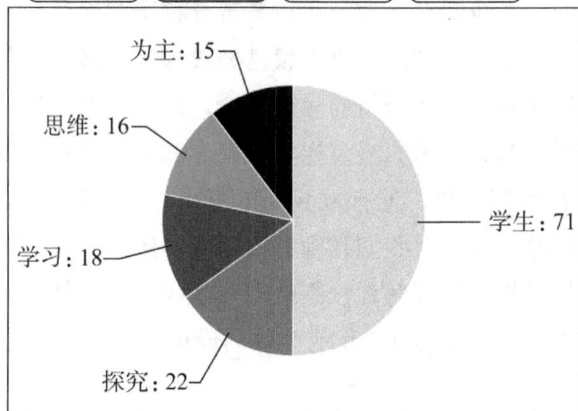

要改进您的课堂教学方式，您认为最需要提升的是（　　）。

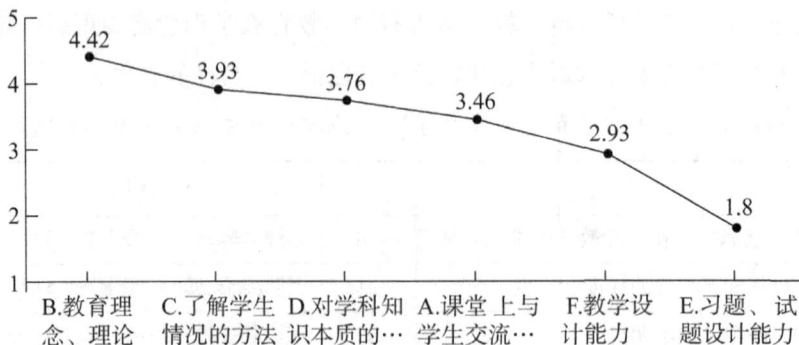

您认为哪种形式的培训对您课堂教学方式的改进最有效（　　）。

| 选项 | 平均综合得分 |
| --- | --- |
| B. 观摩优质课 | 4.89 |
| D. 导师带教 | 3.44 |
| C. 外出考察学习 | 3.38 |
| F. 上公开课 | 2.72 |
| E. 参加教学比赛 | 2.61 |
| A. 听报告、讲座 | 2.12 |

## 四、基于调研结果，确定研究思路

基于调研的结果分析，我们初步确定了引导教师教学方式转变，以核心素养为导向进行课堂教学的基本思路如下。

### （一）专家引领

在课程改革不断深入的今天，在我们有些教师还在苦苦寻找课堂教学的有效性途径、方法的时候，我们应该深深地认识到，专家引领已经成为我们教师成长的重要方式。听专家讲座，会在较短的时间里接受新的教育理念，以及一些典型的教育案例，获得某些方面的启迪，引发教育思考，激发探究热情。和专家对话，围绕某些热点话题开展对话互动，进行智慧碰撞，能开放我们的思想，增强我们的底蕴。请专家诊断，提出解决问题的思路，无疑对我们教师有着深刻的影响，我们可以直接体验到教学引领的真实感和教学指导的现时性。围绕专家组成一个群体，一个专家帮带众多教师，辐射型地培养指导，能够加速优秀教师的成长。

## （二）项目跟进

新课改正在进行的同时，高等教育与基础教育的有效衔接成为目前高等院校学科教法专业的基本研究思路。因此许多基于一线教学的实践研究项目开始逐渐深入一线教学，比如北京市丰台区与北京师范大学合作的课堂教学改进项目，以及与首都师范大学合作的 COP 项目等。如何利用这些项目，在实际的教学过程中引导教师基于核心素养进行教学设计，如何通过大数据的课堂观察引导教师从核心素养的视角进行课堂观察和反思，将是我们后期研究的内容之一。

## （三）课例观摩与研讨

通过前期的问卷以及访谈和座谈，我们在研究中发现课例观摩与研讨是一线教师接受度最高的学习方式。课例观摩与研讨的备课环节可以促使我们对一些关键的问题以一种有深远意义的方式深入思考，可以引导参与备课的教师分析课堂教学的关键学科知识和教学方法，在集体备课的过程中相互启发，深入研讨教学。课例观摩与研讨的授课环节可以帮助参与活动的教师了解学生在知识获得环节中存在的疑问和难点，可以通过观摩引导教师思考每个教学环节的必要性及有效衔接，帮助教师进行针对性更强的教学设计。课例观摩与研讨的评课环节为教师的自我批判反思提供了空间平台。课例观摩会引导教师在反思中成长，促使教师专业教学水平得到进一步提升。

## （四）以评价为导向促进课堂教学方式的转变

教学评价的目的不仅仅是对教师的课堂教学效果进行评价，更是激励教师有目的性、有针对性地不断学习、改进、提高的过程。教学评价体系的建立和实施，可以充分发挥评价的导向作用，促进教师尽快转变教育思想，在课堂教学中更好地发挥教师的教育创新意识，达到改进课堂教学的目的。评价体系的建立，意味着对课堂教学中与教和学相关的各种因素的选择和侧重点不一样，这些不一样的地方将促使教师在今后的课堂教学中，更加注重评价所侧重的各种相关因素，并将其作为课堂教学中展示和发挥的重点，发挥评价的导向功能。教学评价能够有效地发现每个教师课堂教学的状况和优缺点，只有让教师了解自己在课堂教学实践中的优点、亮点、特点和弱点，才能找到今后努力发展的基点和方向。教学评价是教师了解自己教学情况的一条关键途径。对于教师而言，课堂教学水平和能力是教师立足的基点，如何有效提高教师的教学水平与能力是教师教育最重要的课题之一。我们的教学评价正好可以为广大教师提供一个科学了解自身教学状况的窗口，使其明了自己教学中存在的不足和今后努力的方向，为教师的专业发展提供一个很好的平台。针对新课程改革实施过程中存在的教师的适应性问题，课堂教学评价特别是发展性的课堂教学评价，正是保证新课程顺利实施、促进教师专业发展的重要方法。后期的研究我们将围绕中考、会考、合格考、等级考等关键考试，对教学评价试题进行设计和分析，挖掘试题在核心素养层面的导向作用，以引导一线课堂教学方式的进一步改进。

# 第三节　物理核心素养实践与养成途径

2018 年 1 月 16 日，教育部正式发布了 2017 年版普通高中课程方案和 14 门课程标准，新一轮的课程改革和高考改革正式拉开帷幕。新的高中物理课程标准中凝练出物理学科的核心素养包含 4 个方面：物理观念、科学思维、科学探究、科学态度与责任。其中物理观念包含物质观、运动与相互作用观、能量观等要素；科学思维包含模型建构、科学推理、科学论证、质疑创新等要素；科学探究包含问题、证据、解释、交流等要素；科学态度与责任包含科学本质、科学态度、社会责任等要素。

如何在教学实践过程中通过落实物理学科核心素养的培养提高学生的核心素养，为学生终身发展、应对未来的挑战打下良好的基础？我们的研究与实践从以下方面逐步推进，逐渐在北京市丰台区全区的中学物理课堂教学中全面铺开。

## 一、身未动，心已远——课堂教学方式研究从转变教师教学理念入手

教学理念是对教学认识的集中体现，同时也是人们对教学活动的看法和持有的基本态度和观念，是人们从事教学活动的信念。教学理念是教学行为的内在依据，支配和控制着教学行为；教学行为是教学理念的外在表现，影响着教学理念的内化。教师的教学理念的转变，对教师的教学行为的转变、发展学生核心素养具有重要的价值。教学理念有理论层面、操作层面和学科层面之分。明确表达的教学理念对教学活动有着极其重要的指导意义。改变一线教师教学理念的研究实践从两个方面入手。

### （一）借物理大家献饕餮盛宴，引一线教师教学方式转变之思

面对继续深化的教学改革以及连续 4 年各不相同的高考评价，我们的物理课堂教学应当坚持什么？改变什么？为了解答所有一线物理教师共同关心的这些问题，课题研究期间北京教育学院丰台分院物理组组织了多场高级别的专家讲座。中学物理教学界的"大咖"黄恕伯老师、全国中学物理教学名师吴加澍老师、全国中学物理实验名师彭梦华老师、北京市物理教学名师唐挈老师、北京市高考命题专家郑鹊

老师以及北京教育科学研究院基础教育教学研究中心张玉峰老师等专家给教师们呈现多场精彩纷呈的讲座，为全区的物理课堂教学何去何从指明了方向。

（1）黄恕伯老师从一节九年级物理复习课的教学设计入手，引导教师们关注实际教学过程中对于物理学科教学方向和策略的总体把握和理解，并结合几个实际课例给教师们指出了物理课堂教学应当关注的 4 个重要问题：增强学生的实践意识，引导学生养成良好的思维习惯，关注提升学生的探究能力，激发并保持学生的学习兴趣和热情。

黄恕伯老师还从人教版初中物理教材中的一个课后小作业入手，利用亲手自制的各种小乐器为教师们呈现了一场精彩的音乐会，从吸管到 PVC 塑料管，从可乐罐到木板，物理教学与艺术表演的完美融合让现场不时响起一阵阵热烈的掌声。

（2）全国中学物理教学名师吴加澍老师则从教学过程中遇到的一个问题入手，结合三十多年的教学实践经验及理论层面的深度思索，指出课堂教学中应当"让学生重演知识的发生过程"。教师在进行课堂教学设计的过程中应当坚持一项原则——问题导引启迪智慧；遵循两大铁律——以实验为基础、以思维为核心；通过三序合一——知识序、思维序、教学序优化课堂教学结构。

（3）全国中学物理实验名师彭梦华老师将自制的多种实验教具带到了讲座的现场。他从实验在物理教学中的地位和作用入手，结合实际课例与教师们分享了如何利用实验激发学生对物理的认知兴趣，如何利用实验加深学生对物理概念的理解，如何用实验引导学生发现物理规律，如何根据实验设计问题引发学生深度思考，从而达到提升学生学科核心素养的目标。

（4）北京市物理教学名师唐挈老师从家中的一个盆景设计出发，通过大量的课堂实践案例，指出教师进行课堂教学设计时应当关注的三个视角：学生知识的准确性和系统性、学生认知基础和认知规律、学生心理特点及发展目标。课堂教学设计是教师教育观的外观，教师进行课堂教学设计的视野表达着教师对生命的敬畏，对学科的研究，对教育的情怀，是教师学生观、学科观、教师观的整体表达。

（5）北京教育科学研究院基础教育教学研究中心的张玉峰老师则以"为了学习迁移的核心概念教学"为题，提出了"课堂教学到底应该教给学生怎样的知识才能促使学生应对未来的挑战"这一问题。从这一问题出发，张玉峰老师指出物理概念教学应当多维度整合概念教学内容，促进深层理解；规划物理概念中的跨学科概念学习，延展物理概念建构过程；促进深度学习，梳理概念建构中蕴含的物理学科认识方式；从单纯的知识学习到新情境问题解决与设计创造；转变教学方式，以理性思维激发学习主动性。

（6）首都师范大学郑鹂教授以 2018 年北京高考物理试题为切入点，提出目前中学物理教学中应当关注的 3 个问题：物理观念的提出，学生思维的发展，教学形式的多样化，引导一线教师从物理教育的本质出发，深入分析物理学本身的特点及价值，明确物理学科教育的目标，进一步思考课堂教学中如何教的问题。

多场高屋建瓴的讲座获得了全区物理教师的一致好评，讲座过程中参加讲座的所有教师几乎无人起身。讲座在教师们意犹未尽的回味和思考中结束，但带给教师们的震撼和思考却在延续和延伸。我们在活动之后也听到了教师们对于这几场讲座发自肺腑的赞叹和欣赏。

这些讲座给全区的物理课堂教学带来了理论和实践层面的精准指导，对更新一线物理教师的教育教学理念起到了不可估量的作用。通过这些讲座的学习，丰台区物理课堂教学正形成以"物"明"理"，以促进学生个人发展和素养提升为目标开展教学的集体教学理念。在这一理念的引导下，全区物理学科开展基于核心素养的课堂教学方式的课题研究进入了教学实践阶段，给全区的物理课堂教学带来了新的生机和活力。

**（一）多方借力，拓教师认知边界**

教师教育教学理念的更新，是新一轮课程改革的关键。提升学生核心素养的课程目标的达成当以提升教师的核心素养为先。为了实现更新教师教育教学理念、提升教师核心素养的区域教育发展规划，我们借助师训和院训等多个培训平台，为一线教师搭建提升自身核心素养的阶梯。

1. 前沿培训，教学与科学紧密相连

课题研究中我们通过与北京教育学院丰田师训办合力开展的"丰台区物理教师科学素养及实践技能提升高级研修班"，唤醒了全区 50 多位物理教师在专业道路上期待成长的热情，高质量的研修内容让教师们发出了意犹未尽的感叹。教师们参观了中国科学院地质与地球物理研究所，专业从事空间物理研究的张天馨博士为教师们做了"月球基本状况"的科普讲座，回顾了我国登月的历史，介绍了我国探月计划的发展历程，以及我国在月球探测领域取得的基本研究成果。参观了地质标本馆，在地质标本馆与各种矿物进行了近距离接触，多样化的矿物展品让教师们纷纷感慨大自然的鬼斧神工。而随后在刘东升纪念馆的参观更让教师们感受到了物理学老前辈们对科学的执着追求以及终身报国的拳拳之心。

中国科学院物理研究所的肖老师为大家做了"走进物理世界，感受物理奥秘"的实验展示，包括声悬浮实验、基于光的偏振原理的穿墙实验、温差电动势实验、形状记忆合金的展示、无线点灯实验以及超导体磁悬浮实验。由于这些实验与中学物理教学紧密相关，引起了教师们极大的兴趣。教师们非常积极地动手尝试，自己研究里面的物理奥秘，并就实验中的问题及实验原理展开了热烈的集体讨论。实验展示活动后，教师们参观了中国科学院物理研究所所史馆，在肖老师全面耐心的讲解下了解了中国科学院物理研究所 90 年的发展历程，感受到各位科学家前辈筚路蓝缕以启山林的实干精神，并了解了中国科学院物理研究所现在的主要研究方向，学习了前沿物理的发展状况。

中国科学院物理研究所方少波副研究员和中国科学院老科学家演讲团成员北京师范大学物理系刘大禾教授分别为教师做了"极限超快光学"和"引力波探测"的科普讲座。两位专家在讲座过程中语言深入浅出，幽默风趣，将目前物理学研究的科技前沿问题讲得明白透彻且通俗易懂。虽然每场讲座全程都接近 3 个小时，但所有参与活动的教师听得兴趣盎然。讲座结束后，意犹未尽的教师还充分利用用餐的简短时间继续跟专家进行了更加细致的交流。

中关村文献情报中心的参观从中国天眼首席科学家兼总工程师南仁东教授纪念展开始，展览内容既是对"中国天眼之父"南仁东教授献身科学的展示，也是对中国天眼工程的全面介绍。南仁东教授三十年来全力推动中国天眼工程的建设，直到生命的最后一刻。南仁东教授的责任感和使命感让各位教师深深赞叹，驻足展台，久久不愿离去。参观中国科学院"率先行动"计划创新成果展的过程中，教师们了解了中科院实施"率先行动"计划，加快改革创新发展取得的 100 余项重大创新成果。参观中，教师们在讲解员的引导下观看了散射中子源、暗物质粒子探测卫星"悟空"、高温铁基超导体等世界前沿科技的顶尖技术，了解了中国科学院在航天工程、"蛟龙号"载人潜水器研制、北斗卫星导航、海洋万米深渊科考等面向国家重大需求领域的突出贡献，以及在人口健康、能源结构优化、制造业转型升级、生态文明建设和农业发展方式转变等面向国民经济主战场领域的重大成果。这些有关国家科技前沿的参观让教师们产生了强烈的国家认同感，并不断反思如何在教学中将教学内容与参观内容相结合，让学生对物理学科有更深刻的认识，并能够让学生体会国家科技进步带来的自豪感。

### 2. 实践培训，教学与技术不断融通

与北京教育学院师训部门合力的"开放性社会实践培训活动"，也为拓宽教师的认知边界，提升教师的核心素养做好了铺垫。在北汽新能源的蓝谷中心园区内，教师们就被室外的换电站吸引了注意力，自发地围绕着换电站站成了一圈，仔细观看了新能源出租车的换电过程，并就自己感兴趣的问题跟工作人员展开了交流。北汽新能源公司创新项目部的刘老师从北汽新能源公司的历史、现在和未来出发，着重给教师们介绍了与物理学科相关的北汽新能源汽车的四大核心技术。参与活动的教师们认真聆听了全部的介绍，并对北汽新能源汽车中的一些跟物理学科相关的问题与教师进行了热烈的交流和讨论。讲座结束后，教师们参观了北汽新能源公司的体验中心和真车展厅，对北汽新能源汽车的发展前景有了更加深刻的了解。

虽然开放性实践活动只有半天，但教师们对这种形式的实践培训活动评价很高。参与活动的教师们纷纷表示这种培训活动不仅拓宽了教师的眼界，更拓宽了教师对课堂、对知识的认识和理解。希望在未来的教师培训中能继续丰富培训活动的内容和形式，让教师们在实践中感受教和学的有机整合。让教更有魅力，让学更有活力。

以上的研修活动让从事多年基础物理教育的教育工作者与物理科技前沿直观接触，大幅度地提高了教师们对物理学科和物理教学的专业认同感，更让教师对基础教育阶段的物理教学有了更多的思考和期待。带着这些思考和期待的教师们，会在物理课堂教学中激起一朵朵"从物理走向科研，从物理走向科技"的浪花，引导更多的学生在教师们呈现的精彩课程中堪物寻理，启迪成长。

## 二、身要动，法必先——物理课堂教学方式研究以项目推进为切入点

有了先进的教学理念的引导，基于核心素养的物理课堂教学方式的研究向一线教学实践全面推进。教学的实践不仅需要理念的引导，更需要方法的支撑。北京教育学院丰台分院与 COP 项目和北京师范大学教学改进项目的合作，分别从教师和学生两个角度研究课题教学，为提升学生核心素养的物理课堂教学实践提供了方法的指导。

### （一）COP 项目——提升教师核心能力，促进课堂正向改变

教师和学生是课堂教学的双主体。在课堂教学方式的改进中教师是参与者，更是指导者，因此教师的个人能力将在很大程度上影响课堂教学方式改进的方向和效果。COP 项目借助课堂教学行为大数据等方法与技术观察课堂教学，从 S-T、Rt-Ch、有效性提问、教师回应、四何问题、对话深度等维度记录课堂中教师的教与学生的学，采集教师和学生的活动，进行分析。通过诊断数据，结合学科教学特点，

发现教学中的亮点和典型问题，进一步通过专家的专业指导，对教师的课堂教学进行分析并提出改进的意见与建议。

以某一学校的 A 教师为例：2017 年 12 月 20 日由 A 教师执教《动能》，2018 年 5 月 24 日 A 教师执教《向心力》，2018 年 11 月 22 日 A 教师执教《探究碰撞过程中的不变量》。利用课堂观察的大数据我们可以清晰地看到 A 教师的课堂教学行为及能力的正向转变。

下表是 A 教师的三次课的 Rt-Ch 数据统计，从表中可以看到 A 教师在第一次课堂观察后，在学科专家基于课堂教学行为大数据的指导下，教师逐步有意识地去关注学生的课堂反应，提升了学生行为在课堂中的比例，逐渐将课堂转向以学生为主体。三次课堂都属于混合型课堂，其中第三次《探究碰撞过程中的不变量》比较接近于对话型课堂。显然对话型课堂更能促进师生之间的良性互动，更能激发学生思维的活跃度，进而提升思维的层级，最终在促进核心素养的落地上发挥积极作用。

|  | 动能 | 向心力 | 探究碰撞过程中的不变量 | 参考常模 |
|---|---|---|---|---|
| Ch | 0.20 | 0.27 | 0.33 | 0.28 |
| Rt | 0.59 | 0.63 | 0.46 | 0.52 |
| Rs | 0.41 | 0.37 | 0.54 | 0.48 |

四何问题的分析能够通过观察教师的问题设计，衡量教师的教育信念和策略性知识。

|  | 动能 | 向心力 | 探究碰撞过程中的不变量 | 参考常模 |
|---|---|---|---|---|
| 是何 | 70.00% | 54.55% | 42.86% | 63.62% |
| 为何 | 5.00% | 9.09% | 9.52% | 12.55% |
| 如何 | 20.00% | 27.27% | 28.57% | 16.35% |
| 若何 | 5.00% | 9.09% | 19.05% | 7.48% |

分析表中的"四何"问题，三次课对比可以发现，A 教师在课堂中有意识地降低了"是何"（指向事实性知识）的问题，"如何"（指向方法与途径的策略性知识）和"若何"（指向创造性知识的获取）的问题比例逐渐升高，第三节课中，这两种问题的比例都远高于常模，说明通过课堂诊断后，A 教师有意识地加强了这两类问题，着重培养学生的物理思维方法和学生的创新意识。通过与 A 教师的交流，发现 A 教师意识到在以后的教学中设计问题时，应加强创造性问题和批判性问题的设计，提高教学中"如何"和"若何"问题的比例。好的问题既能很好地启发学生的

思维，又不会对学生的思维有太强的导向作用。设计问题的出发点应该从关注知识获得转变为关注学科素养发展，在物理课堂上培养学生的创新意识和批判思维。

三次课后我们让 A 教师对自己的课堂教学进行了反思，A 教师在反思中提道：从教学设计的角度，课堂上应当创设真实的问题情境，让学生能够从真实问题情境中抽象出问题解决的物理模型，进而利用科学推理和科学论证得出结论；从理答方式的角度，教师对学生的回答要做出更有效的反馈，控制自己的解答欲望，给学生充足的思考时间，把对学生回答的关注点从知识的正确与否转变为如何通过进一步提问或引导来促进学生认识的转变和发展；从问题设计的角度，课堂教学中应当从问题类型和问题深度上对问题进行精心设计，问题设计应关注学生的思维发展，促进学生科学思维素养的提升，课堂上应该鼓励学生提出问题，自己提炼出应该探究的科学问题。

在 COP 项目组指导下的课堂教学实践中，我们发现全区的物理课堂教学发生了很多正向的转变：

（1）多维度的课堂观察促使参与课堂观察的教师反思课堂教学行为。课堂观察的 S-T 分析、Rt-Ch 图分析、有效性提问、教师回应、"四何"问题、对话深度等维度体现课堂教学行为的复杂性，多维度的数据采集很好地促进了授课教师关注课堂教学行为，对采集数据的助学者也有很好的推动作用，促使参与课堂观察的教师反思课堂教学行为，为改进学科教学提供基础。

（2）多维度的课堂观察数据为课堂教学评价提供支持。多维度的数据实时采集，及时的数据汇总与反馈，使基于大数据支持下的课堂教学行为分析真实可信，与之相对应的教学改进建议也更加具有针对性和个性化。

（3）课堂教学行为大数据将隐性知识显性化，为创造知识转移提供优势条件。课堂教学行为大数据可以清晰地告诉授课教师课堂教学行为的特征，发现教学中存在的问题并给出改进的建议，实现了知识与课堂教学行为的显性化与可视化，非常有利于教师改进课堂教学实践行为。

COP 课堂教学行为大数据虽然从多角度分析了教师的课堂教学行为，但课堂教学是个复杂的系统，教师的课堂教学与教师的学科素养、教师的性格特点、学科教学的内容、学科教学的模式、学科教学的理念、课堂教学评价的导向等诸多方面均有关系，COP 项目如何更好地体现新课标理念，如何更好地与学科教学融合，如何更好地引导教师在日常教学中在体现物理学科特点的同时关注学生的发展，关注学生学会学习能力的培养将是我们在课堂教学改进实践中持续研究的问题。

**（二）北师大教学改进项目——关注学生能力表现，促进素养落地生根**

如果说 COP 项目是通过提升教师教学能力来落实学生核心素养的提升，那么北京师范大学的教学改进项目则是通过对学生的深入研究来促进核心素养的落地。

北京师范大学教学改进项目由北京师范大学未来教育高精尖创新中心团队执行，汇聚北京师范大学教育技术、学科教育、教育心理、信息技术等领域的知名教授和一流智力资源，通过"互联网＋"，实现学生和教师的全学习过程大数据的汇聚，开展大数据时代的精准学习、培训、教研和管理，从课堂教学效率、教学特色的视角出发，贯彻落实新课程改革的理念，通过将信息技术与学科教学深层次整合，大幅度提升学科教学质量，实现基础教育的内涵发展和高水平增长。项目总体设计从教师、学生、教研员和区域 4 个方面具体落位，立足基础教育的基本现状，以学科能力提升、教师专业能力提升设计项目活动，为教育质量提升提供重要的理论基础、实践方法、策略路径和技术平台等全方位的教育服务。

北京师范大学教学改进项目的具体操作流程如下图所示：

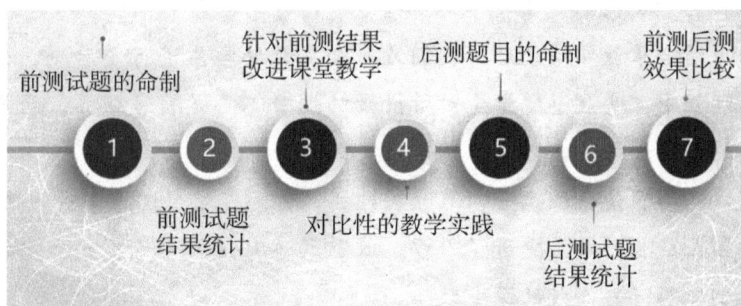

环节 1 和环节 5 中前测、后测试题的命制由北京师范大学教学改进团队完成。参与北京师范大学教学改进项目的学校、教师要在新课教学前先组织学生完成以单元为单位的前测试题，北京师范大学教学改进团队对前测结果进行统计和分析，并确定实验班级和对照班级。北京师范大学教学改进团队的专家将结合前测的数据和统计结果，与参与项目的教师、区教研员、区教研团队进行集体备课、试讲和正式讲。参与教学改进项目的学校在完成整个单元的教学以后，组织学生进行后测，北京师范大学教学改进项目团队将对前测结果和后测结果进行对比分析，利用大数据给出课堂教学改进的效果的实证。

参与教学改进项目的教师在反思中写道：

前测的测试和分析过程让我更深入地了解了学生在学习这章知识时所具备的基本能力和方法，对学生的学前理解有了质性分析结果，从前测数据中得出了很多我之前不了解的内容，尤其是学生对学习本章知识所应具备的物理知识、物理方法的掌握情况。有了前测数据，能让我在备课过程中更了解自己的学生，备课更加有针对性，学生学习效率也更高。

在开始，我准备了很多环节和实验，想让这节课内容充实，有创新，有充分的学生活动，等等。也把实验室相关器材都过了一遍，做出了好几个弹簧振子，然后一个一个调试、改进，终于实验器材准备好了。但是怎么合理充分地利用好这些器材，让器材的使用与教学的各个环节、概念的建立、规律的理解有机地融合在一起，一直不能形成一个完美的方案。通过集体备课活动，在各位专家、教师的指导下，心里对整节课的设计思路逐渐变得清晰。

在反复磨课的过程中也让我对这节课更有信心了。正式上课时课堂的节奏在按我的设计思路进行，各个环节的时间也基本控制到位，能明显感觉到课堂上和学生的交流更加充分，学生学习的积极性也被调动起来，对新概念、规律的理解也很到位，让上台回答问题的学生、完成过程分析的学生都顺利地完成了任务。整堂课感觉顺畅多了。

在机械振动一章教学结束后，我们又对全年级的学生进行了后测，在学生完成后测试卷的过程中，明显感觉学生对所设计的题目不再是盲目解答，而是已经具备了解决问题的思路和方法，题目正确率明显提高。

不得不说，备课是一段痛苦、煎熬的过程，但是在这个过程中我的收获也很多，让我在教师专业成长的路上更进了一步。收益的不只是我自己，更重要的是我所带的学生，他们能获得更高效的课堂教学。

综上所述，核心素养的落地生根离不开一线教师和学生，通过项目推进为一线教师提供教学研究和教学改进的方法和思路，正是我们教研团队努力在做的尝试。正如北京教育学院丰台分院支梅院长在项目总结大会上总结的，从教师能力和学生能力出发展开的课堂教学更能让核心素养的落实真正做到心中有方向，眼中有学生，手里有工具，脚下有路径。

## 三、身已动，行必专——以单元整体设计和学习诊断为切入点的教学整合实践研究

普通高中课程标准明确了物理学科教学的逻辑起点，那就是学科核心素养目标的达成。那么，如何依据学科核心素养目标进行教学设计呢？显然以教为主的教学，不再适应新时期的育人目标。基于核心素养的物理课堂教学要求我们的教学要以学

生的学习为主，促进学生的深度学习，这种学习才能培养学生的认知能力；教学中采用合作与探究的方式，才能为学生提供空间，促进他们的交流与合作。基于核心素养的教学方式应该有这样的特点：首先，教学方式要为落实物理核心素养的目标服务，为实现学生在"物理观念""科学思维""科学探究""科学态度与责任"4个方面学科核心素养发展采用不同的教学方式；其次，教学方式要有利于教学内容的整合，有利于知识的结构化，有利于学生的拓展和迁移；最后，教学方式要发展学生的自主学习能力，养成学生良好的思维习惯。

我们以《自由落体运动》为例，体会一下不同的设计方式给学生带来的能力发展和素养形成的不同。

**【教学设计一】思路清晰、过程结构完整的传统教学设计**

环节一：反应尺实验，激趣引入新课

教师请一个反应快的学生来抓一把10 cm长的尺子，学生抓不住，换一个学生，还是抓不到尺子。这一环节的设计意图主要是引发学生的兴趣，提出本节课的课题。教师的语言主要是：要想知道这是为什么，我们学习完今天的自由落体运动就可以解决了。

环节二：对自由落体运动的定义

接着前面的课题引入，教师会设问：什么是自由落体运动呢？教师用图片、视频再展示几个典型的落体运动，说明这些运动都可以看成自由落体运动。进而说明像那些例子中的运动一样，只在重力作用下、无初速度的运动称为自由落体运动。这一环节的目的就是让学生知道自由落体运动的定义是什么。

环节三：研究自由落体运动的性质和规律

给出定义后，教师引导学生从生活经验和现象入手，定性分析出自由落体运动是个加速直线运动。然后引导学生根据前面学习的运动学知识，处理打点计时器或频闪照片的数据，学生通过测量和计算，最后得到结论：自由落体运动是一个初速度为零的匀加速直线运动。本环节的设计目的是让学生应用所学的知识解决新的问题，探究自由落体的运动性质。

环节四：测量自由落体的加速度，得到运动规律

有了对自由落体运动性质的认识，教师引导学生进一步挖掘数据，根据前面所学知识，学生可以得到自由落体运动的加速度为9.8 m/s，发现与重力加速度$g$相

等，进而引导学生按照匀变速运动的公式，写出自由落体运动的具体规律，表达式为 $h=\dfrac{gt^2}{2}$。这一环节的主要设计意图就是通过对自由落体加速度的测量，引导学生推导出自由落体运动的规律。

环节五：解释反应尺及反馈练习

教师回到引课的反应尺问题，说明人的反应时间的大致范围，然后让学生通过公式计算，在这段反应时间里，物体下落了多少，进而解释学生抓不住尺子的原因。最后做一些关于下落高度和速度的反馈练习。这个环节的设计意图是前后呼应，学以致用。

目前在自由落体运动的教学中，有不少教师采用这种设计方式。若有不同，主要是引课环节激发兴趣的实验各有特色，实验器材略有不同，教师具体的语言特点有所不同，学生对运动学知识的掌握水平不同，等等。尽管有这些不同，但实际的思路和教学方式没有大的变化，课堂结构框架没有太大不同。我们说这种设计，结构完整，环节清晰，逻辑清楚，也有对学生兴趣的激发和对实验的设计，还有学生应用所学知识探索新规律的过程，也有落实基础的巩固训练。但仔细分析我们会发现，在这样一节课上，教师牢牢控制着课堂，学生只是较为机械地跟着教师，老师说要解决什么问题，学生就跟着解决什么问题；教师设计好实验，学生就开始动手操作；教师提供好数据，学生就开始用所学的知识处理计算，得出结果；最后教师让学生巩固知识，学生就完成教师准备好的训练题目。这样的教学设计，体现的还是教师的教，重视的是知识本身，追求的还是一个结论和对结论的机械训练。学生在这样的课堂中，思维活动是不够深入的，研究物理问题的思想方法是没有很好渗透的。所以说，我们还可以在此基础上改进我们的物理教学。

**【教学设计二】重模型建构、重学生探究的改进教学**

环节一：创设情境，体会物体的下落

教师给出纸片等一些物体，让每个学生自己动手实验，体会物体下落的特点，弥补学生原来对现象认识不全面的不足，并设计开放度较大的问题：物体下落快慢与哪些因素有关？你能用实验验证吗？

学生不断实验、解释现象，提出假设、得出结论。在此过程中发现：质量相同的物体下落快慢可以相同，也可以不同；质量大的物体有时候下落快，有时候下落慢。学生实际上找不到统一的答案，一般通过交流得到的结论是：下落物体的运动很复杂，下落快慢应该与物体的体积、质量，物体受到的阻力等因素都有关系。

这个环节的设计，主要让学生体会模型建构的必要性。

环节二：构建自由落体运动的模型

有了前面的体验，教师再次提出问题：下落物体的运动问题较为复杂，我们如何来研究它呢？这时候，学生根据前面建模的思想，自己提出抓主要因素的影响，而要忽略次要因素，可以把空气阻力先忽略再来研究。即研究只在重力作用下物体的下落运动，并通过实验、视频等手段，让学生看到这种运动，进而自己建构自由落体运动的模型。

接下来教师继续提出问题：实际生活中哪些物体的下落可以忽略空气阻力？让学生举例说明。学生通过举例认识到当物体初速度为零，所受的重力比空气阻力大很多时就可忽略空气阻力，此时物体的运动就可认为是自由落体运动。

这个环节的设计，主要是渗透建构模型的方法，学生主动建构自由落体的模型，对自由落体运动的概念理解更加本质。

环节三：研究自由落体运动的规律

教师引导学生猜想自由落体运动是一种加速运动或者是一种匀加速直线运动，并带领学生复习前面学习的匀变速运动的知识。然后提出问题：如何验证？

教师设计方案和任务单，让学生分组完成任务。主要任务是：实验得到数据，分析运动性质；找到运动规律，写出满足的运动学方程。学生实验，用打点计时器记录自由落体运动的数据信息，然后处理数据。不同的小组展开交流，发现自由落体运动的加速度都是同一个常数，且等于重力加速度的值。

此环节的设计，主要是让学生展开实验探究活动，小组合作学习。并且这个环节也能提供较为充分的证据，说明不同物体在同一地点的自由落体加速度相同，并且等于重力加速度的值。

环节四：猜想拓展、迁移创新

教师提出挑战性问题：为什么自由落体的加速度大小都相等？为什么其大小等于重力加速度的大小？学生尝试解释原因，进行猜想，并设计简单实验验证猜想。教师可在课上启发猜想，课下让学生进行实验。

本环节的设计，目的是启发学生思考问题、引导学生体会物理学由特殊的到一般的研究方法，体会物理学由现象到本质的研究思路。

从这个教学设计看，首先，教学中更加重视模型建构的过程，包括体会模型建构的必要性和建构方法；其次，教学中自由落体规律的得出过程，教师是通过任务驱动的教学方式，让学生展开实验探究，给予学生充分的合作交流机会，培养了合作意识和能力；最后，对自由落体加速度问题的深入思考，教师设计有效问题，挖掘概念间的联系，注意整合各部分的教学内容，这必将把学生思维引向运动与力的关系上，为后面牛顿第二定律内容的学习留下接口，有助于学生形成知识结构。展开学生的思维过程就会发现这样的逻辑认识：自由落体加速度等于重力加速度，重力加速度是重力与质量的比值，计算公式表达为 $a=g=\dfrac{G}{m}$；自由落体的特点是只受重力，重力就是合外力；据此学生可以推理后猜想，自由落体加速度是合力与质量的比，一般匀变速运动也可能满足 $a=\dfrac{F_{合}}{m}$ 的关系。这就使学生从特例，经历科学推理的过程得到一个一般性的结论，当然这只是一个一般性的猜想。然后让学生再通过实验去验证自己的猜想，这种方式就引导学生经历了一次完整的科学探究过程，体会了物理学的研究方法。当然，环节四是针对较高层次学生设计的，因为涉及运动与相互作用的关系，对于刚刚学习完运动学的学生来说，这个问题的难度较大。

从实际教学看，这种思路很好地体现了课标的理念，但容量过大，实验操作时间过长，基本后面的环节无法完成，这对理念的落实打了很大折扣，还会留下一个探究学习浪费时间的印象，教师无法完成教学任务。此外，实验过程更多的是锻炼了学生的动手操作技能，对于探究能力的培养其实没有更多体现，比如实验方案的设计是教师给出的，并且只有一种方案。这种教学设计教师还是代替了学生的探究过程，尤其是高阶思维和创新思维的培养环节，教师没有给予足够的时间和空间。

**【教学设计三】**

环节一：课前学习

教师设计问题，引导学生阅读教材，完成课前诊断的问题。问题包括：自由落体运动模型的建构，规律的得出，具体的公式内容，等等。学生读书自学。

环节二：问题解决

教师课上基于课前学习，与学生进行交流。

问题一：自由落体运动的条件是什么？满足什么规律？加速度是多少？

问题二：为什么要建立自由落体运动的模型？如何建立？

问题三：如何设计实验探究自由落体的运动规律？

问题四：如何测量自由落体运动的加速度？（说出你认为可行的多种方案）

环节三：实验测定自由落体加速度

经过讨论，学生根据自己优化后的实验方案，开始实验处理数据，测得加速度的大小。教师在学生测定后，继续跟学生交流，引导学生思考问题。

问题五：这个加速度的值对你有何启发？一般的匀变速运动的加速度由哪些因素决定？

问题六：根据你的猜想，设计实验验证，说明论证目的和方法。

问题七：根据所学的自由落体运动规律，你能测量人的反应时间吗？做个小仪器试一试。

这种方式的教学设计，教师将知识的建构过程彻底变成了学生学的过程。通过课前的学习，教师诊断了学生的问题，使课堂更高效。首先，教师了解了教学的起点，真正做到学生能自己学会的知识教师放手让学生去学；其次，教师通过问题的层层递进，引导学生主动思考、深度学习，在此基础上通过问题七让学生去创造，体现了创新精神的培养；最后，学生有了课前学习的基础，课堂上教师的谈论重点就可以集中在引导学生设计实验，从多角度去分析问题、寻找证据，去不断建构知识间本质的联系，这正是课堂上学生要在教师引导下提升的能力和素养。

由以上三种设计思路的对比分析，我们可以看到，在课程改革的背景下，为实现学生核心素养的发展，教学目标、教学内容对教学方式提出了新的要求，具体的教学目标和教学内容需要与之适应的教学方式去落实。同时教学方式也会反作用于教学目标和内容，会拓宽、丰富教学内容，同时深化、拓展教学目标，由于教学方式的优化和整合，会给教学带来意想不到的作用效果，同时也会伴随着课堂结构发生变化，课堂结构不再是从引入，到新课，到训练，再到小结，课堂可以由问题贯穿，学生在解决不断深入的问题中完成一节课的学习。总之，要实现落实学科核心素养目标的教学，教师就一定要研究教学整合。

教学整合是指按照一定的要求和方式重组教学内容，综合使用多种教学方式，调整课堂教学结构的广义教学设计活动。一般认为教学整合主要包括教学内容整合、教学方式整合和课堂教学结构整合三个方面。

我们仍然以《自由落体运动》为例来讨论如何进行教学内容整合：

教学内容整合主要包括围绕核心概念的概念体系建构，促进具体概念学习的因素分析，以具体概念为载体的核心素养发展途径分析，基于学生课前学习诊断的疑难问题归类等。需要特别强调的是，教学内容不仅包括具体的知识与技能，还包括概念体系、观念、思维、情感、态度、价值观、责任等内容。具体可以对教学内容从如下方面进行整合。

(1) 按照课标的内容要求，打通课上课下进行整合。

例如与自由落体运动教学有关的课标内容要求为：

1.1.1 了解近代实验科学产生的背景，认识实验对物理学发展的推动作用。

例1 了解伽利略的实验研究工作，认识伽利略有关实验的科学思想和方法。

1.1.4 通过实验，认识自由落体运动规律。结合物理学史的相关内容，认识物理实验与科学推理在物理学研究中的作用。

例6 查阅资料，了解亚里士多德关于力与运动的主要观点和研究方法。

例7 查阅资料，了解伽利略研究自由落体运动的实验和推理方法。

对于这些内容要求，我们可以打通课堂内外，将教学内容分别安排在课上展示交流，课下自主学习、探究。比如教师设计"制作物理海报"这项课下作业，让学生完成一些查阅资料、了解认识的内容，设计课上进行探究分析、设计实验方案等讨论交流环节来促进学生的合作学习。学生的总结、概括与展示中，都可以看到课标要求的内容落实情况。因此我们说只要设计适合学生的学习活动，整合作业与课上学习的内容，学生的有效学习就在随时、随地不断发生。

（2）按照大单元、大主题的内容架构，打通教材章节进行整合。

在大单元、大主题内容建构起来后，我们就很清楚每一个小单元有几课时，教学内容是什么，教学目标是什么，每一节课与前后课的联系是什么。这样我们就可以打通教材中的章节，真正地整合教材，整合教学内容。例如有关自由落体运动的教学，这个内容属于必修一模块中两大主题之一"机械运动与物理模型"的内容，对应的核心概念是运动与相互作用，并且属于本内容的最高层级，也是对学生能力要求较为综合的一节课。这节课有两个重点，一是模型建构，二是通过探究自由落体运动规律认识实验与推理在研究中的作用。因此，对于实验探究的教学过程就必须重视。但为了使目标聚焦探究活动，实际上教师可以在"实验：探究小车速度随时间变化的规律"一节课上做好数据的准备和衔接，在自由落体探究活动中，可以充分地让学生进行思维活动，设计方案，若此时学生掌握了研究运动的方法，并能够有多种方案获得速度，比如设计利用打点计时器测速度，利用频闪照片测速度，利用传感器测速度等方法，说明学生学会了迁移并能不断地进行应用和创新。实际上，也只有这样，学生探究能力的培养才能够真正落实到课堂教学的环节中。

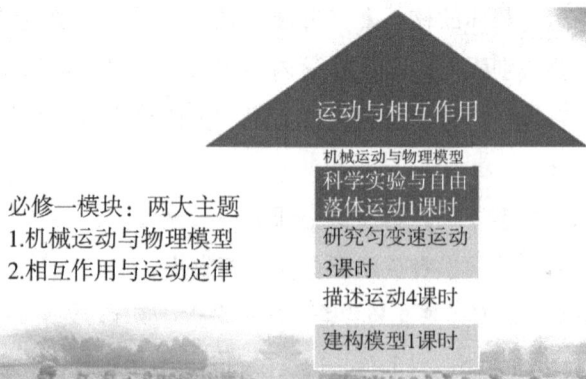

运动与相互作用

机械运动与物理模型

科学实验与自由落体运动1课时

必修一模块：两大主题
1.机械运动与物理模型
2.相互作用与运动定律

研究匀变速运动3课时

描述运动4课时

建构模型1课时

（3）按照学生的困难和认知障碍点，打通各物理概念整合内容。

我们发现，有的时候学生理解某一个知识点或概念的时候，感觉没什么问题。但很多概念在一起的时候，就分析不清楚了。原因是学生抓不住核心概念，无法建立各个概念的联系，也对概念区别不开。这时候需要教师对物理概念进行整合设计，让学生多经历建立概念联系的过程，促使学生学会迁移。例如，在自由落体建构模型的时候，教师可以打开思路。将抛体运动的形式都展示给学生，静止释放物体、水平抛出物体、竖直向上抛出物体、斜向上抛出物体等，让学生尝试实验体验，归纳概括物体离开手后，都落向地面，得到使物体下落改变其运动状态的力是重力的结论。这为学生建构自由落体运动模型时找到主要因素起到了铺垫的作用，也为后面学习其他运动模型做好了准备，一是思路方法可以迁移，二是学生能够整体认识重力作用改变物体运动状态的特点，建立自由落体运动、平抛运动、斜抛运动和竖直上抛运动各概念的联系。从运动与相互作用观念出发，学生这方面素养得到提升，再建立平抛运动和圆周运动的联系就会容易得多了。

总之，在当前落实学科核心素养的课程实施之际，探索落实核心素养的可操作途径毋庸置疑具有较强的现实意义。从"一课时的设计到大单元的设计"，是教学目标和教学观念转变的体现。教师要认识到只考虑一课时的教学会带来的问题，并能以此为切入点去研究教学内容、方式和结构整合的思路方法，这必将实现原有单课时教学与大单元教学的有效对接，实现课堂面貌的巨大变化。

## 第四节　物理教学案例与评析

### 课例　动能　动能定理

课例撰写：姜汉新　中国教育科学研究院丰台实验学校

指导教师：刘芳　北京教育学院丰台分院

## 一、指导思想和理论依据

《普通高中物理课程标准（2017 版）》中指出高中物理教学要遵循学生的认知规律及物理学科特点，在义务教育的基础上，进一步促进学生物理学科核心素养的养成和发展。学生通过高中物理课程的学习，要形成正确的物理观念，要能运用科学思维方法，从定性和定量两个方面对相关概念或者问题进行科学推理，找出规律、形成结论。这样的课程目标就要求我们充分尊重学生的认知基础，深入挖掘物理知识的思维价值，通过有效的问题设计对传统的物理课堂教学进行重构，将教学过程变成学生思维活动的过程，在学生自主进行科学推理和科学探究的过程中，实现学生物理学科核心素养的有效提升。

## 二、教学背景分析

### （一）教学内容分析

"动能　动能定理"是人教版《普通高中教科书　物理　必修第二册》第七章第6节的内容。传统课堂教学中教师往往直接给出动能的定量表达，然后利用匀变速直线运动中恒力做功的计算推导出动能定理。这样的教学过程看上去简单高效，但对学生来说，为什么动能的定义是这样的？为什么要用匀变速直线运动进行这样的理论推演？利用匀变速直线运动得出的动能定理为什么同样适用于所有运动？这些问题不仅是教学中的关键问题，也是学生学习动能定理最难理解的重点和难点。如何从学生的认知基础出发，引导学生自主探究得出动能的定量表达及动能定理的内容，并在科学探究的过程中培养学生的证据意识和评估能力，提升学生物理学科的核心素养，需要我们进一步研究。

### （二）学生情况分析

高中阶段的学生对"动能　动能定理"的学习并不是一张白纸。学生在初中阶段的学习中已经知道动能是运动着的物体所具有的一种能量，这种能量与物体的质量和物体运动的速度有正相关的关系。在学习本节课的内容之前，学生已经学习了功、重力势能、弹性势能的概念，并对势能的建立过程（某个力的功可以量度某个能量的变化）有一定的理解。这些都为本节课动能的定量表达及动能定理的推导奠定了基础。

## 三、教学目标

（1）理解动能定理及其推导过程，知道动能的表达式、动能定理的适用范围。
（2）知道无限分割在处理变力做功中的应用。

## 四、教学重点、难点及教学策略

（1）动能定理的理论推导过程。

**突破策略：** 利用单一恒力、两个恒力、变力直线求合外力做功问题，引导学生自主完成模型的构建和理论推导。

（2）动能表达式的得出。

突破策略：回顾重力势能的定义过程。

（3）求变力做功，建立"由未知向已知转化"的思想。

突破策略：利用无限分割的方法，将未知的求变力做功转化为求恒力做功。

## 五、教学流程

> 环节一：基于学生认知基础的教学前测

> 环节二：大胆猜想、理性求证，概念建立的原始探究

> 环节三：由简及繁、方法统领中概念的理论探究

> 环节四：多方求证、数法并行，建立概念，形成规律

## 六、教学过程

### （一）基于学生认知基础的教学前测

为了更加明晰学生对动能这一概念的认知基础，在基于学生认知基础进行学习活动设计时，我们增加了课前学习环节，并在课前学习中设计了如下的前测问题：

前测问题一：什么是动能？影响动能的因素有哪些？

前测问题二：在光滑的水平面上，一个质量为 $m$ 的物体在一恒定外力 $F$ 的作用下做匀加速直线运动，经过一段水平位移，速度从 $v_1$ 变为 $v_2$，求此过程中外力对物体做了多少功？

前测问题三：质量为 $m$ 的物块从高 $h$ 处沿光滑固定的曲面下滑，求物块滑到曲面底端时的速度。

前测是因材施教的需要，是以学生为中心的课堂的起点。前测能使教师更加明确学生的学习基础，并在此基础上选择更加有效的教学策略，促进学生新知的构建。前测问题一的诊断结果说明几乎全部的学生都知道动能是运动的物体具有的能量，质量和速度是影响物体动能大小的两个因素。前测问题二要求学生能够运用运动和相互作用的关系来解决问题，多数学生能够利用已学过的知识完成合外力的功的推导过程。但最终给出合外力做功的表达形式比较多样，没有考虑到题目中给定的条件仅有质量 $m$、速度 $v$，以及外力 $F$；前测问题三是一个变加速曲线运动，是学生用以往的知识无法解决的问题，在这里给动能定理的应用埋下伏笔，为动能定理的建构意义做好铺垫。

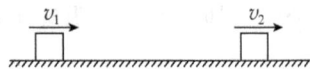

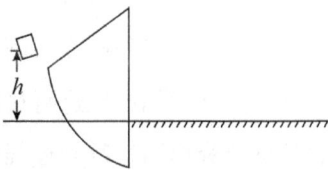

### (二) 大胆猜想、理性求证，概念建立的原始探究

在前测的基础上，我们和学生一起达成了共识：动能是一个与物体质量 $m$、速度 $v$ 有关的物理量。这个共识基本上也是学生经过初中学习后形成的认知基础。在此基础上我们提出了本节课的探究问题：动能跟物体质量 $m$ 和物体的速度 $v$ 之间存在怎样的定量关系？

科学的假设与猜想是科学探究的起点，在科学研究中具有特别的意义和价值。基于学生的前认知，我们引导学生对动能的定量表达提出大胆的猜想，并引导学生通过小组讨论与交流，对猜想进行评价和求证。这一过程中多数小组的同学提出了猜想：动能等于物体的质量与物体运动的速度的乘积。

科学的猜想绝不是毫无意义和方向的胡乱猜测，而是基于已有经验的可能性推理。针对学生的猜测，我们引导学生思考：这样猜测的依据是什么？能否利用所学知识对猜想的科学性进行初步的判断。课堂中多数学生给出的猜测依据是相同质量的物体速度越大动能越大，相同速度的物体质量越大动能越大。对于猜想的科学性有思维较为活跃的学生提出运用量纲验证猜想是否合理，在这一思想的引导下学生利用单位制的知识很快得出质量与速度的乘积单位为 $kg \cdot m/s$，等价为 $N \cdot s$，显然与能量的单位 $N \cdot m$ 是不等价的，从而对猜想的科学性给出了的答案。经过讨论和交流，师生进一步明确了探究的课题：应当从另外的方向入手去寻找动能的定量定义。

### (三) 由简及繁、方法统领中概念的理论探究

对于一个新的研究课题，在没有明确研究思路的时候应该从怎样的角度进行研究呢？显然我们已经进行过的研究或者其他人在类似问题上的研究方法是我们可以借鉴的研究思路。教学过程中我们引导学生阅读教材中重力势能一节的内容，回忆重力势能的定义过程，从而确定寻求能量定义的一种方法：利用功和能量的关系，通过研究力做功来寻找能量的定义。

确定了研究思路以后，在什么样的问题情境下进行探究成为课堂教学中的又一个讨论话题。经过讨论，我们达成了共识：科学研究中对问题的研究往往从符合研究条件的最简单的情境或者模型入手。物体在某一恒力作用下做匀加速直线运动的情境中，物体的动能发生了变化，力对物体也做了功，这一问题情境符合我们的研究条件，且较为简单。我们可以尝试从这个情境出发，通过研究力做了多少功来寻

找动能的定义。这正是前测问题 2 中留给学生的课前作业，在前测问题 2 中大多数学生已经在课下完成了这个推导过程。

情境一：质量为 $m$ 的物体，在水平恒力的作用下，经过一段水平位移后，速度从 $v_1$ 变为 $v_2$，则外力对物体做了多少功？

$$W = Fx = ma \frac{v_2^2 - v_1^2}{2a} = \frac{1}{2} m (v_2^2 - v_1^2) = \frac{1}{2} mv_2^2 - \frac{1}{2} mv_1^2$$

在情境一中，学生通过推导力 $F$ 做功的多少，似乎看到了动能的影子。但是对于复杂的情境中，到底应该推导哪个力做功来寻找动能的定义呢？在此基础上我们进一步设计了更为复杂的情境 2：物体在粗糙水平面上，在推力和摩擦力的共同作用下，经过一段位移后，速度从 $v_1$ 变为 $v_2$ 的过程。学生通过讨论发现，情境 2 中推力和摩擦力的功很难用题目中的条件表达，但合力的功依然可以用情境中的已知条件来表达。推导过程如下：

情境二：质量为 $m$ 的物体，在水平恒力的作用下，在粗糙的水平地面上经过一段水平位移后，速度从 $v_1$ 变为 $v_2$，则外力对物体做了多少功？

$$W = (F - f) x = ma \frac{v_2^2 - v_1^2}{2a} = \frac{1}{2} m (v_2^2 - v_1^2) = \frac{1}{2} mv_2^2 - \frac{1}{2} mv_1^2$$

显然在情境二的推导过程中我们似乎发现了两种情境中的共性。如果情境再复杂一些呢？比如在变力作用下的直线运动或者在恒力作用下的曲线运动，你能否用已经学过的方法和知识计算这些情境中力做功的多少呢？

情境三：质量为 $m$ 的物体，在变力作用下，沿直线 $AB$ 运动，速度从 $v_A$ 变为 $v_B$，则外力对物体做了多少功？

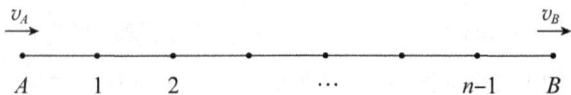

研究物体在变力作用下的运动可以通过无限分割法将变力视为恒力。对情境三进行无限分割，可以发现：$W_1^2 = \frac{1}{2} mv_1^2 - \frac{1}{2} mv_A^2$，$W_2 = \frac{1}{2} mv_2^2 - \frac{1}{2} mv_1^2$，……，$W_{n-1} = \frac{1}{2} mv_{n-1}^2 - \frac{1}{2} mv_{n-2}^2$，$W_n = \frac{1}{2} mv_B^2 - \frac{1}{2} mv_{n-1}^2$。

累加之后得到：$W = \frac{1}{2} mv_B^2 - \frac{1}{2} mv_A^2$。

将无限分割法应用于所有复杂运动，都得出结论：对所有外力作用下的物体，

速度由 $v_A$ 变为 $v_B$ 的过程，合外力做功都可以表示为 $W = \frac{1}{2}mv_B^2 - \frac{1}{2}mv_A^2$。

引导学生类比重力势能及弹性势能的定义过程，重力做功可以度量重力势能的变化，弹力做功可以度量弹性势能的变化。在以上的问题情境中得到的合力的功也是一个差值的形式，有理由提出猜想：等式右侧也应该表示一种能量的变化过程。学生通过交流和讨论确定了这种能量的表达形式为 $\frac{1}{2}mv^2$。

### (四) 多方求证、数法并行，建立概念，形成规律

如何利用已经学过的知识证明这种能量就是我们探求的动能呢？学生针对这个问题展开了激烈的讨论，并最终给出了以下两条证据：①运用量纲可以证明这样的表达形式定义的物理量单位为 J，因此可以确定表达式定义的物理量为能量；②这个能量与物体的质量和速度有关，这种表达形式确定的动能与质量和速度的关系，与在初中通过实验验证过的动能与质量和速度的关系是吻合的。

通过以上的探究过程，我们不仅建立了动能的概念：$E_k = \frac{1}{2}mv^2$，同时归纳得出了动能定理：合外力所做的功等于物体动能的变化，即 $W = \frac{1}{2}mv_B^2 - \frac{1}{2}mv_A^2$。

## 七、案例评析

回顾完整的教学设计过程，我们不难看出，要从学生已有的认识入手展开循序渐进的教学，教师通过课堂教学的重构给学生提供支撑性的事实经验，引导学生经历概念建构或探索规律的完整过程，在针对问题提出猜想、利用证据求证猜想、利用证据进行解释交流的过程中促进学生相应能力的发展。显然，正如课程标准中提到的，科学探究能力的培养应渗透在物理教学的整个过程。无论是物理概念的教学，还是物理规律的教学，无论是实验探究还是理论探究，都要引导学生发现和提出问题，根据解决问题的需要收集和选择有用信息，基于证据和逻辑对问题做出合理解释，培养学生准确表述问题的解决过程与结果的意愿和能力，在能力提升的过程中自然而然地完成学生整体素养的提升。

# 第六章　基于核心素养的化学教学研究与实践

## 第一节　化学核心素养内涵与解读

《普通高中化学课程标准（2017 版）》中提出："学科核心素养是学科育人价值的集中体现，是学生通过学科学习而逐步形成的正确观念、必备品格和关键能力。"在研究化学学科的核心素养时，第一，我们要理解什么是素养；第二，化学素养概念的提出是以"科学素养"为基础的，我们需要明确科学素养的含义；第三，在明确科学素养的基础上梳理化学学科素养和化学学科核心素养的内涵；第四，分析目前化学学科素养研究的现状；第五，确定即将展开的化学学科核心素养研究。

### 一、关于素养

网络资源中对素养的描述为：由训练和实践而获得的技巧或能力。中国古代对素养也有解释。《汉书·传·眭两夏侯京翼李传》："马不伏历，不可以趋道；士不素养，不可以重国。"《后汉书·列传·袁绍刘表列传下》："越有所素养者，使人示之以利，必持众来。"从上述表述中可以明确两点：首先，素养可以通过学习和实践获得；其次，素养包含能力、品质和观念等。

### 二、关于科学素养

国外学术界对科学素养的研究较早。科学素养首先由美国教育家、哈佛大学校长科南特在 1952 年发表于《科学教育》的文章中，将科学素养定位于普通教育而非专业教育上，这为后来科学素养的研究确定了研究对象。而美国斯坦福大学赫德教授是将科学素养理念引入普通教育的第一人，他在《科学素养：对美国学校的启示》一文中指出，科学素养针对的是普通教育而非专业教育，是面向全体学生的教育，并将科学素养解释为对科学的了解和社会实践的应用。其后，有关科学素养的研究进入了迅速发展的时期。

近几年，比较知名的关于中学生科学素养的测试工作是由国际经合组织（OCED）开展的 PISA（Program for International Student Assessment）项目。PISA 2006 强调的是情境，要求展现自身的能力，而这些能力又需要相关知识和态度对个人进行指导，从而对能力施加影响，用图形表示如下：

情境 ——要求——> 能力 <——影响—— 知识 / 态度

在我国，20世纪90年代前几乎没有科学素养的概念，最早出现这一名词也是源于钟启泉在《现代教学论发展》中对 Scientific Literacy 的中文翻译。随后在2000年8月，我国相关领域课程改革专家在参考国际对科学素养概念的定义后，依据我国教育实情，将科学素养的内涵划为4个维度：①具有科学知识和技能；②了解科学、技术与社会的相互关系；③掌握科学探究的过程方法；④辩证的科学态度价值观。科学素养渐渐成为科学教育的宠儿，也成为新一轮课程改革中科学教育的主旨，写进了课程标准中。

## 三、关于化学学科素养和化学学科核心素养

### (一) 化学学科素养

我国最早使用"化学素养"是在《普通高中化学课程标准（实验)》中："鼓励学生……选学更多的课程模块，以拓宽知识面，提高化学素养。"不过，该标准并未将化学素养这一概念具体化，主要是要求通过三维目标实现提升自我化学素养的水平。

南京师范大学的刘前树老师在他的硕士学位论文中曾对南京金陵中学的学生进行化学素养的调查与分析，他对化学素养的理解是：能正确理解化学核心概念、有效处理生活中的化学信息、认识化学学科的特点和研究方法、辩证看待化学的价值等4个维度。

北京师范大学王磊教授等人，根据化学的功能和应用领域将化学素养分为3种类型：化学研究素养、化学技术素养、与生活相关的化学素养（CLRL）。文章指出，与生活相关的化学素养主要是由一个人的能力与态度两方面共同决定的。研究借鉴了心理学的图式概念，认为能力方面的内涵与实质其实就是生活问题经验图式，这种看似抽象的思维过程包含了知识（化学知识、生活知识和问题知识）以及解决这些与生活相关问题的程序思路，也就是常说的方法，因此知识与方法的掌握水平亦影响着这种图式。态度层面，如果一个人在对生活的态度和对化学的态度两个方面都比较积极，那么他就有较好的与生活相关的化学素养。

综上所述，可以看到，随着时代的发展，对学科素养的内涵的界定也在不断地变化，从开始引用对科学素养的界定方式，发展到从不同学段学生学习化学的进展

界定化学学科素养。另一方面研究者从学习和考试两个不同角度界定了化学学科素养。总体上看，化学素养包括化学知识、化学能力、化学科学方法和观念、化学态度、化学价值观等主要因素。目前，我国初中基础教育和普通高中教育阶段对学生学科素养的具体要求也不相同，这些均基于学生学习进展和能力的发展。

### （二）化学学科核心素养

核心，即为中心，主要部分（就事物之间的关系而言）。化学学科核心素养指化学学科主要的学科素养。化学核心素养是学生在化学认知活动中发展起来的，并在解决与化学相关问题中表现出来的关键素养，反映了学生从化学视角认识客观事物的方式与结果的水平。

《普通高中化学课程标准（2017 年版）》中提出了宏观辨识与微观探析、变化观念与平衡思想、证据推理与模型认识、科学探究与创新意识、科学态度与社会责任等 5 个要素的高中化学核心素养；《义务教育化学课程标准（2013 年版）》提出了理性思维、批评质疑、用于探究、问题解决、乐学善学和社会责任等要素的初中化学核心素养。

高中的化学学科素养具有以下特点：学科观念和认知视角——宏观辨识与微观探析、变化观念与平衡思想；思维方式和认知方法——证据推理与模型认识；研究方法和能力培养——科学探究与创新意识；知识价值和化学态度——科学态度和社会责任。初中的化学学科素养具有以下特点：文化基础——科学精神——理性思维，批评质疑，用于探究；社会参与——责任担当，实践创新——社会责任，问题解决；自主发展——学会学习——乐学善学。

可以看到，新课标从不同的维度提取了主要的要素，组成了不同学段的化学学科核心素养，符合学生心智发展的特点。

## 四、化学核心素养实践研究现状

以化学学科素养为关键词在期刊中进行搜索，会发现从 2009—2016 年我国涌现了很多关于学科素养的研究，多数研究是从化学知识、化学能力、化学科学方法、化学态度、化学价值观等方面展开，这种研究源于对三维目标的设定。三维目标中并没有明确出现化学素养一词，但其关注了知识的形成过程，关注了研究方法的外显，提出了情感态度与价值观的目标，这些从科学素养的界定上属于素养维度研究，但不明确。由于对化学学科素养的界定模糊，没有明确地描述化学学科素养的内涵，教师和学者们虽然也涉及了一些提高学生素养的研究，但研究不系统、不完整，没有显性化。

《普通高中化学课程标准（2017版）》中明确了化学学科的核心素养，并给予了解释和描述，在不同的学段也给出了不同的水平要求。可以看到，对于化学学科核心素养，目前有了明确的描述和水平要求，但理论在实践中的实施还没有开始，具体实践中如何达成对学生核心素养的培养，如何带领教师以核心素养和关键能力为引领设计教学活动和教学中的核心问题，如何在中学教学中达成核心素养和关键能力进阶都需要在未来的教学实践中探索。

另外，如何评价学生的学科素养水平也是目前的研究点之一。我们的课堂反馈、习题、作业都需要在核心能力和学科素养的指导下合理设计。

总而言之，目前对中学化学学科的核心素养的理论研究已经有了一定的成果，但还缺乏实践的支撑。我们的研究希望通过实践将理论融入教学中去，达成对学生核心素养的培养和评价。

## 五、预期与展望

在新的课程标准明确提出后，可以系统地研究学科素养的进阶。核心学科素养包含了核心学科能力和必备品质，学科能力是学科素养的核心，化学学科素养是在陌生、实际（真实）情境下，学生自发、自主地调用化学学科思想方法、核心认识角度、认识方式解决问题的能力表现，以及情感态度、价值取向。

要达成对学生学科能力和素养的培养，需要让学生亲身经历各类学习方式和过程，需要让学生不断地经历解决实际问题的过程。教学方式和学习方式的改变可以将知识转化为认识，合理的教学方式和学习方式将知识的单一学习转化为对科学思想、认识思路和认识角度的内化过程，有利于学生面对复杂陌生的情境时，找到解决问题的角度和思路。从上述分析可以看到，提升学生的学科素养对我们的教学方式和学习方式提出了改进要求。在展开研究之前，我们需要对现有的教学方式和学习方式进行调查了解，在调查的基础上，进一步分析制订研究方案。

理论指导实践和理论的学习都需要在实践中展开，才能让教师将理论内化，并形成自己的教学行为和教学思想。结合现有的教研工作，我们的研究工作可以分4部分展开：第一部分是理论学习，可以在教研活动中通过专家讲座和研讨教研中教学问题展开；第二部分是教学研究，通过课堂教学，将教学活动的能力水平、教学具体活动分析和教学问题分析结合，让教师通过实践活动体会能力水平和核心素养的具体培养方式，使理论鲜活，具有可操作性；第三部分是通过课堂教学的前后测、访谈和不同能力水平的反馈题，达成教师对学科能力水平和学科素养水平评价的认识。希望经过 5 年的研究，能够改变教师的教学方式和学生的学习方式，课堂教学中不仅仅是要带领学生学习学科知识，还要进一步提炼学科思想、认识思路和认识角度，改变学生的认知方式；能够从评价的角度制定各类反馈题评价学生的核心素养和关键能力，将不断重复的解题过程转化为全面评价学生的学业水平；能够以微课的形式将实际课堂教学中学生关键能力和核心素养培养的具体教学活动呈现出来，为教师深入理解关键能力和核心素养提供有利的实践内容；将关键能力和核心素养再进阶整理，让教师明确学生关键能力和核心素养的培养历程，有利于教师把握不同阶段的教学活动水平。

总体而言，我们的研究希望通过理论与实践相结合的方式，改变教师的教学行为和学生的学习方式，梳理具体的关键素养和核心能力，在中学教学中进阶地教学、学习和评价资源。

## 第二节　化学核心素养调查与问题分析

随着基础教育领域综合改革的深入推进，为落实立德树人的根本任务，培养和践行社会主义核心价值观，培养学生的核心素养，开展课堂教学方式与学习方式的调查研究具有积极的理论和实践意义。

### 一、研究的内容和方法

#### （一）研究的内容

通过对丰台区中学化学课堂教学方式与学习方式的调查分析，为下一步探索培养学生核心素养的具体途径和策略方法厘清问题及确定研究方向。调查研究主要从三个角度展开：一是对教师进行问卷调查；二是访谈部分教师；三是观摩部分教师的课堂教学。

#### （二）研究的方法

问卷法：问卷主要涉及对中国学生发展核心素养的认识、对化学学科核心素养的认识、现有的教学理念、现常用的教学方式、现主要的学习方式、教学效果评价、教师的困惑及发展需求等。通过对问卷进行数据处理后分析和了解化学教学现状，发现存在的问题，为下一步的研究确定方向。

访谈法：考虑到问卷调查面向对象广却不深刻的问题，笔者利用教研活动的机会对部分化学教师进行了个别或团体的访谈。面对面直接交谈具有较好的灵活性和适应性，能展开更深层次的调查研究，了解被调查教师的真实想法。访谈主要涉及促进学生核心素养发展的教学方式的特点，在基于核心素养的课堂教学实施过程中存在的最大困难等。

观察法：具体实施情况需要看教学实践和课堂教学的反馈，笔者走进中学化学课堂，观摩部分教师的教和学生的学，详细地记录课堂上学生与学生、教师与学生的互动活动，并在课后积极与授课教师沟通交流。

## 二、调查的基本情况

### (一) 问卷法

1. 调查对象

本次的调查对象是丰台区全体中学化学教师，包括初三、高一、高二和高三年级，基本情况见下表，可看出调查对象结构合理。

| 基本信息 | 类别 | 人数 | 比例 |
|---|---|---|---|
| 年龄 | 20（含）～30 岁 | 42 | 20.29% |
| | 30（含）～40 岁 | 70 | 33.82% |
| | 40（含）～50 岁 | 80 | 38.65% |
| | 50（含）～60 岁 | 15 | 7.25% |
| 学历 | 本科 | 159 | 76.81% |
| | 硕士 | 45 | 21.74% |
| | 博士 | 3 | 1.45% |
| 职称 | 中学二级 | 70 | 33.82% |
| | 中学一级 | 72 | 34.78% |
| | 中学高级 | 65 | 31.4% |

2. 问卷的设计、发放与回收

本次问卷的设计主要是依据中国学生发展核心素养、化学学科核心素养以及中学化学学科的特点，围绕以下 7 个方面进行调查：对中国学生发展核心素养的认识、对化学学科核心素养的认识、现有的教学理念、现常用的教学方式、现主要的学习方式、教学效果评价、教师的困惑及发展需求。具体结构见下表。本次调查研究收回调查问卷 207 份，其中有效调查问卷 207 份。

| 内容 | 题号 |
|------|------|
| 对中国学生发展核心素养的认识 | 第二部分：1、2、3、4、5、6 |
| 对化学学科核心素养的认识 | 第三部分：1、9、7、12、24、26 |
| 现有的教学理念 | 第三部分：14、6、8、11、 |
| 现常用的教学方式 | 第三部分：4、10、2、23、22 |
| 现主要的学习方式 | 第三部分：3、17、19、 |
| 教学效果评价 | 第三部分：13、21、16、20 |
| 教师的困惑及发展需求 | 第三部分：18、15、5、25 |

### (二) 访谈法

#### 1. 访谈对象

采用分层抽样的方法，从初三年级至高三年级的每个年级选取 8～10 人作为访谈对象，既有市级和区级骨干教师、区青年新秀教师，也有刚参加工作的新教师。

#### 2. 访谈的内容、形式

围绕两个核心问题："您认为促进学生核心素养发展的教学方式有哪些特点？""您认为在基于核心素养的课堂教学实施过程中存在的最大困难是什么？"进行了面对面的沟通、交流和讨论。

### (三) 观察法

结合区级视导、个性化视导，以听推门课为主，走进丰台区化学课堂，观察教师的教学方式和学生的学习方式。共计听课 200 余节。

## 三、调查结果的统计和整理

### (一) 问卷调查

以下是对调查问卷的结果进行的统计和分析。

#### 1. 对中国学生发展核心素养的认识

第 1 题：学生的核心素养包括（　　）。　　［多选题］

| 选项 | 小计 | 比例 |
|------|------|------|
| A. 文化基础 | 179 | 86.47% |
| B. 自主发展 | 192 | 92.75% |
| C. 学会学习 | 194 | 73.72% |
| D. 社会参与 | 185 | 89.37% |

第2题：科学精神具体包括（　　）等基本要点。　　［多选题］

| 选项 | 小计 | 比例 |
|------|------|------|
| A. 理性思维 | 171 | 82.61% |
| B. 逻辑推理 | 172 | 83.09% |
| C. 批判质疑 | 193 | 93.24% |
| D. 勇于探究 | 197 | 95.17% |

第3题：学生在学习、理解、运用人文领域知识和技能等方面所形成的基本能力、情感态度和价值取向是指（　　）。　　［单选题］

| 选项 | 小计 | 比例 |
|------|------|------|
| A. 文化基础 | 17 | 8.21% |
| B. 人文底蕴 | 96 | 46.38% |
| C. 学会学习 | 71 | 34.3% |
| D. 社会参与 | 23 | 11.11% |

第4题：学生在认识自我、发展身心、规划人生等方面的综合表现是指（　　）。　　［单选题］

| 选项 | 小计 | 比例 |
|------|------|------|
| A. 健康生活 | 39 | 18.84% |
| B. 自我调节 | 42 | 20.29% |
| C. 学会学习 | 28 | 13.53% |
| D. 学会生活 | 98 | 47.34% |

第5题：具体包括社会责任、国家认同、国际理解等基本要点的素养要素是（　　）。　　［单选题］

| 选项 | 小计 | 比例 |
|------|------|------|
| A. 责任担当 | 115 | 55.56% |
| B. 责任意识 | 57 | 27.54% |
| C. 责任行为 | 6 | 2.9% |
| D. 责任品质 | 29 | 14.01% |

第 6 题：学生在日常活动、问题解决、适应挑战等方面所形成的实践能力、创新意识和行为表现是指（　　）。　　[单选题]

| 选项 | 小计 | 比例 |
| --- | --- | --- |
| A. 实践行为 | 21 | 10.14% |
| B. 行为实践 | 25 | 12.08% |
| C. 实践创新 | 95 | 45.89% |
| D. 创新实践 | 66 | 31.88% |

第 1 题中，73.72%的教师选择了"学会学习"；第 2 题中，83.09%的教师选择了逻辑推理；第 5 题中只有 55.56%的教师选择了"责任担当"；第 6 题中，只有 45.89%的教师选择了"实践创新"。可以看出，几乎过半的教师记不清中国学生发展核心素养的名词术语。

第 3 题中，只有 46.38%的教师选择了"人文底蕴"；第 4 题中，更是只有 18.84%的教师选择了"健康生活"。可以看出，大多数教师不是很了解各素养的内涵。

2. 对化学学科核心素养的认识

第 1 题：您对"化学学科核心素养"了解程度如何？（　　）。　　[单选题]

| 选项 | 小计 | 比例 |
| --- | --- | --- |
| A. 很了解 | 18 | 8.7% |
| B. 基本了解 | 160 | 77.29% |
| C. 听过 | 27 | 13.04% |
| D. 不了解 | 2 | 0.97% |

第 9 题：您怎么看待"基于核心素养培养的课堂教学"？（　　）。　　[单选题]

| 选项 | 小计 | 比例 |
| --- | --- | --- |
| A. 积极响应，信心十足 | 46 | 22.22% |
| B. 愿意参与，努力适应 | 140 | 67.63% |
| C. 不反对，但担心效果 | 21 | 10.14% |
| D. 反对，认为是形式主义 | 0 | 0% |

第 7 题：你认为培养学生的化学核心素养的教学具有哪些特征？（　　　）。

[多选题]

| 选项 | 小计 | 比例 |
|---|---|---|
| A. 教师讲授，习题训练 | 22 | 10.63% |
| B. 情境真实，问题来源于实际 | 188 | 90.82% |
| C. 活动较为开放，倡导合作学习 | 137 | 66.18% |
| D. 科学探究，发现式学习 | 167 | 80.68% |
| E. 跨知识主题或跨学科知识 | 97 | 46.86% |
| F. 基于学科本质，建构观念 | 143 | 69.08% |
| G. 价值引领，培养社会责任 | 137 | 66.18% |

第 12 题：您认为教师在培养学生化学核心素养过程中需要做到（　　　）。

[多选题]

| 选项 | 小计 | 比例 |
|---|---|---|
| A. 由关注考分转向关注学生个性发展和创新能力 | 161 | 77.78% |
| B. 由关注知识转向关注思维和应用 | 161 | 77.78% |
| C. 为学生营造独立思考、自由探索、勇于创新的环境 | 176 | 85.02% |
| D. 把知识讲完，把题目讲透 | 39 | 18.84% |
| E. 给学生完整表达的时间、空间 | 152 | 73.43% |
| F. 鼓励学生多提奇思妙想 | 88 | 42.51% |

第 24 题：您认为在元素化合物教学中可着重培养哪些核心素养？（　　　）。　　[多选题]

| 选项 | 小计 | 比例 |
|---|---|---|
| A. 宏观辨识与微观探析 | 144 | 69.57% |
| B. 变化观念与平衡思想 | 114 | 55.07% |
| C. 证据推理与模型认知 | 118 | 57% |
| D. 实验探究与创新意识 | 138 | 66.67% |
| E. 科学精神与社会责任 | 107 | 51.69% |

第26题：您认为自己在化学核心素养培养过程中最成功的一次教学采用了怎样的教学方式？请简述您讲课的课题和主要教学方式。＿＿＿＿＿＿＿。　　〔开放题〕

关于该题，有68位教师做了肯定和比较具体的回答，主要有探究教学（47节）、合作学习（18节）、翻转课堂（2节）、课堂辩论（1节），其中基于实际问题解决的有22节，跨学科的有1节。

从上面6道题的调查结果看，教师们从思想上对化学核心素养有了一定的了解，并能与学科教学建立关联。大部分教师愿意并会努力适应基于核心素养的教学，而且有22.22％的教师表示信心十足，积极响应；但也有10.14％的教师担心实施效果。大部分教师已经意识到，要培养学生的核心素养，就要转变观念和行为，要由关注考分转向关注学生个性发展和创新能力，由关注知识转向关注思维和应用，创设真实的问题解决情境，在开放的学习活动中，为学生营造独立思考、自由探索、勇于创新的环境，给学生完整表达的时间空间，积极开展合作学习、科学探究、发现式学习等，关注概念的建构过程，培养学生的社会责任感。46.86％的教师支持跨界学习（跨知识主题或跨学科知识），42.51％的教师支持鼓励学生多提奇思妙想。

3. 现有的教学理念

第14题：您认为化学教学最应该培养学生的（　　）。　　〔多选题〕

| 选项 | 小计 | 比例 |
| --- | --- | --- |
| A. 化学基本知识 | 129 | 62.32％ |
| B. 解题和应试技能 | 33 | 15.94％ |
| C. 基本实验技能 | 101 | 48.79％ |
| D. 思维发展 | 183 | 88.41％ |
| E. 社会责任 | 133 | 64.25％ |

第6题：您认为（　　）对教学效果影响最大。　　〔单选题〕

| 选项 | 小计 | 比例 |
| --- | --- | --- |
| A. 教学理念 | 50 | 24.15％ |
| B. 教学方式 | 54 | 26.09％ |
| C. 学生学习方式 | 84 | 40.58％ |
| D. 教师个人魅力 | 19 | 9.18％ |

第8题：按照您的习惯，您确定教学方式的主要依据是（　　　）。　　［多选题］

| 选项 | 小计 | 比例 |
|------|------|------|
| A. 教学内容特点 | 184 | 88.89% |
| B. 知识难度 | 105 | 50.72% |
| C. 学生情况 | 189 | 91.3% |
| D. 已有市、区研讨课的课例 | 35 | 16.91% |

第11题：您在日常的化学教学中（　　　）。　　［单选题］

| 选项 | 小计 | 比例 |
|------|------|------|
| A. 更关注学生的学 | 156 | 75.36% |
| B. 更关注自己的教 | 23 | 11.11% |
| C. 二者分不太清楚 | 28 | 13.53% |

从第14题可以看出，大多数教师认为培养学生的思维发展和社会责任更重要，但也有相当多的教师认为更应该培养学生的化学基本知识和基本实验技能。不容忽视的是，仍有15.94%的教师认为应培养学生的解题和应试技能。从第6题可以看出，大多数教师并没有意识到教学方式对学生学习效果的重大影响。

从第8题和第11题的调查结果看，大部分教师在选择教学方式时能充分考虑学生情况、教学内容特点、知识难度及已有课例，在课堂上也能以学生为主体，更关注学生的学。但也有11.11%的教师更关注于自己的教。

4. 现常用的教学方式

第4题：一节课40 min，您一般讲多长时间？（　　　）。　　［单选题］

| 选项 | 小计 | 比例 |
|------|------|------|
| A. 10 min 以内 | 5 | 2.42% |
| B. 10（含）～20 min | 39 | 18.84% |
| C. 20（含）～30min | 139 | 67.15% |
| D. 30（含）min 以上 | 24 | 11.59% |

第10题：对于习题教学，下列哪些做法符合您的教学习惯？（  ）。 ［多选题］

| 选项 | 小计 | 比例 |
|---|---|---|
| A. 经常对习题进行归类，提炼一类习题的解题方法 | 160 | 77.29% |
| B. 教师讲授示范和学生练习相结合 | 143 | 69.08% |
| C. 习题主要来源于试题，很少自编 | 60 | 28.99% |
| D. 经常邀请学生讲题 | 91 | 43.96% |

第2题：在教学中您是否注重留出足够的时间和空间让学生独立思考、完整表达？（  ）。 ［单选题］

| 选项 | 小计 | 比例 |
|---|---|---|
| A. 经常 | 92 | 44.44% |
| B. 有时 | 108 | 52.17% |
| C. 极少 | 7 | 3.38% |

第23题：你最常用的教学方式是（  ）。 ［多选题］

| 选项 | 小计 | 比例 |
|---|---|---|
| A. 传统讲授 | 39 | 18.84% |
| B. 讲练结合 | 149 | 71.98% |
| C. 情境教学 | 141 | 68.12% |
| D. 探究教学 | 107 | 51.69% |
| E. 合作学习 | 72 | 34.78% |

第22题：一堂课结束后，您通常采取的后续策略是（  ）。 ［多选题］

| 选项 | 小计 | 比例 |
|---|---|---|
| A. 在其他班以同样的方式实施教学 | 19 | 9.18% |
| B. 写"教学日志""教学反思"，提出一些问题并思考 | 100 | 48.31% |
| C. 征求学生对本堂课的意见 | 63 | 30.43% |
| D. 在反思的基础上对本堂课重新设计 | 148 | 71.5% |

从上述5道题的调查结果看，多数教师在课堂上讲的时间略长，67.15%的教师讲课时间在20（含）～30 min，11.59%的教师讲课时间在30 min以上，这样留给学生思考、动手、交流汇报的时间就偏少了。只有44.44%的教师能够有意识地经常留出足够的时间和空间让学生独立思考、完整表达。

在习题教学上只有43.96％的教师能够经常邀请学生讲题，而讲练结合仍是现在最常用的教学方式。从第22题的结果看，大多数教师能够在课后进行反思，并及时调整。

5. 现主要的学习方式

第3题：您认为学生学习化学主要是因为（　　）。　　［多选题］

| 选项 | 小计 | 比例 |
|---|---|---|
| A. 认为化学有趣 | 136 | 65.7% |
| B. 喜欢做实验 | 164 | 79.23% |
| C. 化学知识对日常生活有帮助 | 107 | 51.69% |
| D. 化学老师教得好 | 55 | 26.57% |
| E. 中考或高考 | 119 | 57.49% |

第17题：对于化学基本原理，你认为最有效的学习方法是什么？（　　　）
［多选题］

| 选项 | 小计 | 比例 |
|---|---|---|
| A. 以背诵为主，应付考试 | 5 | 2.42% |
| B. 老师教什么，学生就学什么 | 7 | 3.38% |
| C. 主动思考，以理解为主 | 196 | 94.69% |
| D. 实验探究，追寻本质 | 178 | 85.99% |
| E. 与他人讨论 | 87 | 42.03% |
| F. 看参考书 | 21 | 10.14% |

第19题：下列学科活动，您时常开展的有（　　）。　　［多选题］

| 选项 | 小计 | 比例 |
|---|---|---|
| A. 课外化学兴趣小组 | 135 | 65.22% |
| B. 化学知识竞赛 | 65 | 31.4% |
| C. 化学与生活"竞赛活动" | 42 | 20.29% |
| D. 实地考察 | 12 | 5.8% |
| E. 学科板报 | 84 | 40.58% |
| F. 阅读相关书籍 | 78 | 37.68% |
| G. 化学辩论赛 | 7 | 3.38% |
| H. 化学学术报告 | 14 | 6.76% |
| I. 化学小论文 | 41 | 19.81% |

通过上面3道题的调查结果，可以看出，大多数教师认为学生学习化学最普遍的动力有喜欢做实验、认为化学有趣、需要参加中高考以及认为化学知识对日常生活有帮助。教师对最有效的学习方法的选择，实际上选择的就是培养学生的核心素养的方法。教师组织学生能时常开展的学科活动是课外化学兴趣小组，学科板报、阅读相关书籍、化学知识竞赛、化学与生活"竞赛活动"、化学小论文也有开展，而化学学术报告、实地考察、化学辩论赛开展得较少。

6. 教学效果评价

第13题：您留的课后作业形式有哪些？（    ）    ［多选题］

| 选项 | 小计 | 比例 |
|---|---|---|
| A. 习题、试卷 | 198 | 95.65% |
| B. 动手实践 | 112 | 54.11% |
| C. 调查报告或小论文 | 82 | 39.61% |

第21题：您每天留的课后作业，学生一般需要多长时间完成？（    ）    ［单选题］

| 选项 | 小计 | 比例 |
|---|---|---|
| A. 20 min 以内 | 110 | 53.14% |
| B. 20（含）~40 min | 94 | 45.41% |
| C. 40（含）min 以上 | 3 | 1.45% |

第16题：在以前的教学中您对学生学习效果的评价方式主要是（    ）。［多选题］

| 选项 | 小计 | 比例 |
|---|---|---|
| A. 考试成绩 | 186 | 89.86% |
| B. 学习态度 | 184 | 88.89% |
| C. 创新能力 | 56 | 27.05% |
| D. 合作能力 | 62 | 29.95% |

第20题：您认为在教学中对学生的化学核心素养评价最应关注哪些方面？

（　　）　［多选题］

| 选项 | 小计 | 比例 |
|------|------|------|
| A. 关注对基本化学知识的掌握程度 | 77 | 37.2% |
| B. 关注学生的基本实验技能的掌握程度 | 86 | 41.55% |
| C. 关注学生的学习态度、学习兴趣和学习方式 | 155 | 74.88% |
| D. 关注学生分析解决实际问题的能力 | 166 | 80.19% |
| E. 关注学生的探究意识和创新能力 | 121 | 58.45% |

通过上面4道题的调查结果可以看出，目前最主要的课后作业形式是习题、试卷，而近一半的教师所留作业较多，所用时长超过20 min。学习效果评价是以考试成绩和学习态度为主，而更具国际竞争力的创新能力和合作能力所占的比例较少。但是大多数教师已经逐渐意识到，基于核心素养的学生评价更关注学生分析解决实际问题的能力，更关注学生的探究意识和创新能力。

7. 教师的困惑、发展需求等

第18题：您认为在"基于核心素养的课堂教学"实施过程中存在的最大困难是

（　　）。（最多选三项）　［多选题］

| 选项 | 小计 | 比例 |
|------|------|------|
| A. 太抽象，核心素养目标在实际教学中难以实施 | 85 | 41.06% |
| B. 教育教学观念和业务能力不适应新课程改革的需要 | 60 | 28.99% |
| C. 教师间缺乏合作交流的氛围 | 46 | 22.22% |
| D. 学生基础差 | 96 | 46.38% |
| E. 缺少专业支持 | 77 | 37.2% |
| F. 教师教学任务量大，精力有限 | 127 | 61.35% |

第15题：您认为目前基于化学核心素养的课堂教学普遍存在的问题有哪些？（ ）。 ［多选题］

| 选项 | 小计 | 比例 |
|------|------|------|
| A. 扩展大量超标的知识内容 | 56 | 27.05% |
| B. 缺乏给予学生开放的、独立思考的空间 | 142 | 68.6% |
| C. 缺乏评估学生化学核心素养水平的学习过程评价 | 139 | 67.15% |
| D. 还按原来的方式教，只是贴上核心素养的标签 | 97 | 46.86% |
| E. 其他 | 8 | 3.86% |

第5题：依据您的需求，您认为自身发展最需要提升的是（ ）。（可双选）［多选题］

| 选项 | 小计 | 比例 |
|------|------|------|
| A. 教育理念、理论 | 114 | 55.07% |
| B. 了解学生情况的方法 | 70 | 33.82% |
| C. 对学科知识本质的理解 | 111 | 53.62% |
| D. 教学设计能力 | 109 | 52.66% |
| E. 信息化素养 | 91 | 43.96% |

第25题：您认为哪种形式的培训最有效？（ ） ［多选题］

| 选项 | 小计 | 比例 |
|------|------|------|
| A. 报告、讲座 | 79 | 38.16% |
| B. 观摩优质课 | 176 | 85.02% |
| C. 外出考察学习 | 87 | 42.03% |
| D. 导师带教 | 85 | 41.06% |

通过上面4道题的调查结果可以看出，较多的教师认为自己平时教学任务量大，精力有限，学生基础差，核心素养太抽象，也缺少专业的支持。这些都是实施基于核心素养的课堂教学的重大困难。多数教师认为，在目前的一些基于核心素养的课堂上，还是缺乏给予学生开放的、独立思考的空间，缺乏评估学生化学核心素养水平的学习过程评价，有近半数的教师认为还是按原来的方式教，只是贴上核心素养的标签。

很多教师提出，为了跟上教育改革的步伐，适应新课程的需求，需要进一步加强教育理念、理论的更新学习，加深对学科知识本质的理解，提高教学设计能力和信息化素养，掌握更多的了解学生情况的方法。而教师最渴望的培训是观摩基于核心素养培养的优质课。

**（二）访谈**

1. 关于核心问题"您认为促进学生核心素养发展的教学方式有哪些特点？"

教师们普遍认为，促进学生核心素养发展的教学方式可能具有如下特征。

（1）创设真实情境，密切联系生产、生活，解决实际问题。这样既能实现价值引领，培养社会责任，又能培养实践能力和创新能力等。

（2）抓住化学学科特点，充分挖掘实验的教育功能。需要学生做分组实验的绝不用教师的演示实验代替，教师能做演示实验的绝不用视频代替，绝不用讲实验代替做实验。

（3）给学生思考的时间与空间，发展学生的思维能力。

（4）重视学生活动的设计，引导学生在活动的过程中体验、感悟科学过程、科学方法或观念。例如培养学生用微粒的观点看物质及变化，让学生画一画空气主要成分的微观示意图，在这一活动中，学生知道氮气、氧气是由分子构成的，而且二者都是双原子分子，将化学符号与微观模型建立联系，知道混合物中各分子是均匀分布的，分子之间有间隔，这样的活动设计有助于学生理解和掌握基本的科学原理和方法。

（5）课堂是关键。课堂教学方式应灵活多样，可根据章节特点有效组织实施探究式学习、辩论、小组合作学习、小组汇报交流、小组比赛、分组实验、动手制作等。只有课下教师的充分动脑，课堂上学生才能既动手又动脑。

（6）处理好教师预设与课堂生成的关系，尊重学生，鼓励学生多提问题。

（7）灵活结合化学史开展相关教育教学活动。通过化学史教学，可以促进学生化学基本观念的建构和心智模型的转变，培养学生继承与创新的意识。

（8）重视信息技术的合理应用。

（9）布置课后作业时除了习题外，还应适当布置实践考察作业，促进学生结合生活实际来体会化学知识的应用价值，如自制净水器、参观污水处理厂、焙制糕点等。

2. 关于核心问题"您认为在基于核心素养的课堂教学实施过程中存在的最大困难是什么？"

教师们认为，在实施基于核心素养的课堂教学的过程中，主要的困难有：

（1）教师本身对核心素养的内涵理解不够深刻；

（2）教师对核心素养与具体化学知识的对应关系理解不到位；

（3）资源素材匮乏，找不到合适的情境或实际问题；

（4）想多观摩一些示范课；

（5）课时紧，导致有好的设计无法展开，对核心素养的养成来说就像"烂尾楼"，有主体，无细节；

（6）对学生核心素养的培养应该是长期有计划的工程，目前的计划性不够。

**（三）课堂观察**

通过对 200 余节的随堂观察，发现教师们也是尽量在课堂上渗透对学生核心素养的培养，主要存在如下需要改进的现象。

1. 教师教学

（1）教学设计没有突出核心素养，对中国学生发展核心素养与化学学科核心素养的内涵及相互关系不够清晰，对教学内容承载的核心素养的价值理解不到位。

（2）教学理念与实际行为不吻合。

①教学方式单一，仍以讲授为主，更关注自己的教。

②学生活动开放性小，不能留给学生足够的时间和空间来思考、动手和汇报交流。

③不能充分挖掘实验探究的功能，很多情况下只是做验证性实验。

④对于概念教学，不能突出学科本质，不利于学生自主构建概念。

⑤不能耐心听完学生的描述，不能很好地抓住和利用课堂上临时生成的教育教学契机（学生提出的奇思妙想）。

2. 学生学习

（1）学习方式较单一，依赖于教师的讲授。

（2）小组讨论次数少，且流于形式，不深入。

（3）分组实验基本上就只是锻炼了学生的实验技能，缺乏实验逻辑思维能力的培养。

（4）较多学生课堂参与度较低，不积极思考教师提出的问题，忙于记笔记。

（5）部分学生兴趣不高，不张口、不动手。

（6）课后作业几乎全是习题或试卷。

## 四、下阶段的工作重点

（1）结合教研进修，交流讨论中国学生发展核心素养、化学学科核心素养的内涵及相互关系，制订核心素养的中学化学培养规划，并将核心素养的要点与具体的章节知识点建立关联。

（2）收集基于核心素养的素材和情境，丰富教师们的备课资源。

（3）进一步组织高质量的"基于核心素养的课堂教学"研讨课观摩课。

（4）尽可能多地走进常态课堂，和教师一起，探索培养学生核心素养的课堂教学策略和方法，逐渐优化教学方式和教学习惯。

（5）协助教师开发一些"基于核心素养培养"的课后作业（解决实际问题的实践活动、化学论文、学术汇报交流、实地考察、调研报告等）。

# 第三节　化学核心素养实践与养成途径

## 一、问题的提出

随着中国特色社会主义进入新时代，我们的基础教育也进入了改革的深水区，教育目标不断升级迭代。立德树人、社会主义核心价值观、中国学生发展核心素养、学科核心素养等都是现阶段课程改革需要落实的核心目标。

通过前期调研发现，老师们普遍认为促进学生核心素养发展的教学方式应该具有如下特征：①创设真实情境，密切联系生产、生活，解决实际问题，实现价值引领，培养社会责任，培养实践能力和创新能力等；②给学生思考的时间与空间，发展学生的思维能力；③重视学生活动的设计，引导学生在活动的过程中体验、感悟科学过程、科学方法或观念等。但是在实际的课堂教学中，普遍存在的现象是：①教学方式单一，仍以讲授为主，教师更关注自己的教；②学生活动开放性小，没有足够的时间和空间来思考、动手和汇报交流；③小组讨论次数少，且流于形式，不深入；④分组实验基本上就只是锻炼了学生的实验技能，缺乏实验逻辑思维能力的培养；⑤较多学生课堂参与度较低，不积极思考教师提出的问题，忙于记笔记，甚至有部分学生兴趣不高，不张口、不动手等。

教师们普遍认为，在实施"基于核心素养的课堂教学"的过程中，主要的困难是资源素材匮乏，找不到合适的情境或实际问题，不能将实际问题转化为化学问题，并表达了想多观摩一些示范课。

北京市中高考认真贯彻落实《国务院关于深化考试招生制度改革的实施意见》（国发〔2014〕35 号），力求正确处理考试与改革的关系，适应经济社会发展对学生培养的需要，中高考内容与形式的改革以中学课堂教育教学改革的实践与创新为动力稳步推进，注重实践，贴近生活，注重考查学生多年教育学习的积累，减少单纯记忆、机械性训练的内容，注重考查学生独立思考、综合运用所学知识分析问题和解决问题的能力。

什么样的课堂教学既能促进教师的专业成长、适应中高考改革的趋势，又能更好地实现新时代的教育目标，促进核心素养的落地呢？基于以上思考，我们在初三、高一、高二、高三各个年级尝试进行了项目式学习。

## 二、项目式学习的设计

项目式学习可以追溯到 100 多年前，从杜威的做中学、体验式学习中，都能看到项目式学习的影子。目前，项目式学习在学术界并没有一个公认的定义。美国的巴克教育研究所将其定义为一套系统的教学方法，是对复杂、真实、有挑战性问题的持续探究过程，也是精心设计项目作品、规划和实施项目任务的过程，在这个过程中学生能够掌握所需的知识和技能。由于研究的问题是真实的、复杂的，往往不是靠一个学科的支撑就能顺利解决的，它是要求跨学科的。这对于我们的中学教学是一个挑战。分科教学是我们的传统和优势，在分科教学上我们有丰富的经验，那一定要扬短避长吗？还有它要求学生对该项目进行持续性的探究，这需要时间的保障。初三化学、高一化学每周三课时，高二化学每周四课时，高三化学每周五课时，这些课时是完全分散的，并不利于进行持续性的探究。还有一点，通过解决真实的复杂问题所获得的知识和技能一定是有用的，是适应终身发展和社会发展的。但是，它能不能满足当前中高考的需要，是我们必须考虑的实际问题。如何将项目式学习本土化，与学科教学有机融合，适合我们的学情、教情，必须处理好几者的关系。

我们认为，在高学段，在面临中高考的情况下，我们要基于课程标准，学业质量标准，学生的已有知识、能力和经验来设计项目主题，项目要能承载学科的核心思想方法、核心知识和技能等。项目可以来源于社会性议题，或者是学生身边的需要解决的实际问题等，应该是真实的、有意义的、学生感兴趣的、能操作实施的。项目的主要框架如下图所示，主要包括设计项目主题、梳理项目逻辑、确定学习目标和难点、设计学生活动、规划项目成果。这六个环节是一个有机的整体，彼此紧密关联。例如，在设计项目主题时，我们就必须考虑它能否承载课程标准中规定的学习内容，达到课标中要求的水平，同时还能满足适应中考的需要。

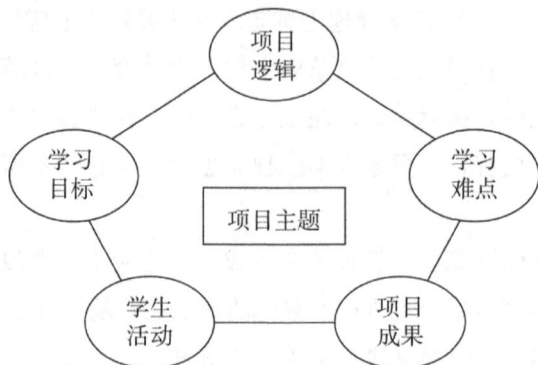

## 三、项目式学习的实践

各年级的实验校结合本学校的特色分别确定了项目主题并完整实施。在走进课堂之前，教师必须先对项目有一个整体的理解，形成项目框架。

例如，北京市丰台第二中学小屯校区选定的是"土壤的改良"项目，因为该校每个班级有一块自留地，学生有实践的机会。下表为"土壤的改良"项目框架。

| 项目逻辑 | 学习目标 | 学习难点 | 学习活动 | 项目成果 |
| --- | --- | --- | --- | --- |
| 如何表征土壤的酸碱性 | 会用 pH 试纸和酸碱指示剂检验溶液的酸碱性 | 溶液酸碱性的定性、定量表征 | 实验探究（测量溶液、土壤的酸碱性、自制酸碱指示剂） | 测得班级菜园土壤的酸碱性 |
| 土壤的酸碱性会影响植物生长吗 | 知道酸碱性对农作物生长的影响 | 控制变量思想在实验设计中的应用 | 实验探究（溶液酸碱性对绿豆生长的影响） | 找到适合班级菜园生长的农作物 |
| 如何改良土壤的酸碱性 | 认识酸、碱的主要性质 | 证明无明显现象的化学反应的发生 | 实验探究，调查分析 | 知道如何改良土壤的酸碱性 |
| 如何增加土壤的肥力 | 了解常见盐、化肥的名称和作用，认识复分解反应 | 从化学的视角解释化肥的合理施用 | 查阅资料，实验探究 | 能合理施用化肥 |
| | | | | 规划班级菜园，养好盆栽长程作业 |

清华大学附属中学丰台学校选定的是社会性议题"低碳行动"项目。作为美术特色校，该校想把项目成果与学生的特长建立联系。

下表为"低碳行动"项目框架。

| 项目逻辑 | 学习目标 | 学习难点 | 学习活动 | 项目成果 |
|---|---|---|---|---|
| 周围环境中 $CO_2$ 含量是多少 | 认识定量测定混合气体中某气体含量的一般方法 | 利用 $CO_2$ 与碱液的反应原理设计实验装置 | 设计实验装置、用传感器测定周围环境中 $CO_2$ 的含量 | 测定 $CO_2$ 含量的实验方案，了解环境中 $CO_2$ 的含量 |
| $CO_2$ 是怎么产生的 | 认识产生 $CO_2$ 的方法及反应 | 基于元素观和转化观认识产生 $CO_2$ 的途径 | 自主梳理产生 $CO_2$ 的方法，小组讨论、查阅资料、展示交流 | 了解家校生活中产生 $CO_2$ 的行为及原理 |
| 如何降低空气中 $CO_2$ 的含量 | 掌握 $CO_2$ 的主要性质和用途、构建含碳物质的转化关系 | 运用化学知识分析解决实际问题 | 自主思考吸收 $CO_2$ 的方法，小组讨论、查阅资料、展示交流 | 了解自然界、实验室、工业中转化 $CO_2$ 的方法及原理 |
| | | | | 制定班级低碳公约和标志，走进社区进行宣传 |

北京教育学院附属丰台实验学校分校结合学生在学习过程中反映出的问题，选定实施"从海水中获得餐桌上的食盐"项目。

下表为"从海水中获得餐桌上的食盐"项目框架。

| 项目逻辑 | 学习目标 | 学习难点 | 学习活动 | 项目成果 |
|---|---|---|---|---|
| 如何从海水中得到粗盐，粗盐中有哪些物质 | 复习溶液的组成和分离混合物的方法 | 分离提纯思路方法的建立 | 思考、讨论、汇报交流 | 确定从海水中得到粗盐的方案，知道粗盐中含可溶性杂质 |

续表

| 项目逻辑 | 学习目标 | 学习难点 | 学习活动 | 项目成果 |
|---|---|---|---|---|
| 如何从模拟海水中尽可能多地得到较纯的氯化钠产品 | 综合应用溶解度、饱和溶液、结晶、复分解反应等知识，变式应用物质的鉴别和提纯思路 | 设计并评价从模拟海水中尽可能多地得到氯化钠并检验纯度的方案 | 设计方案，汇报交流，评价优化，实验探究 | 从模拟海水中得到较纯的氯化钠产品 |
| 如何得到加钙盐 | 创新应用溶液知识，解决实际问题 | 利用化学式、溶液浓度的有关计算确定一定食盐中加入含钙物质的质量 | 思考、讨论、计算、实验 | 从模拟海水中得到餐桌上的加钙食盐 |

北京大成学校结合每年由学校出资毕业生送老师一份贴心毕业礼的传统，选定实施"合理使用金属保温杯"项目。

下表为"合理使用金属保温杯"项目框架。

| 项目逻辑 | 学习目标 | 学习难点 | 学习活动 | 项目成果 |
|---|---|---|---|---|
| 调查发现金属保温杯使用中的常见问题 | 了解保温杯如何正确地使用 | 从化学视角分析保温杯使用中存在的问题 | 设计"合理使用金属保温杯"公益宣传活动 | 明确宣传内容及所需的金属知识支撑 |
| 认识金属制品 | 了解金属的分类，物理性质的共性和差异性 | 关注物质的化学成分，初步形成观察物质的化学视角 | 观察和实验，总结金属物理性质的共性和差异性，感受金属和合金物理性质的差异 | 了解金属保温杯的功能特征、成分及其含量 |

续表

| 项目逻辑 | 学习目标 | 学习难点 | 学习活动 | |
|---|---|---|---|---|
| 金属制品的性能 | 通过实验探究了解金属化学性质的共性和差异性 | 认识并应用金属活动性顺序表,提升学生的设计实验能力和动手能力 | 提出假设并设计实验探究,总结金属的化学性质 | 根据金属的性质,结合金属保温杯的成分对金属保温杯的合理使用提出建议 |
| 金属制品的腐蚀、制法和回收 | 铁生锈的条件及防腐措施,金属的制备及回收方法 | 发展学生运用控制变量思想进行实验再设计的能力 | 实验分析,提出铁生锈条件的猜想,设计并完成实验。查阅资料了解铁的制备和回收 | 对金属保温杯的制备和回收提出合理化的建议 |
| 为金属保温杯的合理使用建言献策 | 应用已学知识,完成小组宣传活动设计方案 | 应用化学知识支撑海报内容及宣传过程 | 完成小组宣传活动设计,为宣传活动做好准备 | 宣传活动前期准备及校内模拟宣传、进社区宣传 |

教师引导学生自主建构项目逻辑,学习目标能够满足课程标准、学业质量标准对于该部分教学内容的要求,学习活动主要采用小组合作的方式,以实验探究、查阅资料、调查分析、交流汇报为主,充分体现学生的主体性,有效地突破了学习难点。项目成果使学生充分体会了化学学科的有趣、有用,感受到了化学的学科魅力和应用价值。

下图为学生制作的部分低碳宣传标志及印有低碳宣传标志的购物袋。

下图展示了学生在制备"加钙食盐"时的场景及产品。

例如，"低碳行动"的项目最终成果是制定班级低碳公约，设计班级低碳标志，并在学校的支持下，将低碳公约制成展板，把低碳标志印在环保购物袋上，走进社区宣传低碳知识，引导社区居民践行低碳理念，发挥了项目的社会价值，让学生们感受到了知识的价值。"土壤的改良"的最终项目成果是规划班级菜园，养好自己的盆栽。还有一个长程作业，让学生利用假期外出的机会，调查当地种植的农作物，并收集当地的土壤样品，回到学校实验室测其酸碱性。通过这个长程作业，引导学生关注我国的农业发展，感悟农耕文化的博大精深。深刻体会我国用占世界 7% 的耕地养活了占世界 22% 的人口的世界奇迹！

## 四、项目式学习的反思

在中国学生发展核心素养的三大领域中，与学科教学最为密切的是文化基础。但实际上自主发展和社会参与更需要我们关注。没有社会参与，很容易培养出精致的利己主义者。而现在的很多学生都是被动学习，被考试压着学习，感受不到学习的乐趣。怎么让学生愿意自主发展？一个重要的途径就是要让学习内容与学生的生活建立联系，与国家社会的发展建立联系，要让学生有想法，给他表达和展示的机会。在项目式教学中，通过自主建构项目逻辑，逐步形成有序解决问题的思路和方法，培养严谨的基于实证的科学思维和科学态度。例如应用酸、碱、盐的知识改良土壤，能让学生深刻意识到化学对于建设人们的美好生活所做出的重大贡献。通过低碳行动，积极参与社会性议题，培养了可持续发展意识，有利于养成从自身做起、简约、绿色、低碳的生活方式，同时通过走进社区，宣传低碳行动，参与有关化学的社会实践活动，培养了学生的社会责任。通过将真实复杂有挑战性的问题拆解、转化为化学问题，使学生在解决问题的过程中形成结构化、系统化、功能化的知识体系。通过实施项目任务，设计项目成果，从做题转向做事，这样的教学方式有利于培养学生的核心素养。在项目式学习的过程中，学生的兴趣得到了很大程度的激发，获得了良好的学习体验。

区域内约有 80 名教师深度参与了实施项目学习，210 余名教师多次参加项目学习的听课和评课，教师群体的专业素养有了明显的提升。

**(一) 教师分析和解决实际问题的能力得到提升**

很多中学化学教师无论是在上学时期还是在工作后，"纸上练兵"的时候多，应用学科知识解决真实复杂问题的机会比较少。项目学习，对于授课教师，最难的是梳理项目逻辑，即对项目主题进行拆解，拆解成几个核心问题或核心任务，学生在解决这些核心问题或完成这些核心任务的过程中所获得的知识技能等要能够满足课程标准和学业标准的要求，对应的项目成果要有意思、有意义、有价值。而且梳理好的项目逻辑不能直接抛给学生，要引导学生自主进行问题的拆解，所以第一课时，即项目导引课，就是引导学生自主建构项目逻辑，对整个项目教学有一个整体的理解。

以"土壤的改良"项目为例。在导引课上，先展示了北京不同区的不同特产，再展示班级菜园的生长状况。通过讨论，分析植物在土壤中健康生活的影响因素有光照、温度、空气、水、土壤等因素，而土壤的酸碱性和所含的营养元素即肥沃程度是土壤的重要性质。然后围绕项目主题"土壤的改良"来规划项目任务。土壤的酸碱性怎么测量？土壤的酸碱性对植物生长有影响吗？如何改良土壤的酸碱性？如何提高土壤的肥力等。在这个过程中，教师要牢记自己是引导者，不越位。梳理项目逻辑、规划项目任务的过程就是形成有序解决实际问题的思路和方法的过程，对于培养学生的高阶思维、培养学生的做事能力至关重要。最终的项目成果是规划班级菜园，养好自己的盆栽。

授课教师在反思中提到，"对项目学习，从开始接触时的痛苦迷茫，到备课、磨课时的逐渐清晰明了，再到看到学生上课时乐在其中、下课后乐此不疲而产生的强烈的职业幸福感，让我爱上了项目学习""通过项目学习，我思考问题的角度比之前更加全面了，只有我自己的思维更有序，教给学生的才能更加清晰化、系统化、结构化"等。听课的教师们在讨论时也多次提到，"很受冲击，分析解决真实复杂问题的思路和视角更加清晰了""学生在做中学，活动充分，主体地位十分突出""非常有利于培养学生的核心素养"等。

**(二) 教师对小组合作学习的理解更加"准确"**

很多教师对小组合作有一定的"误解"：怕学生瞎聊天，担心学生讨论不出成果、浪费有限的课堂时间等。实施项目学习后对学生进行访谈时，学生的两段话让教师对小组合作学习有了更准确的理解。

(1)"平时上课时，一看到老师进班就感觉要犯困，条件反射似的。知道老师讲的是重点，很重要，可我就是会犯困。但是在今天这样的课堂上，基本上都是我们自己在讨论，自己在做、在讲，不可能犯困，也不敢不认真，因为一会儿自己要到前面给大家讲。"听到学生的心里话，我们也就理解了，为什么有时我们辛辛苦苦激情洋溢地强调了好几遍，学生依然不会。

（2）"我们喜欢小组讨论，因为大家可以互相启发。"举个例子，在"低碳行动"项目导引课上，一组同学围绕主题"低碳行动，我们应该怎么做"进行了如下讨论：

学生1：绿色出行，少开车，多骑车、步行。

学生2：多种树，多养花。

学生3：节水节电（该学生刚说完，就受到组内其他学生的集体质疑，他也很不好意思。但是很快，学生2就提出，国内主要还是火力发电，化石燃料燃烧会释放出 $CO_2$，节电就能减少 $CO_2$ 的排放，大家都表示认同）。

学生4：生产自来水的过程也会用到电。

学生5：少留作业，少考试，节约用纸。造纸肯定耗电，还会消耗树木等资源（该学生的发言让大家很高兴）。

学生1：一会儿要汇报，咱们是不是要把咱们说的这些内容做个分类？（该提议很有价值，大家都同意，通过分类，大家发现低碳行动主要有两种渠道，即减少 $CO_2$ 的产生和吸收已有的 $CO_2$）

学生3：都说咱们北京的空气质量不好，也不知道咱们周围的空气中 $CO_2$ 有多少（在讨论的尾声，该学生说了这句话，他可能都没想到这句话会引发大家的思考。大家最后一致认为应该测一测空气中 $CO_2$ 的含量。因为人们都说 $CO_2$ 增多了，但到底现在是多少我们需要去寻找证据，要有质疑精神，不能人云亦云）。

就这样，在小组讨论中，组员之间互相启发，达到了之前自己未曾达到的高度。

学生发展核心素养，主要指学生应具备的能够适应终身发展和社会发展需要的必备品格和关键能力。什么是关键能力？2017 年 9 月 24 日，中共中央办公厅、国务院办公厅印发的《关于深化教育体制机制改革的意见》对关键能力做了重要的阐释：认知、合作、创新、职业。合作与创新，好理解但难做，需要平台和空间。项目学习以学生的活动为主，小组在梳理项目逻辑、规划项目任务、确定汇报内容等过程中，合作必然不会缺席；在实验探究、设计汇报活动、思考怎样选出能更加吸引人等过程中，创新意识和实践能力一定能得到培养。在认知能力部分被专门提到的语言表达，对学生的终身发展至关重要。项目学习不仅培养学生会做，还培养学生会说，给学生创建机会在众人面前宣讲，对别人的观点提出质疑，面对别人的质疑能有理有据地表达自己的想法，接纳融合别人的合理建议等。如何让小组合作更高效，如何通过追问、评价等让小组讨论、汇报展示进行得更深入、更有内涵，是我们需要进一步探究的问题。

## 第四节 化学教学案例与评析

### 课例 醇的化学性质

课例撰写：李艳 北京市丰台区第二中学

指导教师：刘智萍 北京教育学院丰台分院

### 一、指导思想和理论依据

《普通高中化学课程标准（2017年版）》指出，通过有机模块的学习，引导学生建立"组成、结构决定性质"的基本观念，形成基于官能团、化学键和反应类型认识有机化合物的一般思路，了解探究有机化合物性质的相关知识，发展学生的核心素养。尤其是增加了化学键的视角认识有机化合物的结构和性质，要求学生能够认识有机化合物分子中共价键的类型、极性及其有机反应的关系，知道有机化合物分子中基团之间的相互影响会导致键的极性发生改变，从化学键的角度认识官能团与有机化合物之间是如何相互转化的。其次，加大对有机化合物在生产、生活中的应用的关注，要求学生能够通过对烃及其衍生物的学习，认识其组成和结构特点、性质、转化关系，及其在生产、生活中对于提高人类生活质量和促进社会发展方面的重要贡献。

在有机化学基础模块的学习中，学生科学素养的发展意味着有机化学认识素养的发展，其核心是对有机化合物性质的认识能力。有机化合物性质认识能力与化学认识能力的构成相同，但在具体内容上有差别，这是由其研究对象——有机化合物及其反应规律的特殊性决定的。在不同的阶段，学生学习有机化学的侧重点不同，认识能力内部结构中的认识对象和认识域等也不一样。在高中阶段，学生学习有机化学的认识对象主要定位于有机化合物的性质，即中学阶段培养的对有机化学的核心认识素养是学生对有机化合物性质的认识能力；对有机化合物性质的认识域主要包括4个方面：现象域（包括事实及实验等）、反应域（包括类型及历程等）、结构域（包括价键及构型等）和转化域（包括制取及合成等）；不同的认识域对有机化合物的性质有着不同的认识角度，对应不同的认识深度，一定认识域下不同认识角度的层级组合将构成学生不同的认识方式类型，即认识深度，不同认识域及认识角度的特定顺序的组合则构成学生解决问题时的认识思路，表现为特定的认识能力外显行为。

### 二、教学背景分析

#### （一）教学内容分析

首先，通过对醇类知识的学习能够丰富学生的认识对象，学生在《普通高中教科

书　化学　必修　第二册》中已经学过了乙醇的性质，关注了乙醇这种物质，到了选修阶段，关注的则是醇类物质；通过本节课的学习，学生应该对醇类的性质有系统的认识。其次，对醇类知识的学习使学生通过操作与醇类性质相关的实验，观察思考相应的实验现象和实验过程，确定认识醇类的相关认识角度。最后，由于醇相对于之前的烷烃、烯烃或之后的醛、酸而言，是学生在高中阶段学到的化学性质比较丰富的一类物质，其反应过程中所涉及的断键情况也较为复杂，因此对醇类知识的学习对于学生认识有机反应的认识角度、有机化合物结构的认识角度的确立都有更为突出的意义。

如果在教学中有意识地设计能够帮助学生丰富认识角度的活动任务，使学生经历"分析结构及对应反应规律、预测性质、设计实验方案并验证、得出结论并展示交流"等一系列探究活动，学生的思维在活动过程中顺着特定顺序的模型的建构过程而生长，形成特定的认识思路，那么，通过醇类知识的学习，学生对有机化合物性质的认识方式类型转换以及认识能力外显行为水平的提高便是教学的必然结果。

**（二）学习者分析**

1. 已有基础

基于实验事实，知道简单代表物乙醇的部分性质，熟悉官能团决定有机化合物的性质，通过烃及其卤代烃的学习，拥有了关于反应类型和反应规律的相关知识，基本具备了有机化合物结构的认识角度，包括关注参加反应的有机化合物及其结构特点，关注参加反应的有机化合物之间发生了什么类型的反应、生成了什么样的产物，学生初步认识了有机反应。在提示角度的情况下，能对有机化合物的性质加以解释和论证，具备预测可能发生的反应和产物等能力。

2. 存在障碍点

部分学生仍然需要依赖乙醇代表物的性质进行类推，对极性键的认识仍然比较模糊，尤其是多种极性键同时断裂时，学生不能较好地判断反应产物。实验验证方面，依据特征产物的性质进行实验的过程中不关注有机反应的特点——有副产物生成，从而没有设计实验过程中排干扰的角度和方法，尤其是无机反应和有机反应综合分析时存在较大的障碍。另外，利用谱图进行分析时，不能很好地结合三种谱图获得有机物的结构。总之，学生在解决综合复杂的问题时推理能力、分析解释和论证的能力依然有待加强。

3. 发展点

突破必修阶段的简单代表物水平，丰富学生对每一类有机化合物的认识。对有机化合物的分类、组成和存在的认识从代表物上升到类别。从典型代表物的学习上升到用官能团的结构及化学键变化来解释、预测反应的水平，从而能够比较全面、准确地预测可能发生的反应和具体产物，并达到用化学符号进行表征的实际能力水平，发展学生对于有机化合物研究的每个环节的系统全面的认识，从而完整、细致地构建有机化合物研究的一般思路和方法。

## 三、教学目标

(1) 了解醇在化学反应过程中化学键断裂和形成与化学反应的关系；掌握醇的化学性质，以及醇与其他类别有机化合物间的转化；初步了解谱图在研究有机化学反应机理中的应用。

(2) 通过"结构分析→性质预测→性质验证→确定性质"这一过程，了解研究有机化合物化学性质的一般过程；通过对醇结构的分析（价键的极性、价键的饱和程度、基团间的相互影响），体会研究陌生有机化合物性质的方法；通过结构分析、预测、验证等环节，形成对"醇"这类物质化学性质的初步认识。

(3) 通过研究醇类物质的化学性质，体验科学探究的过程。认识醇类物质在人类生产生活中的重要作用。

## 四、教学重点、难点

(1) 教学重点：醇的结构特点和主要化学性质。

(2) 教学难点：通过分析官能团中化学键的特点，解释、预测有机化合物的化学性质。

## 五、教学过程

| 教学环节 | 教师活动 | 学生活动 | 设计意图 |
|---|---|---|---|
| 创设情境，引入课题 | 生活中用到的含醇物质：医用酒精（乙醇）、防冻液（乙二醇）、护肤品（丙三醇）、木糖醇口香糖（戊五醇）。展示乙醇、苯甲醇、胆固醇、维生素 A 的图片，介绍这些物质在自然界的存在及对人体的作用。说明醇在我们的生活中广泛存在和应用。引出醇的定义：醇是脂肪烃、脂环烃或芳香烃侧链中的氢原子被羟基取代而成的化合物。 | 观看图片，聆听，联想 | 引出课题，认识醇类在生产、生活中的重要应用，引出醇的概念，激发学生兴趣。 |

续表

| 教学环节 | 教师活动 | 学生活动 | 设计意图 |
|---|---|---|---|
| 创设情境，引入课题 | 以醇为原料，可以转化为生产、生活中多种用途广泛的物质。那么，要实现醇的转化，依据的是它的什么化学性质？ | | |
| 环节一：建立性质与结构之间的关联 | 【活动1】回忆你所知道的乙醇的化学性质，书写化学方程式，并指出各反应的断键位置和反应类型。思考乙醇结构与性质之间的关系。<br>【板书】<br><br>板书断键位置和反应类型及主要的化学性质，引导学生提炼结构与性质的关系。<br>追问的核心问题：<br>分析结构应关注的角度是什么？<br>为什么含有羟基（官能团）就能发生以上化学键的断裂？<br>为什么断裂的位置会不同？ | 回顾，书写方程式。<br>【思考与交流】<br><br>分别指出反应类型：置换反应、取代反应、三个氧化反应。思考结构与性质的关系。<br><br>学生的基本角度：<br>关注到官能团——羟基。<br>H—O键极性较强，易断裂。<br>C—H键也是极性键，一定条件下也能断裂。<br>关注基团之间的相互影响，与水和钠的反应进行比较。<br>所用的试剂和条件不同，断键的位置不同。 | 从化学键的角度解释有机化合物的化学性质。<br><br>固化和提取学生对有机化合物结构的认识。<br><br><br>使学生在必修阶段从官能团的角度认识物质及反应，然后进阶到选修阶段从化学键层面、基于基团之间相互影响的层面认识物质的水平上来。 |

板书部分的结构图：

H—C—C—H 结构，β位和α位标注，②③④①断键位置标注，C、O、H原子连接。

思考与交流表格：

| 化学性质 | 断键 |
|---|---|
| 与 Na 反应 | ① |
| 酯化反应 | ① |
| 催化氧化反应 | ①② |
| 燃烧 | 全断 |
| 与 KMnO₄ 反应 | |

| 教学环节 | 教师活动 | 学生活动 | 设计意图 |
|---|---|---|---|
| 环节二：依据结构的分析角度预测和证明性质 | 我们明确了分析有机化合物的基本角度，同学们关注到了乙醇中含有极性键。<br>【活动2】预测乙醇其他可能的断键位置和反应类型，尝试写出反应方程式。<br>教师追问：要实现上述反应，需要选择合适的试剂和条件。选择断裂 C—O 键发生取代反应和消去反应的试剂和条件的思路。<br>提供试剂：NaBr、HBr。<br><br>【思考】如何证明自己的预测是否正确？<br>教师展示实验事实。<br>实验1：回流装置中加入 2 mL 95% 乙醇和 2 mL 水，加入研细的溴化钠 1.5 g 和 2 粒沸石，在酒精灯上加热 5～10 min，冷却。无明显现象。<br>【查阅资料】醇羟基在酸性环境下容易离去。——《基础有机化学》邢其毅 | 【思考与交流】<br>C—O 键极性也较强，可能断裂，发生取代反应；C—O 键和 β-C、H 键断裂，发生消去反应，得到乙烯。<br>选择合适的试剂的基本思路是，发生取代反应需要选择含有极性键的试剂。<br>消去反应，脱去的是水，可能选择的条件为浓硫酸、加热。<br><br>通过检验特征产物的存在（利用其性质）、现代技术手段（谱图）。<br>学生观察实验现象。<br> | 从化学键的角度预测有机化合物的化学性质。<br><br>初步具备选择试剂和条件的角度，强化反应域中试剂和条件的重要性的认识。<br>运用实验等手段进行验证。<br><br>让学生了解真实的科研过程，体会如何从实验中发现问题，结合查阅资料，修正实验，进而获得实验现象和结论的全过程，培养学生科学探究与创新意识的核心素养。 |

续表

| 教学环节 | 教师活动 | 学生活动 | 设计意图 |
|---|---|---|---|
| 环节二：依据结构的分析角度预测和证明性质 | 实验2：回流装置中加入 2 mL 95% 乙醇和 2 mL 水，再缓缓滴加 2 mL 浓硫酸，加入研细的溴化钠 1.5 g 和 2 粒沸石，在酒精灯上加热 1～2 min，冷却。底部出现油状物质。<br><br>下面的反应为什么很难发生？<br>$C_2H_5OH + NaBr \rightarrow$<br>$C_2H_5Br + NaOH$ | 逆反应卤代烃的水解可以发生。学生书写乙醇与溴化氢发生取代的化学方程式。<br>$C_2H_5OH + HBr \rightarrow C_2H_5Br + H_2O$ | 让学生认识有机反应中的副反应，形成实验过程中排除干扰的意识。 |
| | 如何验证消去反应是否发生？<br>仔细观察视频，判断实验现象是否能说明产物为乙烯。 | 检验乙烯的存在。<br><br>学生描述实验现象：溴水褪色，发生装置中的乙醇发生了炭化。 | |
| | 【教师补充】从乙醇转化为碳的过程，也发生氧化还原反应，这个过程也可能出现 $SO_2$<br>追问：如何除杂？<br>教师：此反应温度计需要插入液面下，使得反应迅速升高到 170 ℃，反应才能发生，同时也避免了其他温度下的副反应产生。 | 学生分析：产物中可能有杂质，C 与浓硫酸反应产物中有 $SO_2$，干扰乙烯的检验。<br>学生：利用 $SO_2$ 为酸性氧化物的性质除杂。 | 初步掌握寻找干扰的来源的方法，利用物质性质的差异进行检验，总结排除干扰的基本方法。 |

续表

| 教学环节 | 教师活动 | 学生活动 | 设计意图 |
|---|---|---|---|
| 环节二：依据结构的分析角度预测和证明性质 | 实验事实：乙醇与浓硫酸共热至 140 ℃生成不同的物质。<br>【活动3】<br>依据所给信息推出产物的结构，并分析乙醇在该反应中的断键位置。<br><br><br> | 【思考与交流】<br>依据质谱推测该产物由 2 分子乙醇脱 1 分子水得到，依据红外光谱推测该产物为醚类，依据核磁共振氢谱确认该产物为乙醚。对比乙醇和乙醚的结构，分析可知其中一个乙醇分子断键①，另一个乙醇分子断键③。<br>学生书写化学反应方程式：<br>$2C_2H_5OH \xrightarrow[140℃]{浓硫酸} C_2H_5OC_2H_5 + H_2O$<br>乙醚是最早被使用的全麻药（1846 年）。<br> | 运用第一章所学工具解决实际问题——研究有机物的物理方法的应用。<br><br>基于证据证明乙醇的结构与性质之间的关系，进一步深化落实结构分析角度。 |
| 环节三：迁移应用，归纳提升 | 【反思与交流】小结乙醇的化学性质，结合乙醇的断键部位谈谈你对有机反应特点的认识。<br>【活动4】<br>请分析该醇具有的化学性质。写出在 Cu/△条件下的反应方程式以及发生消去反应的方程式。 | 学生汇报角度：<br>断键方式的多样性；<br>试剂条件不同，断键方式不同；<br>存在副反应；<br>与钠反应；<br>酯化反应；<br>与 HBr 取代；<br>分子间脱水。 | 总结归纳，整体提升，通过对有机反应认识的再反思，不断让学生从结构、现象、反应、转化等特定角度认识不同的有机反应。 |

| 教学环节 | 教师活动 | 学生活动 | 设计意图 |
|---|---|---|---|
| 环节三：迁移应用，归纳提升 | 已知 $-\overset{\|}{\underset{\|}{C}}=C-OH$ 不稳定。<br>【讲解】<br>$CH_3-\overset{\overset{OH}{\|}}{\underset{\underset{CH_3}{\|}}{C}}-CH_2-OH$<br>催化氧化和消去反应对结构的要求，有 α-H 的醇能被催化氧化成醛或酮。β-C 上有氢原子的醇才能发生消去反应<br>【小结】研究有机化合物的一般思路和方法：分析结构→预测断键部位→选择试剂和条件→实验验证。 | 左边的羟基不能发生催化氧化反应。<br>右边的羟基不能发生消去反应。<br>书写方程式。<br>理解，归纳。 | 运用结构决定性质的思想，从代表物推广到一类物质。<br><br>思想方法提升。 |

# 六、学习效果评价设计

## （一）拓展作业

针对醇类的应用和危害，进行社会调查并制作化学简报。

可参考以下资料：乙二醇用于生产聚酯树脂、醇酸树脂、增塑剂、防冻剂，也用于制造化妆品和用作分析试剂、色谱分析试剂及电容介质；甲醇是应用于精细化工、塑料、医药、林产品加工等领域的基本有机化工原料，可开发出 100 多种高附加值的化工产品。保湿剂的作用主要是使牙膏保持一定的水分、黏度和光滑程度，使牙膏不干燥发硬。常用的保湿剂有山梨醇和丙三醇等。

## (二) 评价量表

| 活动 | 学生小组活动观察记录 | | | |
|---|---|---|---|---|
| | 学生讨论过程 | | | 备注 |
| 活动1：回忆乙醇的化学性质，并指出各反应的断键位置和反应类型。思考乙醇结构与性质之间的关系 | 能否正确指出断键位置 | | 反应a：<br>反应b：<br>反应c： | |
| | 能否正确判断反应类型 | | | |
| | 能否关联结构与性质之间的关系 | | | |
| | 学习态度记录 | 非常积极 | 比较积极 | 不积极 | |
| | 学生人数 | ___人 | ___人 | ___人 | |
| | 学生讨论过程 | | | 备注 |
| 活动2：预测乙醇其他可能的断键位置、反应类型及产物 | 能否说出断③键发生取代反应 | | | |
| | 能否说出断③④键发生消去反应，生成乙烯 | | | |
| | 学习态度记录 | 非常积极 | 比较积极 | 不积极 | |
| | 学生人数 | ___人 | ___人 | ___人 | |
| | 学生讨论过程 | | | 备注 |
| 活动3：依据所给信息推出产物的结构，并分析乙醇在该反应中的断键位置 | 能否推出其由2分子乙醇脱1分子水得到 | | | |
| | 能否推出其属于醚类 | | | |
| | 能否推出其正确结构 | | | |
| | 能否正确指出反应中的断键位置 | | | |
| | 学习态度记录 | 非常积极 | 比较积极 | 不积极 | |
| | 学生人数 | ___人 | ___人 | ___人 | |
| | 学生讨论过程 | | | 备注 |
| 活动4：分析所给物质可能具有的化学性质 | 能够正确说出其具有的化学性质 | | ___点 | |
| | 能否说出消去反应、催化氧化对结构有要求 | | | |
| | 学习态度记录 | 非常积极 | 比较积极 | 不积极 | |
| | 学生人数 | ___人 | ___人 | ___人 | |

## 七、教学反思与特色说明

本节课重点在于建立并运用"结构（官能团和化学键）决定性质"的模型，结合实验现象数据，剖析官能团以及其对邻近基团化学键极性的影响。值得一提的是，首先本节课对乙醇与溴化氢的实验进行了课堂再现，凸显产物检验的现象，可以更好地作为实验证据验证学生的推论；其次是对乙醇的消去反应实验进行了深入探讨，初步建立"有机反应存在副反应，以及排除干扰"的意识，体现化学学科的特点。在全面认知乙醇结构的基础上充分打开学生思维，对其性质进行预测，进而求证，顺利地构建了"结构分析→性质预测→性质验证→确定性质"研究有机化合物性质的一般方法，助力学生养成证据推理与模型认知、宏观辨识与微观探析的化学科学核心素养。

## 八、案例评析

本节课充分体现了有机化学的核心思想"结构决定性质，性质反映结构"，侧重于培养学生宏观辨识与微观探析、证据推理与模型认知的核心素养，要求学生形成有机化学的思想方法，并进一步揭示化学学习的价值。成功之处有以下 3 点。

### （一）基于实验，追求更为本质的教学处理

乙醇与溴化氢的反应一直是学生学习的最大障碍，本节课在分析 $C-O$ 键断裂发生取代反应的试剂选择时，给学生充分的时间论证所选试剂的合理性，基于对取代反应的认识，有的学生可能会选择 $X_2$，对这一偏差认识的转变，需要学生基于 $C-O$ 键为极性键的知识，因此也应该选择极性试剂与之进行反应，这样顺利地过渡到可以选择如 NaX 或 HX 与乙醇发生取代反应。然后再进行实验验证，教师进行多次实验摸索最佳的实验试剂浓度和比例，确保实验现象明显。在基于实验现象获得证据的基础上，教师又引导学生从反应原理的角度分析为什么 NaX 不能与乙醇发生反应，初步感悟化学反应进行的方向这一化学原理，有助于学生形成更加科学合理的思维方式，而不是只基于现象理解化学反应。经过"选择试剂→筛选试剂→进行实验→原理分析"这一完整过程，力求对问题寻找更为本质的解释，如此不仅有效地突破了学生的认识障碍，而且让学生真正理解了有机反应的本质。

### （二）基于"学习任务"开展"素养为本"的教学

本节课主要设计了三个学习任务，在考虑了学生已有知识和水平后，对必修阶

段已经掌握的性质梳理安排在课前，课上重点进行断键与成键分析、性质与结构关联、归纳结构的分析角度等活动，使得课堂环节更具有针对性，结合课堂分析，使得课前任务不仅是简单的知识回顾。课上进行了更深入的探讨，让不同层次的学生在这一任务下都获得了收获，不仅深化了学科基本思想，还提升了学生的核心素养。任务二基于结构使学生多角度完整地认识醇的化学性质，这一任务采用了多种学生活动，基于实验、图谱等证据，强化核心知识，发展从断键、成键的角度概括反应特征和规律的关键能力，提升了学生求真务实的必备品格。任务三将知识进行提升，全面分析醇的结构和性质，建立探究有机化合物性质的一般方法，即"结构分析→性质预测→性质验证→确定性质"。感受学习化学的意义，培养了学生证据推理与模型认知、科学探究与创新意识、宏观辨识与微观探析的学科核心素养。

### （三）注重"教、学、评"一体化

本节课的教学设计不仅注重教师在教学过程中的问题任务线索的设计，更加注重学生的实际获得。首先，教师准确把握每个环节的教学目标和评价目标，时刻观察学生在课堂上的表现，由于教师提前预设学生可能出现的问题，因此教学过程中始终围绕核心目标探讨问题，避免课堂出现偏离教学核心的行为；其次，设置多种任务类型的活动，如通过小组讨论、方案汇报等活动外显学生的学习思路和推理路径，让教师对学生的整体思路有了通盘了解，从而在教学实施的过程中针对学生思维上存在的漏洞给予准确的评价，激发学生科学的思维方式；最后，本节课通过对每一个任务下的核心环节设置自评、互评量表，对学生思路和方法的构建、实验操作、现象观察与解释、问题分析能力等角度进行了详尽的评价，这有助于辅助教师发现学生更为隐蔽的问题，以在后续的课程中不断完善。

# 第七章 基于核心素养的生物教学研究与实践

## 第一节 生物核心素养内涵与解读

近年来，国家一直致力于课程改革和考试评价改革方面的工作，旨在促进教育观和人才观在时代变革中的发展适应性。2010 年的《国家中长期教育改革和发展规划纲要（2010－2020 年)》《北京市中长期教育改革和发展规划纲要》等重要政策文件均对课程的建设和改进提出了更高的要求，特别是以人为本的理念和立德树人的要求如何实现，学科教育和课堂教学是其重要的落地途径。在学科教育和课堂教学中，关注核心素养和学科核心素养的发展，摸索有效的课堂教学模式，发展学生的核心素养，成为学科教学研究的首要任务。

### 一、核心素养与生物学科核心素养

#### （一）核心素养

目前，我国学界基本达成共识，核心素养（Key Competencies）是指学生在接受相应学段的教育过程中，逐步形成的适应个人终身发展和社会发展需要的必备品格与关键能力。基本特征包括知识、能力和态度等的综合性；不同学段的学生表现出的阶段性；个人价值和社会价值的整合性。

《现代汉语词典（第七版)》关于"素质"的解释包括两层含义：①事物本来的性质；②心理学指人的神经系统和感觉器官的先天特点。由此可见，汉语词典中对"素质"的解读仅局限对个人的生理学与心理学维度的理解，这一定位至多是教育的前提和条件，而非教育的结果。有学者指出，素质教育是一种教育的口号，而非教育的术语。"素养"解除了"素质"之概念困扰：作为一个合成词组，"素质"＋"养成"凸显了先天素质和后天教养的化合作用。从表面看，素养似乎依然是知识、能力和态度，但是发展核心素养的教育更强调知识、能力、态度的统整：素养＝（知识＋能力)$^{态度}$。基于这样的统整，核心素养更加强调"态度"的重要作用，为"知识中心"向"能力发展"导向转变，教育要兼顾学生知、情、意、行的全面发展等重要的观念转变提供了支撑依据。

核心素养是关键素养，不是全面素养；核心素养不仅要反映个体需求，更要反映社会需要；核心素养是高级素养，不是低级素养，更不是基础素养；核心素养要反映全球化的要求，更要体现本土性的要求。关注这4个方面，有助于理解国家核心素养框架的基本结构和独特价值，也有助于厘清核心素养与学科核心素养的关系。

**（二）核心素养与学科核心素养**

如果说，核心素养是为被新时代期许的新人所勾勒的一幅蓝图，那么，各门学科则是支撑这幅蓝图得以实现的构件，它们各自拥有其固有的本质特征、基本概念与技能，以及各自学科所体现出来的认知方式、思维方式和表征方式。例如，生物学科核心素养是指学生在接受相应学段的生物学科教育过程中，逐步形成的适应个人终身发展和社会发展需要的必备品格与关键能力。通过专家、一线教师等多层次调研达成基本共识，生物学科核心素养包括生命观念、理性思维、科学探究和社会责任，涉及核心素养3个方面中的3个维度。简言之，核心素养与学科核心素养应该谋求在整体与局部、共性与特性、抽象和具体方面的平衡与统一。

学科核心素养需要通过"领域或学科"的形式实现。从生物学科课程标准来看，明确提出"提高生物科学素养"是初、高中生物学科的基本课程理念。生物科学素养是指公民参与社会生活、经济活动、生产实践和个人决策所需的生物科学知识、探究能力以及相关的情感态度和价值观。将"生物科学素养"与"生物学科核心素养"进行比对发现，科学探究和社会责任已明确外显，生命观念和理性思维则相对内隐。因此新一轮的修订不太可能是颠覆性的变革，而更可能是对"生物科学素养"做出更为详尽、可操作性强的解读，借此更加有效地推进生物课堂教学的改革与发展。

**（三）学科核心素养与学科能力**

研究发现，20世纪有关素养的理论观点大都是能力本位的。能力不同于知识和技能，但和知识、技能有着密不可分的联系。核心素养（Key Competencies）中的"Key"有"关键的""必不可少的"等含义。"Competencies"也可以直译为"能力"，但从它所包含的内容看，译成"素养"更为恰当。简言之，核心素养就是关键能力或称关键素养。学科核心素养是基于学科教学，帮助学生形成的关键能力、关键素养。

关于学生能力的研究指出，心理能力和特定的活动或者认知结构联系在一起，与学科教育相联系就构成了学生的学科能力。学科能力是学科教育与学生智力发展的结晶，也就是说学科能力因学科不同而有所差异，但学科能力又不等同于学科知识，它是学习者基于对学科知识进行加工的过程中所形成的稳定的心理特征。生物学科能力则是指学生在学习生物学课程的过程中所形成的稳定的心理特征，主要包括科学思维方式和解决生物学问题的基本能力。生物学科核心素养与生物学科能力的发展具有统一性和共通性。在生物学教学中，摸索有效的教学模式，发展学生的生物学科能力，是生物学科核心素养发展的重要内核，可以说学生生物学科能力的发展可以真正体现学生核心素养的发展。

## 二、生物学科核心素养与生物课堂教学模式

### （一）生物学科核心素养的要素及其关系

生物学科核心素养由4个要素组成：生命观念、理性思维、科学探究、社会责任，这4个要素是一个统一的整体。生物学科核心素养的4个要素中，"科学探究"作为重要的学习方式和教学方式，可以关联和体现其他3个要素。科学探究是在学生习得生物学科重要概念的过程中，体会生命观念，提升理性思维水平，认同生物学科在生产、生活实践中的应用价值的重要途径。基于以上分析，生物学科核心素养的4个要素之间的关系如下图所示。

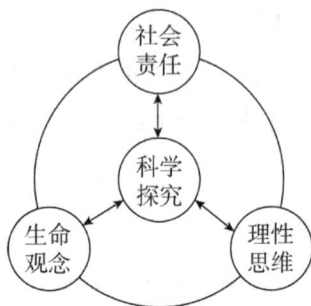

### （二）生物学科探究式教学发展的现状

探究式教学具有5个方面的基本特征：问题、证据、解释、评价和表达。根据课堂探究活动是否包含这5个基本特征，可以将其分为完全探究和部分探究。如果探究活动包含了问题、证据、解释、评价和表达这5个基本要素，则称为完全探究；如果有一个基本要素未被满足则称为部分探究。根据教师和学习材料在探究活动中

对学生行为的指导的多少，可以将探究活动分为指导型探究和开放型探究。指导型探究有利于学生建立某一特定的科学概念；开放型探究有利于发展学生的认知和科学推理能力。教师应该使学生具有参与各种类型探究活动的机会。完全探究、部分探究、指导型探究、开放型探究对提高学生的科学素养都是必不可少的。

受到课时、实验条件等因素的限制，目前在中学生物教学中采用较多的探究教学方式是教师指导下的部分探究。其中，有通过实验、调查进行的探究，也有利用科学史或研究文献等文本素材进行的探究。

### (三) 科学探究在生物课堂教学中的现存问题

在我国，存在着对探究的片面理解和误读，课堂中肤浅的探究活动也并非个别现象。若过于强调探究的步骤和形式，则容易导致舍本逐末，使探究流于表面。知识和实践两者不可或缺，知识需要在实践中的学习和不断运用中加以深化，没有经过实践的知识是死板和机械的；同样，缺乏知识内容的实践是没有深度和低效的。

目前在生物课堂教学中，科学探究的实施情况是怎样的呢？根据对北京市丰台区课堂观察和教学案例的比较分析，发现存在的主要问题有 3 个方面。

1. 为学生提供的探究时空不足

与知识讲授相比，科学探究并不是高效传承知识的方法，相反，它必须花费更多的时间，为学生提供更多的实验材料和仪器等进行研究和讨论，其学习价值不指向于知识习得的效率，而指向于知识习得的过程质量。受到课时压缩、分科较细和生物学科地位等诸多因素的影响，单课时完成一个完整的探究活动是不太现实的，如果增加课时投入又显得教学进程拖沓。因此，经常能看到的就是"讲探究"的异化现象，从主、客观角度封闭探究的各个环节，甚至越俎代庖地帮助学生完成一些环节，学生可以发挥的余地非常有限。这样做，似乎是节约了课时，但实际上学生经历的是一个"假探究"的过程，这与讲授法无异，剥离了学生真正的课堂收获，其实是非常有限和古板的，甚至有的学生认为探究过程就是那几条八股式的环节步骤，背背就会。

2. 对学生科学思维和学科方法训练不到位

现行教材中，科学探究是分散在各个实验中的，不同的实验素材似乎只适合训练科学探究能力的某一要素。例如北京版、人教版和北师大版教材中有一些有共性的实验：鼠妇或面包虫等昆虫的生态环境研究活动，比较适合于训练提出问题、控制实验变量；根的吸水和失水条件比较适合训练实验结果的处理和分析；种子萌发的条件比较适合训练实验设计方案；等等。总之，目前各版本教材受到分科、单元教学内容等限制，没有一个综合性、挑战性较强的探究活动。教材和教师教学设计给探究活动的支撑过多，学生在有限的知识学习基础上，没有机会思考讨论，没有机会亲历实验观察和发现新问题的过程，没有机会去探寻真正未知的问题，所以无法达到科学思维和学科方法训练的目的，而且在探究前就知道了实验结果，这会直接影响探究的兴趣和探究内驱力。基于对这些问题的考虑，在教材编写和教师教学设计中，寻找值得研究的课题、设计能推进学生讨论，优化探究的实施过程，使之成为提高科学探究能力的突破口。

3. 对学生探究过程缺乏有效的评估手段

日本学者提出，学习的实践是"建构世界"（认知性、文化性实践）、"探索自我"（伦理性、存在性实践）和"结交伙伴"（社会性、政治性实践）相互媒介的三位一体的实践。课堂教学是完成学习实践的重要途径，科学探究在课堂教学中的实施，能在这3个维度上均有所涉及，多以学习共同体的形式展开，这就给教师的课堂监控带来了诸多挑战。教师对学习共同体的指导不能同时兼顾，面临分身乏术的尴尬；对全班探究活动的推进似乎也不好掌握全局，传统纸笔测验的形式当然不适合作为科学探究活动的评价手段。所以，教师担心对这样的课堂的控制效果和学生的实际收获，从而不愿意使用这样的教学方式是可以理解的。摸索对探究过程的可操作性评估量规，寻找合适的评估参与者是该类教学模式的突破口。

## 三、科学探究在生物课堂教学中的独特价值与发展走向

生物学科属于科学领域，生物学科课程标准中提出的生物科学素养隶属于科学素养。科学素养包括具有理解自然界所需的基本知识，掌握基本的研究方法；愿意并能够运用有关知识和方法描述自然现象、提出问题，能基于证据和逻辑得出结论、与人交流；具有批判性的思维品质；具备尊重事实、理性质疑的精神，理解科学的本质，关注科学技术与社会的关系。以上内容涵盖了生物学科核心素养的4个要素：生命观念、理性思维、科学探究和社会责任。在生物课堂教学中有效促进学生科学素养的发展，即促进学生生物学科核心素养的发展，就是生物学科和理科群在核心

素养发展中的独特贡献。

《义务教育生物学课程标准（2011年版）》指出，科学探究既是科学家工作的基本方式，也是科学课程中重要的学习内容和有效的教学方式。国际教育界对科学探究的研究已超过半个世纪，我国科学领域，尤其是生物学科的课程理念定位和教学改革方向基本与此同步。近年来，通过跨学科领域、融合性主题的综合实践活动，实现学生对核心概念习得的方式越来越受到青睐。例如，美国于2010年初开始修订已施行的《全美科学教育标准》（*National Science Education Standards*，NSES，1996），2011年7月19日正式发布了《K-12科学教育的框架：实践，跨学科概念与核心概念》。该框架的第一条指导原则为，孩子是天生的研究者（Children Are Born Investigators），他们从小就会去研究、思考和构建周围世界的内在模型。该框架对学习主体作用的认识、核心概念的习得过程与学生学习方式的精细量化解读都非常值得我们借鉴和思考。

## 四、研究展望

学习者、知识和社会是课堂的三大核心要素。从学科价值、育人目标和学科核心素养发展的角度看，关注学习者在课堂中的思维卷入深度和思维品质的发展，学科知识和方法的习得方式和迁移能力，塑造未来合格公民是学校教育的内核。目前，关于核心素养的相关研究非常多，但关于学科核心素养对核心素养的独特价值，学科核心素养在课堂教学中的实施，学科核心素养的提升突破策略，以科学探究为核心带动生命观念的认同，理性思维的发展和社会责任的讨论等问题尚待研究。

# 第二节　生物核心素养调查与问题分析

## 一、问题的提出

在生物学科核心素养的4个要素中，科学探究是核心要素，可带动生命观念、科学思维和社会责任的落实。

本研究要解决的问题主要包括两个方面：①北京市丰台区生物学科教师对中国学生发展核心素养和生物学科核心素养的知晓情况；②北京市丰台区生物学科教师教学方式的现状与课堂教学实践中的困难和主要问题。

## 二、调查方法

### （一）调查对象

本研究在丰台区所有初中校和完全中学展开，面向全区在职初、高中生物学科教师182人，收回有效问卷155份，问卷回收率达85%以上。其中男教师27人，占17.42%，女教师128人，占82.58%。20～30岁32人，占20.65%；31～40岁48人，占30.97%；41～50岁57人，占36.77%；51～60岁18人，占11.61%。本科学历103人，占66.45%；硕士研究生49人，占31.61%；博士研究生3人，占1.94%。

参与调查的教师中，初中学段教师103人，占66.45%；高中学段教师47人，占30.32%；初、高中学段跨头教师5人，占3.23%。第一年工作的新教师5人，占3.23%；二级教师53人，占34.19%；一级教师52人，占33.55%；高级教师45人，占29.03%。无荣誉称号教师102人，占65.81%；校级骨干教师20人，占12.9%；区级新秀和区级骨干教师30人，占19.35%；市级骨干教师2人，占1.29%（无市级学科带头人教师）；特级教师1人，占0.65%。

### （二）调查工具

依据《中国学生发展核心素养》和《普通高中生物学课程标准（2017年版）》（以下简称《高中生物学课标》）中关于核心素养和生物学科核心素养的指标体系和内涵解读，制成问卷中关于教师对核心素养掌握情况的试题；收集在我区中学课堂观察中发现的生物学课堂教学方式和学生活动组织形式，制成问卷中关于教师常用教学方式的试题；聚焦本课题文献综述阶段提出的科学探究是落实生物学科核心素养的关键教学方式，制成问卷中关于学校实验室、实验专任教师和学生实验室工作情况的试题；同时，兼顾学生学业成就评价和教师信息技术使用情况的调查。

考虑到统计客观性和工作量的问题，全部采用客观题的形式作答，包括单选题和多选题。

### （三）调查程序

问卷在网上发布，教师在手机端或电脑端作答，限时回收。在各校教师的大力配合下，保质保量地完成了问卷调查。后期数据分析利用软件支持的默认报告统计功能。

## 三、调查结果

### (一) 教师关于中国学生发展核心素养和生物学科核心素养的知晓情况

中国学生发展核心素养包括三大方面六条目，我区教师掌握情况并不理想，隶属于"自主发展"这一方面的"学会学习"选项的选中率高达110人，占70.97%，甚至高出"文化基础"这个正确选项。中国学生的核心素养包括的三大方面"文化基础"、"自主发展"和"社会参与"，正确选中率分别为70.32%、83.87%和87.74%。此结果说明在教师培训中，应关注中国学生发展核心素养框架层次的解读。

在"文化基础"这一方面，理科教学重要的任务是"科学精神"，该条目应包括"理性思维"、"批判质疑"和"勇于探究"，其正选率分别为94.19%、82.58%和94.19%；干扰项"逻辑推理"的选中率为67.74%，说明干扰比较明显。反映出教师对理性思维内涵理解不到位，将逻辑推理的过程从学习活动、思维活动中剥离。

教师对给出领域内涵，借以辨识条目的正确性较高，如在"人文底蕴"、"健康生活"、"责任担当"和"实践创新"这些条目识别的正确率均高于50%，其他干扰项的干扰情况相近，应该是不了解中国学生发展核心素养包括三大方面六条目框架体系造成的。另外，从内涵中辨识概念领域相对简单，教师能获取一些文字信息进行判定。从整体结果看，生物学科教师对中国学生发展核心素养包括三大方面六条目的框架表述不够熟悉，准确知晓的情况并不理想。

生物学科教师对学科核心素养条目和内涵、《高中生物学课标》提出的课程理念的知晓情况较好。例如能正确选出生物学科核心素养4个条目的教师133人，占85.81%，其他干扰项的作用很小。认同落实核心素养的关键是组织以探究为特点的主动学习的教师有151人，占97.42%。能从具体事例中正确区分出关于"细胞"大概念的表述的教师有121人，占78.06%，稍有干扰的选项是关于细胞的一个次位概念，所以在《高中生物学课标》学习中，还应关注大概念和次位概念的区分。与以上情况相对，生物学科教师对生物学课程是科学课的关键特征是"生物学原理必须经实验加以验证"认同率为65人，仅占41.94%，最大的干扰项是认为关键特征为"生物学概念反映了自然事物的本质",选中率为 61 人,占 39.35％。该题目干扰项的存在,提示教师在教研中应关注"学科本质""学科研究方法"等领域的培训。

### (二) 生物学课堂教学方式和学生活动组织形式

据下表可知,在概念教学中,提供丰富的实例(生物学事实)、提取概念的内涵、利用正反例进行巩固等教学方法并没有得到广泛的认同。教师关注教学资源的收集和展示,关注问题情境的创设,但在情境贯穿和使用的过程中常常出现断裂。另外,概念图构建策略虽然关注度很高,但在新课教学中没有观察到教师这么高的使用比例。科学史等二手资料的应用不足,仅有 56.13％的教师选出,然而作为实证科学,中学生物学课堂教学中无法实现全面探究,有许多实验现象是学习概念原理的依据。"帮助学生消除错误概念"这一选项的选中率为 23.87％,这近 1/5 的教师帮助学生消除错误概念的具体方法令人担忧。比较奇怪的现象是,"梳理教材文字材料,编写学案"这一选项的排位是倒数第一,仅有 11.61％的教师选中,说明广大教师并不认同该教学方式,然而在我区的课堂观察中却常常见到该种教学方式,如果为了应对学校某些模式活动的落实,编制的学案质量不高,恐怕会影响生物学课堂教学质量。下表为在生物学概念教学中教师常用的教学方法排序情况。

| 选项 | 人次 | 比例 |
|---|---|---|
| 搜集图片、视频、实物、标本等直观素材 | 143 | 92.26％ |
| 创设新的问题情境,应用概念解释现象或解决问题 | 114 | 73.55％ |
| 引导学生尝试抽象、概括,建立并描述生物学概念 | 96 | 61.94％ |
| 引导学生建构概念图 | 95 | 61.29％ |
| 提供科学史上与概念形成有关的资料 | 87 | 56.13％ |
| 通过课前访谈、课堂提问、讨论等,了解学生的前概念 | 57 | 36.77％ |
| 辨析相似或相反概念 | 44 | 28.39％ |
| 帮助学生消除错误概念 | 37 | 23.87％ |
| 列举正例与反例 | 20 | 12.90％ |
| 梳理教材文字材料,编写学案 | 18 | 11.61％ |

据下表可知,教师认为学生对生物学科感兴趣的原因是"与人的生活密切相关",而不是"动手实验的机会多",这与初中学段教师参与调查的占比高应该有一

定关系。高中新课改后，原必修三《生物 必修3 稳态与环境》改为理科学生的必选模块，关于人体结构和生理的部分是初中学段生物学课程的重要内容。但同时也反映出生物学科教师对实验引发学生好奇心，引导学生发现问题和解决问题的作用认识不足，这可能会影响教师对学生实验室工作安排的占比。下表为教师认为学生对生物学科感兴趣原因的排序情况。

| 选项 | 人次 | 比例 |
|------|------|------|
| 与人的生活密切相关 | 66 | 42.58% |
| 动手实验的机会多 | 41 | 26.45% |
| 对大自然的热爱 | 36 | 23.23% |
| 生物老师的个人魅力 | 12 | 7.74% |

据下表可知，教师认同学以致用的教学理念，创设真实的问题情境和课堂上提供相关阅读资料这两种方式的选中率分列前两名，这确实是课堂教学中比较容易实现的教学活动；其他参与社区实践、进行辩论讨论和撰写小论文的比例相近，均在1/5左右，说明生物学科教师对学生参与真实的实验实践活动有较高的认同。在后续的教师培训中，应创造机会指导教师做好活动方案策划、学生成果梳理等工作，以期提高学生实践活动的质量。角色扮演活动的比例达到12.90%，该教学方式在我区课堂观察中较少见到，还需进一步考证落实；选择"其他"的教师比例极低，但因为不是开放性作答，无法获知进一步的信息。下表为教师认为可促进学生责任担当的教学方法排序情况。

| 选项 | 人次 | 比例 |
|------|------|------|
| 创设联系社会生活实际的问题情境 | 141 | 90.97% |
| 提供相关阅读资料，深入挖掘材料，设计问题，引导学生思考 | 121 | 78.06% |
| 带领学生参与社区环保实践 | 43 | 27.74% |
| 开展科学实践，撰写小论文 | 38 | 24.52% |
| 开展关于迷信和伪科学的讨论或辩论 | 33 | 21.29% |
| 组织不同社会角色的角色扮演活动 | 20 | 12.90% |
| 其他 | 3 | 1.94% |

据下表可知，教师能按照课标要求完成科学探究的基本环节，对提出问题和分析数据的训练较多，排在第1位和第3位；对做出假设、得出结论和汇报交流

环节的训练校际间差别较大，分列第 6、7、9 位，也可能是教学时间的限制，无法完成探究的全部环节。通过小组讨论拟定实验方案的比例不足一半，表明课堂上进行的多是局部探究，少全程探究；探究中教师的主导作用可能过于明显，对学生主体作用的发挥有一定影响。展示图文或影像资料的方式排在第 2 位，可能是应用科学史，但不排除利用实验录像替代动手操作的可能性，减少了学生真正动手实践的机会。小组间进行学生互评和修订实验方案的排位很低，对学生发现实验中的问题、尝试解决实验中的真实问题的培养可能训练不足。按教材步骤完成实验的排位最低，说明广大教师都会对教材实验做出一些改进和调整，这些处理的合理性需要在课堂上观察实践效果。下表为教师为学生探究性学习创造的条件排序情况。

| 选项 | 人次 | 比例 |
| --- | --- | --- |
| 鼓励学生观察、思考并提出问题 | 119 | 76.77% |
| 展示图文或影像资料，创设问题情境 | 109 | 70.32% |
| 学生通过实验收集、分析、解释数据，得出结论 | 102 | 65.81% |
| 组织小组讨论，拟订探究方案 | 69 | 44.52% |
| 布置实验预习，要求学生阅读教材的实验步骤，并能够复述 | 49 | 31.61% |
| 根据已有知识尝试做出假设 | 46 | 29.68% |
| 分析科学史上的经典实验，得出结论 | 39 | 25.16% |
| 编写学案，要求学生阅读教材实验步骤，完成填空 | 38 | 24.52% |
| 小组代表在全班交流结果 | 34 | 21.94% |
| 组织小组讨论，评价并修订实验方案 | 33 | 21.29% |
| 按照教材上的实验步骤完成实验 | 29 | 18.71% |

教师在实验课上关注学生讨论的有 76 人，占 49.03%；关注教学组织的有 58 人，占 37.42%；关注学生实验结果的有 18 人，占 11.61%；关注完成时间的有 3 人，占 1.94%。将该结果与上表结果比对不难发现，教师在课堂上关注学生的讨论，更多的可能还是聚焦教材内容和结论的得出，对于学生操作中的真实问题、修订方案进行改进等高阶问题关注不足。关注实验结果的比例很低，这一问题还需要辩证地看待，在尊重学生、尊重事实的基础上，应该兼顾实验的科学性和成功率；课堂氛围宽松一些是实验课上发挥学生主体性作用的重要方面，但同时也应该兼顾科学实验中的严谨、求实和探究质量。

调查还发现，教师认为实验课上学生最大的收获是得到科学方法训练的有 74 人，占 47.74％；体验动手乐趣的有 43 人，占 27.74％；促进概念理解的有 30 人，占 19.35％；训练操作技能的有 8 人，占 5.16％。这反映了教师对学科实验课功能认识的分歧：注重方法训练的，可能更追求学生的讨论和问题解决；追求体验乐趣的，更关注学生的学科兴趣培养；追求概念理解的，更关注学生学习内容的落实。孰是孰非并无定论，但随着学段的上升，关注学生实验课上探究活动的质量更显重要。

据调查可知，教师准备实验中，提前自己完成预实验的有 128 人，占 82.58％；指导学生小组完成预实验的有 20 人，占 12.9％；实验员完成预实验的有 5 人，占 3.23％；不做预实验的仅有 2 人，占 1.29％。该结果表明，我区生物学科教师重视实验课的准备工作，为保证学生实验的成功，能有效安排备课工作。

据下表可知，对实验课的完成效果具有明显的分化现象。60％以上的教师能顺利完成实验教学工作，实验效果理想，师生能在实验课上有愉快的体验；另外近一半的教师实验课的组织存在问题，无法达到预期效果，存在职业倦怠。在教师培训中还需关注实验教学的组织指导和经验分享交流。下表为教师对实验课的感受排序情况。

| 选项 | 人次 | 比例 |
| --- | --- | --- |
| 学生在实验和探究活动中更有收获，虽然付出的时间更多，但是教师这份职业给了我很多快乐和满足 | 100 | 64.52％ |
| 在实验和探究活动中，学生任务更加开放，学生思维活跃，师生交流让我很有成就感 | 99 | 63.87％ |
| 实验的准备费时费力，让我感觉压力较大、工作繁重 | 54 | 34.84％ |
| 我感到自己组织学生实验和探究活动时，力不从心，无法有效控制各小组进程 | 34 | 21.94％ |
| 学生参与实验或探究活动后，知识掌握情况不如我直接讲授，所花时间感觉得不偿失 | 20 | 12.90％ |

据调查可知，教师在完成"光合作用""植物细胞吸水和失水"等课标要求的初、高中学段基础实验方面，进行分组实验的有 110 人，占 70.97％；演示实验的

有 26 人，占 16.77%；看实验视频替代做实验的有 16 人，占 10.32%；按照教材讲实验的有 3 人，占 1.94%。我区实验教学的开展情况较以往有长足的进步，对不能开展分组实验的学校和教师应该给予更多的关注，解决其实际教学困难。

**（三）生物学实验教学软硬件情况**

因各校教师数量不同，故未列出教师人次，只显示全区占比，如下图所示。据图可知，我区全校只有 1 个实验室的学校占比最高，达到 41.29%。就目前中学 6 个年级均有生物课的情况看，实验翻台会有较大困难；仅就初中校 3 个年级有生物课的情况下，全校仅有 1 个生物实验室也是无法满足教学需要的，这可能是影响教师开展实验教学的一个重要的影响因素。具有 2 个以上（含）实验室的比例基本与我区学校规模、示范校比例相当。整体上讲，生物学科实验室硬件保障情况不理想。下图为学校实验室数量统计图。

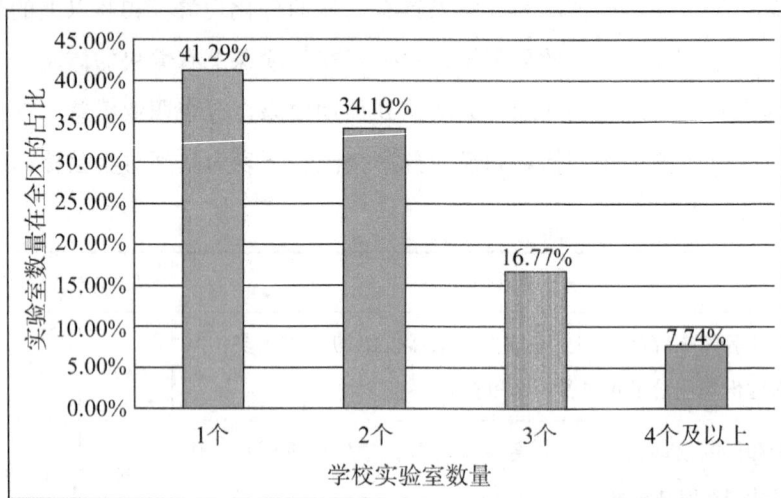

从软件条件看，我区非专业学科教师的任职情况几乎消灭，但实验员这一专任岗位的情况设置情况非常不理想。无实验员的学校占 31.61%，有 1 名实验员的学校占 56.77%，有 2 名实验员的学校占 11.61%。实验员缺失或由学科教师兼任实验员的情况，为日常实验教学带来了很多隐患，会成为影响实验教学开展的一个重要因素。

据下图可知，影响教师开展实验教学的因素中，"课时不够"排位第 1，说明在实验设计方案优化和组织实施的具体操作方面，教师需要更多的具有可操作性的建议；"没有专职实验教师"排位第 2，可能在实验准备工作和实验翻台中造成较多工作困难;"缺乏基本的实验设备"和"没有实验材料"分列第 3 位和第 4 位,说明部分学校实验器材的配置、管理和正常维护存在较多问题;"缺乏生物专业教师"占 5.16%,从实际掌握情况看,应该是指实验员非专业的比例,我区近年来非专业教师任课的情况已经几乎消灭。总之,面对中高考评价改革,因为课时紧张挤压实验课比例和时间的现象看来比较严重,必须引起关注。下图为影响教师开展实验教学的因素分析统计图。

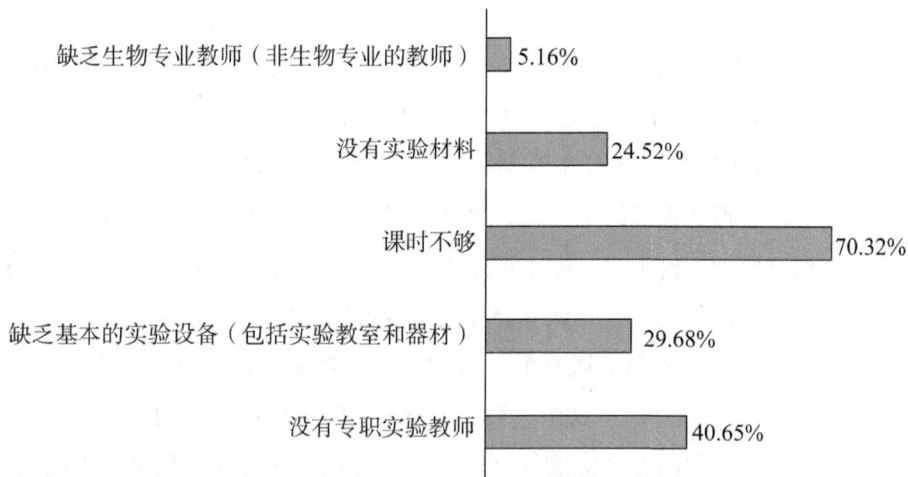

### (四) 生物学教学方式和学生评价方式

除概念教学和实验教学外,生物学科的教学方式多种多样,对不同的教学内容或因教师个人教学风格不同可能选择不同的教学方式。据调查可知,我区生物学科教师常用的教学方式有启发式讲授(占 76.77%)、探究式教学(占 71.61%)、小组合作和实验教学(均占 42.58%),这 4 种方式分列前 4 位;模型构建(占 18.06%)、网络教学(占 5.81%)、角色扮演(占 4.52%)、翻转课堂(占 2.58%),分列后 4 位。整体上讲,教师的教学方式选择适合本学科的学习内容和我区学情。

据调查可知,教师备课中最花时间的排序:教学活动设计(占 63.87%)、创设适合的情境(占 55.48%)、问题设计(占 39.35%)、准备实验(占 38.06%)、知识梳理(占 25.16%)、编制学案(占 23.87%)、挑选习题(占 12.26%)、前概念调查(占 10.32%)、板书设计(占 3.23%)、其他(占 0.65%)。从该结果可知,教师关注教学设计和学生课堂活动,整体备课思路符合现在课改方向;但关注学生前概念和板书设计的比例偏低,从学段连贯性和课堂教学内容构建的角度讲可能存在一些提升的空间。板书设计的忽略可能与教师信息技术的提升有一定关系，例如，信息技术被教师用来做的最常用的事是提供直观素材（包括图片、动画、视频等），占 94.19%，排位第 1；其次是展示知识体系，占 43.87%，排位第 2；呈现待讨论问题，占 30.97%，排位第 3；其他功能在 10%～15%。由此可见，教师公认信息技术能完成一些教学事件，这就可能出现一种从"人灌"到"电灌"的异化现象，也许我们应该进一步讨论信息技术使用的场景和功能，关注板书等传统教学技能的作用。

据调查可知，随堂测验（占 36.77%）、课堂提问（占 25.16%）、家庭作业（占 12.9%）、单元测验（占 12.26%），这 4 种评价方式分列前 4 位；撰写论文等（占 5.81%）、学生自评与互评（占 5.16%）、学生成长记录袋（占 1.94%），分列后 3 位。整体上看，教师更重视结果评价，各种测验偏多，过程性评价比例过低；评价主体单一，仍以教师评价为主；学生展示学业成就和长程作业的机会不足，促进学生成功和成长的评价不足，这与课标倡导的评价形式多样的要求不符。

目前，我区教师在教学中遇到的最大困难前两项是：教学研究（占 52.26%）、收集教学资料（占 43.23%），这个结果令人意外。随着硕博比例的提升，教师的研究能力和获取教学资源的途径应该较以往更多、更优，这可能给教师培训提出另一个挑战，就是高学历教师如何将生物专业科研能力转化为生物教学研究能力，教师学历提升导致教师专业知识窄化、专深，对于中学生物学课程要求的宽、广、活，存在一定的"真空地带"。除此以外，其他教学困难还包括管理学生（占 24.52%）、教学设计（占 21.29%）、学生成绩分析（占 14.19%）、课堂调控（占 13.55%）、教材考试说明不熟悉（占 7.74%）、其他（占 7.74%）。这些困难不只是专业知识问题，还有教学基本功、考试评价等方面的问题，在教师培训中应该兼顾。

## 四、讨论

从中国学生发展核心素养和生物学科核心素养的知晓情况看，教师对学科核心素养掌握更准确，对中国学生发展核心素养的关注不足，反映出教师对两者的关系和学科教学对发展学生核心素养的认识不足。如果说，核心素养是为被新时代期许的新人所勾勒的一幅蓝图，那么，各门学科则是支撑这幅蓝图得以实现的构件，它们各自拥有其固有的本质特征、基本概念与技能，以及各自学科所体现出来的认知方式、思维方式和表征方式。学科核心素养应凸显本学科特色或本学科所在领域（或称学科群）的特色，体现其在核心素养中的独特贡献；同时学科核心素养应弱化学科边界，摒弃分科教学的桎梏，为学生核心素养的发展贡献力量。中国学生发展核心素养与学科核心素养应该谋求在整体与局部、共性与特性、抽象和具体方面的平衡与统一。学科核心素养需要通过"领域或学科"的形式实现。

从生物学课程教学组织形式和学生活动设计看，教师教学理念新，探究式教学能得到广泛的认同，科学探究在生物学课程学习中的重要作用也能达成共识；但具体操作中存在的困难多，有些来自软硬件的条件限制，有些来自自身教学能力和实践可操作性指导的细化问题。受学科教学课时、学校实验条件和教师教学风格等因素的限制，目前在中学生物学教学中采用较多的探究教学方式是教师指导下的部分探究，学生的主体作用未能得到更好的发挥。课标要求的基础实验能分组完成，拓展实验和实验改进与方案修订等几乎不开展，尚存在演示替代分组、看实验视频替代动手操作和黑板上直接讲实验的现象。依据科学史或研究文献等文本素材进行的二手资料探究重视不足。这与前期课堂观察的结果基本一致，我区科学探究开展的情况不容乐观。假探究、过度限制的局部探究会挫伤学生的探究兴趣与解决真实问题的乐趣，同时可能造成编造实验结果等不良倾向。

从实验室硬件保障和实验员配置分析，影响教师开展生物实验的因素较多，各校差异较大。实验室数量不足、设备不足、实验材料不足都会直接影响实验的开展；没有专职实验员导致教师准备实验时的工作量过大、实验效果不佳、实验课秩序不佳等，这些也都会导致教师开展实验教学的动力不足。教师培训中应关注实验教学开展的组织策略、方案优化的交流与建议，帮助存在组织困难的教师上好实验课，提高自信心。

从学生评价的角度讲，应进一步转变教师观念，对终结性评价和过程性评价在学生学业发展中的作用、使用加强培训，并提供一些可操作、可迁移的成功案例，引导教师梳理自身优势，物化教师在学生学业评价中的成果，让教师的付出得到及时的肯定。

## 五、结论与建议

（1）关注《中国学生发展核心素养》和《高中生物学课标》的系统学习，利用讲座和交流等多种形式，引导教师认识核心素养与学科核心素养的关系，从立德树人的角度开展学科教学。关注《高中生物学课标》倡导的教学理念、大概念和次位概念、教学评价等方面的要求。在教师培训中兼顾理论学习、实践策略研究、案例点评与推广和教师教学技能训练、教学评价等领域的内容，帮助教师提升理论积淀，吸收实践经验，获得教学成功体验，梳理工作成果，提高职业效能感和幸福感。

（2）我区实验教学存在探究时空不足、科学方法与科学思维训练不足和终结性评价过于频繁的倾向。应针对典型教师教学方式中存在的真正困难，研讨教学实施策略，有效指导探究活动和实验课。针对其他可能的教学方式，加强课前诊断，在教师反思和学前调查的基础上进行改进，对课题基地校教师采用不同教学内容、相同教学方式实践的多次循环，梳理适合一类课型、一类学校的区域教学经验和成功案例，真正用核心素养的理念指导教学实践和教学方式的改进。

（3）探究式学习的过程就是学生不断生成、发展、提升的过程，学生的学习不再是一种异己的外在控制力量，而是一种内存的精神解放运动。所以生物实验教学中应倡导学生进行探究式学习。教师在组织实验教学的过程中，首先要想方设法引导学生积极思考、发现问题、分析问题，通过教师的引导，让学生把已有的知识与即将获得的知识结合起来。精心设计教学情境，激发学生的探究欲望。树立"开放性"的实验教学思想，在实验教学的环境、实验材料和方法、实验的时间和机会等方面培养学生的求异思维。教师可根据实际情况把验证性实验改为探究实验培养学生的创新能力。在实验探究过程中，教师要充分做好学生的助手，给学生提供一些可行性的建议、方法及注意事项，提示学生在进行观察、实验时充分发挥小组的作用，注意分工合作，以体现学生在探究活动中的主体作用。教师还要鼓励学生把探究活动延伸到课外，鼓励学生主动去认识大自然，灵活运用所学知识去探索、发现、创新。教师应关注学生科学探究的过程、科学习惯的养成和良好思维品质的形成。

（4）在实践中，各校应合理安排实验课与理论课的比例，按照实际情况，精心设计实验，使理论课与实验课有机地结合起来，互相促进。同时，可以整合开放性科学课及社会大课堂等资源，设计生物实验相关内容，使其成为生物课的有效补充。此外，课余时间可向学生开放实验室。实验室是实施素质教育、培养学生创新精神与实践能力的重要基地。实验室对学生开放不仅对学生的技能训练有重要作用，而且对培养学生的创新意识、创新精神和开拓能力也具有重要作用。可充分发挥实验室的资源优势，提高生物学实验室资源的利用效率，优化高素质、创新型人才培养环境。各学校应尽可能地安排学生进行课外实验，根据学校的具体情况合理、有序地开放实验室，充分利用学生的课外时间，激发和培养学生学习生物学的兴趣。在这些活动中，利用长程作业和过程性评价的方式评价学生活动参与的质量，形成的成果需要一定的激励机制，提升学生的获得感，促进学生的生命成长。

# 第三节　生物核心素养实践与养成途径

## 一、研究过程

第一阶段（2016年9月—2017年8月）：主要是查阅资料，进行文献研究，并通过听课调研，了解丰台区生物教学中存在的问题，为后面的教学改进做准备。

第二阶段（2017年9月—2018年8月）：主要是学习新课标，提升认识。除了教研员在教研进修中宣讲和教师自学以外，还请北京师范大学刘恩山教授、王健教授做了讲座，分别从核心素养的内容、落实与评价等不同角度宣讲、解读新课标。通过理论学习，教师们对核心素养的内容、各方面素养的含义、在教学和评价中如何落实核心素养等有了一定的认识，并努力在教学实践中体现和落实。

第三阶段（2018年9月—2019年8月）：在前面文献学习和调查研究的基础上，生物学科组将研究与实践的重点聚焦在提升学生的科学探究素养，主要从基于大概念的教学、真实问题情境创设、深度学习、项目式学习、实践活动等方面开展教学方式改进。

第四阶段（2019年8月至今）：梳理总结，提炼成果。

## 二、研究与实践

在生物学课程中，学生不仅应掌握生物学知识，还应学会利用自己对知识的理解开展科学探究，从而认识自然界。科学探究在生物学课程中有着重要地位，对于学生掌握生物学概念、理解科学本质，提升科学思维能力、培养科学态度和科学精神等都有重要作用。针对目前丰台区生物教学中普遍存在的探究时空不足、科学方法与科学思维训练不足等问题，几年来我们重点围绕科学探究做了以下教学方式的改进。

### （一）以大概念、单元主题统领和整合教学内容，形成单元教学设计

生物学教学内容中有大量事实性知识，也有基于这些事实和实验证据形成的概

念、原理等，学生往往感到琐碎，不易理解。以大概念为核心组织教学内容，有利于学生更好地理解概念与事实间的关系，形成生命观念。例如，《普通高中教科书生物学 必修 1 分子与细胞》的"细胞增殖"内容比较繁杂，在以往的教学中容易陷于有丝分裂的每一阶段染色体行为变化特征等内容，而在实验课上也是按照具体的实验操作步骤"照方抓药"，学生难以建立起"真核生物的细胞通过细胞周期实现增殖，细胞周期是一系列有规律性的连续事件，实现了遗传物质精确复制与平分，保证遗传信息从亲代向子代稳定传递"的大概念。北京市第十八中学的教学研讨活动中，高俊英老师和张林靖老师以此概念为核心组织教学内容，对学生学科素养发展具有很大的价值。两位教师从科学研究方法的角度，把实验置入一个科学问题的解决过程中，让学生经历像科学家一样的发现问题、获取证据、做出推测、得出结论的思维过程，领悟科学知识的发展过程和科学的本质特征。从核心概念建构的角度，本单元的教学从观察实验的直观形象到染色体、DNA 的抽象推理，从显微观察到荧光染色的技术运用，体现了细胞周期的科学认知过程，逐步形成细胞周期的概念，建构细胞周期的模型，理解细胞增殖是细胞的重要生命历程，理解其对细胞发展的重要价值。

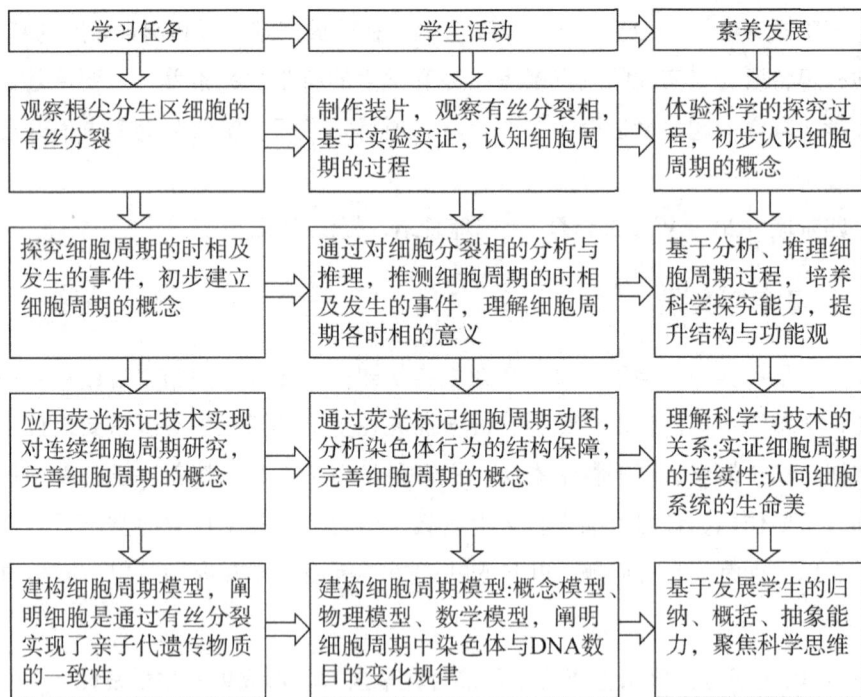

| 学习任务 | 学生活动 | 素养发展 |
|---|---|---|
| 观察根尖分生区细胞的有丝分裂 | 制作装片，观察有丝分裂相，基于实验实证，认知细胞周期的过程 | 体验科学的探究过程，初步认识细胞周期的概念 |
| 探究细胞周期的时相及发生的事件，初步建立细胞周期的概念 | 通过对细胞分裂相的分析与推理，推测细胞周期的时相及发生的事件，理解细胞周期各时相的意义 | 基于分析、推理细胞周期过程，培养科学探究能力，提升结构与功能观 |
| 应用荧光标记技术实现对连续细胞周期研究，完善细胞周期的概念 | 通过荧光标记细胞周期动图，分析染色体行为的结构保障，完善细胞周期的概念 | 理解科学与技术的关系;实证细胞周期的连续性;认同细胞系统的生命美 |
| 建构细胞周期模型，阐明细胞是通过有丝分裂实现了亲子代遗传物质的一致性 | 建构细胞周期模型:概念模型、物理模型、数学模型，阐明细胞周期中染色体与DNA数目的变化规律 | 基于发展学生的归纳、概括、抽象能力，聚焦科学思维 |

```
                        ┌──────────┐
                        │ 细胞增殖  │
                        └──────────┘
         ┌─────────────────────┴─────────────────────┐
┌────────────────────────┐          ┌────────────────────────┐
│ 第1课时:细胞增殖（一）    │          │ 第2课时:细胞增殖          │
│ 观察根尖分生区有丝分裂     │          │ 细胞周期的时相及主要事件    │
└────────────────────────┘          └────────────────────────┘
          任 务                                任 务
┌────────────────────────┐          ┌────────────────────────┐
│ ①制作临时装片            │          │ ①探究细胞周期的时相及主要事件 │
└────────────────────────┘          └────────────────────────┘
┌────────────────────────┐          ┌────────────────────────┐
│ ②观察、描述、推测细胞分裂过程 │      │ ②完善细胞周期的概念        │
└────────────────────────┘          └────────────────────────┘
┌────────────────────────┐          ┌────────────────────────┐
│ ③初步形成细胞周期的概念     │        │ ③建构细胞增殖的模型        │
└────────────────────────┘          └────────────────────────┘
                                    ┌────────────────────────┐
                                    │ ④归纳细胞增殖的意义        │
                                    └────────────────────────┘
```

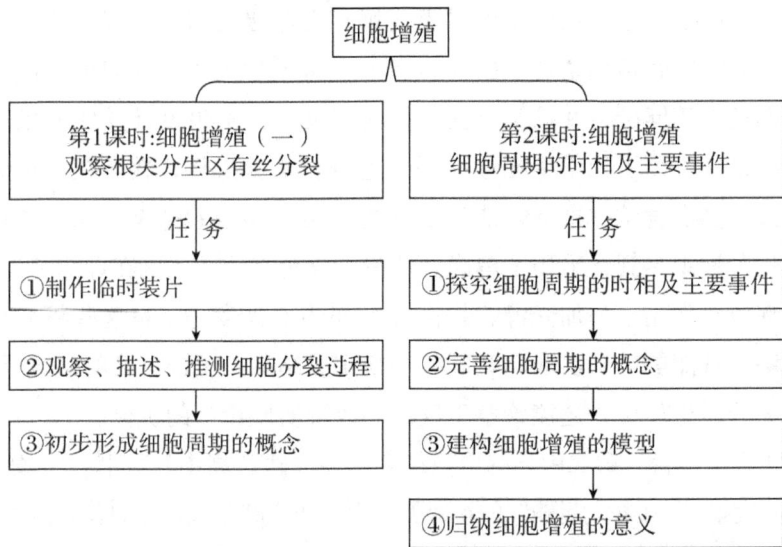

学习是学生自主建构和社会建构的过程，也是多重对话的过程，与客观事物对话、与他人对话、与自我对话，在对话中发生经验的变化。基于此，单元教学的整体教学设计由几个连续的学习活动贯穿：一是微课视频自主学习，结合课前导学案自主观看实验操作过程的视频，把学习的自主权交给学生，激活学生原有知识和经验，为新知识的建构奠定基础；二是合作探究学习，创设科学问题的探究情境，做科学家做过的事，像科学家一样思考，围绕生物学的核心概念的建构和科学思维能力的发展开展学习，通过实验、发现、分类、推理、质疑、讨论、交流、反思等活动，构建自己新的认知，领悟终身受用的科学观念和科学思维方法，发展学科的核心素养。

## （二）真实情境下的问题解决

脑科学研究表明：手指在大脑皮层的感觉和运动机能中，占的比重最大，经常活动手指刺激大脑，可以更好地刺激脑细胞发育和联结，激发大脑潜能，提高记忆力和思维能力。调查也表明绝大多数学生对动手做实验有兴趣，但由于一些学校实验软硬件条件限制，很多实验无法实现让学生操作；而在很多能动手的实验课中，学生也仅仅是机械地动手操作，没有与积极的动脑思考结合，不理解为什么做，对于如何设计实验、如何解释实验出现的现象、可以得出什么结论等问题也没有太多思考，这样对于提升学生的科学探究能力效率也是极低的。因此在本研究中，我们提倡教师按照新课程理念，在教学中首先创设实验探究的情境，激发学生的好奇心和探索的愿望，然后落实实验活动的任务，最后进行交流讨论。

例如北京市丰台区第八中学的裘英老师在九年级复习课中以"天宫二号"中的宇航员在太空中栽培生菜这一新情境引入，引导学生用所学知识解决种菜的意义、需要的条件等问题，并给学生提供材料用具，让学生设计并实施实验，验证光合作用的条件。为了让学生能够在课堂上进行实验操作，教师在课前做了大量的预备实验，多次尝试，这样才能保证课堂上出现期望的结果。如为了使二氧化碳浓度变化可被观察到，采用了溴麝香草酚蓝显色剂，为了能在课堂45分钟内观察到实验现象，采用了外加光源，提高光合作用的强度，正是这些精心设计使学生在复习课上既能够动手实验，又能够观察实验结果，验证自己的假设是否正确。如果能够充分讨论质疑，还能给学生反思和改进实验设计的机会。

又如北京市丰台区第二中学的申卫红老师在《普通高中教科书 生物学 必修1 分子与细胞》"4.1被动运输"的新课教学中，从家庭盆栽植物的营养液浓度配制问题引入，引导学生思考溶液浓度与植物体吸水的关系；然后进一步以演示实验引导学生观察和分析半透膜两侧溶液的差异与水分运输的关系；经过以上联系实际、由宏观到微观的问题设计，学生能够提出渗透作用发生需要的条件和运输方向的假设；通过分析植物细胞结构，引导学生认识植物细胞渗透作用发生的条件，进而提出如何设计实验验证植物细胞具有半透膜的任务，学生经过讨论、设计实验、全班交流后进行实验操作。教师不仅给学生准备了教材要求的洋葱、蔗糖，还增加了黑藻、硝酸钾，要求学生应用前面学习的植物细胞亚显微结构知识，预测发生的现象，增加了推理、归因等应用水平的问题，不仅有助于学生在实验中学习实验操作，还能提高思维能力。

实验课上如果时间实在有限，也要在后续课时安排一个实验结果讨论的环节，每个组讲一讲自己的实验结果和得出的结论，接受其他组的质疑，看是否需要进一步设计实验证明，提高学生的批判性思维和进行科学论证的能力，这一环节是深度学习的体现。

### (三) 以项目式学习培养学生的核心素养

教材中的内容多是有确定答案的，但生活中的问题却是复杂多变的，为了弥补学生在学习过程中被动接受现成知识的缺憾，几年来我们也尝试采用了项目式学习方法，即学生通过一段时间内对真实的、复杂的问题进行探究，从中获得知识和技能。例如北京市第十二中学李俊峰老师带领学生探究了泡菜液中抑菌作用的原理和生产应用，在这个探究活动中学生既用到了所学的微生物培养的知识和技能，又解决了生活、生产的实际问题，比课本上的实验更具复杂性和不确定性。首先教师通过展示泡菜博物馆等资料，激发了学生的探究兴趣；接着，带领学生开展关于泡菜液中微生物种类、数量变化、pH 变化、亚硝酸盐含量变化等的实验研究，并分析实验结果。展示泡菜液有抑菌作用的现象，由学生提出假设，解释现象，并设计实验进行探究。在此过程中，学生查找、整合和使用信息，充分讨论，并选择自己的研究方向，探究的积极性被充分调动起来。在这个项目式学习过程中，学生在真实的实验情境中不断观察、不断追问、不断推理、不断设计实验，解决复杂情境中的真实问题，是真实验、真探究，在实验探究的过程中提升了学生科学的思维方法。教师准确预设学生的学习困难，设计知识有增量、能力有体验、价值有提升的教学活动，落实生物学科的核心素养，并在发生认知冲突的关键点引导学生发现问题，寻求解决问题的路径。以学生为主体，多种形式调动学生学习的主动性，即在一定的情境下通过学生的自主学习、探究学习和合作学习等学习方式，达到认知升级、个性化发展的深度学习。所选实例贴近实际、贴近生活，在真实的探究过程中真切地体会学以致用，使学生认识到客观世界是能够被认识、被改造、被利用的，科学的价值观得到提升。

### (四) 指向高阶思维能力的深度学习

生物学中的结论都是建立在实验基础上的，中学生物学课时、实验室条件有限，不可能让每一个学生动手做每一个实验，必须要通过阅读科学文本来学习。近年来，中高考都有了一些以生物学研究作为背景的试题，要求学生具有能读懂非连续文本（包括科学文本和各种图示）、能准确地从中获取必要的信息、与所学知识建立联系、用正确的逻辑解答问题的能力。这就要求中学生物教学中要重视学生科学文本阅读活动的开展。

目前普遍存在以下问题：把教材的文本变成填空，让学生填写学案，不重视挖掘其中蕴含的科学概念、科学思维方法和科学态度等；学生只听讲、做习题，不阅读教材；补充文本难度较大，学生读不懂，课堂上参与的积极性不高。因此，首先要求教师要转变教学观念，重视学生良好阅读习惯的培养，指导阅读方法，训练学生的阅读技能，促使学生形成良好的科学阅读品质。

坚持每个单元教学中有适当的阅读训练，如教材中的"思考讨论""科技发展之路""生物科技进展""科学技术社会"等栏目，都是建立在学生阅读文本的基础上的，要给学生足够的时间和空间去阅读、讨论；在科学文本阅读中重视科学概念、概念与事实的关系、科学方法、科学思维的要素，领会科学文本的严谨性、科学性、逻辑性；要求学生阅读时在书上有圈点勾画符号、做批注、做读书笔记、进行图文转化等帮助理解等，养成阅读与思考的习惯；适当补充课外阅读资料，帮助学生理解生物学的重点、难点知识。

例如，北京市第十八中学甄兆敏老师《化毒为药——神经调节的复习》从"一朝被蛇咬，十年怕井绳"的生活经验导入，以一段《致命毒素》视频揭示蛇毒的毒性；带领学生用将文字转化成图示的方式复习神经调节的基础知识；阅读学案中的实验设计和结果，评价实验的证据与结论是否匹配，在此基础上设计进一步探究的方案、提出假设等。

又如首都师范大学附属丽泽中学冯雪老师《基因的表达——探秘"昼夜节律"》，从学生的生活经验入手创设情境，引发学生思考"为什么'自然醒'后身体感到很舒服？"进而带领学生探寻"昼夜节律"的分子机理；通过丰富的曲线图表、蛋白质不同序列在细胞内的荧光定位图、蛋白质相互作用研究机理示意图、以题干形式出现的文本资料等呈现实验证据，要求学生分析现象，得出结论，完善实验设计，绘出分子间相互作用示意图等，训练了学生获取信息、应用知识解答问题，以及论证设计的高阶思维能力。

### （五）学生主动参与的学科实践活动

1. 基于模型和模拟实验的科学探究

模拟实验是根据相似性原理，通过模拟的方法制成研究对象的模型，用模型来代替被研究对象，模拟研究对象的实际情况，来进行实验研究，由于生物学中很多研究对象直接用于实验非常困难或者不可能，因而模拟实验成为生物学中一个重要的研究方法。

中学生物学课程中有一些经典的模拟实验，如 DNA 分子的多样性、孟德尔遗传因子的传递规律、减数分裂过程中染色体的行为、血糖调节的纸卡模拟实验、用样方法和标志重捕法调查种群密度、软件模拟 PCR 实验、工业污染对桦尺蛾体色的选择、保护色在自然选择中的意义等，此外，教师们还创造性地设计了一些模拟实验，如北京市东铁营一中张晓宇老师模拟传染病传播机制、崔颖老师模拟尿液形成的过滤作用机制、北京市第十中学李磊老师模拟重组 DNA 分子的构建等，丰富了生物课堂教学中的科学探究活动，对于帮助学生理解生物学原理发挥了很好的辅助作用。

这些探究活动突破了真实实验对材料、条件和时空的限制，易于在课堂上实施。为了使这类探究活动不流于形式，能够达到应有的理解生命活动机理、启迪科学思维的效果，就一定要做到让学生明确模拟的对象是生物有机体的何种成分，模拟活动中的行为对应着生物有机体中的何种变化，还要有可探究的问题，如这些变化会受何种因素的影响等。如用不同粗细的带小孔的塑料管模拟，用含有颗粒物的水模拟血液，实验探究"根据提供的实验器具，用什么方法，可以在一次注射器的推注过程中，使小孔中流出较多的水"。

2. 基于课外实践活动的科学探究

课外实践活动作为课堂教学的延伸、巩固和发展，是学科核心素养培养过程中不可缺少的独特形式和重要组成部分。与传统的课堂教学相比，课外实践活动不受课本内容的局限，教师在学生已有学科知识的基础上，可以选择学生更感兴趣、更贴近生活实际的主题，创造性地挖掘素材、设计活动环节，激发学生学习的兴趣。由于不再受到时间和空间的限制，课外实践活动可以选择的教学形式更为多样，如开展栽培植物、饲养小动物、参观博物馆、实施探究实验等活动。同时，课外实践活动无应试压力，学生可以更加自主地选择感兴趣的实践主题，亲自动手，静心体验，这可有效地培养学生的科学探究能力、创新精神、科学态度和社会责任。

# 第四节　生物教学案例与评析

## 课例一　化毒为药——神经调节的复习

课例撰写：甄兆敏　北京市第十八中学

指导教师：李志光　北京教育学院丰台分院

## 一、指导思想和理论依据

"温故而知新"指的是通过不断温习学过的知识，可以获得新知识。人们的新知识、新学问往往都是在原有知识的基础上发展而来的。在高三复习课的设计中，不应该只是强调原有知识的复习和巩固，还应该强调获得新知识和新技能。

美国教育心理学家杰罗姆·布鲁纳（Jerome Seymour Bruner）的发现学习强调对学习者内部学习动机的激发，通过给定学生貌似熟悉但是缺乏理性认识的生物学实例，能够真正激发学生的学习欲望，在教师所提供的教学信息面前，自己探索解决问题的模型，在不断地探究中获得新的信息，从而大大提高学生学习的主动性。

因此，本节课以蛇毒中的神经毒素为讨论对象，分析其对神经系统的作用机理，并进一步讨论"化毒为药"，以具体生物学事件为出发点，学生的兴趣浓厚。在讨论中，将神经调节相关知识的复习融入其中，巩固了原有知识，并进行深度应用。在此过程中，可以培养学生的生命观念、科学探究和社会责任等核心素养。

## 二、教学背景分析

### (一) 教学内容分析

作为高三复习课，以学生熟悉的生物学事件为背景，引导学生参与指向生物学科思维发展和解决真实问题的学习活动，从生命系统结构与功能、稳态与平衡的角度认识生命活动的复杂性，帮助学生科学地进行个人和社会决策，在对蛇毒作用相关实验探究中，形成证据－推理－逻辑的科学思维方式，解决真实情境中的复杂生物学问题。

这一部分知识接近于学生的生活，从生活中的一些具体事例切入本部分的复习，并且将其提升到理论研究的水平上，可以帮助学生提高探究能力，发展科学思维；通过研究得出防病治病、造福人类的措施，体现社会责任。

### (二) 学生情况分析

通过高二年级的学习和前面的复习，学生对于神经调节知识已经有一定水平的掌握，具备了一定的综合应用能力，但是从总体上把握这部分知识的能力和应用这部分知识解决生活中一些问题的能力尚待提高。

学生对这部分知识的兴趣较高，可以联系的生活实例与学生距离较近，而且学生在生活中也有很多困惑待解决。

## 三、教学目标

(1) 应用示意图和模型等方法，阐明兴奋的产生及其在反射弧上的传输过程。

(2) 以蛇毒中的神经毒素的毒理分析为情境，分析神经毒素的作用机理，研究和应用神经毒素以造福人类。

## 四、教学重点、难点

(1) 教学重点：神经调节的过程、机制及其应用。

(2) 教学难点：神经调节的过程、机制及其应用。

## 五、教学过程

| 教学阶段 | 教师活动 | 学生活动 | 设置意图 |
|---|---|---|---|
| 创设情境，导入复习 | 播放《致命毒素》片段。<br>设问：<br>1. 蛇毒非常致命，但是蛇毒可能成为非常珍贵的药物和试剂，大家相信吗？<br>2. 如果可以"化毒为药"，需要先了解蛇毒的毒理，以蛇毒中的神经毒素为例，要想利用这种毒素，要先了解神经毒素是如何干扰神经调节的。<br>3. 要想了解神经毒素对神经调节的干扰，要先了解神经调节的基本方式是什么，其发生的结构基础是什么。 | 观看视频。<br>思考并回答教师提出的问题。 | 1. 通过"化毒为药"这样一个情境吸引学生进入复习进程。<br>2. 将生物学事件和生物学知识连接起来，转到理论知识的复习和应用。 |
| 画出反射弧的示意图 | 提出问题：<br>反射弧的组成包括哪几部分？<br>提出要求：<br>请画出最简单的反射弧示意图。<br>对小组讨论后所呈现的反射弧示意图进行点评，修正其中的错误，帮助学生完成完整的反射弧示意图。 | 回答教师的问题。<br><br>仿照课本上的示意图，独立完成反射弧的示意图，完成后与其他同学讨论完善。 | 对兴奋在反射弧上传输、神经毒素的毒理分析等讨论都需要以这个示意图为基础展开，所以要强调每位同学务必在学案上完成。 |

| 教学阶段 | 教师活动 | 学生活动 | 设置意图 |
|---|---|---|---|
| 复习神经冲动的传导和传递机制 | 提出要求：<br>请以反射弧示意图为依据，描述神经冲动在神经纤维上传导的过程和在突触处传递的过程。<br>对小组讨论的结果进行点评，完善学生的答案。 | 学生自己复习总结，小组合作讨论，先由一个学生描述，然后与其他同学讨论并完善。 | 承接上面的复习，在反射弧示意图上完成复习总结，为后续神经毒素的作用位点研究和毒素在疾病治疗中的作用研究做好准备。 |
| 探究神经毒素的作用位点 | 提出问题：<br>1. 如果有一种毒素已经被确认为神经毒素，为了在科学研究、医学诊断和治疗中应用该毒素，实现化毒为药，需要研究该毒素的作用位点，请在二元反射弧图示中指出这种毒素可能作用于哪些位点，描述这样干扰神经冲动的传输。<br>2. 请根据神经冲动在不同部位传输的不同机制，设计研究思路、技术路线和预期结果。<br>对小组讨论得到的方案进行总结评述。 | 学生根据图示和以上的总结，讨论出毒素可能作用的位点，并在图示中标注出来。<br><br><br>小组合作设计研究思路、提出技术路线和预期结果。根据其他组的结果和教师的评述完善实验方案。 | 将前面的知识进行应用，帮助学生提高探究能力，发展科学思维。 |
| 探究蛇毒蛋白组分 Gintexin 的毒理作用 | 请同学们阅读学案的相关内容，了解某研究小组为研究 Gintexin 的毒理作用，进行了大鼠膈神经—膈肌神经肌肉传递阻断实验。<br>第一步，加入乙酰胆碱，观察记录肌肉的收缩张力；<br>第二步，使用毒素 Gintexin 将肌肉收缩完全抑制 70 min。 | 阅读学案的相关内容。 | 用一个具体的实例来帮助学生提高分析问题、解决问题的能力，帮助学生提高应用科学语言进行文本输出的能力；也为后面的讨论埋下伏笔。 |

续表

| 教学阶段 | 教师活动 | 学生活动 | 设置意图 |
| --- | --- | --- | --- |
| 探究蛇毒蛋白组分 Gintexin 的毒理作用 | 第三步，加入乙酰胆碱，观察记录肌肉收缩张力。展示图片：<br>加入Ach　加入Gintexin　加入Ach<br>提出问题：<br>在使用 Gintexin 前加入乙酰胆碱引起肌肉收缩，其目的是验证什么？<br>在使用毒素抑制肌肉收缩后，加入乙酰胆碱引起肌肉收缩，其目的是验证什么？<br><br>本实验结果说明什么？是否可以确定该毒素的作用位点？如需进一步确认，需要怎么做？<br>引导学生讨论：<br>你的实验设计和该实验设计有何不同？ | 阅读图片，结合神经调节的相关知识，对教师提出的问题进行讨论并形成初步结论。<br>回答教师的问题：<br>探究神经肌肉标本的功能是否正常。<br>若神经毒素作用于突触后膜，则会破坏乙酰胆碱受体，那么即便加入 Ach，肌肉仍然不会收缩，若神经毒素作用于突触前膜，则不会破坏乙酰胆碱受体，那么加入 Ach，肌肉仍然会收缩。<br>该毒素很可能作用于突触前膜，通过一定的方法将毒素定位，观察其位置。（用抗原—抗体杂交的方法）<br>对比反思自己的实验设计。 | |
| "化毒为药"，造福人类 | 现在，我们对这种毒素有了一定的研究，我们不能仅仅是知道这种毒素的毒理，还应该应用它造福人类，请根据其毒理推测这种毒素可能在哪些方面造福人类。<br>给出一些选项：<br>分子探针、止痛、高血压、血液凝集、抗菌、抗癌、糖尿病等。<br>请同学们讨论：<br>在这些应用中，是否可能出现别的问题？如何应对？ | 独立思考后，小组合作讨论。<br><br>根据其是神经毒素来分析，应该可以作为分子探针和止痛所用。<br><br>进一步理解科学技术是双刃剑的意思。 | 通过研究得出防病治病、造福人类的措施。<br><br>既讨论科学技术为人类带来的益处，也讨论科学技术可能带来的问题。 |

## 六、学习效果评价设计

| 教学环节 | 优秀 | 良好 | 合格 |
|---|---|---|---|
| 一、复习反射弧及神经调节 | 反射弧完整，结构清晰，表述准确 | 反射弧完整，结构不够清晰，表述准确 | 反射弧完整，结构不够清晰，表述不够准确 |
| 二、探究神经毒素的作用部位 | 假设、实验设计合理，可操作性强，表述清晰 | 假设、实验设计合理，可操作性强，表述不够清晰 | 假设、实验设计基本合理，有待完善 |
| 三、"化毒为药"的应用讨论 | 能够自主提出恰当的应用，对可能出现的问题能提出解决对策 | 能够自主提出比较合理的应用 | 给出选项后能够选出正确的应用 |

## 七、教学反思与特色说明

以蛇毒中的神经毒素作为背景材料，通过对其毒理学的研究复习反射弧的结构及神经冲动的传导及传递机制，进一步展开讨论：如何"化毒为药"？将毒理学研究成果应用于实践，造福人类。课堂进程环环相扣，整个课堂进程只需要通过情境切入即可，后面的课堂进程是学生推动的，也是自然发生的。

本节课将"温故而知新"中的"温故"和"知新"都很好地完成了：复习了神经调节中的主干知识——反射弧的组成、神经冲动的传导和传递机制，又将原有知识进行了应用。这节课是以实际存在的背景展开的，学生感兴趣，所以在复习过程中没有枯燥感。

## 八、案例评析

以一个在日常生活中貌似很熟悉，但是并没有探究过其机理的事例为背景进行讨论，知识性和趣味性都很高，激发了学生的自主学习、探究学习和合作学习意识，学生学习的参与度高。

所选实例贴近实际、贴近生活，将其提升到理论研究的水平上，可以帮助学生提高探究能力，发展科学思维；通过研究得出防病治病、造福人类的措施，帮助学生提高社会责任。

从单元整体水平上设计教学，侧重知识的梳理，建立知识体系，在神经毒素研究过程中落实了科学思维和科学探究。设计思路清晰，主线明确，符合生物学课程标准规定的学科核心素养的要求，是有学生思维参与的深度学习。

由于事先认为学生的基础知识部分巩固阶段不会耗费太长时间，在实际教学中却在此环节中耗费了比较长的时间，使后面的讨论不够充分，结束得也稍显仓促。

## 课例二 探秘水仙——水仙雕刻

课例撰写：孙 健 北京教育科学研究院丰台学校

指导教师：崔 颖 北京教育学院丰台分院

## 一、指导思想和理论依据

依据《义务教育生物学课程标准（2011年版）》提出的"面向全体学生，提高生物科学素养"等理念，落实生物学科核心素养中科学探究的要求。本生物学科实践活动根据初中学生身心发展的特点，通过课外生物实践活动的形式，完成以水仙为载体的课程学习。学生通过发现水仙雕刻中的生物学问题，针对水仙雕刻与养护中的生物学现象，进行连续观察，在观察中提问和思考，在动手实践过程中完成对绿色植物的科学探究，在各阶段层进式的展示作品、交流经验与讨论问题中，促进学生生物学知识的巩固和学科能力的提高，有助于学生个性化的学习和发展，提高学生勇于创新和自主学习的意识，提升学生科学探究的能力。

## 二、教学背景分析

### （一）教学内容分析

《探秘水仙——水仙雕刻》是适用于生物学科课外开展的实践活动，包括课前准备阶段、集中学习阶段、自主探究阶段、展示交流阶段和实践拓展阶段5个阶段，学生的亲身观察和动手实践贯穿于整个活动。本实践活动基于生物学科科学探究过程，设计了提出问题、巩固知识、深入观察、学习方法、动手实操、初探猜想、交流展示、自主养护、再探验证、总结提升、实践拓展、走向社会等环节。

学生在真实情境中连续地观察植物的生长过程，比较未雕刻的水仙与自己亲手雕刻过的水仙在养护过程中形态的不同，在实践中探究水仙雕刻中人为干预的因素对水仙产生的影响，学生体验科学探究的方法，逐步培养科学探究的能力。

引导学生通过观察比较、动手实践、小组合作等形式，自主开展探究式学习。虽然水仙雕刻有一定的难度，不同学生的学习能力不同，能够完成作品的层次也不同，但是在不断地学习和动手实践中，各层次的学生都能够有不同的收获。通过学习过程性评价、实践过程性评价和实践结果性评价等方式，有利于学生实践探究能力的培养和个性化学习，有助于提升学生的生物科学素养。

### （二）学习者分析

水仙雕刻这一传统的花卉艺术创作形式，非常适合中学生完成。

市场上水仙球的供应都在冬、春季节，七、八、九年级的学生在这阶段基本上完成了"生物圈中的绿色植物"内容的学习,具备了一定的生物学基础知识和一定的动手实践能力。

通过课上生物实验的开展,学生对生物实践活动兴趣很高。学生更渴望自主学习和个性化学习,希望能够通过动手实践,运用知识创作出自己的作品,具有一定创新意识,需要进一步培养。

在整个选材、处理、雕刻、养护、展示等环节的活动中,学生不仅可以对现有知识进行复习、巩固和提高,还能促进学生的综合实践能力的提高,有利于整体培养学生的科学素养。

### 三、教学目标

(1) 通过对引导文的自主阅读和对水仙雕刻作品的欣赏,了解水仙的文化知识。

(2) 通过对水仙深入地观察和对雕刻水仙的实践探究,巩固和拓展生物学科知识。

(3) 在水仙雕刻实践活动中,掌握雕刻工具的使用方法,锻炼动手操作能力。

(4) 在线上交流与展示活动中,培养表达交流能力和对作品的鉴赏能力。

(5) 运用不同技法雕刻水仙,展示个性化雕刻作品,逐步培养学生的实践创新能力。

(6) 在雕刻水仙、养护、形成作品这一系列过程中感悟美学。

(7) 雕刻和养护及展示过程有助于培养学生持续研究、做事有始有终的意志品质。

(8) 学生和家长共同欣赏水仙作品,缓解学生紧张烦躁的心理状态,给家庭带来和谐、积极正向的环境氛围。

### 四、教学重点、难点

(1) 教学重点:通过各阶段实践活动的开展,提高生物学科实践探究的能力。

(2) 教学难点:掌握水仙雕刻工具的使用和雕刻的技巧。

### 五、教学过程

| 教学阶段 | 教师活动 | 学生活动 | 设置意图 |
|---|---|---|---|
| 课前准备阶段 | 下发实践活动任务单和引导文,建立微信群,每位学生准备水仙球、刻刀、脱脂棉或吸水纸、水仙盆或其他器皿。 | (1) 加入微信群。<br>(2) 准备、整理活动材料和工具。<br>(3) 预习实践活动任务单和引导文。 | 准备实践用品,搭建好线上交流平台。 |

| 教学阶段 | 教师活动 | 学生活动 | 设置意图 |
|---|---|---|---|
| 集中学习阶段 | （一）提出问题<br>【展示】水仙雕刻作品照片和实物。<br><br>【提问】人们都希望水仙多开花，少长叶，花期长，那应该怎么办呢？<br>【提问】通过观察水仙作品，发现它与普通水仙有何不同？<br>【讲解】一枚水仙从雕刻到开花。一般需要20天左右。所以，如果想在春节期间看花，雕刻的日期一般就选在腊月初八左右，这样基本上能够保证春节的时候看到盛开的水仙花。<br>【讲解】特别提示：①注意刻刀等工具的使用安全；②水仙鳞茎多液汁，有毒，含有石蒜碱、多花水仙碱等多种生物碱，注意液汁勿入眼口，可戴手套防护。 | 学生完成引导文一、读一读部分。<br>一身淡雅自幽香，标格无非赖艳妆。若论冰清莲作侣，盈盈玉立水中央。<br>传说水仙花是"凌波仙子"的化身，其实它是多年生草本植物，属于石蒜科，盛产于我国福建省的漳州地区，至今已有500多年的历史了，是中国传统十大名花之一。水仙花喜欢生活在潮湿的地方，多长在水中。被雕刻过的水仙鳞茎不完整，花梗明显变短，植物体比较矮，水仙叶卷曲，造型美观。 | 感悟描写水仙的诗句。了解水仙这一历史悠远的花卉。<br>欣赏水仙雕刻艺术作品。<br>激发学生的学习兴趣，从语文、生物学、美术等方面吸引学生，丰富学生关于水仙的知识。 |
| | （二）巩固知识<br>引导学生完成填空题，订正答案并解答。 | 学生完成任务单二、写一写的习题。<br>回忆、巩固生物学关于水仙这一花卉植物的相关知识。<br>完成后，参考引导文的答案，进行改正。 | 复习生物学相关知识。强化在雕刻水仙这一真实情境下的生物学知识的落实。 |

| 教学阶段 | 教师活动 | 学生活动 | 设置意图 |
|---|---|---|---|
| | （三）深入观察<br>【展示】水仙鳞茎的结构图，真实纵切的水仙。<br>【讲解】水仙鳞茎的基本结构名称。<br>【展示】花苞少的和花苞多的水仙球，引导学生观察。<br>【提问】什么样的水仙球里的花苞最多？ | 观察水仙鳞茎的基本结构，完成水仙结构图的填空。<br>通过对引导文的水仙解剖图的学习，结合实物，对水仙的结构深入观察。<br><br>学生关注花苞的位置，思考水仙球的结构特点。 | 通过反思花苞的位置和结构特点，自主思考判断花苞多少的结构特点，利于生物学科思维的培养。 |
| 集中学习阶段 | （四）学习方法<br>【讲解】水仙雕刻成型的基本原理。<br>水仙花的雕刻造型，目的是通过刀刻或其他手段使水仙的叶和花矮化、弯曲、定向、成型，根部垂直或水平生长，球茎或侧球茎按造型要求养护、固定。水仙雕刻造型主要是对花、叶的雕刻，使花、叶达到艺术造型的目的。主要是通过雕刻的机械损伤，阳光和水分控制等办法实现。雕刻时，使器官的一侧或一面受损伤。这样，叶片或花梗就发生偏向生长，即向受伤的一侧或一面弯曲。利用植物的趋光性控制水仙生长是造型的另一手段。向光面细胞的生长速度较背光面细胞的生长速度慢，所以就形成了地上部器官弯向阳光的结果。 | 学生学习，完成任务单。<br>1. 水仙雕刻的专用工具是什么？<br>2. 请利用自己学过的生物学知识来解释，雕刻后水仙成型的基本原理是什么。 | 学生完成任务单的问题，帮助学生学习水仙雕刻的方法。<br><br><br>雕刻中的刀法难点通过教师讲解、示范等环节直观展示，降低学生动手的难度。 |

| 教学阶段 | 教师活动 | 学生活动 | 设置意图 |
|---|---|---|---|
| 集中学习阶段 | 【视频展示】水仙雕刻的基本过程。<br>1. 水仙头的挑选。<br>【讲解】水仙头应选择个儿大的、摁着比较硬实、水仙头矮圆的。因为花芽在水仙球的中心位置，球肚周长越大，说明里面的花芽越多。养好水仙的关键是水仙的根系，好的根系是水仙生长开花的重要保证，因此，一定要重视。需要仔细检查水仙头包着泥巴的那一部分，即水仙的根盘，看看是否长出了新的根须。若有生新根，弃之。选好的水仙应该在阴凉干燥处存放，只要不被冻伤即可。<br>2. 雕刻。<br>【讲解】一种专门用于水仙雕刻的专业刻刀从卖水仙的花农那儿可以买到。其他工具如剪刀、镊子、缝衣针等，根据自己的需求准备。下面。我们就以蟹爪水仙为例进行操作。切记：手要稳，心要静，眼睛要看准，下刀要果断，即所谓"稳、准、狠"。 | 学生观看视频，经过教师讲解，了解水仙雕刻的方法和过程，完成填空。<br><br> |  |

| 教学阶段 | 教师活动 | 学生活动 | 设置意图 |
|---|---|---|---|
| 集中学习阶段 | （1）净化、去皮，清理盘根。<br>【讲解】在雕刻之前，先把鳞茎球上的外皮剥除，同时把护根泥、根须及腐烂的杂质清除干净，避免水养的鳞片或根受污染而霉烂。<br>（2）开盖。<br>【讲解】从芽体弯向的鳞面动刀，沿距离根盘处约 1 cm 处划一条弧形线，沿线朝球端削掉表面的鳞片，使全部芽体显露出来为止。<br>（3）疏隙。<br>【讲解】把夹在芽体之间的鳞片刻除，使芽体之间有空隙，便于对芽苞片、叶片和花梗进行雕刻。使用斜口两用刀伸进缝间刻削。<br>（4）剥苞。<br>【讲解】把芽体露在外面的芽苞片剥除，剥除芽苞片的多少，应根据造型的要求而定。一般是采用斜口刀尖在芽苞片两边划两条直线，然后用刀尖从芽苞末端拨动苞片，并朝苞片基部方向顺刨，这样可防止花苞损伤。<br>（5）刮梗。<br>【讲解】根据造型要求，确定刮花梗表皮的分量和朝向，使用斜口刀由梗端顺梗基方向刮除表皮。梗基需要刮至球根处，可使用尖形三角刀沿花梗表皮插至球根，一定要注意防止插伤花梗，造成哑花或掉花。 | <br> | |

续表

| 教学阶段 | 教师活动 | 学生活动 | 设置意图 |
|---|---|---|---|
| 集中学习阶段 | （6）雕侧鳞茎。<br>【讲解】母鳞茎一般都着生长着一对以上的侧鳞茎，侧鳞茎大多数无花葶，但也有部分肥硕的侧鳞茎有花葶。在雕刻侧鳞茎时要小心观察。侧鳞是整个水仙花球的组成部分，也是水仙花造型不可缺少的内容。<br><br>（7）修整。<br>【讲解】最后要把所有切口修削整齐，这样既保持外观优美，又可防止碎片霉烂。若要花球展开生长，要有规则地剖开底部的鳞片。后续加工，包括卷曲和矮化处理。在花箭根部用刻刀作划痕，可导致花箭打卷；另外，用缝针扎透花箭的茎秆，可部分抑制生长的高度。<br><br>3. 管理和养护。<br>（1）扣着吐液。<br>【讲解】因为水仙里边有很多的黏液需要吐出来，所以刻好的水仙要置于装满水的水盆或水桶中吐液，这需要大约三天时间。每天早晚各换一次水，并在自来水龙头下进行冲洗。<br> | | |

| 教学阶段 | 教师活动 | 学生活动 | 设置意图 |
|---|---|---|---|
| 集中学习阶段 | （2）装盘。<br>【讲解】三天过后上盘。用棉花或者纱布敷于刀伤及根部，这样做一是保持湿润，二是帮助根系生长。盘内放入 1 cm 深清水，并将盘置于阴凉处。每日观察，待其叶片大部分返青，方可置于阳光之下。<br>（3）生根后，光下养护。<br>【讲解】利用植物叶的向光性，再次对水仙造型进行调整。因为水仙喜欢阳光，所以每日晒太阳是必须的。当然早晚换水、涮根也是必需的功课。再有就是开花前的整理及造型，可以做成自己喜欢的造型如花篮、小鸟等。<br>【展示】示范水仙雕刻的方法，重点讲授雕刻技巧和意图。<br> | <br><br>描述蟹爪水仙雕刻的基本过程。<br>学生观看教师示范，学习水仙雕刻方法。 | |
| | （五）动手实操<br>引导学生自主完成，适时解答问题，指导雕刻手法与技巧。 | <br>请依据学到的水仙雕刻方法，亲自动手尝试雕刻水仙球。<br> | 亲自动手实践，完成水仙球的挑选、雕刻和管理与养护。 |

| 教学阶段 | 教师活动 | 学生活动 | 设置意图 |
|---|---|---|---|
| | （六）初探猜想<br>【提问】观察雕刻后的水仙。花梗和叶什么颜色？为什么？<br>【提问】花梗被扎伤，对后期生长有何影响？<br>【提问】修整时对叶的雕刻处理对后期生长有何影响？<br><br>组织学生进行讨论和交流，鼓励发言。<br>【讲解】解释水仙雕刻成型的基本原理，强调雕刻对水仙的影响。 | 淡黄色，被鳞茎包裹不见阳光，无叶绿素。<br>猜想：花梗中分生组织受损，细胞分裂受阻，影响生长。<br>猜想：平行叶脉，未雕刻部分继续生长，雕刻部分不再生长，两侧生长速度不同，也会发生变形。<br><br>请列举出两条在水仙雕刻中特别要注意的事项。 | 通过之前的学习和亲自动手实践，总结活动中的所得所获，帮助学生形成总结提升的学习习惯。 |
| 集中学习阶段 | （七）交流展示<br>【展示】展示学生自己雕刻的水仙的半成品，并拍照留存。<br>【讲解】教师讲解雕刻中的要点，指导学生半成品中的优点和不足，学生后期改正。<br>组织学生小组讨论。 | 引导学生完成交流展示。<br>1.请同学们交流展示自己雕刻的水仙的半成品照片，并将小组认同的心得在全班进行交流与分享。<br><br>2.小组讨论在水仙雕刻中对于刀法的运用，交流水仙雕刻中的心得体会。 | 通过展示环节，学生交流心得体会，提升学习自信，进一步总结提升，巩固学习和动手实践的效果。 |

续表

| 教学阶段 | 教师活动 | 学生活动 | 设置意图 |
|---|---|---|---|
| 自主探究阶段 | （八）自主养护<br>【讲解】水仙后期管理和养护要点。<br>（1）扣着吐液；<br>（2）装盘；<br>（3）生根后，光下养护。<br>教师组织学生完成连续观察并拍照，组织学生及时讨论，解答养护中出现的问题。 | 将雕刻后的水仙进一步管理和养护，在同样养护环境下，同时养护雕刻后的水仙和一颗大小形态基本一致的未雕刻的水仙。<br><br>每三天拍照并留存照片，建立"我的水仙"雕刻水仙成长档案，连续观察雕刻后的水仙水培的变化，并联系生物学知识尝试解释，在微信群交流照片和心得。 | 通过较长时间的养护，培养学生持之以恒的科学态度。<br><br><br>通过比较雕刻与未雕刻的水仙的形态差异，反思雕刻因素对水仙的影响。 |
| | （九）再探验证<br>【提问】观察水仙雕刻成品。花梗和叶分别是什么颜色？为什么？<br><br>【提问】花梗被扎伤，对后期生长有何影响？<br><br>【提问】修整时对叶的雕刻处理对后期生长有何影响？<br><br>【提问】比较不同大小水仙球的生长速度，为什么鳞茎较厚的水仙生长速度快？ | 都为绿色，还有叶绿体，能够进行光合作用，制造有机物，为生长提供能量。<br><br>雕刻过的花梗生长明显受到抑制，变短，开花多。验证猜想正确。<br><br>雕刻过的叶片卷曲甚至螺旋生长，明显比未雕刻的叶片矮，叶片卷曲，造型美观。<br><br>鳞茎的作用之一是储存营养，雕刻后的水仙需要消耗自身的营养来维持生长的需要，鳞茎厚的水仙储存营养多，生长得就快。 | 通过再次观察，验证初探时的猜想。<br>巩固生物学中绿色植物的相关知识。 |

| 教学阶段 | 教师活动 | 学生活动 | 设置意图 |
|---|---|---|---|
| 自主探究阶段 | 【提问】水仙养护期间，加水的量应该以多少为宜？（或水仙盆为什么多为浅盆?) | 学生分组探究养护期间加水量对水仙的影响：选取未雕刻大小基本一致的水仙球，在同样的光照、温度环境下养护，甲组加水量低于鳞茎盘 1 cm，乙组加水量与鳞茎盘持平，丙组加水量高于鳞茎盘 1 cm，只有这一个因素不同，其他条件都相同。三天后观察根的变化。<br>根的功能是吸收水和无机盐，根部细胞需要氧气进行呼吸作用。 | 在整体的实践活动中，鼓励学生间开展小组探究实验，丰富学生的科学探究内容。<br>运用生物学知识解释现实问题，有助于知识结构系统化。 |
| 展示交流阶段 | （十）总结提升<br>教师组织学生上传水仙雕刻的成品照片，统计学生选票，评选出"最美水仙"作品，进行表扬鼓励。<br>组织学生分享雕刻、养护中探究实践的收获与思考。 | 上传自己雕刻后的水仙成品的照片作为任务评价项目之一。<br><br>在微信群评选出我最喜欢的水仙雕刻作品，教师进行表扬并由作品作者分享水仙雕刻的收获。 | |
| 实践拓展阶段 | （十一）实践拓展，走向社会<br>引导学生利用更多的平台学习。<br>【提问】除了蟹爪水仙雕刻方法外，还有没有别的水仙雕刻方法？请在课后尝试利用其他方法雕刻水仙。<br><br>积极组织学生参加北京市水仙雕刻大赛，进一步学习，参与社会实践。 | 1. 利用网络资源，查阅相关资料，关注专业网站，更多地了解水仙雕刻知识。<br><br>2. 有兴趣的同学可以进一步学习，参加北京市水仙雕刻大赛。 | 拓展学生的学习空间，促进知识迁移，充分利用各种学习平台，进一步提高学生知识能力层次，有助于相关学科的深入学习，走出校内课堂，走向社会课堂。 |

| 教学阶段 | 教师活动 | 学生活动 | 设置意图 |
|---|---|---|---|
| 问题及解决预案 | 问题1. 水仙鳞茎多液汁,有毒,含有石蒜碱、多花水仙碱等多种生物碱,水仙汁液有一定毒性。 | 解决办法:液汁勿入眼口,操作后立即洗手;也可在操作前戴手套防护,乳胶手套和PE手套均可。 | 培养学生的安全意识。 |
|  | 问题2. 水仙雕刻用的刻刀较为锋利,容易割伤。 | 解决办法:一定要注意工具的使用安全,注意技术要领和手法,建议佩戴手套。 |  |

## 六、学习效果评价设计

实践活动中所用的材料均可以在网络上购买且费用较低,很适合学生学习,可以普遍开展,门槛较低。虽然水仙雕刻有一定的难度,不同学生的学习能力不同,能够完成作品的层次也不同,但是在不断地学习和动手实践中,各层次的同学都能够有不同的收获,有利于学生个性化学习。

### (一)学习过程性评价

在学习水仙雕刻的过程中,学生通过自主阅读引导文中的资料,独立完成任务单中的"读一读""写一写"等活动,巩固了课堂上的生物学知识,这一阶段主要以任务单为载体,教师评价学生的学习状态。

### (二)实践过程性评价

在整个的选材、处理、雕刻、养护、展示等环节的活动中,利用微信群等平台,教师及时指导,生生互助学习,通过生生互评等方式完成评价。学生通过展示各个活动环节的照片,交流经验,不仅可以对现有知识进行复习、巩固和提高,还能促进自身的综合实践能力的提高,有利于培养多方面学科素养。

### (三)实践结果性评价

通过最后水仙雕刻的成品的展示,教师和学生一起,交流展示自己创作作品的经验与感受,通过细致的观察,反思实践中的技巧,进一步提高学生的实践探究能力,促进学生反思提高。

多元化的评价方式，有助于鼓励学生积极参与学习和动手实践。水仙雕刻很适合在冬春季节进行；水仙开花后的成品，能够很好地缓解学生紧张烦躁的心理状态；水仙雕刻的养护环节充分地利用了学生假期在家时间长、能够持续观察这一优势，弥补了课堂上时间短、不能持续观察的短板。

## 七、教学反思与特色说明

水仙雕刻这一传统的花卉艺术创作形式，非常适合中学生，特别是具备了一定的生物学基础知识和一定的动手实践能力，且渴望自主学习、艺术创作的初中学生的学习。在整个的选材、处理、雕刻、养护、展示等环节的活动中，学生不仅可以对现有知识进行复习、巩固和提高，还能促进综合实践能力的提高，有利于培养多方面学科素养。

实践活动中所用的材料均可以在网络上购买且费用较低，很适合学生学习，可以普遍开展。

在选材、雕刻和养护的过程中，都有相关的生物学和其他学科的知识的运用，自始至终学生都在真实的情境中落实学科知识的巩固与提高。并且每一个阶段，学生都可以进行展示交流、相互帮助、总结提高，这种正向的激励反馈，促进学生不断地学习，进而培养学生做事持之以恒的品格。在成品开花的展示阶段更是对学生努力学习、动手实践、勤劳恒心的回报，学生感到成就感满满。

实践活动中的难点之一就是水仙雕刻的刀法，学生可以通过观看教师操作示范、上网查阅、同学互助等形式进行突破。不同的雕刻方法对于水仙的造型都会产生不同的影响，学生在不断地尝试和探索中，慢慢地会领悟不同的雕刻方式对植物体产生的不同影响。最终的作品并不重要，最重要的是学生在实践活动过程中通过不断地学习、不断地总结提升、不断地交流经验等形成的正向激励，有助于培养学生的学习自信，这对于各学科的学习和今后的高层次学习都是很有帮助的。

在自主探究阶段，学生可以在课下利用充足的时间在较长时间的养护过程中，利用充足的实践活动材料进行自主探究。学生或解决教师提出的问题，或提出自己关心的生物学问题，小组合作完成做出假设、设计实验（重点控制单一变量）、完成实验、得出结论和表达交流。在水仙雕刻的整个学习过程中，既有必做的实践探究，又有自主的实践探究，这样逐步内化的实践过程有助于提高学生生物学科实践探究能力。

## 【参考文献】

[1] 褚宏启，等．建构北京市中小学生核心素养评价体系的初步探索［M］//北京教育科学研究院．面向 2020 的教育创新．北京：北京师范大学出版社，257－264.

[2] 刘云杉．"核心素养"的局限性：兼论教育目标的古今之变［J］．上海：全球教育展望，2017（1）：35－44.

[3] 柳夕浪．从"素质"到"核心素养"——关于"培养什么样的人"的进一步追问［J］．北京：教育科学研究，2014（3）：5－11.

[4] 褚宏启．核心素养的概念与本质［J］．上海：华东师范大学学报（教育科学版），2016（01）：1－3.

[5] 钟启泉．基于核心素养的课程发展：挑战与课题［J］．上海：全球教育展望，2016（1）：3－25.

[6] 中华人民共和国教育部．普通高中生物课程标准（实验）［M］．北京：人民教育出版社，2003：2.

[7] 林崇德．21 世纪学生发展核心素养研究［M］．北京：北京师范大学出版社，2016：4.

[8] 林崇德．论学科能力的建构［J］．北京：北京师范大学学报：社会科学版，1997（1）：5－12.

[9] 胡卫平，罗来辉．论中学生科学思维能力的结构［J］．北京：学科教育，2001（2）：27－31.

[10] 王健，等．生物学科能力及其表现研究［J］．北京：教育学报，2016（4）：64－72.

[11] 吴成军．基于生物学核心素养的高考命题研究．［J］．北京：中国考试，2016（10）：25－31.

[12] 张颖之．美国科学教育改革的前沿图景——透视美国 K－12 科学教育的新框架［J］．北京：比较教育研究，2012（3）：72－76.

[13] ［日］佐藤学．学习的快乐：走向对话［M］．钟启泉，译．北京：教育科学出版社，2004：40.

[14] 谭永平．从发展核心素养的视角探讨高中生物必修内容的变革［J］．北京：课程·教材·教法，2016（7）：62－68.

［15］中华人民共和国教育部．义务教育生物学课程标准（2011年版）［M］．北京：北京师范大学出版社，2012：1.

［16］Eisner, E. W. No easy answer：Joseph Schwab's contributions to curriculum［J］. Curriculum Inquiry. 1984（2）：201－210.

［17］［美］国家研究理事会．美国国家科学教育标准［S］．戢守志，译．北京：科学技术文献出版社，1999：30.26.146—216.71.26.

［18］［美］国家研究理事会．科学探究与国家科学教育标准［M］．罗星凯等译．北京：科学普及出版社，2004：6.28－30.21.19－20.

［19］陈桦，李德红．利用生物科学史培养高中学生探究能力的案例教学［J］．上海：华南师范大学学报（自然科学版）2010，（4）：62－65.

［20］梁松涛．高中生物实验中培养学生探究能力的实践研究［D］．兰州：西北师范大学，2007.

# 第八章 基于核心素养的历史教学研究与实践

## 第一节 历史核心素养内涵与解读

　　课题组成立以后，即开始基于学科核心素养的教学方式研究的文献收集工作，至 2017 年 6 月，通过中国知网等追踪到的关于历史学科核心素养的研究论文 800 余篇。课题组通过对收集到的论文进行整理、阅读、分析，概括了现阶段历史学科核心素养研究总体特点。第一，从研究热点看，主要涉及学科核心素养本体研究、实践及培育路径探索、学业质量标准制定、教师素养提升等四大领域，但各领域研究进展极不均衡，关于学科核心素养本体的研究百家争鸣，实践探索百花齐放，学业质量标准和教师素养提升研究则月朗星稀。第二，从研究主体看，大学及社会机构领域研究论文 30 多篇，基础教育领域研究论文 700 多篇。大学研究主要集中于从史学理论和教学论角度论证、阐释、提炼历史学科核心素养功能、概念、模型等本体研究，论文关键词主要有分析、方向、建议、商兑等；基础教育研究者研究重点主要在历史学科核心素养培育与实践策略方面，论文关键词主要有路径、培养、感受、困惑、策略、探索、建议、初探、反思等。大学研究在历史学科核心素养研究中起着重要的引领和导向作用，而基础教育研究则重在解决理论与实践的接轨问题，基础教育工作者在研究中占有主体地位。下面简要梳理学科核心素养研究历程及我们对素养的理解。

### 一、厘清历史学科核心素养概念，明确学科教育价值追求

#### （一）历史学科核心素养研究历程

　　史学界对历史学科素养的关注早已有之，2010 年，江苏省连云港市教育局的刘俊利老师在《学术的历史学与中学历史学科素养》一文中即指出学科素养是学科课程的立足之本，学科素养的基本内涵包括：现实意识、证据意识、问题意识、融合意识和分层意识。2012 年，吴伟教授在《历史学科能力和历史素养》一文中认为历史素养"是通过日常教化和自我积累而获得的历史知识、能力、意识以及情感价值观的有机构成与综合反映；其所表现出来的，是能够从历史和历史学的角度发现问题、思考问题及解决问题的富有个性的心理品质"。2013 年，朱可教授明确提出了历史学科核心素养概念，并将其基本特征概括为"求真、求证、求智"等。2014 年教育部《关于全面深化课程改革 落实立德树人根本任务的意见》以政府文件形式明

确提出研究制定学生发展核心素养体系和学业质量标准，深入回答"培养什么人、怎样培养人"的问题，推动历史学科核心素养研究迅速升温。2016 年 4 月历史学科核心素养课题研究专家组叶小兵教授在全国高中历史学科核心素养主题学术论坛上发表了《培养学生的历史学科核心素养——历史课课程教材改革的新思路》演讲，对历史学科核心素养的内涵进行了初步界定，包含"时空观念、史料实证、历史理解、历史解释和历史价值观"等要素。徐蓝教授在《历史教学》2016 年第 23 期发表了《谈谈研制高中历史课程标准的一些体会》一文，进一步厘清了历史学科核心素养的内涵（包括唯物史观、时空观念、史料实证、历史解释、家国情怀五个方面），标志着课题研究重大研究成果的形成。此后，围绕着历史学科核心素养的理解和实践方式两大课题，在历史学界迅速形成研究热潮。

**（二）历史学科核心素养的内涵与要求**

徐蓝老师在《谈谈研制高中历史课程标准的一些体会》中指出，历史学科核心素养是人文素养的重要组成部分之一，是一个相对完整的整体，包括了核心理论（唯物史观）、核心观念（时空观念）、核心方法（史料实证）、核心能力（历史解释）、核心价值观（家国情怀）。该论述实质上从要素构成、整体概念以及与学生发展核心素养之间的关系三个角度对历史学科核心素养进行了界定。由此，我们可以从三个层面理解和把握其内涵与要求。

1. 对历史学科核心素养每个要素的分别理解和把握

历史学科核心素养是学生运用历史学科特有的思想方法认识历史和现实，分析解决历史和现实问题的综合体现，每个要素都包含着思想意识和实践运用两个层面的内容和要求。第一，唯物史观。在思想意识层面来看，要通过历史课程学习，了解唯物史观中社会存在决定社会意识、生产力决定生产关系、经济基础决定上层建筑、阶级分析法、人民群众是历史的创造者和人类社会形态经历了从低级阶段向高级阶段的发展等立场、观点和方法，认识到唯物史观是科学的历史观、世界观和方法论，形成自觉运用唯物史观观点认识历史和现实问题的思想意识；在实践运用层面，学生通过学习，要能够运用唯物史观相关立场、观点和方法认识和解决历史与现实问题。第二，时空观念。在思想意识层面，学生要意识到史事都是与特定时空相联系的、了解划分历史时空的多种方法；实践运用层面要能够运用时空要素建构、叙述、解释、考察历史和现实问题。第三，史料实证。在认识层面要了解史料的类型、价值、收集鉴别史料的途径和方法；运用层面能够运用史料进行实证，并据此形成历史认识。第四，历史解释。认识层面要了解史实与解释的区别、解释的多样性、解释的价值；运用层面要能够评析解释、揭示事物。第五，家国情怀。从认识层面，要了解传统优秀文化和时代精神，运用层面要树立高尚品格、中国情怀和世界眼光。

**2. 从各要素与历史学科核心素养整体之间的联系进行理解和把握**

首先，历史学科核心素养是一个不可割裂的整体，综合反映历史学科育人价值，体现了科学性与人文性相结合的学科特点，其中唯物史观、时空观念、史料实证蕴含着历史学科的科学性特征，家国情怀则体现了学科的人文性特征，而历史解释则是科学性和人文性的统一。从各要素在核心素养中的地位和作用看，唯物史观实质是指导学科认识的科学理论，是诸素养达成的理论保证；时空观念是诸素养中学科本质的体现，实质是要求学生树立历史意识；史料实证实质是树立证据意识；历史解释是历史学科关键能力的体现；家国情怀实质是体现学科人文关怀的特质。

**3. 从历史学科核心素养与学生发展核心素养之间的联系进行理解和把握**

历史学科核心素养是在学生发展核心素养框架下，根据历史学科的性质和独特育人功能确定的。是学生在经过历史学科学习之后形成的具有历史学科特征的必备品格和关键能力。历史学科核心素养与学生发展核心素养之间是相辅相成的关系。华南师范大学黄牧航教授指出，各个学科在 9 大核心素养的基础上再各自提出"学科的核心素养"，加起来就达到 60 个左右的核心素养，中学生是无法面对的，故教师不能再单纯地从历史学科的角度来理解历史教育，而必须从人的素养提升的角度来理解，简单说来，就是为学生的素养而教。也就是说，历史学科核心素养的培育是为了学生发展核心素养的涵养，在历史学科核心素养中，唯物史观要求学生运用唯物史观的立场、观点和方法形成对历史和现实的客观、全面的认识，时空观念素养要求学生能够在特定的时空框架中观察、分析历史和现实问题，史料实证素养要求学生对获取的史料在收集辨析基础上形成正确历史判断的品质和方法，这些都蕴含着学生发展核心素养中"科学精神""学会学习""人文底蕴"等要求。历史解释素养是"科学精神""人文底蕴"等素养的体现；历史价值观素养则是"健康生活""责任担当""人文底蕴"等核心素养的体现。

**(三) 关于历史学科核心素养的不同观点**

我们在理解和把握历史学科核心素养的内涵与要求的同时，还应当看到，历史学科核心素养还是一个发展中的概念，在历史学界还存在各种各样的争论。例如成都大学师范学院冯一下教授对"历史学科核心素养"这一概念提出了质疑，他认为素养的主体是人而不是学科，故应当用"历史学科核心目标"或"学科核心价值"概念代替，从而更突出历史学科在提高学习者素养方面做出的贡献。教育部基础教育课程教材发展中心研究员何成刚教授则对历史学科核心素养的维度和构成提出了自己的意见，他认为立足历史学科特征提炼历史核心素养，应包括"证据分析"和"唯物史观"两个核心素养，立足历史学科能力提炼历史核心素养，应包括"历史理解能力""历史解释能力"和"历史评判能力"三个核心素养，立足历史学科属性提炼历史核心素养，应包括"历史价值观"和"人文底蕴"两个核心素养。何成刚教授认为"时空观念"应归入低级素养或者基础素养之中，还主张用"证据分析"代替"史料实证"。从以上例证可以看出，无论是历史学科核心素养的内涵、结构甚至是概念本身都还存在着争论，造成这些争论的原因，一是立论角度不同，有的学者从史学论角度，有的则从教学论角度，还有的从基础教育在育人体系中的地位和作用进行思考。二是对历史学科育人功能和地位理解不同。这些争论一方面反映了历史学科的复杂性，另一方面也反映了历史学科核心素养概念的发展性，还可以在实践和研究中进一步梳理、概括和凝练。

总之，尽管历史学科核心素养还是一个不断发展中的概念，但这一新的模型、新的话语体系已经为学科教学变革初步搭建了顶层设计，并产生了积极而深刻的效应：一是重新构建学科价值体系和育人功能的必要性已得到各界认可和重视，二是以人为本，素养立意的价值观已经对一线教学产生积极而深刻的影响。深入理解学科素养的内涵及背后的学科教育精神，探索通过教学方式变革促进素养落地成为当前中学历史教育工作者的必修课。

## 二、通晓历史学科教学方式内涵，探究学科素养落地途径

文献检索发现，历史学科核心素养被提出以来，学界围绕如何转变教学方式，促进学科素养落地进行了大量的实践和探索，积累了丰富的经验。例如陈超老师设计了核心素养下的课堂教学流程：创设问题情境——培养核心素养的切入点，倡导合作探究——培养核心素养的着力点，实现情感体验——培养核心素养的立足点。陈风格老师组织学生合作学习进行高中历史的教学，通过合作学习不断激发学生的学习兴趣，引导学生积极参与到历史的学习中来，从而提高教学效果。邹育东老师设计通过导学案加强历史学科核心素养培养：在历史时序环节科学整合，活用历史地图，培养时空观念，在探究环节加强史料研读和史证设问，提升学生史料实证能力，在课时印象环节，让学生评价历史，提升解释与评价能力。这些教学实践的共同点是关注了学生的主体作用，注重引导学生开展自主和合作探究，在探究中建构知识和认识，提升学科素养。

一些老师还专门围绕某一项素养的培训进行了探索。雷建军老师认为要注重历史发展的时序性和系统性，依据历史的纪年与时序建构历史事件、历史人物、历史

现象之间的相互关联性；有意识地将重大历史事件、历史现象置于具体的时空框架下进行考察。徐金超老师则提出历史课堂教学要培育"围绕问题收集史料—针对问题鉴别史料—根据史料论证问题—依托史料重现历史"的"史证教育"和掌握收集史料、鉴别史料、分析史料、运用史料等"史证方法"。戴加平老师则指出教师要引领学生对历史形成全面、客观、辩证的认识，进而形成正确的国家意识、民族意识、社会意识、公民意识，以及世界意识和国际视野，摒弃绝对的、单线的历史观，转向相对的、多线的历史观。家国情怀方面，梁佳斌老师注重从以人为本的理念出发，由此及彼，更多开发课程资源，开拓家国情怀的外围意义，使家国情怀落于实处，而不落于形式。这些老师尽管在学科核心素养方面的关注点不同，但在教学活动方面都关注了学习活动的设计，通过选择适当的内容，培养和训练学生综合运用所学知识和方法对历史和社会进行全面认识的能力，培养和提高学生的历史素养。

总之，通过文献检索发现，历史学科核心素养的提出正在引领一场教学方式改革的实践与研究热潮，展现了当前基础教育领域日益注重科研推动教学的学术氛围。当然，实践研究还存在不足，研究多为课堂教学经验的梳理和积累，较少经过科学严谨的课题研究，部分研究成果是在历史学科核心素养的概念和内涵尚未清晰下形成的，这样的研究成果是否有效还需要经过实践的检验。尽管如此，大量的研究成果也为我们教学方式转变研究提供重要的参照。

## 三、建构目标与途径的内在联系，重构学科课程实施体系

教学方式"是教学方法、形式、手段等的综合，本质上是教学战略性思考的外显形态，蕴含着教师的教育哲学、教育理念和价值取向，反映教师的教学伦理准则和教学思想境界"。从学习心理的角度，教学方式可以分为刺激反应、客观反映、主观设想和合理性建构等四种。从教学主体地位角度，可以分为"以教为主"的教学方式，如讲授法、讨论法、提问法等和"以学为主"的教学方式，如头脑风暴、思维导图、合作探究等。

学科核心素养的形成和发展需要学生通过深度参与教学过程，在长期的以学科问题解决为核心的思维活动中逐步感悟和生成。基于学科核心素养培养的课堂应当具有以下特征：课堂不是封闭、单向的稳定系统，而是开放的、多元的系统；教学是帮助学生探索世界而不是证明真理的过程；教师不是唯一知识来源，学生是自我学习的设计者，是积极参与自我学习的学习者；学习不是由教师把知识简单地传递给学生，而是学生自己建构的过程；知识是情境化的，学习不能简单地把抽象的、去情境化的知识从一个人传递给另外一个人。基于以上特点，从学习心理角度，合

理建构教学方式既重视对世界的客观反映以及通过刺激反应对记忆、技能的训练，更强调人的想象力、实践能力和创新性发展及其对未来世界的建构，是融合了其他方式的优点，能反映素质教育和创新教育本质的教学方式。而从教学主体地位角度，"以学生为主"的教学方式显然是符合学科核心素养培育的教学方式。

课堂教学方式的转变对教师队伍提出了更高的要求。离开了教师整体素质的改善，任何教育改革都只会沦为一场概念游戏，而教师素养的提升更重要的途径是高质量持续性的职业培训。黄牧航教授指出：要从历史教育智慧、历史思辨能力、学科拓展能力、人格影响力和成就动机等方面入手构建教师素养提升体系。通过加强学术研究、整合高校、教研系统和一线教师的人力资源，改进培训课程内容等方面促进教师专业素养的可持续发展，唤醒教师对学科的兴趣、对工作的热爱、对事业的信念。

## 第二节　历史核心素养调查与问题分析

为进一步推进课题研究，确保研究基于丰台区历史学科教学实践和师生需求，本课题组在吴波老师带领下，组织全区骨干教师举办了学术沙龙活动，进行了面对面的访谈调查。同时还研究设计了"基于历史学科核心素养培养的教学方式改进的行动研究"调查问卷，在初高中140多名历史教师中开展了全面的问卷调查，下面重点就教师问卷调查情况进行总结。

### 一、调研背景与目的

2014年3月，教育部发布《全面深化课程改革 落实立德树人根本任务的意见》，明确提出新一轮教育改革的关键是核心素养体系的建构与培育，提出要研究确定各学段学生发展核心素养体系，明确学生应具备的适应终身发展和社会发展需要的必备品格和关键能力。此概念一经提出就受到教育工作者的广泛关注。2016年，北京师范大学林崇德教授领衔的课题研究组发布了《中国学生发展核心素养研究报告》，正式提出了中国学生发展核心素养模型。《北京市教育委员会关于做好2015－2016学年度基础教育课程教材改革实验工作的意见》中明确提出："改革目标上，逐步实现课改边界的'穿越'。努力实现由知识指向向核心素养指向的转变，关注学生生命质量，关注育人文化、课程文化的建设。"

随着核心素养体系的建构，探索基于中学学生核心素养培养的课堂教学方式成为教育界面临的一项紧迫任务。在此背景下，北京教育学院丰台分院中学教研室于2016年9月立项通过《基于中学生核心素养培养的课堂教学方式改进研究》课题，试图以核心素养为核心，探索以素质教育为宗旨、促进学生核心素养发展的课堂教学策略与方法，分解落实学科育人功能。中学教研室历史组在吴波老师带领下，首先开展了文献研究。了解国内历史学科核心素养研究现状以及在基于历史学科核心素养培养的课堂教学方式实践方面取得的研究成果。在了解分析研究成果的基础上，形成了《历史学科文献研究综述》。在此基础上，按照课题组研究总体设计，历史学科召开全区骨干教师座谈会并开展可基于核心素养培养的课堂教学实践观摩交流活动。2018年1月，在课题组统一安排下，历史学科编制了《丰台区基于核心素养的课堂教学方式调查问卷（历史学科)》，对全区初高中历史教师课堂教学现状进行了全面调研。

## 二、调研思路与问卷设计

本次问卷调查由总课题组和学科组协作，经历了问卷设计、问卷调研、问卷统计与结果分析几个步骤。在问卷设计方面，总课题组设计基本信息板块、公共部分板块，学科组设计学科板块。基本信息板块主要对初高中教师的年龄、学历、职称、学段四个方面展开调查，以便对丰台区教师队伍做一基本了解。公共部分板块主要围绕"中学生核心素养框架"的内容展开调研，了解教师对于中学生发展核心素养的三个维度"文化基础、自主发展、社会参与"内涵的理解情况和认知程度，同时也作为学习资源引导教师进一步深入理解和掌握中学生核心素养理论体系。历史学科部分主要从三方面开展调研。一是历史学科核心素养相关内容的了解和理解情况。二是基于历史学科核心素养的具体教学方式、评价方式等方面的优势与不足。三是要求教师针对一个具体教学主题进行微设计，主要了解教师的理论认知与实践操作是否统一及统一程度。具体内容如下：

### 丰台区基于核心素养的课堂教学方式调查（历史学科）

（前两部分略）

第三部分　学科部分（请直接在选项前画√）

1. 选择题。

(1) 你认为学生发展核心素养体系中学会学习的内涵应当有（多选）

A. 培养乐学善学的学习意识。

B. 培养勤于反思的学习方式方法。

C. 学会及时进行学习进程评估调整。

D. 教给学生必备的知识和技能。

(2) 历史学科核心素养和学生核心素养之间的关系描述不正确的是

A. 历史学科核心素养是人文素养的重要组成部分之一。

B. 历史学科核心素养是实现培养与发展学生核心素养的有效途径。

C. 学生核心素养与历史学科核心素养是全局与局部、共性与特性、抽象与具象的关系。

D. 历史学科核心素养和发展学生核心素养各有其不同的内涵和价值。

（3）下列对唯物史观的认识正确的是（多选）

A. 唯物史观是揭示人类社会历史客观基础及发展规律的科学历史观和方法论。

B. 只有运用唯物史观的立场、观点和方法，才能对历史有全面、客观的认识。

C. 唯物史观使历史学成为一门科学。

D. 唯物史观是认识和解决历史和现实问题唯一正确的指导思想。

（4）下列对时空观念的理解正确的是（多选）

A. 是对事物与特定时间及空间的联系进行观察、分析的观念。

B. 强调历史时间与空间是整体的连贯的，不可分割的。

C. 按照时间顺序和空间要素，建构历史事件、人物、现象之间的相互关系。

D. 能够在不同的时空框架下理解历史上的变化与延续、统一与多样、局部与整体，并据此对史事做出合理解释。

（5）下列对基础教育阶段学生史料实证素养培养目标的叙述正确的是（多选）

A. 知道史料是通向历史认识的桥梁，了解史料类型，掌握收集史料的途径与方法。

B. 通过对史料的辨析和对史料作者意图的认知，判断史料的真伪和价值。

C. 从史料中提取有效信息，作为历史叙述的可靠证据，并据此提出自己的历史认识。

D. 能够以实证精神对待历史与现实问题。

（6）下列对历史解释培养目标认识正确的是（多选）：

A. 能够区分历史叙述中的史实与解释，知道对同一历史事物会有不同解释，并能对各种历史解释加以评析和价值判断。

B. 能够客观论述历史事件、历史人物和历史现象，有理有据地表达自己的看法。

C. 能够认识历史解释的重要性，学会从历史表象中发现问题，对历史事物之间的因果关系做出解释。

D. 面对现实社会与生活中的问题，能够以全面、客观、辩证、发展的眼光加以看待和评判。

（7）下列对家国情怀培养目标理解正确的是（多选）：

A. 能够从历史的角度认识中国的国情，具有家国情怀，形成对祖国的认同感；认同社会主义核心价值观，树立道路自信、理论自信、制度自信和文化自信。

B. 能够认识中华民族多元一体的历史发展趋势，形成对中华民族的认同感，具有民族自信心和自豪感。

C. 了解世界历史发展的多样性，理解和尊重世界各国、各民族的文化传统，形成广阔的国际视野。

D. 了解并认同中华优秀传统文化，认识中华文明的历史价值和现实意义。

2. 填空题。

（8）日常教学中，您主要采用哪些教学方式？（按使用频率排列）

（9）日常教学中，您一般讲多长时间？

（10）日常教学中，您经常运用的课堂导入方式有哪些？（按使用频率排列）

（11）您在日常教学中经常采用的学生活动方式有哪些？（按使用频率排列）

（12）日常教学中课堂小结的方式有哪些？（按使用频率排列）

（13）您在课堂教学中通常使用的学习评价方式有哪些？（按使用频率排列）

3. 问答题。

（14）您对核心素养体系哪一（几）项认识比较深刻，可以通过哪些方式实现？请举例说明。

（15）初高中历史教学中有一项内容是认识改革开放的意义，以核心素养理念为指导，简要阐述你的教学思路。

（16）日常教学中，你在培养历史学科素养方面还有哪些困惑和需求？请简要说明。

## 三、问卷调研情况统计与分析

本次调研在丰台区初、高中历史学科专任教师中进行，共收回试卷 144 份。课题组进行了细致的整理和分析。

### （一）核心素养理念认知状况

调研数据显示，丰台区历史教师对学科核心素养理解比较全面，认识比较深刻。90%以上的教师能够从不同层面、不同水平层次了解时空观念、史料实证、历史解释、家国情怀素养的指标要求。对于唯物史观素养，88.9%的教师能够认识到"唯物史观是揭示人类社会历史客观基础及发展规律的科学历史观和方法论"，但是36%的教师不能认识到"只有运用唯物史观的立场、观点和方法，才能对历史有全面、客观的认识"。

教师对于学科核心素养的认识比较全面,源自教师自我发展意识和终身学习意识的提升和信息时代思想意识传播速度的提升。但最主要是来源于区教研工作对新理念、新方式的重视。核心素养体系概念提出以来,北京教育学院丰台分院历史教研组通过集体培训、专家讲座、教研进修等形式开展了多层次的解读和学习交流活动,促进广大教师对新理念的理解和认识。至于唯物史观存在一定认知模糊的原因,与近年来历史学科基础教育强调"多元史观"等教学观念有关。随着核心素养概念的提出,对唯物史观的认知会不断增强。

相较于学科核心素养的熟识,教师对学生发展核心素养的认识和理解不全面、不深入。86%的教师认为逻辑推理是科学精神的一部分。77%的教师认为"学生在学习、理解、运用人文领域知识和技能等方面所形成的基本能力、情感态度和价值取向"指的是人文素养。30.56%的教师认为学会生活是"学生在认识自我、发展身心、规划人生等方面的综合表现"。另外有65.28%的教师能够认识到"历史学科核心素养和学生发展核心素养各有其不同的内涵和价值"。这说明部分教师对学科核心素养与学生发展核心素养的关系理解不清晰。

教师对学生发展核心素养的理解和认识不够全面和深入,主要原因在于学生发展核心素养体系提出后很快又提出了学科核心素养的概念,在我国现有分科教学长期存在且学科本位意识还比较深厚的背景下,很容易出现学科核心素养一叶障目的情况,这也是许多专家学者担心的问题,需要教育领域各层面的关注。

## (二) 常用课堂教学方式

表1 丰台区中学历史教师常用课堂教学方式方法调查统计表

| 教学方式 | 讲授 44.29% | 问题探讨 55.71% | | |
|---|---|---|---|---|
| 讲授时间 | 35~45 分钟 66.67% | 30~35 分钟 33.33% | | |
| 导入方式 | 设置情境 66.20% | 复习导入 33.80% | | |
| 活动方式 | 讨论探讨 79.16% | 角色扮演 23.36% | 问题回答 7.48% | |
| 小结方式 | 归纳结构 92.64% | 其他 7.36% | | |
| 评价方式 | 小测验 55.52% | 问题回答 34.22% | 作品展示 5.13% | 小组积分 5.13% |

从全区中学历史教师常用课堂教学方式方法调查统计表中可以看出,多数教师

已经意识到教学应采取以学生为本的课堂教学方式，应通过创设合适的教学情境启发学生思考，鼓励学生尝试与创新，应关注训练学生的表达能力，给学生自我反思、自我评价和相互评价的机会。但也存在一些不符合课程改革的情况，如以传统讲授式为主的教学依然存在、缺乏以核心素养为指引进行教学设计、在教学过程中落实核心素养的方式方法存在欠缺等。究其原因，部分教师对学科素养的认识和理解还不够深入，对转变教学方式的重要性认识不足，在运用现代教育方式、方法落实学科核心素养方面的手段策略还比较少。因此，基于学科核心素养培养的教学方式研究将立足于这些问题的解决。

## 四、问题解决的思路与途径设想

### (一) 调整课堂教学逻辑

于友西教授在《中学历史教学法》一书中提出了历史教学内容的三种逻辑关系，即历史的逻辑、教材的逻辑、学生认知的逻辑。在课堂教学中要将这三种逻辑进行有机整合，最终将其转化为教师课堂教学的逻辑。在整合的过程中，需要更关注历史的逻辑和学生认知的逻辑，因为它们体现历史事实与学生认知的关系。

### (二) 关注历史学科能力

历史学科能力是历史学科核心素养的重要构成。每一项具体的能力要求背后，都是在塑造对待历史的态度和方法，学会正确对待历史，就学会了正确地对待现在和未来。

### (三) 拓展学科思想与学科方法

历史学的本质是在史料基础上建构的对过去的理解和认识。史料是无限的，也是多样的，要处理好史料的无穷性和教学的有限性矛盾，就要求教师在原有知识教学的基础上进行拓展和延伸，尤其是学科思想方法的延伸。

### (四) 整合单元教学内容

单元教学的整合，可以按照提炼单元主题—归纳单元重点问题—依托重点问题设计教学活动的路径进行。其中单元重点问题的确立和解决是关键环节。重点问题的确立要站在单元主题的高度审视和把握，依据史事的学科地位和教育价值两个标准进行归纳。单元重点问题的解决要通过问题探究的方式，将学科重点问题按照学生学科认识中的事实判断、成因判断和价值判断的层次，转化为适合课堂教学的可操作、可检测的具体问题。

总之，基于历史学科核心素养培养的课堂教学方式转变，其实质是从传统的灌输式向现代的合理建构式教学的转变。这种转变能够使学生沉浸于生动的情境中，在问题引领下慢慢走进历史殿堂，不断获得探究活动带来的乐趣。新的历史课堂中，历史不再是抽象的、生硬的理论和逻辑，而是丰富的充满人文气息的人和事。学习的兴趣自然越来越浓，知识、能力、品格也就在自然而然中得到涵养和发展。

## 第三节　历史核心素养实践与养成途径

2017年至2019年，通过四个研究阶段，丰台区历史教师分别从理论和实践、区级和校级等层面开展了基于学科核心素养培养的教学方式改进实践研究。

### 一、研究历程

第一阶段：2017年3月—2017年8月，课题组主要开展了以下工作。

区级层面：在前期准备时，确立集体讨论、专人负责的课题整体推进思路，明确课题组五位教师分别承担一个项目的研究分工，确定每两周一次交流和研讨的机制，明确课题研究与日常学科教研实践相结合的研究策略，确定开展基于学科素养培养的教学论文、教学案例、教学设计交流、征集、评比活动方案，确定北京十二中、北京十八中、北京十中、大成学校、东铁营一中、丽泽中学等学校作为实验校开展研究。

在实践研究过程中，以初高中同课异构形式在全区范围内组织了《汉武帝加强中央集权》《代议制民主制度的确立》《工业革命》《辛亥革命》《宋代经济》等基于核心素养培养的课堂教学实践案例研讨课。

校级层面：理论学习，以教研组为单位深入学习学科核心素养的内涵及目标，深入理解学科核心素养的课堂教学方式提出的新要求，分析不同教学方式对素养形成和发展的不同作用。围绕课堂教学设计、教学策略与方法、教学评价等进行案例和课题研究。

第二阶段：2017年9月—2018年1月，主要开展了以下工作。

区级层面：先后开展了历史学科核心素养与学生发展核心素养内在联系、历史学科核心素养的内涵与目的、基于学科核心素养培养的教学方式改进的教师情况调研和主题研讨与交流活动；邀请北京师范大学李凯、北京四中赵利剑等教师开展相关学术讲座；梳理研讨，形成阶段性的研究论文或案例；继续在全区范围内组织《五四运动》《评价北宋加强中央集权的措施》《经济全球化》《唐代政治制度》等基于核心素养培养的课堂教学实践案例研讨课。

校级层面：大成学校、北京十中、首经贸附中的历史教研组组织教师研究学科关键能力，开展教学案例设计交流展示活动。

第三阶段：2018 年 2 月—2019 年 7 月。

区级层面：召开骨干教师专题研讨会，汇集学科教学方式转变研究的成果与问题，深入研讨学科核心素养的整体推进规划和分项落实策略；继续在全区范围内组织《以经济建设为中心》《对外开放的新格局》《商鞅变法》《蔡伦改进造纸术》《北洋军阀统治时期的政治、经济与文化》《古代雅典》等基于核心素养培养的课堂教学实践案例研讨课。

第四阶段：2019 年 7 月—2019 年 12 月。

全面收集整理研究资料、汇集研究数据，形成研究报告，形成研究论文集、课例集。

## 二、研究成果

近三年来，经过全区教师的认真学习研究，教师们对于历史学科核心素养的内涵及目标、历史学科核心素养培育与教学方式的内在联系有了较为深入的了解和认知。教师们积极参与课题研究，在教学论文撰写与评比、教学案例展示交流、教学设计征集与评比等方面取得了丰硕的研究成果。汇总教师各项成果如表 2。

表 2　丰台区历史学科教师教学成果汇总表

| 撰写教学论文 | 85 篇 |
| --- | --- |
| 市、区级获奖论文 | 22 篇 |
| 各类刊物发表论文 | 15 篇 |
| 开展市、区级各类研究课例 | 79 节 |
| 市级以上获奖教学设计 | 10 余篇 |

在这些成果中，云岗中学万稚文老师《辛亥革命》、实验学校徐蕾老师《抗日战争》两节课例在北京市示范性高中历史学科同课异构教学研讨会上进行展示交流，获得听课教师一致好评。北京教育学院丰台分院陈立英老师撰写的论文《核心素养背景下历史学科重点问题体系建设再思考》在全市教师新课程培训活动中进行了交流展示。吴波老师多次在北京师范大学举行的各类研讨活动中进行交流展示。

## 三、研究结论

课堂教学方式的变化是课堂教学战略性的变化，意味着课堂教学的理论基础、内容、结构、方法策略、评价标准全方位的改变。教学方式的变化反映教学价值取向的重大变革。教学方式转变的实质是从传统以"教"为主的刺激—反应式、客观反映式的教学方式向现代的以"学"为主的合理性建构式、探究式教学方式转变。教学方式转变的核心不在形式的标新立异，而是要依托学科体系紧紧围绕核心素养的内涵与本质开展设计与实施。

经过三年的实践研究，丰台区历史学科课题组初步总结制定出基于学科核心素养培养的历史教学方式改进的路径与策略。

### (一) 核心素养引领下的历史教学总体设计

教师应从整体高度认识并加强核心素养引领下的历史教学总体设计。

1. 整体关注历史学科能力

核心素养是必备品格、关键能力与价值观的综合，历史学科能力是历史学科核心素养的重要构成。每一项具体的能力要求背后，都是在塑造对待历史的态度和方法，学会正确对待历史，就学会了正确地对待现在和未来，"历史学科能力如何，决定着学科素养的高度"。根据北京师范大学学科关键能力课题研究成果，历史学科能力包含学习理解（识记、说明、概括）—实践运用（比较、解释、评价）—创新迁移（建构、考证、探究），从低到高的三个能力阶梯。

核心素养导向下的历史课堂教学应关注整体学科能力的培养，要按照学科能力发展的逻辑来设计教学，同时将学科核心素养蕴含其中。

在初中《评价宋代中央集权制度》一课中，教师打破传统的加强中央集权的背景、措施、意义、评价的教学结构，基于学科能力发展，设计了知识理解和实践运用两个环节。在知识理解环节，首先引导学生回顾北宋加强中央集权的措施，然后出示原始材料引导学生找出措施对应的原始材料。然后，教师组织学生对具体措施进行分类归纳，在分类基础上，进一步组织学生比较各类措施的异同，抽绎概括各类措施的本质特征。在实践运用环节，教师提出问题：北宋为什么要实行这些加强中央集权的措施呢？引导学生联系所学进行背景原因的分析，在学生回忆基础上进一步补充材料，引导学生在更广阔的视野下进行背景分析。最后，教师将北宋加强中央集权的背景与措施一起展示，提出新的问题：大家能否结合背景推断这些措施的影响呢？我们如何看待北宋加强中央集权的措施呢？

本课中，教师很好地将学科能力建设与学科素养的培育融合在一起：引导学生回顾北宋加强中央集权的措施，然后出示材料引导学生进行连线，找出措施所对应的史料，培养了学生的说明能力，也提高了史料实证素养。对措施进行分类归纳培养了学生的概括能力，同时提高了学生的史料实证和历史解释素养。分析推断加强中央集权措施的影响，培养了学生的分析能力，同时提升了时空观念、历史解释、唯物史观素养。学生对北宋政治制度产生各种思考时，家国情怀素养也涵养其中。

2. 整体规划课堂教学逻辑

于友西教授主编的《中学历史教学法（第3版）》指出，历史教学内容的逻辑关系，涉及三种类型，一是历史的逻辑，即历史发展的进程、阶段、背景、原因、经过、结果等，以及纵向和横向的联系；二是教材的逻辑，即所用教科书课文叙述的结构、层次、段落、要点等；三是认识的逻辑，即教师在把握历史的逻辑和分析教材的逻辑后，将教材内容整理成适应学生认识历史的逻辑，使学生能够按照教师的教学安排逐步了解和理解所学的历史，进而达成对历史的认识。要教好历史，最重要的还是把握历史的逻辑和认识的逻辑，因为这才是事实与认知的关系。

在历史学科核心素养培育过程中，无论是整体推进还是单项突破，都需要遵循其内在的逻辑。以时空观念的培养为例。在《从人文精神之源到科学理性时代》单元学习时，教师设计了四个探究活动。

探究活动一：学生制作用世纪表示的时间轴，梳理人文主义发展的过程。

探究活动二：根据所学，概括每个阶段人文主义的含义，结合地图说明它们之间的联系。

探究活动三：按照时间发展顺序说明人文主义与资本主义发展的关系。

探究活动四：如何看待文艺复兴时期的人文主义思潮？依据史实进行论述。

上述案例显示，符合认知逻辑的教学是有利于核心素养培育的。探究1学生通过制作时间轴，能够将人文主义"定位在时间和空间框架下"；探究2通过地图说明各阶段联系，实质是对人文主义发展历程"加以描述"，认清事物的来龙去脉；探究3是对人文主义和资本主义"两个较长时段的史事加以概括和说明"；探究4将不同时期的人文主义思潮放在"具体的时空框架"下分析。在这些问题解决的过程中，时空观念素养在不同水平上都得到了提升。

3. 渗透学科思想方法

历史学的本质是在史料基础上建构的对过去的理解和认识。史料是无限的，也是多样的，想要处理好史料的无穷性和教学有限性的矛盾，就要求教师在原有知识教学的基础上进行拓展延伸，尤其是学科思想方法的延伸。

北京师范大学郑林教授指出，"方法性知识是历史知识的核心成分"。课堂教学设计中要在建构历史事实和结论的基础上进一步挖掘其中蕴含的学科方法和学科思想。

例如，在《百家争鸣》背景的学习中，传统教学帮助学生分析百家争鸣情况出现的原因，即完成教学过程。在新的背景下，在分析百家争鸣状况及成因基础上，教师还可以进一步拓展延伸，分析和概括百家争鸣要运用到哪些学科方法？史实与结论的得出体现了哪些学科思想？通过延伸，学生在运用所学知识基础上，涵养了唯物史观、历史解释等素养，深化了教学目标。

上述案例中，通过教学内容的拓展，引导学生把握多角度分析问题的方法，提升了历史解释素养，而通过对社会存在决定社会意识的学科思想的认识涵养了唯物史观素养。

### 4. 做好单元教学设计

单元教学的整合，可以按照提炼单元主题—归纳单元重点问题—依托重点问题设计教学活动的路径进行。其中单元重点问题的确立和解决是关键环节。重点问题的确立要站在单元主题的高度审视和把握，依据史事的学科地位和教育价值两个标准进行归纳。单元重点问题的解决要通过问题探究的方式，将学科重点问题按照学生学科认识中的事实判断、成因判断和价值判断的层次，转化为适合课堂教学的可操作、可检测的具体问题。以《秦汉大一统国家的建立和巩固》单元为例：

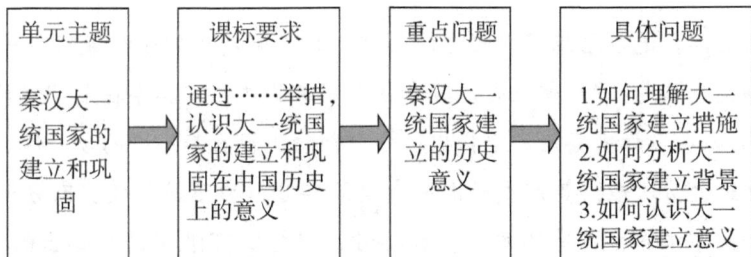

| 单元主题 | 课标要求 | 重点问题 | 具体问题 |
|---|---|---|---|
| 秦汉大一统国家的建立和巩固 | 通过……举措，认识大一统国家的建立和巩固在中国历史上的意义 | 秦汉大一统国家建立的历史意义 | 1.如何理解大一统国家建立措施<br>2.如何分析大一统国家建立背景<br>3.如何认识大一统国家建立意义 |

图1 《秦汉大一统国家的建立和巩固》重点问题梳理

基于素养的目标达成往往是跨课时乃至跨学期、跨学年的，不可能在一节课里面得到实现。单元教学的特点在于整合性以及在此基础上的教学完整性。教师通过学科整合把握重点问题可以很好解决当前存在的课时不足问题，能够更从容地设计课堂目标和课堂活动，从而确保学科核心素养的落实。这也正是高中历史新课标提出"核心素养—课程标准—单元设计—学习评价"教学链的目的所在。

**（二）核心素养引领下的课堂教学方式与具体策略**

1. 以史料为载体，创设历史学习情境

历史学科明确提出史料实证和历史解释两大素养。强调对历史的探究是以求真求实为目标，以史料为依据，通过对史料的辨析，将符合史实的材料作为证据，建构合理的历史解释，进而形成正确、客观的历史认识。史料是我们揭示历史真相不可或缺的证据，也是我们评析历史人物、历史现象与历史事件的基石。课上学生通过研读史料，发现有效信息，经过思辨与探究，考察史料的可信度和使用价值，运用可信史料，努力重现历史真实的态度与方法，形成自己的历史解释，构建属于自己的历史叙述。因此历史教学应以史料教学为载体，基于核心素养创设课堂教学情境。课堂上教师应为学生提供史料，教给学生史料研究的方法，主要是培养学生"史由证来，论从史出"的证据意识。历史学科重证据，教师应教给学生史料选择的方法有：最好选用原始文献，确保史料的信度；史料最好不要脱离原来的语境，不要断章取义；应尽量选取客观事实性史料，尽量少呈现结论性材料，如果使用结论性史料，也只能是作为印证性材料使用等。

例如：在单元复习《中国古代政治制度的演变》一课中，针对中国古代分封制与郡县制两种地方行政制度，学生在比较明确两种制度实行的背景、内容及相关影响后，教师出示以下材料，创设历史情境，引导学生进一步认知这两种地方行政制度。

至明清之际，进步思想家力图将分封制与郡县制两者的长处兼容在一起解决这一问题。顾炎武认为："封建之失，其专在下；郡县之失，其专在上。"（顾亭林《郡县论》）王夫之在《读史鉴论》中指出：分封制的出现有其历史的合理性，郡县制取代分封制也是大势所趋。黄宗羲提出把中央的部分权力下放，使其有分治之权，在政治、经济、军事方面各有其权，各负其责。这样既可限制过分膨胀的君主权力，又可以防止封建割据之害。

——摘编自冯辉《中国古代分封制与郡县制之争》

学生通过对上述史料的研读分析，进一步认识到：分封制与郡县制这两种地方行政制度无绝对好坏优劣，在中国历史上之所以存在都有其合理的因素，要对其进行辩证分析评价。这一环节的目的是提升唯物史观素养和历史解释素养。

在学习完中国古代各朝中枢权力机构的运行及其演进变化之后，教师继续出示以下材料，创设历史情境。

任何一项制度，绝不是孤立存在的。各项制度间，必然是互相配合，形成一整套。

某一制度之创立，绝不是凭空忽然地创立，它必有渊源……某一制度之消失，也绝不是无端忽然地消失了，它必有流变……如此讲制度，才能把握得各项制度之真相……

任何一制度，决不会绝对有利而无弊，也不会绝对有弊而无利……因此要讲某一代的制度得失，必需知道在此制度实施时期之有关各方意见之反映。

——钱穆《中国政治制度得失》

学生结合钱穆先生的认识和本节课内容的学习，对政治制度形成理性认知：政治制度之间存在相互关联和渊源流变，政治制度是在动态平衡中不断发展演变的。这种历史认知、看问题的视角，就是我们所强调的历史学科核心素养，它将对学生的终身发展有益。

2. 优化课堂教学方法

教学方法实质是师生互动的手段和策略。在继承优良传统的基础上对教学方法进行整合、优化和创新，可以更好地实现学科素养教育目标。以"角色扮演教学法"为例，在《秦统一中国》一课中，教师在创建中央集权制度一目中，运用"角色扮演"教学法，进行了如下设计：

环节一：提出问题：秦统一后为什么不实行分封制度？为帮助学生认知，教师组织学生表演依据《史记》相关记载改编的小品《廷议》。

(1) 旁白、秦始皇、群臣——皇帝制度。

(2) 旁白、秦始皇、丞相王绾、廷尉李斯——分封制度。

环节二：学生依据小品演示，绘制《秦朝政治建制示意图》，并进行展示交流。

教师在学生展示基础上，进行归纳总结。

在以上设计中，教师虽然意识到了要关注学生的主体性和参与度，但教学设计有形无神，看起来很"热闹"，但教学的逻辑性、开放性、思想性不足。在经过集体备课后，对该部分教学环节进行了如下修改：

在学生表演小品《廷议》的基础上，组织开展问题探究活动。

问题一：历史文献中对这次"廷议"是怎样记载的？

出示《史记·秦始皇本纪》的史料记载，学生阅读概括史料中的廷议状况。

问题二：同学表演的《廷议》与《史记·秦始皇本纪》的记载有哪些异同？

学生需要关注分析小品《廷议》中哪些是依据《史记·秦始皇本纪》编写的，哪些是作者和表演者加工的。

问题三：同学表演的小品《廷议》与《史记·秦始皇本纪》的记载各有什么价值？

引导学生从史料类型的角度，关注史料的价值，并进而认识到应该依据什么样的史料来了解秦朝当时廷议的真实内容。

在以上案例中，教师优化教学方法，增加文献史料的内容和史料类型与价值的对比分析，更好地体现了历史学科的特点。学生通过角色扮演增加了学习的兴趣，增加了主动建构知识积极性。学生通过对比小品表演和《史记》相关记载，加强了证据意识，提升了史料实证素养。

3. 引导学生自主建构

建构主义提出"学生是认知的主体，是意义的主动建构者"。主张"教学不是知识的传递，而是知识的处理和转换"。历史并不能简单地由教师传授给学生，而只能由每个学生依据自身已有的知识和经验主动地加以建构。学生建构知识和解释的过程实际上是知识结构化、方法逻辑化、认识深广化的过程，是学科素养不断提升的过程。

历史学习的建构包括史实的建构（包括历史事件、历史现象、历史发展脉络的建构）和历史解释的建构。在《五四运动》一课中，学生通过阅读火烧赵家楼的一手史料，建构火烧赵家楼这一历史事件的概况。通过《五四运动大事记》的分段、分类分析，建构五四运动的发展脉络，通过对五四运动前后重大史事及其联系的分析，建构五四运动的解释。

上述案例中，学生通过史料建构火烧赵家楼这一历史事件的过程，提升了史料实证意识和时空观念素养；通过分段、分类分析，提升历史解释素养；通过辩证地、历史地、发展地评析五四运动，增进了唯物史观素养和历史解释素养。通过对当时大量感人事迹的了解，不断提升家国情怀素养。

在进行岳麓版教材政治模块第一单元《中国古代政治制度的演变》这一专题复习时，可利用教材单元目录，学生依据课时题目，进行复习回忆，在整体感知单元知识的同时架构单元知识结构体系，进而树立对我国古代政治制度演变的整体认知。
（见图 2）

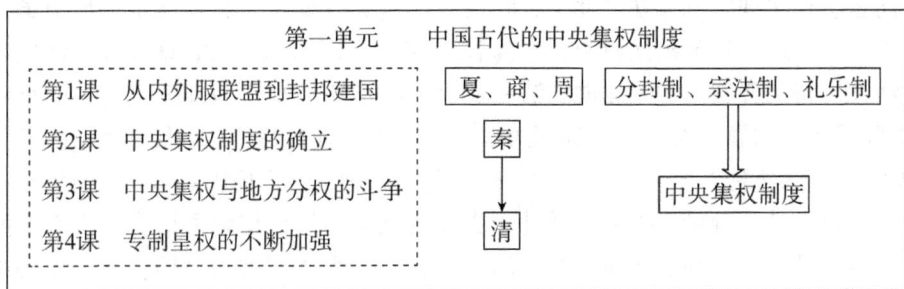

图 2

在进行岳麓版教材政治模块第三单元《近代西方资本主义政体的建立》复习时，
学生结合所学知识，简要说明英、法、美、德四国政体的运作情况，并勾勒各国政
体结构简图。学生依据各国政体结构简图比较四国政体的相同点与不同点，并进而
分析形成这些异同点的原因。

上述案例中，学生简要说明英、法、美、德四国政体的运作情况，并勾勒各国
政体结构简图，这一学习环节提升了历史解释素养；依据各国政体结构简图比较四
国政体的异同点，并进而分析原因，学生需要对各国政体有一个明确的认知，然后
需要结合四国各自的国情和政体形成的过程，分析出现异同点的原因，这一环节提
升学生的唯物史观素养、时空观念素养和历史解释素养。

在进行岳麓版教材经济模块第三单元《各国经济体制的创新和调整》复习时，
学生依据苏联（俄）、资本主义国家从 20 世纪 20 年代以来各个时期体现经济发展的
图片，梳理二战前后的苏联和资本主义国家经济发展的史实，概括经济发展线索，
建构知识体系，提升时空观念和历史解释素养。（见图 3、图 4）

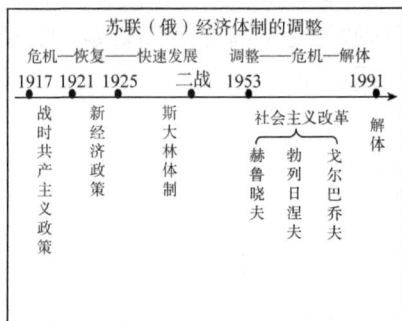

图 3

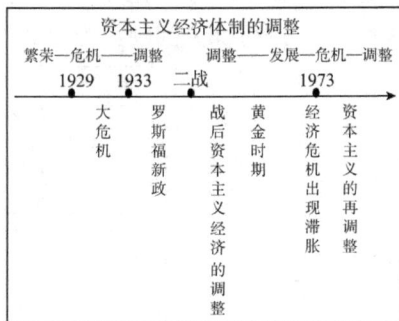

图 4

4. 重视调动运用知识

调动和运用知识可以通过设置生活性、学科性、学术性、社会性等多样化情境，通过问题引导实现。例如在《北美大陆的新体制》一课中，教师展示一份中国日报网 2017 年 7 月 22 日的新闻材料："美国旧金山一名联邦法官 20 日表态拒绝恢复总统唐纳德·特朗普颁布的停止向非法移民'庇护城市'提供联邦资金援助的行政命令。"随后提出问题，结合所学知识对以上新闻内容进行解读。引导学生运用所学的美国 1787 年《宪法》中联邦制原则、分权制衡原则、民主原则对材料进行解读。

该案例设计的独到之处在于设计了真实的社会情境，搭建了历史和现实之间的桥梁，在调动学生兴趣的同时，通过问题设置引导学生调动和运用所学知识解决现代问题。学科素养的实质是以学科知识、能力、方法为依托，逐步形成的解决复杂现实和未来问题的能力。而解决问题的过程是调动和运用已有知识技能的过程。所以，调动和运用知识的能力是素养提升的重要基础。

在进行单元复习时，需要有效整合知识，设计开放性问题和综合型的问题链，学生在合作探究中去有效调动和运用知识，进而提升分析和解决历史问题能力。例如《中国古代政治制度的演变》一课，在学生学习完中国古代的中枢权力机构的架构及其运行演变这部分内容后，呈现材料和问题：

钱穆先生在《中国历代政治得失》中说："倘使我们说，中国传统政治是专制的，政府由一个皇帝来独裁；这一说法，用来讲明、清两代是可以的。若论唐、宋诸代，中央政府的组织，皇权相权是划分的。其间比重纵有不同，但总不能说一切由皇帝专制。"

用史实对上述观点加以论证。

要想解决这一综合性问题，学生需要充分调动和运用已学知识。学生既可以选用明、清时期加强中央集权的史实，对其中一个观点进行论证，也可以选用唐、宋时期中央集权制度的相关史实对另一观点进行论证。在论证过程中，学生既需要调动运用学科知识，还需要史论结合，有理有据，依据学科方法进行归纳论证。

再如，在《隋唐时期》单元复习课中，学生依据张岂之《中国历史十五讲》的目录（见图 5），进行探究问题：为什么说隋唐政治是中国古代官僚政治的完善？

| 第六讲　中国古代政治、法律和选官制度 |
| 一　宗法血缘关系与国家制度（三代至春秋） |
| 二　中央集权与君主专制制度的诞生（战国秦汉） |
| 三　门阀政治兴起和式微（魏晋南北朝） |
| 四　官僚政治的完善与科举制的创立（隋唐） |
| 五　皇权的强化及其制度的逐渐完备（两宋） |
| 六　辽金元政治法律制度的特色 |
| 七　皇权专制的再度强化与体制弊端（明清） |
| 张岂之主编《中国历史十五讲》 |

图 5

学生需要调动和运用隋唐时期政治方面三省六部制、科举制、唐律等史实，运用学科方法进行论证，提升学科核心素养。（见图6）

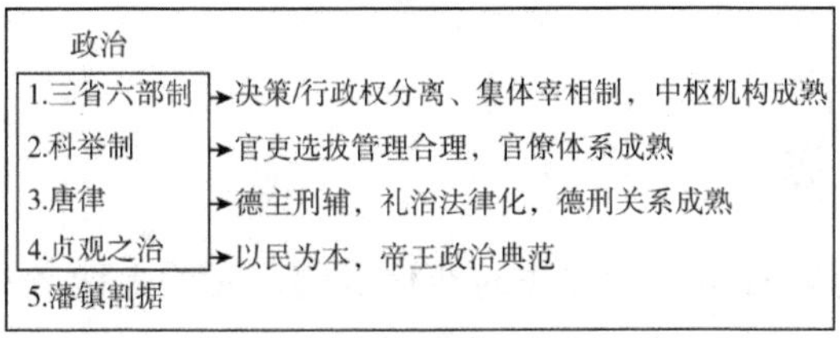

图 6

又如，与学生梳理隋唐时期政治、经济、文化各方面的史实，概括隋唐时期的阶段特征。（见表3）

表3　隋唐时期的阶段特征

| 政治 | 经济 | 文化 | 民族关系 | 对外关系 |
|---|---|---|---|---|
| 1. 三省六部制<br>2. 科举制<br>3. 唐律<br>4. 贞观之治<br>5. 藩镇割据 | 1. 均田制、租庸调制，曲辕犁，筒车<br>2. 缂丝、制瓷独立南青北白；私营恢复<br>3. 坊市制；柜坊、飞钱；大运河；丝绸之路 | 1. 思想：三教合一<br>2. 科技：雕版印刷、火药、子午线、《千金方》<br>3. 艺术：书法理论成熟，草书、楷书；吴道子<br>4. 文学：唐诗、传奇 | 1. 开明政策<br>2. 天可汗<br>3. 文成公主入藏<br>4. 民族融合 | 1. 交流国家多<br>2. 往来人数多<br>3. 交往频繁<br>4. 人员身份多样<br>5. 水陆路并进 |
| 国家统一<br>制度创新 | 全面繁荣<br>南北并重 | 兼收并蓄<br>推陈出新<br>气势恢宏 | 政策开明<br>民族交融 | 对外开放<br>交流频繁 |

梳理之后，教师反过来追问：为什么说隋唐时期是中华文明的繁荣发展时期？（见图7）

图 7

学生若要完成对这一问题的论证分析，需要调动运用已梳理的隋唐时期政治、经济等相关史实。通过一正一反两个认知思路和视角，学生在知识的迁移与运用中，提升了历史解释素养。

## 四、总结与反思

教学方式的变化常常与教学方法的变化混同，实质上两者有着重大的差别，课堂教学方式的变化是课堂教学战略性的变化，意味着课堂教学的理论基础、内容、结构、方法策略、评价标准全方位的改变。教学方式的变化反映教学价值取向的重大变革。基于历史学科核心素养的课堂教学方式变化实质是从传统的灌输式向现代的主动建构式教学的转变。这种转变能够使学生沉浸于生动的情境中，在问题引领下慢慢走进历史的殿堂中，不断获得探究活动带来的乐趣。新的历史课堂中，历史不再是抽象的、生硬的理论和逻辑，而是丰富的充满人文气息的人和事。学习的兴趣自然越来越浓，知识、能力、品格也就在这自然而然中涵养和发展。

由于历史学科核心素养是一个新事物、新概念，对其认识和理解需要一个不断加深的过程。另外，由于我们对教学方式的研究主要是通过典型课例观察途径，实践性和经验有余而理论性不足，还需要在今后进一步深入研究中进行理论剖析，最终形成普适性的研究成果，从而提升研究的深度和高度。

## 第四节　历史教学案例与评析

### 课例一　古代雅典公民社会

课例撰写：何萍　北京市航天中学

指导教师：吴波　北京教育学院丰台分院

## 一、指导思想和理论依据

《普通高中历史课程标准（2017年版）》中提出：学科核心素养是学科育人价值的集中体现，是学生通过学科学习而逐步形成的正确价值观念、必备品格和关键能力。历史学科核心素养包括唯物史观、时空观念、史料实证、历史解释和家国情怀五个方面。

单元主题教学是以单元为一个整体，引导学生从整体入手、整体把握，紧扣单元主题，把相关知识连为一条教学线索，使单元整体运转。单元主题教学有利于学生形成开阔的历史视野，看待历史问题能够站得更高，看得更远；有利于学生形成深刻的历史认识，学习中不仅仅局限于某个知识点，而是能将知识联系起来，形成宽广、深厚的历史认识。

因此，本课的教学设计围绕单元主题"古代雅典公民社会"，有意识地渗透发展核心素养的理念，把具体的教学内容与学生核心素养的培养结合起来。

## 二、教学背景分析

### （一）教学内容分析

1. 整体性

本节课是一节高三复习课，整合了四本教材中的相关内容，包括历史Ⅰ"雅典民主政治"、历史Ⅲ"希腊先哲的精神觉醒"、选修改革册"梭伦改革"、选修人物册"柏拉图""亚里士多德"，内容多，综合性强。因此，本节课以希腊城邦雅典的发展为主线，确定单元主题为"古代雅典公民社会"，引导学生围绕单元主题进行探究活动。

2. 基础性

古希腊文明是西方文明的源头，希腊城邦雅典是民主政体的发源地，雅典的政治、经济、文化臻于极盛，对西方文明影响深远，本单元内容在西方历史中具有基础性作用。

3. 文明的多样性

高三学生在学习了中国历史之后，继续探究世界历史上的不同文明的发展历程，感受到文明的多样性。运用唯物史观进行全面、客观的认识，体会文明之间的相互尊重与交流互鉴。

### （二）学生情况分析

学生在高一、高二已经学习了本课的内容，但是分散在不同的学段，学生感到知识是分散的，没有形成知识结构，理解也不够深入。

高三学生较高一、高二时的思维能力有了一定提升，经过一段时间的通史学习，掌握了一定的学习方法，有能力对知识进行新的建构，进行更为深入的思考。但他们对知识的把握仍不到位，方法仍不能熟练运用，在历史认识形成与提出的过程中往往还是比较茫然，需要在教学中提供时间与空间，不断练习提升。

## 三、教学目标

### （一）知识与能力

通过对古代雅典相关史料的阅读、辨析、分类，了解史料的类型，判断史料的价值，增强实证意识。

通过对古代雅典民主政治发展、古代雅典思想发展相关知识的梳理，从中概括发展特征，提升概括能力。

### (二) 过程与方法

通过探究知识之间的联系，学生提出观点并予以说明，运用唯物史观中的经济基础和上层建筑之间相互作用的观点，解释历史现象，综合培育时空观念、历史解释、唯物史观等核心素养。

### (三) 情感、态度、价值观

通过一系列的探究活动，认识雅典文明的独特性与世界文明的多样性，理解和尊重不同的文明。

## 四、教学重点、难点

### (一) 教学重点

古代雅典公民社会的地理、经济、政治、思想等方面的特征。

### (二) 教学难点

形成对古代雅典公民社会的历史认识。

## 五、教学过程

| 教学环节 | 教师活动 | 学生活动 | 设计意图 |
| --- | --- | --- | --- |
| 导入 | 【PPT 展示图片：雅典卫城】<br>提问：这是什么地方？<br>这是希腊最杰出的古建筑群雅典卫城，建于公元前 5 世纪，位于山丘之上，称为"高处的城市"，是雅典城邦的重要标志。<br>在希腊语里，由"城邦"一词衍生出"公民"，城邦的本质含义就是公民社会。今天我们的学习主题是"古代雅典公民社会"。 | 读图，<br>回答。 | 用现存的历史遗迹引入，拉近历史与现实的距离。 |

续表

| 教学环节 | 教师活动 | 学生活动 | 设计意图 |
|---|---|---|---|
| （一）触摸雅典公民社会 | 过渡：史料是了解过去、认识历史的重要依据，我们通过一组史料触摸雅典公民社会。<br>【PPT展示、简要介绍一组历史资料】<br>活动：对以下历史资料进行分类。<br>（提示：可以按照不同的标准进行分类。）<br>1. 雅典狄俄尼索斯剧场遗址；<br>2. 瓶画：雅典商船；<br>3. 瓶画：点票；<br>4. 瓶画：雅典制陶工场；<br>5. 雅典公民大会会场遗址；<br>6. 希罗多德《历史》节选；<br>7. 帕特农神庙遗址；<br>8. 柏拉图《理想国》节选；<br>9. 亚里士多德《雅典政制》节选。<br>教师整理：可按史料类别分为：6、8、9是文献史料；2、3、4是器物；1、5、7是遗址遗迹，是实物史料。<br>还可按研究领域分为：政治、经济、思想文化、社会生活等。<br>过渡：这些史料是如何见证雅典公民社会的？我们一起来追忆雅典公民社会。 | 学生通过思考，从不同角度对史料进行分类。 | 了解史料类型，辨析史料，判断价值，增强实证意识，并为下一部分的史实梳理做铺垫。 |

续表

| 教学环节 | 教师活动 | 学生活动 | 设计意图 |
|---|---|---|---|
| （二）追忆雅典公民社会 | 1. 地理环境、经济状况。<br>【PPT展示古代希腊地形图】<br>提问：古代希腊的地理环境有何特点？<br>多山、耕地缺乏、三面环海、多岛。<br>追问：这样的地理环境带来哪些影响？<br>经济上，有利于航海发展、海外贸易、工商业、海外殖民；<br>文化上，有利于文化交流；<br>政治上，有利于形成小国寡民的城邦。<br>雅典就是其中一个典型城邦。<br>提问：第一部分的哪些史料有助于研究雅典的经济状况？<br>瓶画：雅典商船；<br>瓶画：雅典制陶工场；<br>2. 民主政治。<br>【PPT展示列表"古代雅典民主政治发展"】<br>雅典民主政治发展的三个关键阶段是：梭伦改革、克里斯提尼改革、伯利克里时代。<br>（1）出示梭伦改革的内容，概括特点。<br>通过比较内容的共同点，我们可以发现梭伦改革解决的主要问题是关于财产、权利与义务的问题；核心内容是权力分配；梭伦在处理平民与贵族之间的矛盾时的基本原则是：中庸。 | 读图、思考，回答。<br>多角度思考、回答。<br><br><br><br><br><br><br><br><br><br><br>判断、回答。<br><br><br><br>课前准备：填写史实部分。 | 1. 用表格的形式梳理知识，清晰明了；<br>2. 宏观看历史，认识历史发展趋势；<br>3. 归纳、概括，找共同点、历史趋势，发现得出历史特征的路径；<br>4. 联系第一部分的史料，强化实证意识。 |

续表

| 教学环节 | 教师活动 | 学生活动 | 设计意图 |
|---|---|---|---|
| (二) 追忆雅典公民社会 | (2) 出示克里斯提尼改革的内容，概括特点。<br>通过与梭伦改革的内容比较，可以看出克里斯提尼改革使雅典进一步民主化，主要体现为：地域原则，进一步打破贵族政治；五百人议事会向所有等级开放。<br>(3) 出示伯利克里改革的内容，概括特点。<br>伯利克里当政的时代，雅典的民主政治进一步完善。通过与梭伦改革、克里斯提尼改革的比较，可以概括出如下特点：各级官职向一切公民开放；民主政治机构有充分的权力；达到民主政治的顶峰。<br>(4) 概括雅典民主政治的总体特征。<br>通过找共同点，可以概括出雅典民主政治的基本特点是：人民主权、轮番而治；城邦是公民团体，公民政治是城邦的本质特征。<br>雅典民主政治是在继承中向前发展，通过对比三个关键阶段的变化，可以看到其总体发展趋势是：公民权利逐步扩大；城邦民主制日益完善。<br>(5) 提问：第一部分的哪些史料可用于研究雅典民主政治？<br>雅典瓶画：点票；<br>雅典公民大会会场遗址；<br>亚里士多德《雅典政制》节选；<br>请对三则史料的价值进行分析。<br>可以从史料类型、可信度、适用性等角度进行分析。 | 思考、概括。<br>概括特点的路径：比较异同、概括。<br>总体特征的概括，要通过找共同点、看发展趋势。<br><br>判断、回答。 |  |

续表

| 教学环节 | 教师活动 | 学生活动 | 设计意图 |
|---|---|---|---|
| （二）追忆雅典公民社会 | 3. 人文思想。<br>【PPT 展示列表"古代雅典思想发展"】<br>出示主张或成就、概括特点。<br>（1）智者学派（普罗塔哥拉）。<br>普罗塔哥拉的名言是"人是万物的尺度"，与神学世界观相比，强调人的价值，树立了人的尊严；但具有相对主义的局限性。<br>（2）苏格拉底。<br>与普罗塔哥拉比较，苏格拉底使哲学真正成为研究"人"的学问，提出"知识即美德"，注重知识的作用；关注人的道德；强调理性的作用，这是其思想的特点。<br>（3）柏拉图。<br>提出唯心主义理念论，设计了理想政体理想国，并鼓励人们理性思考，为理性主义奠定了基础，但具有空想的色彩。其特点可以概括为两个核心词：理性与空想。<br>（4）亚里士多德。<br>把理性精神发展到顶峰，"吾爱吾师，吾尤爱真理"，不迷信不盲从；为众多学科写下开创性的著作，是对理性精神的实践。<br>（5）概括特征。<br>古代雅典思想发展的总体特征是什么？ | 课前准备：填写史实部分。<br><br>概括特点。<br><br><br><br><br><br><br><br><br><br><br><br><br><br><br><br><br>运用前述方法概括总体特征。 |  |

续表

| 教学环节 | 教师活动 | 学生活动 | 设计意图 |
|---|---|---|---|
| **(二)追忆雅典公民社会** | 首先，通过找共同点，提炼出其基本精神是：人性、理性；关注公民权利地位。<br>其次，看到总体发展趋势是：从人性到理性，对人的认识逐步深入。<br>(6)提问：第一部分的哪些史料可用于研究雅典思想发展？<br>柏拉图《理想国》节选；<br>亚里士多德《雅典政制》节选。 | 判断、回答。 | |
| **(三)解析雅典公民社会** | 过渡：古代雅典的地理环境、经济状况、民主政治、人文思想，这些知识之间有何内在的联系？我们继续来解析雅典公民社会。<br>【PPT以时间轴的方式列出重大史事】<br>活动：探究知识之间的联系，并予以说明。<br>探讨问题：1. 为什么雅典民主制度越来越完善？2. 为什么古代雅典思想会呈现从人性到理性，对人的认识逐步深入的特点？<br>通过讨论我们得出以下认识：<br>以海洋为依托、多山多岛的地理环境利于海外贸易的发展，利于建立小国寡民、独立自治的城邦。 | 学生上台连线、提出观点、说明观点、探讨问题。 | 1. 给学生发挥主体作用的空间；<br>2. 通过探讨，理解唯物史观的基本观点 |

| 教学环节 | 教师活动 | 学生活动 | 设计意图 |
|---|---|---|---|
| **(三)解析雅典公民社会** | 人文思想的不断深入发展，与民主政治的发展密切联系。<br>一定时代的地理环境、经济、政治、思想密切相关。<br>经济基础决定上层建筑。社会存在决定社会意识。 | | |
| **(四)评说雅典公民社会** | 活动：通过今天的学习，你有哪些认识？提出一个观点，并进行论述。<br>1. 学生回答。<br>2. 从回答中总结、补充，提供提出观点的方法：依据史实，通过概括、联系得出上位认识，作为观点。<br>3. 展示不同的观点，对这些观点进行分类。如：<br>(1)雅典城邦公民权利逐步扩大，民主制日益完善。<br>(2)古代雅典城邦的本质特征是公民政治的较充分发展。<br>(3)古代雅典思想家对人的认识逐步深入，从人性到理性。<br>(4)以海洋为依托、多山多岛的地理环境利于海外贸易的发展，利于建立小国寡民、独立自治的城邦。<br>(5)人文思想的不断深入发展，与民主政治的发展密切联系。<br>(6)一定时代的地理环境、经济、政治、思想密切相关。<br>(7)雅典文明独特性的形成是客观形势的需要与雅典公民主观上的进取精神共同作用的结果。<br>(8)经济基础决定上层建筑。<br>(9)社会存在决定社会意识。 | 思考、回答。 | 总结提升，引导学生进行综合论述，形成对本单元历史问题的整体认识；探寻论述类题目的答题思路。 |

续表

| 教学环节 | 教师活动 | 学生活动 | 设计意图 |
|---|---|---|---|
| （四）评说雅典公民社会 | 可分为三类：<br>（1）（2）（3）是关于某一领域发展状况的观点；<br>（4）（5）（6）（7）体现多个领域的综合性观点；<br>（8）（9）是关于学科思想与方法的观点（唯物史观）。<br>4. 任选一个观点，设计答题结构：<br>基本结构是：列出观点；运用史实说明观点；提出综合认识。 | | |
| 小结 | 【PPT再次展示图片"雅典卫城"】<br>总结：通过学习，我们看到：雅典公民社会体现在各个方面，政治、经济、思想、社会生活等，都是公民社会的反映。<br>先驱们的实践与探索，留下了民主政治、人文、理性精神，对西方后世的发展有着深远的影响。习近平主席出访希腊时，在当地报纸发表署名文章，题目是"让古老文明的智慧照鉴未来"，值得我们思考。 | 聆听与思考。 | 理解和尊重不同的文明，思考文明的价值。 |

## 六、学习效果评价设计

（1）观察学生课上学习情况，包括专注度、思考程度、回答问题的思路等。

（2）通过学案分析学习效果。

（3）通过课后作业"答题结构的设计"反馈学习效果。

## 七、教学反思与特色说明

### （一）进行单元主题教学设计

单元主题教学不是传统意义上的单元复习。每一个单元包括若干课的内容，在教学中可以依据单元主题，重新整合学习内容，从单元角度设计教学。本节是高三复习课，体现单元教学，主题为《古代雅典公民社会》，将必修一、必修三、选修人物册、改革册这四本教材中的相关内容进行重新整合，要求学生的学习、教师的教学具有整体意识与整体架构。本课内容包括四部分：触摸雅典公民社会、追忆雅典公民社会、解析雅典公民社会、评说雅典公民社会，围绕单元主题，由浅入深，逐步推进。

### （二）进行问题整合与学生活动的设计

新课程要求我们在教学设计中想办法引导学生从接受学习向发现学习、探究学习转变，本节课组织学生围绕单元主题进行四个探究活动，培育核心素养。

活动一：对历史资料进行分类；活动二：梳理知识、概括特征；活动三：探究知识之间的联系；活动四：提出观点，进行论述。在此过程中，给予学生思考与充分表达的空间，通过相互倾听、启发，得出结论。

### （三）学科核心素养的培育

雅典有着丰富的历史遗址遗迹和古代文献，可以利用这一优势进行史料实证素养的渗透。首先，第一部分"触摸雅典公民社会"设计了史料分类的学生活动，通过活动，辨析史料，了解史料的类别；然后，第二部分研究具体问题时再次运用这些史料，分析史料的价值。在"解析雅典公民社会"和"评说雅典公民社会"两部分内容中，通过知识之间联系的建立，渗透和运用唯物史观的核心素养。

## 八、案例评析

《古代雅典公民社会》一课是在新课程着力培育学科核心素养的背景下结合高三历史教学实际进行设计的。

教学中根据高三学习需要，注重基础知识的落实，运用表格的方式帮助学生梳理知识，在梳理知识的基础上概括特点，并注意引导学生发现学习的路径，掌握学习方法，举一反三，提升学生解决问题的能力。例如，对古代雅典民主政治知识梳理的同时，通过比较共同点、比较变化概括特征。接下来，对古代雅典思想发展进行梳理时，就可以运用刚刚学到的方法进行实践。

新课程标准下的高考必然以学科核心素养的考查为出发点，本课设计利用相关内容，特别关注了史料实证、唯物史观素养的渗透。一组史料从出示、简介到辨析、分类，再到具体运用、分析价值，充分挖掘这组史料在问题研究、实证意识等方面的作用。整体内容的设计渗透唯物史观，最终将历史认识的落点放在了唯物史观的经济基础决定上层建筑、社会存在决定社会意识上，让学生体会到唯物史观不是空洞的，而是有理有据的。

注重学生活动。学生上讲台阐述自己的观点，有比较充分的展示机会，既能调动学生的学习积极性，又可以锻炼学生多方面的能力。

## 课例二　沟通中外文明的"丝绸之路"

课例撰写：贾广远　北京师范大学实验中学丰台学校

指导教师：曾晓玲　北京教育学院丰台分院

### 一、指导思想和理论基础

新一轮历史学科课程改革倡导培养学生的历史学科核心素养，学科核心素养是学科育人价值的集中体现，是学生通过学科学习而逐步形成的正确价值观念、必备品格和关键能力。依据以上思想与理论，本课以培养历史学科能力为依托，以核心问题为驱动，发挥历史学科的教育功能，培养和提高学生的历史核心素养，达到立德树人的教育目标。

### 二、教学背景分析

#### (一) 教学内容分析

本课是部编教材中国历史七年级上册第三单元"秦汉时期：统一多民族国家的建立和巩固"中的第14课。本课教材内容包括张骞通西域、丝绸之路、对西域的管理三个子目，主要讲述了汉朝的大一统促进了中国古代对内对外关系的发展。对内，汉武帝派遣张骞出使西域，加强了中原与西域的友好往来，为设置西域都护奠定基础；而西域都护的设置，又促进了统一多民族国家的发展。对外，丝绸之路的开通，在一定程度上打破了东西方文明之间的隔绝状态，开创了中外文明交流的新局面。联系今天的"一带一路"建设，具有很强的现实意义。

#### (二) 学情分析

七年级学生思维活跃，对感性事物理解强，也容易对历史产生兴趣，但是他们的识图、分析材料、归纳、概括等能力较弱，需要老师设计有深度的问题引导学生，给他们创造自我表现的机会，激发他们的学习兴趣，实施探究式、合作式的教学方法，促进学生历史学习能力的提高。

## 三、教学目标

### (一) 知识与能力

知道西域的地理范围；知道丝绸之路开辟的过程，掌握丝绸之路的路线，了解丝绸之路在中外交流中的作用。

### (二) 过程与方法

学生通过听老师讲述、观察地图等活动，识别西域的地理范围以及掌握丝绸之路的路线，提高识图能力；观看视频，填写表格，复述张骞出使西域的过程；组织学生阅读材料，完成合作探究活动，理解丝绸之路在中外交流中的作用，掌握从史料中提取历史信息、概括、分类、评价等方法。

### (三) 情感、态度、价值观

通过学习，感知丝绸之路是一条文明之路，是古代中国得以与西方文明交融、共同促进世界文明进程的合璧之路，以增强学生的民族自豪感。

## 四、教学重点、难点

### (一) 教学重点

丝绸之路开通的过程及作用。

### (二) 教学难点

理解丝绸之路在中外交流中的作用。

## 五、教学过程

| 教学环节 | 教师活动 | 学生活动 | 设计意图 |
|---|---|---|---|
| 导入 | 【PPT 展示新闻：丝绸之路"长安—天山廊道路网"入选世界文化遗产名录】<br>问：新闻内容是什么？<br>教师：丝绸之路到底是一条怎样的道路？它开辟于何时？又有着怎样的历史作用？下面就让我们一起走近丝绸之路，揭开它神秘的面纱。由此导入新课。 | 读新闻，说说发生了什么事。 | 联系时事新闻，紧扣主题，激发学习兴趣。 |

续表

| 教学环节 | 教师活动 | 学生活动 | 设计意图 |
|---|---|---|---|
| 讲授新课 | 一、丝绸之路开通<br>【PPT展示:《西汉欧亚大陆形势图》】<br>教师:在西汉以前,由于种种原因,丝绸之路并未贯通,中国与中亚、西亚、欧洲等地联系甚少,几乎处于隔绝状态。<br>【PPT展示:《张骞"凿空"之于丝绸之路贯通的意义》】<br>问:阻碍丝绸之路贯通的因素有哪些? | 认真聆听,观察地图。<br>阅读材料,提取信息。 | 了解丝绸之路开通的背景。<br>培养学生分析材料、从材料中获取信息的能力。 |
| | 过渡:丝绸之路是如何贯通的呢?这要从张骞出使西域说起。 | | |
| | 1.张骞出使西域<br>【PPT展示:《丝绸之路路线图》】<br>教师:结合地图,介绍西域的地理位置。<br>【PPT展示:《张骞出使西域过程表》】 | 认真聆听,观察地图。 | 培养空间意识,了解西域的地理位置。 |
| | <table><tr><td></td><td>目的</td><td>出发时间</td><td>归来时间</td><td>结果</td><td>困难</td></tr><tr><td>第一次</td><td></td><td></td><td></td><td></td><td></td></tr><tr><td>第二次</td><td></td><td></td><td></td><td></td><td></td></tr></table><br>【多媒体播放:《张骞出使西域视频》】<br>问:观看视频,将张骞出使西域的目的、往返时间、结果以及遇到的困难填入表中。<br>教师组织完成活动一:依据表格内容,说一说张骞出使西域的过程。 | 观看视频,填写表格。<br><br><br>复述张骞出使西域的过程。 | 培养学生从材料中获取信息的能力。<br><br><br>了解张骞出使西域的过程,培养学生建构历史的能力。 |

| 教学环节 | 教师活动 | 学生活动 | 设计意图 |
|---|---|---|---|
| 讲授新课 | 【PPT展示：《张骞两次出使西域路线图》】<br>教师：结合地图，讲述张骞两次出使西域的过程。 | 认真聆听，观察地图。 | |
| | 过渡：张骞开辟通往西域的道路后，汉朝和西域的使者和商人开始相互往来，由此逐渐形成一条沟通欧亚的陆上交通线，这就是著名的"丝绸之路"。丝绸之路的路线是怎样的呢？ | | |
| | 2. 丝绸之路路线<br>【PPT展示：《丝绸之路路线图》】<br>教师：结合地图，介绍陆上丝绸之路路线。<br><br>教师组织完成活动二：画一画陆上丝绸之路的路线。<br>【PPT展示：《丝绸之路路线图》】<br>教师：结合地图，介绍海上丝绸之路路线。 | 认真聆听，观察地图。<br><br>动手画陆上丝绸之路路线图。<br><br>认真聆听，观察地图。 | 掌握陆上丝绸之路的路线，提高动手能力，培养空间意识。<br><br>了解海上丝绸之路的路线。 |
| | 过渡：丝绸之路开通后，为了保障它的畅通，汉朝采取了一些经营措施。 | | |
| | 3. 丝绸之路经营<br>【PPT展示：新疆库车县克孜尔尕哈烽燧遗址、甘肃敦煌玉门关遗址、甘肃敦煌悬泉置遗址、《西汉疆域图·西域都护》、《班超经营西域图》】<br>教师：结合图片，讲述汉朝保障丝绸之路畅通采取的措施。<br>问：以上措施有利于解决哪些阻碍丝绸之路畅通的困难？请说明理由。 | 认真聆听。 | 了解汉朝保障丝绸之路畅通采取的措施。 |

续表

| 教学环节 | 教师活动 | 学生活动 | 设计意图 |
|---|---|---|---|
| 讲授新课 | | 小组合作，用连线的方式，将管理措施与困难相对应，并说明理由。 | 增加史料，帮助学生加深对所学知识的理解，培养学生的历史说明能力。 |
| | 过渡：丝绸之路沟通欧亚大陆，它发挥着怎样的作用呢？ | | |

| 教学环节 | 教师活动 | 学生活动 | 设计意图 |
|---|---|---|---|
| 讲授新课 | 二、丝绸之路意义<br>【PPT展示：《二十五史详解》】<br>教师组织完成活动三：分一分中国输出与输入的物品分别是什么？之后，将输出与输入的物品，进一步分类归纳。<br>教师组织完成活动四：可以采用哪种方式"证一证"文献资料中关于东西方通过丝绸之路交往的记载？<br><br>【PPT展示如下文物图片】<br><br>新疆和田尼雅出土的蜀地织锦<br><br>陕西西安出土西汉裸体幼童铜像<br><br>广西合浦出土弦纹玻璃杯 | 阅读材料，小组合作，将丝绸之路开通后，中国输出与输入的物品分类。<br><br><br><br><br><br>小组讨论。<br><br><br><br><br><br><br>认真聆听，观看文物。 | 培养学生分析材料，从材料中提取信息的能力。提高学生的分类概括能力。<br><br><br><br><br><br>让学生知道出土文物是印证东西方通过丝绸之路交往的有力证据，培养学生史料实证的历史素养。 |
| 讲授新课 | 教师：讲述新疆和田尼雅出土的蜀地织锦、陕西西安出土的西汉裸体幼童铜像、广西合浦出土的弦纹玻璃杯的相关内容。 | | |

续表

| 教学环节 | 教师活动 | 学生活动 | 设计意图 |
|---|---|---|---|
| 讲授新课 | 【PPT 展示：活动三：分一分结果表】<br>教师组织完成活动五：结合所学，想一想丝绸之路开通后产生什么作用。 | 小组合作探究。 | 培养推论能力，让学生理解丝绸之路在中外文明交流中的作用。 |
| | 教师组织完成活动六：结合所学，评一评丝绸之路是一条怎样的道路。<br><div align="center">畅谈丝路</div>丝绸之路是一条观点之路，因为史实论证……<br>教师：讲述评价历史事物的方法，即历史地评价、辩证地评价。<br>【PPT 展示：《唐朝对外交通路线图》《宋朝海外贸易路线图》《元朝对外交通路线图》《郑和下西洋路线图》】<br>【PPT 展示：《"一带一路"倡议构想图》】<br>教师：梳理唐、宋、元、明时期中国古代丝绸之路的发展历程。讲述"一带一路"倡议构想。 | 认真聆听。 | 培养历史评价能力，让学生掌握历史、辩证地看问题的方法。<br><br><br>感受丝绸之路在漫长岁月中起到的作用，增强民族自豪感。 |
| 小结 | 【PPT 展示：世界文化遗产委员会对丝绸之路的评价】<br>总结：丝绸之路是东西方之间融合、交流和对话之路，近 2000 年以来为人类的共同繁荣做出了重要贡献。今天，让我们抓住时代发展的契机，响应习近平总书记的号召，打造绿色丝绸之路、健康丝绸之路、智力丝绸之路、和平丝绸之路，一步一步把"一带一路"建设向前推进，让"一带一路"建设造福沿线各国人民。 | 认真聆听感悟。 | 首尾呼应，升华主题，提高学生的家国情怀。 |

## 六、教学反思与特色说明

### (一) 聚焦关键问题，体现整体思考

为了凸显本课的学习主题"丝绸之路"，使主线更加清晰，对教材进行整合，将"张骞通西域"放在"丝绸之路的开通"中考查，将"西域都护"放在"丝绸之路的经营"中考查。

### (二) 关注学科思维能力，渗透学科素养

通过探究活动，让学生叙述张骞出使西域的过程、绘制陆上丝绸之路的路线、评价丝绸之路，提高学生建构、识记、考证、评价等历史学科思维能力，落实时空观念、历史解释、史料实证等核心素养。

### (三) 以问题和探究活动为驱动改进课堂教学

通过设置有思维含量、有层次性的问题链式的活动，调动学生运用知识，充分参与到课堂活动中，去说一说、画一画、分一分、证一证、想一想、评一评，从而改变学生的学习方式，让学生由记忆知晓变为理解运用，由被动接受变为自主探究，提高学生的历史思维能力。

### (四) 提供多种类型的史料来呈现历史

本课使用了新闻图片、历史地图、历史纪录片、历史遗迹、出土文物、文献史料等，这些材料大多直观形象，在激发学生兴趣的同时能够提高历史阅读能力和观察能力。

## 【参考文献】

[1] 刘俊利. 学术的历史学与中学历史学科素养 [J]. 教育研究与评论，2010 (1).

[2] 吴伟. 历史学科能力和历史素养 [J]. 历史教学，2012 (11).

[3] 朱可. 高中历史教学应该凸显历史学科的核心素养 [J]. 历史教学 (中学版)，2013 (8).

[4] 黄牧航. 历史学科核心素养与历史教师的专业发展 [J]. 历史教学 (半月刊)，2016 (6).

[5] 冯一下. "历史学科核心素养" 商兑 [J]. 历史教学，2016 (19).

［6］张华中．基于实践的历史学科核心素养体系刍议——以普通高中为例［J］．历史教学（半月刊），2015（9）．

［7］何成刚．历史核心素养的提炼与培养［J］．历史教学（上半月刊），2016（6）．

［8］张汉林．从历史学谈历史学科的核心素养［J］．历史教学，2016（5）．

［9］吕思勉．中国文化史笔记［M］．海潮出版社，2008．

［10］陈超．历史学科核心素养的构成与培养［J］．历史教学（上半月刊），2016（1）．

［11］邹育东．在导学案设计中贯穿历史学科核心素养培养［J］．教学研究，2016（16）．

［12］杜维运．史学方法论［M］．北京大学出版社，2006．

［13］戴加平．如何涵养学生的"历史解释"素养．历史教学，2016（5）．

［14］梁佳斌．高中历史教学中的家国情怀教育［J］．中国学位论文全文数据库，2015（6）．

［15］康淑敏．信息化背景下的教学方式变革研究［J］．教育研究，2015（6）．

［16］于友西．中学历史教学法［M］．高等教育出版社，2009．

［17］郑林．中学历史教材分析［M］．光明日报出版社，2013．

# 第九章　基于核心素养的地理教学研究与实践

## 第一节　地理核心素养内涵与解读

我国著名的科学家钱学森在他的"开放的复杂巨系统"中，将地理系统与星系系统、社会系统、人体系统、人脑系统并列，星系系统研究的主要是自然科学；社会系统研究的主要是社会与人文科学；地理系统是介于自然科学与社会科学之间的"桥梁科学"，是开放的复杂巨系统（如图1）。

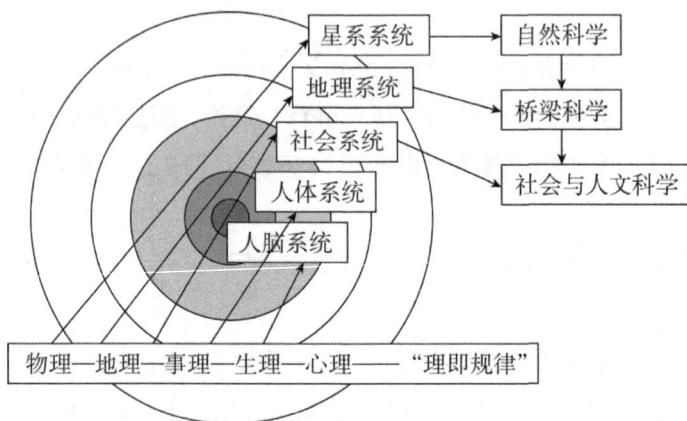

图1

正是因为地理学处于联结自然科学与社会科学的桥梁位置，它具有与其他学科不一样的研究视角，它在一定程度上克服了自然科学和人文科学之间巨大的分离。

地理学家观察世界的方法具有综合性、区域性，并能洞察区域之间，以及区域与整体之间的相互依赖性（如图2）。地理学关注人类如何利用与改造支持生命的生物环境和自然环境，或环境社会动态。地理学研究不同生物物理过程或环境动态之间的关系，以及综合经济、政治社会和文化机制。地理学将环境—社会动态视为核心要素，关注人类对环境的利用和影响，环境对人类的影响以及人类对环境变化的感知和反映，地理学家认识到环境变化对人类群体的影响，精确地感知这种变化及其后果是成功地采取适切策略的关键因素。

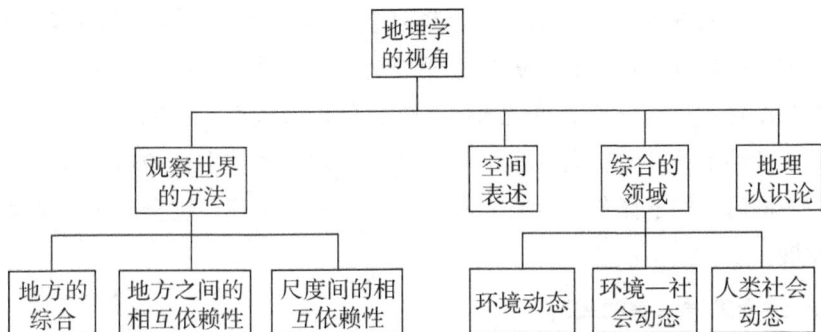

图 2

地理核心素养是在上述认识的基础上提出的，是地理学科育人价值的概括性、专业化表述，是知识与技能、过程与方法、情感态度与价值观三维目标的整合与提炼，是学生在学习本课程之中或之后所形成的、在解决真实情境中的问题时所表现出来的必备品格和关键能力。

地理学科核心素养有其坚实的地理学基础，既体现了地理学科的特色，又具有一定的跨学科性（如图 3）。

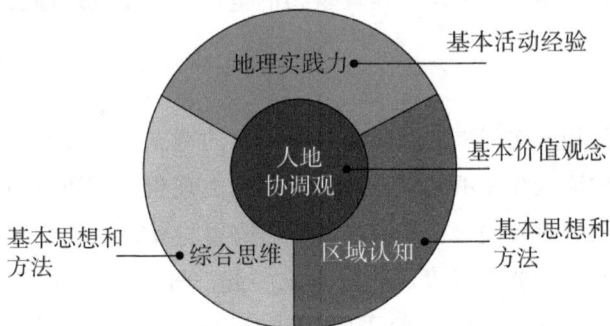

图 3

地理课程具有很强的实践性，在实践活动中运用综合思维和区域认知，是学生感悟、体验现实世界中人地关系的重要途径。在地理课程中，地理学科核心素养各有其内涵和表现。

# 一、综合思维素养的内涵及其表现

## (一) 综合思维素养的内涵

综合思维是地理学基本的思想方法，指人们运用综合的观点认识地理环境的思维方式和能力，指人们具备的全面、系统、动态地认识地理事物和现象的思维品质和能力。学生运用综合思维方法，就能够从多个维度对地理事物和现象进行分析，认识各要素之间相互作用、相互影响、相互制约的关系，并在一定程度上解释其发生、发展和演化的过程，从而较全面地观察、分析和认识不同地方或区域的地理环境特点，并能够辩证地看待现实生活中的地理问题。人类生存的地理环境是一个综合体，在不同时空组合条件下，自然和人文要素相互作用，综合决定着地理环境的形成和发展。

### （二）综合思维素养的表现

#### 1. 要素综合

人类生存的地理环境是一个综合体，它是由众多地理要素组成的，其中自然地理要素包括大气、水文、生物、地貌、土壤等，人文地理要素包括资源、交通、人口、城市、工业、农业、科技等。认识一个地区的自然地理环境时，不能仅限于研究其各个要素，更重要的是把它作为统一的整体，综合地研究其组成要素及各要素的空间组合，以分析自然环境的整体性；对一个地区的人类活动进行评价时，也需要综合研究各人文地理要素，从而更全面、准确地做出解释和评价。从地理要素综合的角度看，综合思维主要是认识地理事物的整体性，以及地理要素相互作用、相互影响的关系。

#### 2. 时空综合

地球表面自然和人文现象的空间分布不均匀的特点，使得地理学研究具有区域性的特点。不同的地区存在不同的自然现象和人文现象，这和空间性有关，而区域的发展演化又和时间性有关。在研究区域时，需要将其发展现状和所处的时间阶段联系在一起；有时也需要和尺度综合联系在一起，将该区域与其他区域进行类比，考查其区域特性；有时还要考虑该区域随着时间的演化过程，所以需要时空综合分析，从而对该区域能有完整而准确的研究和评价。从时空综合的角度看，综合思维主要是分析地理事物和现象的发生、发展和演化。

#### 3. 地方综合（区域综合）

地方具有自然和人文特征，要从不同尺度上对比自然和人文特征，从动态角度掌握地方的自然和人文特征，进一步从自然和人文系统的交互作用对地方特征的影响，理解地理的综合性和复杂性。

时空综合与地方综合的区别在于，时空综合是针对同一个地区的时间和空间而言，即使与地方综合联系在一起分析，其主体的研究对象仍然以其中的一个为主；地方综合则是针对不同的时间或不同的地域而言，更具有整体性。

## 二、区域认知素养的内涵及其表现

### (一) 区域认知素养的内涵

区域认知是地理学基本认知方法，指人们运用空间－区域的观点认识地理环境的思维方法和能力，指人们具备的对人地关系地域系统的特点、问题进行分析、解释、预测的方法和能力。学生掌握区域认知方法，就能够形成从区域的视角认识地理现象的意识与习惯，运用区域综合分析、区域比较等方式，来认识区域特征和区域人地关系问题，形成因地制宜进行区域开发的观念。人类生存的地理环境存在着明显的区域差异，不同的区域自然、人文要素不同，人地关系的形式和问题也不相同。

### (二) 区域认知素养的表现

根据区域认知素养可将其分解成区域概括能力、区域分析能力、区域评价能力和区域预测能力（如图 4）。

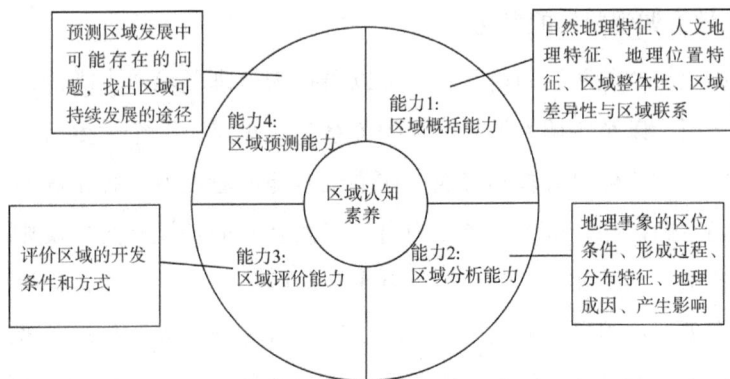

图 4

区域概括能力要求学生形成对区域地理特征的一般认识，即能描述区域自然地理特征、人文地理特征和地理位置特征，同时，能把握区域地理要素之间相互作用的机理，形成区域整体性的意识。能比较不同区域之间的差异，找出区域之间的联系。

区域分析能力要求学生将地理事象置于区域背景中进行分析。分析地理事象的区位条件，从时间和空间尺度探究地理事象的形成过程和演化规律，分析地理事象的空间分布以及地理成因，能辩证看待地理事象对区域发展的影响。

区域评价能力要求学生客观评价区域开发条件以及人类活动对区域发展的影响，并选择适合区域发展的方式。

区域预测能力要求学生根据区域发展的现状，预测区域在发展过程中可能出现的问题。并结合区域地理特征，因地制宜寻找区域可持续发展的途径。

### 三、人地协调观素养的内涵及其表现

#### (一) 人地协调观素养的内涵

人地协调观是地理学和地理教育的核心观念，指人们对人类与地理环境之间关系秉持的正确的价值观，是人们对人类与地理环境之间形成协调关系的必要性和可能性的认识、理解与判断。学生建立人地协调观，就能够正确认识地理环境对人类活动的影响，以及人类活动影响环境的不同方式、强度和后果；能够理解人们对人地关系认识的阶段性表现及其原因；能够结合现实中出现的人地矛盾的实例，分析原因，提出改进建议。人地关系是地理学最为核心的研究主题和基本的思维视角。

#### (二) 人地协调观素养的表现

人地协调观从"关系"的角度看，可以概括为地理环境对人类的影响、人类对地理环境的作用，以及协调人类与环境的关系三个重点。一个学生对这个知识是否"理解"或"认识"，可以有多种表现：在测试时能够看懂或选择正确的答案，或者不仅理解且能达到认同，或者已经成为自己观察及判断甚至行为的准则。同样，对人地关系事象进行判断和选择时，是否有来自教师的明确的指示，学生的反应也会不同，这些表现都可用来区分发展的不同状态。首都师范大学林培英教授和北京市地理特级教师高振奋老师，将人地协调观素养的表现划分出如下三种表现。

表现一：知道人地协调的含义、主要形式和路径（简称"知道"）。"知道"主要用来描述学生对人地协调概念和原理的记忆和再现的状态，属于前价值观阶段。这时学生人地协调观的发展还只表现为能够记住通过教师的教学和生活中其他途径获得的人地协调知识。与此相适应的测试方式和题型主要有纸笔测试，包括选择题、判断题、简述题等。

表现二：认同人地协调观的观点，能用人地协调观念识别和分析日常生活中的人地协调问题（简称"认同"）。"认同"指在有外界要求和明确提示的情况下，能够根据人地协调的知识去识别生活中人地协调的现象、问题和基本观点，对不同行为

和观点是否符合人地协调观念作出正确与否的判断，并对符合人地协调观念的做法和观点表示赞同，但还没有内化成学生自己的价值观。适应的测试方式和题型主要有纸笔测试、行为观察测试、学生互评等。

表现三：自觉将人地协调观作为个人进行价值观点判断和行动的依据（简称"内化"）。"内化"是指学生自觉将人地协调观念作为自己判断事物的价值准则，初步具有利用人地协调观念进行价值判断的意识和习惯，并表现在自己的行动中。对中学生来说，达到此层次已经是很高水平。测试时，可让学生在一种模糊或复杂的情境下进行价值判断，如能够在面对复杂或两难情境时将人地协调观念作为价值判断的依据之一，或者能与其他观念一起权衡考量。与此相适应的测试方式主要有纸笔测试、复杂情境的分析和阐释、实践测试、行为观察法、学生互评等。

## 四、地理实践力素养的内涵及其表现

### （一）地理实践力素养的内涵

地理实践力是指人们在考察、实验和调查等地理实践活动中所具备的意志品质和行动能力。学生具备地理实践力，就能够运用适当的地理工具完成既定的实践活动，对地理探究活动充满兴趣与激情，并会用地理眼光认识和欣赏地理环境。考察、实验、调查等是地理学重要的研究方法，也是地理课程重要的学习方式。"地理实践力"素养有助于提升人们的行动意识和行动能力，更好地在真实情境中观察和感悟地理环境及其与人类活动的关系，增强社会责任感。

### （二）地理实践力素养的表现

地理实践力素养概念的提出，是针对长期以来我国地理教育中一个没有解决的问题：学生拥有丰富的地理知识，但缺乏解决生活中的地理问题的能力，学习与生活实际相脱节而提出来的。存在的误区：地理实践功能被过分地窄化。地理实践的内容不仅仅是地理实验、地理野外考察、地理调查和地理观察等，随着现代信息技术在地理教育中的运用，它的内容必须涵盖现代社会公民必备的信息素养。

地理不仅是一门知识性很强的学科，而且是一门实践性很强的学科。地理学科的实践性，突出表现在它的认知心理过程（如下所示）。

地理实践 → 形成地理表象 —思维→ 形成地理概念 —记忆→ 保持地理概念 —运用→ 完成学习迁移

地理实践力既内化为隐性的素质，又外显为具体的行为。隐性的素质是一种意识、态度、精神等，外显的行为则是通过实践体现出来的可操作的、能够应对现实问题的能力。地理实践力的外显行为，主要包括收集和处理地理信息的能力、设计地理实践活动方案的能力、实施地理实践活动的能力等。

收集和处理地理信息的能力主要表现在三个方面：一是收集和处理地理信息所应用的方法。获取信息的方法包括利用图书、网络等检索获得间接信息；通过实地考察、调研访谈等获得直接信息；动手实验获得探究和验证信息；通过现代技术获得更多原始信息和复杂关联信息等。所获得的信息数据是海量的，因此处理信息的方法尤为重要。方法的训练有助于对海量信息的筛选及快速检索，使信息成为有效的信息。二是信息意识。信息意识是一种敏锐的眼光，是能够从司空见惯的生活现象及复杂变化的现实世界中发现与地理相关的信息，并能够从大量信息中判断信息价值。三是问题意识。问题意识是提出问题的习惯、是质疑、批判、逆向等思维形成的前提。

设计地理实践活动方案的能力也有三个表现方面：一是合作态度。地理实践活动主要以团队的形式完成，这就需要有与他人团结协作的态度和能力。如何与他人交流与分享，是完成实践活动方案的第一步。二是设计创意。地理实践活动方案的设计要从问题出发，有目标、有步骤，而且要切实可行。三是工具使用。可以使用的工具很多，如传统的地理图标、模型等，当下更提倡使用地理信息技术。地理信息技术为地理实践活动的开展提供了有力的支持，运用地理信息技术可以科学、高效、便捷地辅助信息解读和应用。因而选择合适的地理信息技术，分析、判读地理问题，寻找解决方案，正逐渐成为数字时代必备的一种能力。

实施地理实践活动的能力表现在两个方面。一是实施活动。实施活动是指根据实践设计方案实地操作完成的过程。实施活动是"真枪实战"的过程，通过"实战"可以练就真本领。二是体验和反思。体验和反思是指实践活动过程中的感悟和完成后的思考。实施能力的提升需要在实施过程中用心感悟。感悟是通过深入体验获得的。因此，体验越细致、越深入，学生获得的感悟越多，实施能力就越强。体验后的思考是提高感悟力的重要环节。这种思考是反思型的思考，是理性的总结性的思考，思考方向主要是评价实施操作的利与弊，进一步找到弥补弊端的策略，以备下一步行动。体验有助于更深地理解实践活动的环节，反思则有助于调整地理实践活动实施的策略，从而提升活动质量，提升实施活动的能力。

## 第二节 地理核心素养调查与问题分析

为更好地展开课题的行动研究，我们通过调查问卷从不同角度对教师和学生进行了问卷调查。通过归因分析，找出存在的问题，把握进一步研究的方向，从而有针对性地进行课题的深入研究。以下为典型性问题的调研数据与分析。

### 一、课题研究必要性的实证分析

调研问题：丰台区初中地理学科教师在培养学生地理核心素养过程中需要哪些转变的认识？（按照重要程度选择三项）

| 选项 | 小计 | 比例 |
|---|---|---|
| A. 教学理念的转变，由关注知识转向关注学生综合品质的培养 | 24 | 85.71% |
| B. 教学方式的转变，尊重学生差异，为学生提供多种学习方式 | 26 | 92.86% |
| C. 提升地理专业能力，在课标规定的内容范围内重新构建知识结构 | 20 | 71.43% |
| D. 提高地理信息技术能力，与时俱进 | 11 | 39.29% |
| E. 其他 | 2 | 7.14% |
| 本题有效填写人次 | 28 | |

在培养学生地理核心素养过程中需要哪些转变的认识方面的样本中，教师认为重要程度的前三项分别是："教学方式的转变，尊重学生差异，为学生提供多种学习方式"（占 92.86%），"教学理念的转变，由关注知识转向关注学生综合品质的培养"（占 85.71%），"提升地理专业能力，在课标规定的内容范围内重新构建知识结构"（占 71.43%）。可见，绝大多数初中地理教师认为教师教学方式的转变和教学理念的转变是培养学生地理学科核心素养过程中最为重要的前提条件。因此，本课题研究切中教师需求，是十分必要的。

当前日常课堂教学中教学方式普遍较单一，教师又有迫切性改变这种单一教学方式的愿望，但由于时间精力有限，教师往往改变不了这样的现状，研讨课用各种教学方式，常态课又回到从前。因此如何基于学生地理核心素养培养转变教学方式成为当下课题要进一步深入研究的问题。

## 二、对核心素养理解的归因分析

调研问题：地理核心素养包括 4 个要素，请根据您对其内涵的理解完成下表。

**表 1　地理核心素养 4 要素的内涵理解**

| 选项 | 平均综合得分 |
|---|---|
| B. 综合思维 | 3.61 |
| D. 区域认知 | 2.79 |
| C. 地理实践力 | 2.14 |
| A. 人地协调观 | 1.43 |

在对地理学科四个核心素养内涵的理解方面的样本进行排序时，排在第一位的是"综合思维"，平均综合得分 3.61；第二位的是"区域认知"，平均综合得分 2.79；第三位的是"地理实践力"，平均综合得分 2.14；第四位的是"人地协调观"，平均综合得分 1.43。

由此可见，初中教师对综合思维的内涵理解有一定认识，并能够在日常教学中加以渗透。在日常教学中，教师对"地理要素之间的联系"关注较多，教起来比较得心应手，如首先依托中国的概况，建立地理要素的概念；其次依托中国四大地理区域，叠加地形、气候等要素，建立区域要素综合的观念；然后进行地理单要素的深化，最终依托世界的大洲、地区和国家进行多要素的综合，进一步体现地、气、水之间相互作用相互影响以及与人类活动之间的相互影响，这样学生就可以掌握分析自然地理要素及其相互关系的方法、具备认识区域的基本思路了。

## 三、对综合思维的理解有待提高

调研问题：您认为在地理教学中应加强培养的综合思维有哪些？

**表 2　在地理教学中应加强培养的综合思维**

| 选项 | 小计 | 比例 |
|---|---|---|
| A. 地方综合 | 9 | 32.14% |
| B. 系统综合 | 19 | 67.86% |
| C. 全面综合 | 17 | 60.71% |
| D. 跨学科综合 | 20 | 71.43% |
| 本题有效填写人次 | 28 | |

在地理教学中应加强培养的综合思维方面的样本中，71.43％的教师认为应加强培养学生的"跨学科综合"，67.86％的教师认为应加强培养学生的"系统综合"，60.71％的教师认为应加强培养学生的"全面综合"，32.14％的教师认为应加强培养学生的"地方综合"。由此可知，教师们对地理综合思维内涵的理解还不够到位，跨学科综合不属于地理综合思维的内涵。

地理学科的综合思维主要是指人们全面、系统、动态地认识地理事物和现象的思维品质和能力，它包括要素综合、时空综合和地方综合三个方面。以往学科教学多是以单一学科（分科教学）为主，而目前课堂教学正在不断打破学科边界，逐渐走向学科融合，学科间逐渐相互渗透是一种教学内容方面的变革。教师误把地理综合思维与学科融合混为一谈，反映出教师对地理核心素养的认识有待加强，对核心素养的内涵及教学解析有待进一步深化理解。

## 四、对区域认知的认识有待深化

调研问题：您认为在地理教学中区域认知的素养包括哪些？

### 表3 在地理教学中区域认知的素养

| 选项 | 小计 | 比例 |
|---|---|---|
| A. 关注区域划分中的尺度思想 | 15 | 53.57% |
| B. 懂得区域发展中条件分析 | 23 | 82.14% |
| C. 掌握区域中的特征归纳 | 25 | 89.29% |
| D. 学会区域间的差异比较 | 26 | 92.86% |
| 本题有效填写人次 | 28 | |

在地理教学中区域认知的素养包括哪些这一调查样本中，92.86％的教师认为区域认知素养包括"学会区域间的差异比较"，89.29％的教师认为区域认知素养包括"掌握区域中的特征归纳"，82.14％的教师认为区域认知素养包括"懂得区域发展中条件分析"，53.57％的教师认为区域认知素养包括"关注区域划分中的尺度思想"。

此项问题的调研数据，反映出有相当一部分教师对区域认知的理解有待进一步深化。"关注区域划分中的尺度思想"是区域认知中的重要内容，尺度思想有待于教师结合课例深化理解。从教师对地理教学中应加强培养的综合思维、区域认知素养包括方面、地理教学过程中开展的地理实践活动以及落实相对较好的地理核心素养选择看，教师对地理学科四个核心素养的内涵缺乏深入的研读，未对其内涵真正理解和掌握，特别突出表现在对区域认知和综合思维两个基本思想方法及地理实践力的理解上。

## 五、对地理实践力培养有待加强

调研问题：从调查问卷看：您认为目前教学中地理核心素养培养普遍存在的问题有哪些？（按照重要程度选择三项）

表4　目前教学中地理核心素养培养普遍存在的问题

| 选项 | 小计 | 比例 |
|------|------|------|
| A. 扩展大量超标的知识内容 | 10 | 35.71% |
| B. 缺乏给予学生开放的、独立思考的空间 | 19 | 67.86% |
| C. 缺乏确定学生地理核心素养水平的学习过程评价 | 16 | 57.14% |
| D. 还按原来的方式教，只是给予核心素养的解释 | 9 | 32.14% |
| E. 缺乏地理实践能力培养 | 20 | 71.43% |
| F. 其他 | 3 | 10.71% |
| 本题有效填写人次 | 28 | |

通过调研显示，丰台区初中教师在日常教学中常用的教学方式按照使用频率看：89.29%的教师选择的是"情境教学"，78.57%的教师选择"传统讲授"，64.29%教师选择"合作学习"。

因此，目前教学中地理核心素养培养普遍存在的问题是"缺乏地理实践能力培养""缺乏给予学生开放的、独立思考的空间""缺乏确定学生地理核心素养水平的学习过程评价"。地理课程含有丰富的实践内容，是一门实践性很强的课程。教师除了在校内开展图表绘制、实验、演示等活动外，加强课外的野外观察、社会调查和乡土地理考察等活动，将"课外实践活动或调查"真正落实到位。并结合区情和校情积极开发与之相关的校本课程。

# 第三节 地理核心素养实践与养成途径

本课题的参与者时常参加名优课堂观摩活动，赞赏这些课堂的探索和创新，但也发现其中存在着教学深度不足的问题。表现为：课堂的价值内涵、学科思维和学生发展等方面挖掘不深。面对课堂教学中出现的浅表化、碎片化、形式化现象，借鉴一些学者提出要培养学生的高阶思维，即指教师借助一定的活动情境，带领学生超越表层的知识学习，深入知识内在的逻辑思维，挖掘知识内涵的丰富价值，最终实现教学对学生的发展价值。本课题基于核心素养，从教学创新立意、对比以往教学经验、结合学科教学案例，从课堂教学的多个方面挖掘体现教学创新的优质选题进行课例打磨，从"教学目标变革""教学内容变革""教学方式变革""教学评价变革""教学环境变革"等方面入手，尤其着重"教学方式变革"的行动研究，秉承"模块化"的设计理念，设计不同课例的课程。每个模块均设计数量不等的选题，且每个选题均保持一定的独立性。实验教师们可根据选题的设计思路，自行补充设计选题。于是本课题研究"深度教学"这种新型教学方式应运而生。

## 一、深度教学的理论研究

在当前新高中课程标准颁布之时，深度教学登上中学课堂，恰逢其时。深度教学较之传统教学，在课堂的深度上有何不同呢？

### (一) 价值内涵的深度不同

在地理课堂教学顶层设计中要做到"五有"：即"创设地理情境，使教学有趣；联系生活实际，使教学有用；注重问题探究，使教学有理；渗透地理思想，使教学有魂；关注主体发展，使教学有效"。在地理课堂教学策略上要实现"四化"：即"知识结构化、结构问题化、问题情境化和情境生活化"的教学结构优化。深度教学认为，不能套用传统的学科理论解释新事物和现象，而应该深入挖掘其价值内涵，分析其在当下的正确导向和意义。地理课程内容要整合生活世界和地理知识，做到"三个联系"："加强地理书本知识与生活世界的联系，让源于生活的书本知识与世界相通，富有生命活力；加强地理课堂教学与地理实践的联系，让学生在地理实践中发现并运用知识，发现知识与生活的关系、体验生活的乐趣、感受地理知识的魅力，从而更加敬畏和珍爱大自然；加强地理知识与地理科技、生态文明的联系，让学生通过已掌握的地理知识和所了解的最新地理科技、生态文明的前瞻思维，提升生命的创造力，进而在未来社会中实现生命的价值"。教师要在地理教学方法上，强调以对话为桥梁，营造滋养师生生命的课堂环境，即"师生、生图"两对话。通过对话，使教师与学生之间、学生与图文之间形成一种精神上的交流，实现学生自主和自由发展的目的。在对话中，教师与学生、学生与图像不再是认识与被认识、征服与被征服的关系，而是一种平等、民主、充满爱心的双向交流的关系。通过"三个联系""两个对话"实现地理课堂教学的"五有""四化"，落实地理核心素养培养。

### （二）学科思维的深度不同

在教学中不仅要传授学科知识，还要传递正确的价值观、人生观和科学观，践行"立德树人"根本任务。学生不仅要领会、分析学科知识，而且要思考如何成为有信念、有担当的现代公民。如在"工业区位选择"教学中，传统教学理论是污染企业布局在河流下游，让污染远离生活区域，似乎理所当然。而深度教学则认为这一理论价值观出现了偏差，是在回避问题和推卸责任。正确的价值观是企业的"废"要达标才能排放，这样就无所谓布局何处了。你的"下游"可能是相邻省市的"上游"，管理者要勇于担当，不能损人利己。深度教学要求建立综合的学科思维来面对动态、多样的客观世界。课堂上要打破传统教学中的理论盲从和思维定式，分析情境的变化，思考知识内在的逻辑关系。如在"商业网点分布"教学中，传统教学理论是同类均衡分布，因为这样路程短，能吸引附近客源。而深度教学则发现当下的商业网点分布与其有悖，一是专卖店网点分布呈现为同类聚集，因为当今交通便捷，客户更注重同类货物的比较；二是电商网点分布，既不均衡，也不聚集，而是分布在租金低且交通便捷之地。因为当今网络和物流发达，客户在网上购物，电商网点只需考虑仓储和物流成本即可。

### （三）学生发展的深度不同

传统教学受制于应试教育，目标是掌握知识，考试成功。深度教学则超越应试教育，在掌握知识的同时，促进学生发展。课堂上不注重知识记忆和解题训练，而是对教学情境进行深度分析，探析内在的因果，从而掌握知识，提升问题解决能力，最终实现学生的发展。在讲授"太阳系和地月系"时，传统教学中教师让学生扮演太阳、地球和月球，指定好位置和转向让其演示。课堂看似热闹有趣，其实学生只是表演和记忆，并没有思考和领会。深度教学则不预设结果，而是让学生自己选择位置并演示转向，这样学生的心智才能得到发展。即使演示错了，教师分析纠正，也对学生的发展大有益处。苏格拉底说："教育不是灌输，而是点燃火焰。"深度教学就是点燃学生、点燃课堂的火焰，这些星星火焰，在地理课堂上正日渐燎原。

在教学方式上因时而动、因时而变。通过深度剖析优质教学案例，引发教师在教学创新方面的思考，从而达到强化教师进行教学创新的意识，在课堂教学中有意识地尝试教学创新；加深教师对核心素养的领会和理解，在教学中培育落实核心素养；教师能够掌握一些开展教学创新和深度学习方面的策略方法，在教学实践中有效运用，提高教学质量。

**(一) 研究目标**

通过深度剖析优质教学案例，引发教师在教学创新方面的思考，从而达到如下目标：

(1) 厘清地理大单元教学与地理核心素养的关系，遵循学习进阶，明确地理核心概念。

(2) 梳理大单元教学的逻辑结构，建构教学内容的逻辑联系，创新单元教学设计，尝试实施在课堂教学中并进行评析与反思。

(3) 结合地理教学"三个联系"，精选典型课例中的真实情境创设，优化问题链设计，激发学生思维，提升问题解决能力。

(4) 以乡土地理为切入点，开展项目式学习；运用调查、考察和实验等方法，从方案设计到实施的步骤方法等方面开展学校地理实验、社会实践和野外考察等特色课程，在教学中培育地理实践能力，推出"特色"，表彰"创新"。

(5) 加深教师对地理核心素养的领会和理解，掌握一些开展教学创新和深度学习方面的策略方法，关注指向高阶思维的深度学习，从完善教学目标变革的教学创新到超越知识技能、追求高阶思维的教学创新，在教学实践中有效运用。

总之，在不同学段教学方式创新改进基础上，尝试从不同教学方式创新，剖析优秀课例，形成教学策略，通过方案设计、实施—反馈与评价，发现问题、进一步改进，提高地理教学效率，真正实现地理教育目的，使学生核心素养落地生根。

### （二）实施路径

本课题进行"模块化"教学方式变革的尝试，通过理论解读和典型案例剖析，重点从"大单元教学""项目式学习""真实情境下的问题解决"和"指向高阶思维的深度学习"等方面，创新地理教学方式，通过教学评价变革反思课题成果，形成教学方式改进的策略与途径，使课题成果扩展、推广，使地理核心素养落地生根，实现培养全面发展的人的目标。（如图 5 所示。）

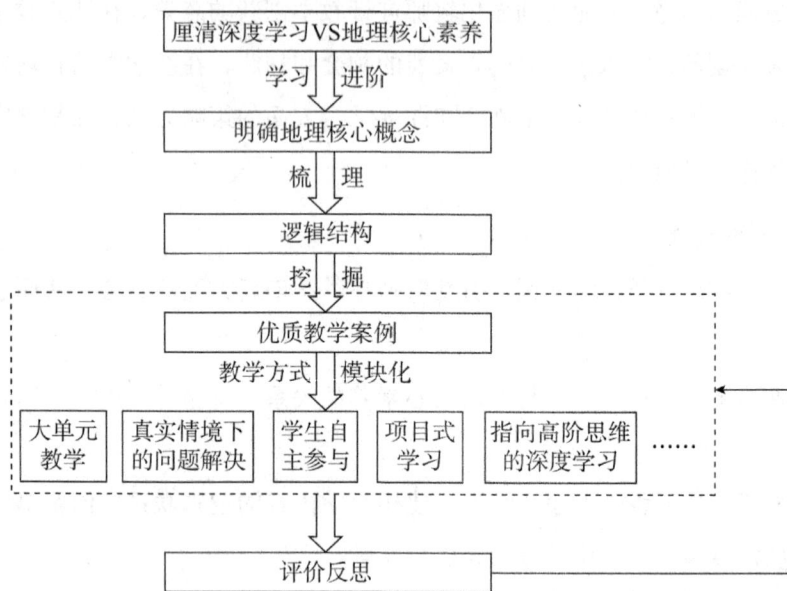

图 5　教学方式改进的路径图

## 二、深度教学的课堂实践

由于篇幅有限，本节主要选取大单元教学、真实情境下的问题解决、学生自主参与和项目式学习等模块的教学实践进行展示，通过理论阐释、案例呈现及剖析，瞄准的是课堂教学方式的改进、教学水准的提升和学生核心素养的落地生根。教师在教学中采用诸多积极有效的教学方式，通过问题情境创新尝试让学生自主参与的能动学习，基于核心素养落实的学习进阶，进行单元教学设计，结合项目式学习使课堂教学从"被动学习"走向"能动学习"，以体现深化课堂教学方式的变革，这也是课堂转型的基本意涵之一。

## （一）大单元教学

以往的教学多以教材中的"课"为单位进行，而目前教学中老师们会根据教学内容进行主题整合。本选题主要通过了两个阶段的实践研究，改进教学方式。

1. 第一阶段：教师根据教学内容方面的一致性进行主题整合

什么是主题整合教学？主题整合教学是从学生身心发展的特点和地理教学内容出发，以学习者为核心，引导学生针对某一主题所涉及的重要概念、原理和讨论的问题进行深度探讨，将学科相关知识整合在主题所形成的脉络与情境下，使学习者获得综合、系统的知识、能力和态度，最终聚焦到家国情怀和完整人格培育上。主题教学作为一种教学主张，是综合的、开放的并具有情境性。（如图 6 所示）

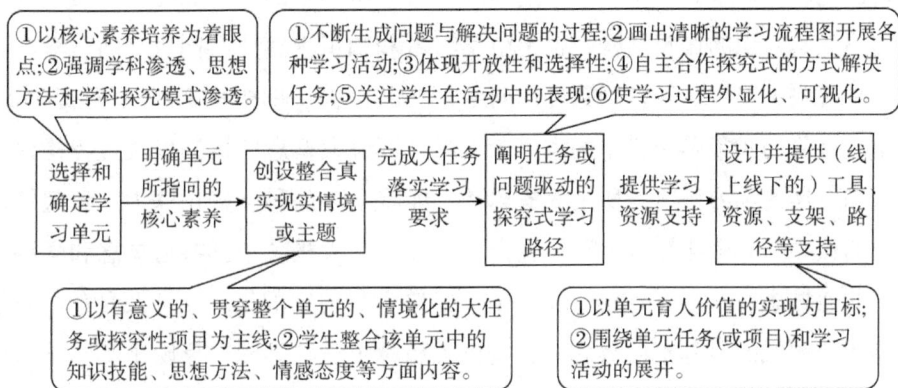

图 6 主题整合教学的基本思路

第一，通过选择和确定学习单元：以核心素养的培养为着眼点，强调学科渗透、思想方法和学科探究模式渗透，明确单元所指向的核心素养；第二，创设整合真实的现实情境或主题统领整个单元：以有意义的、贯穿整个单元的、情境化的大任务或探究性项目为主线，学生整合该单元中的知识技能、思想方法、情感态度等方面内容，以解决或完成大任务或项目，落实该单元所覆盖的学习内容和学习要求。第三，阐明任务或问题驱动的探究式学习路径：不断生成问题与解决问题的过程—画出清晰的学习流程图开展各种学习活动—体现开放性和选择性—自主、合作、探究式的方式解决任务—关注学生在活动中的表现—使学习过程外显化、可视化。第四，提供学习资源支持：以单元育人价值的实现为目标，围绕单元任务（或项目）和学习活动的展开，设计并提供（线上线下的）工具、资源、支架、路径等支持。

2. 第二阶段，基于学习进阶理论的单元教学创新尝试和实施

学习进阶理论是对学习者在一个较大时间跨度内学习和研究某一主题知识时，所遵循的连贯的、逐渐深入的思维路径的描述。"随着时间的不断增加，学生对某一学习主题的思考和认识不断丰富、精致和深入的一种过程。"〔摘自美国国家研究理事会（NRC）《让科学走进学校：K-8 年级科学学习的学与教》〕由于学习是不断积累、不断发展的，故帮助学习者找到认知发展过程中用以"踏脚"的具体的"脚踏点"，即"阶"，可以引导我们将初中乃至高中学段的地理课程的学习纳入学生的整个学习序列之中，帮助我们确立初高中地理各单元的学习任务，使学生的整个学习过程成为一个有机的整体，用多个视角整体把握课程、目标、内容、方法、过程、评价，优化教学效果。正是一个个连续的"阶"将学习的起点和终点连接起来。阶的确定不只是知识的逻辑结构，也是由学习者和知识主客体共同决定的。学习进阶并不只是解决学习者认知发展路径的问题，它也为学习者的认知发展过程提供支撑。

学习进阶的对象是学科中的大概念学习，围绕大概念的认知发展过程构建基于学生认知发展的学习进阶。所谓大概念是"能将众多的科学知识联为一致整体的科学学习的核心"〔摘自美国科学促进会（AAS）〕。大概念包括共通概念和学科核心概念：共通概念（crosscutting concepts）是跨学科内容的组织。涉及科学、数学和技术等各个领域的最基本的概念，这些概念超越了学科界限，反映出不同学科的内在统一性，并且相对稳定，对于各种文化观念都普遍适用；学科核心概念由若干重要概念构成，其中包括重要概念、原理、理论等的基本理解和解释，这些内容能够展现当代学科图景，是学科结构的主干部分。是组织整合某个学科自身内容的少数关键概念。

核心概念的特征：第一，能有宽泛的包容力，学生在每个学段都要学习它们，而且在现实社会生活中也能经常接触到；第二，能构成或支撑起学科，揭示或反映学科本质；第三，能提供一个框架，有利于教与学。核心概念并非一成不变，而是不断发展的，其内涵和外延也会发生很大的变化。以核心概念"地形、农业"为例，分析其在不同学段的学习进阶，如图 7 所示。

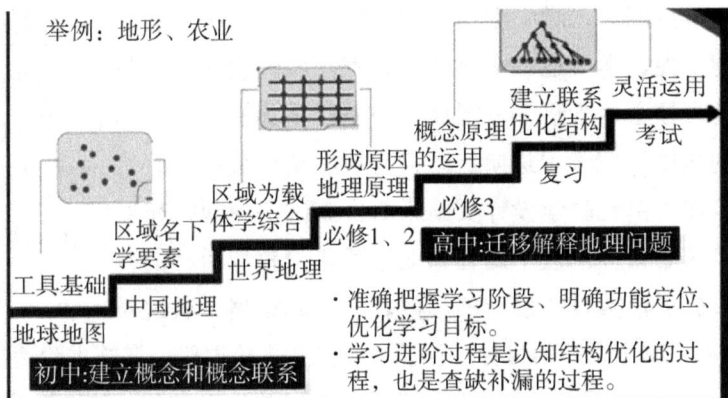

图 7

大单元教学研究目标。

①从中观和微观两个层面优化地理教学方式的实践研究，培养初高中学生核心素养，以中观层面素养内涵分解内容的单元教学设计为内容，通过典型课例交流展示课堂教学方式的改进与实践活动策略。

②应用进阶理论，践行主题教学。基于学习进阶理论的应用，依托主题（单元）教学设计，落实地理学科核心素养的培养。具体实施过程是：通过梳理内容的关联—优化内容结构—设计学习进阶。如"气候"要素在不同学段的学习进阶（如下图8）：

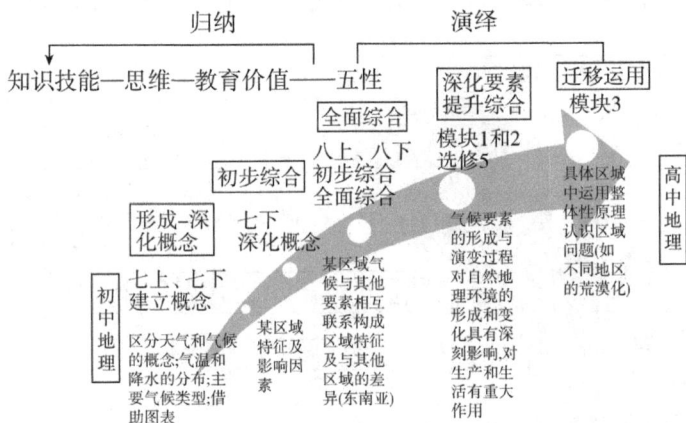

图 8

以上基于地理核心素养内涵解析的理论研究，使素养导向的教学实施路径与策略的感悟转化为聚焦当前中学地理教学中落实核心素养、中高考改革背景下的教学改进等热点、难点问题，对中学地理的教学内容进行深入理解和把握，构建了促进学生地理学科核心素养发展的教学改进策略体系，就地理核心概念将某一层面内容进行单元构建，从单元教学研究的角度进行学习进阶、结构分析、学情分析、评价设计研究，梳理了单元教学设计实施策略，探讨了中观操作层面上落实培养核心素养的教学路径，促进了课堂教学活动的改进，提炼并形成了落实核心素养的具体教学实践策略。通过对

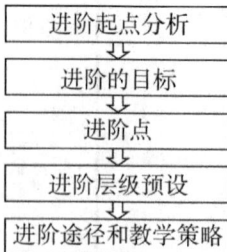

图 9

"进阶起点分析—确定进阶的目标—预设进阶点和进阶层级—实施进阶途径和教学策略"等步骤（如图 9）提炼分析方法，完成概念的进阶和转化，整体把握教学。

通过指向核心素养的单元教学设计及研究课的展示交流，引领广大教师进行素养目标下的单元教学设计和课堂教学实践改进，形成了具有示范力和辐射力的系列区级和市级研究课，很好地发挥了课题组在区市的示范引领作用。

③以初中地理教学内容为例，简要阐述大单元教学的特点。

首先以《地域文化》为例，简要阐述大单元教学的特点。初中地理课程标准"运用资料描述某地区富有地理特色的文化习俗"，通过探究"文化习俗与地理环境的关系""民居特色与地理环境关系"等，提升地理思维，认识地域文化是学生形成人地协调观念过程中一个非常重要的基本概念，从区域的角度准确理解地域文化的概念，掌握地域文化的内涵和外延是学生形成人地关系的重要前提之一。设计地方文化教学进阶点和目标、单元教学设计具体思路如下（图 10、图 11）：

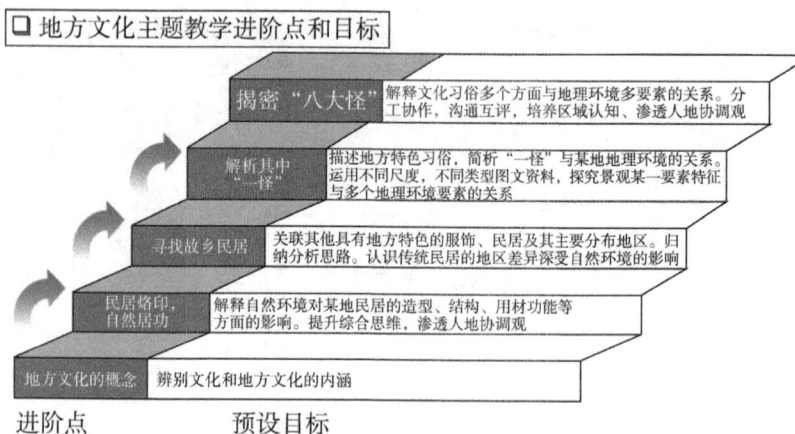

图 10

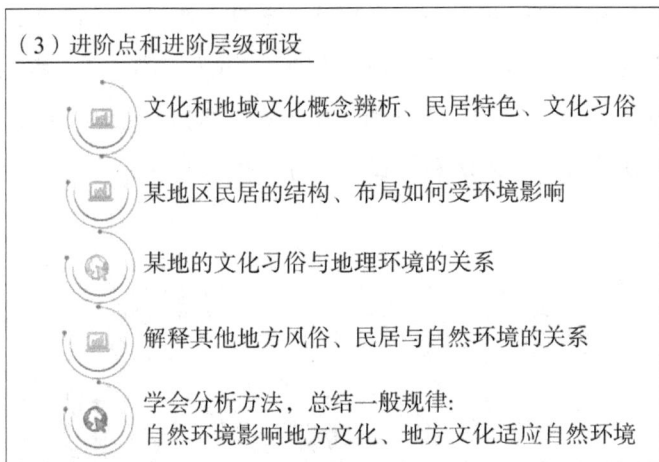

（3）进阶点和进阶层级预设

文化和地域文化概念辨析、民居特色、文化习俗

某地区民居的结构、布局如何受环境影响

某地的文化习俗与地理环境的关系

解释其他地方风俗、民居与自然环境的关系

学会分析方法，总结一般规律：
自然环境影响地方文化、地方文化适应自然环境

图 11

以初三《地方文化》（授课教师：北京十八中杨萌）单元复习一节课的教学设计思路为例（如图 12），遵循了确定学习的起点，设置进阶目标，关注进阶策略和途径，将一节课纳入整个地理课程的学习中进行教学设计，站位更高，实践证明也更有效（如图 12）。

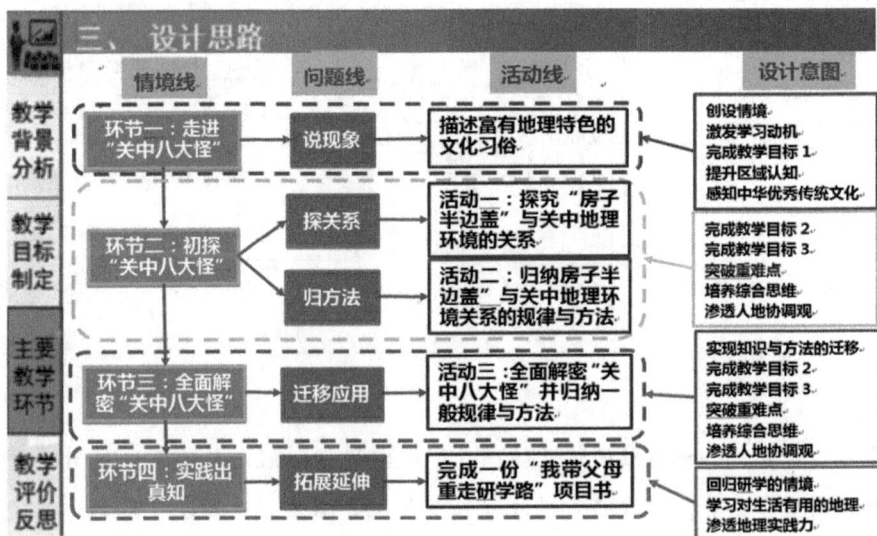

图 12

下面再以首都师范大学附属丽泽中学李梦舒老师的单元教学《冬奥主题三部曲》为例，进一步阐述大单元教学设计的特点。

该课是针对初二年级学业水平考试的单元复习，其定位是：用已有知识的砖瓦建造新的高楼大厦。在"冬奥主题三部曲"中，"追根溯源""一探到底""身临其境"三课时的设计（如下图13）就如同建造大厦的不同功能区一样，它们肩负着在复习课中基础知识的巩固、方法和过程的训练、情感态度和价值观的升华等不同的作用。

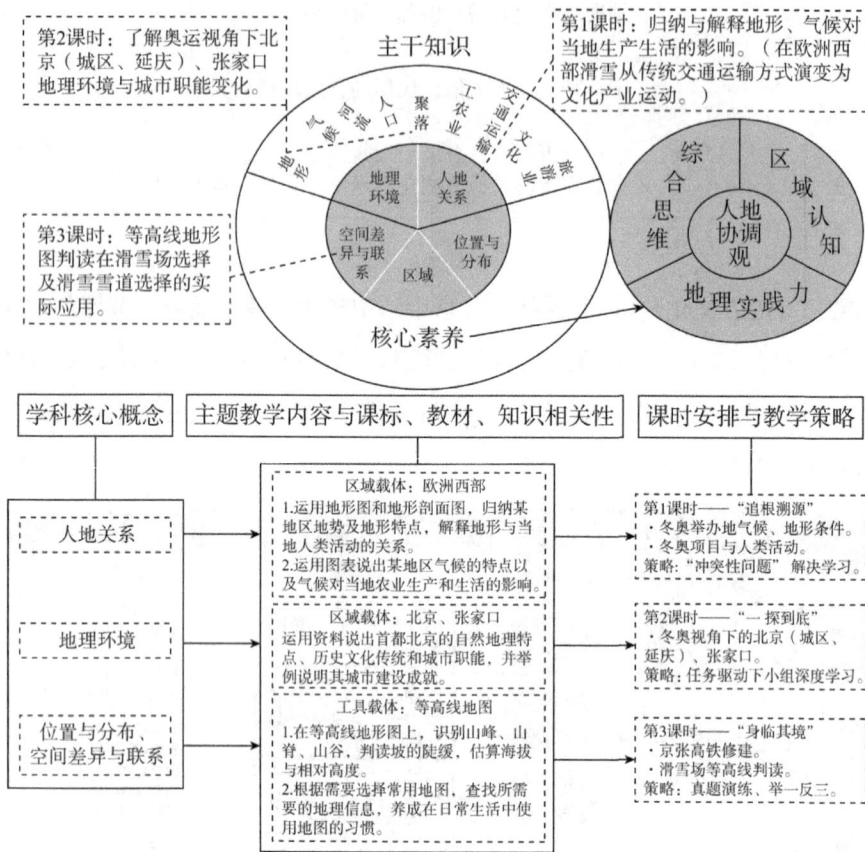

图13

课程、教材、知识有效的优化统整，根植学科核心概念的阐释，提升地理学科能力和学科核心素养。通过巧妙设计（如下表5），激发学生解决主题教学情境中的真实问题的欲望，在探究中助于提升创新思维能力的培养。课时教学目标和单元主干知识的关联一目了然。

表5

| 课时教学目标 | 单元主干知识 | 核心素养 |
|---|---|---|
| 第1课时："追根溯源"<br>1. 归纳欧洲西部地形、气候特征对当地生产生活的影响。<br>2. 渗透人地协调观。<br>主题情境应用：①冬奥会历届举办地分布规律；<br>②滑雪是从交通运输方式演变为体育运动。 | 位置与分布 | 区域认知 |
| | 要素因果关系 | 人地协调观 |
| 第2课时："一探到底"<br>1. 对比冬奥视角下北京（城区、延庆）、张家口地理环境特征。<br>2. 举例说明北京城市职能变化。<br>主题情境应用：①北京冬奥申办城市优势对比；<br>②北京冬奥比赛场馆的"前世今生"。 | 地理过程与变化 | 综合思维 |
| | 区域联系与发展 | |
| 第3课时："身临其境"<br>等高线地形图的基本判读方法。<br>主题情境应用：①京张铁路与京张高铁修建；<br>②滑雪选址及滑雪雪道选择的实际应用。 | 特征与差异 | 地理实践力 |

本设计突出以下三点。

第一，真情境，"融情入境"。主题教学设计构建一个完整的情境"冬奥主题三部曲"，从大尺度的历届奥运会举办地的分布规律到小尺度的北京冬奥会"一赛三址"的优势互补分析，最后结合等高线地形图进行滑雪赛道选择等活动，巧妙地将知识、技能、情感态度价值观围绕着冬奥会的主题情境逐步深入地展开。

第二，真问题，"源于生活"。此主题教学设计的三部曲，共设计了3个冲突性问题，6个核心探究问题，这些问题的突出特点都是源于生活。所有真问题的设计促成了学习一步一步发现问题、解决问题的过程，学生收获了满满的成就感。

第三，真收获，"自主建构"。学生通过真问题的探究，无论是探究地形、气候等地理要素对当地人类活动（生活）的影响，还是将地理位置图像化，抑或运用了大量生活实例体现人类对自然环境主动适应的过程，都是基于核心概念，通过将主干知识统筹优化为单元教学主题，帮助学生自主建构知识体系，优化复习效果。

④以高中地理《土壤的养护》为例，简要阐述大单元教学的特点。

"土壤的养护"单元教学是对应《普通高中地理课程标准（2017年版2020年修订)》中具体要求的新课教学内容。

该条课标的内容是"通过野外观察或运用土壤标本，说明土壤的主要形成因素"。从字面来看，"土壤的养护"似乎没有直接对应到课标要求，从培育学生地理学科核心素养的角度来看，"土壤的养护"有助于引导学生从区域认知角度出发，站在"人土关系"的高度认识土壤的地位和功能，有助于学生树立起"一方水土养一方人，一方人更应护一方水土"的人地协调观。更具意义的是"土壤的养护"直接关系到18亿亩国家耕地红线和粮食安全底线问题，同时对于建设"蓝天绿水青山净土"的美丽中国具有重要生态意义。

以下为北京十二中韩世豪老师对该单元教学设计思路的简述：

为达到本单元课标的内容要求与培养学生地理核心素养的能力要求，我首先将分散在教材不同模块中的图文资料和案例等内容分区域进行整合，即南方低山丘陵红壤区、东北平原黑土分布区、黄淮海平原盐碱地分布区；然后，为实现学生深度学习和小组探究活动的开展，新增大量案例背景资料，如被誉为全球生态修复"教科书"的千烟洲模式及近年来的2.0升级版本，《中国国家地理》2019年第11期《拿什么拯救你？留住飞速消失的东北黑土》的专题报道等；最后，基于区域土壤问题的真实案例，在"土壤"这一大单元主题下，以时间动态变化为线索，按照"观察区域土壤—分析成土因素—发现土壤问题—探究问题成因—提出养护措施"的学习思路，构建了"土之原貌""切'肤'之痛""焕发新生"三课时的教学主题。

第一课时，我首先通过谷歌地球的动态展示路径，让学生从不同空间尺度感知各自研究区的地理位置、地形地貌、土地利用等区域环境特征，培养学生区域认知能力。然后，通过展示各小组收集的研究区典型土壤景观图、解读学案材料信息、查询国家土壤信息App或者SQAPP软件等方式，引导学生了解各自研究区典型的土壤类型、分布及特点，了解土壤观察的主要内容和常用方法，从而提升学生运用地理工具和图文资料获取与解读地理信息的能力，锻炼学生的地理实践力。最后，师生共同总结描述土壤特点的主要内容及观察土壤特征的常用方法。

第二课时，首先要求学生结合区域环境特点，分析前一节课各小组观察到的土壤特征（现象）的成因，培养学生要素综合的思维能力。然后根据同学们的答案，结合具体案例，归纳讲解各成土因素对土壤形成、发育的作用。接着指出上述成土因素并非一成不变，尤其是相对活跃的生物、气候及人类活动等因素的变化或作用强度的改变，会引发土壤问题。通过小组合作，依据学案资料采用设计实验方案、图文转换、文图转换等形式探究不同区域土壤问题的成因及其危害，从而让学生认识到土壤问题的出现与各自然要素及人类活动的关系，体会土壤问题对区域环境和发展的影响，培养学生时空综合与地方（区域）综合的思维能力。

第三课时，首先，通过复习导入，回顾区域土壤问题引发的土壤主要功能的退化，并指出土壤养护工作的重要性。接着，引导学生思考既然土壤问题因区域成土环境的变化而起，那么土壤的养护就必须针对区域土壤问题，充分考虑不同地区成土环境的差异，并依据土壤特征的变化，因地制宜、有的放矢，才能保障与提升土壤功能的可持续性。然后，各小组合作探究，从评价学案中提到的区域土壤养护模式，到结合实际案例提出有效具体可行的养护方法，层层深入，发展学生高阶思维，引导学生深度学习，培养学生人地协调观。最后，升华主题，阐明土壤养护的现实意义——不仅关系国家农业生产与粮食安全的底线，同时对于建设"蓝天绿水青山净土"的美丽中国具有重要影响，唤醒学生的时代责任感，落实立德树人的学科任务。

该主题的单元教学设计思路如下图所示：

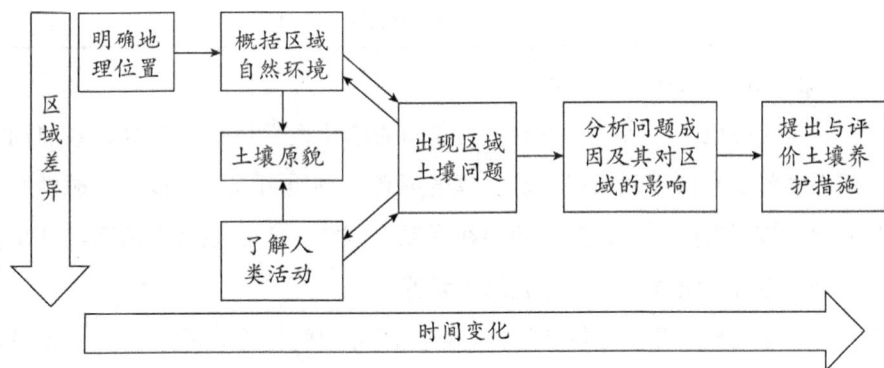

整个教学单元由三部分组成："土之原貌""切'肤'之痛""焕发新生"（如下表）。

"土之原貌"，主要是从培养学生地理实践力的角度出发感性认识土壤，在认识观察土壤的方法的同时，了解与土壤有关的基础知识。

"切'肤'之痛"，重在从土壤的主要形成因素的角度，培养学生的综合思维能力；从土壤的功能的角度，认识土壤在自然环境中的地位和作用。

"焕发新生"，旨在引导学生在"知行合一"层面上，理解"土壤的养护"的必要性，有助于学生区域认知能力的培养和人地协调观念的树立。

| 时间＼空间 | 江西省千烟洲 | 吉林省梨树县 | 山东省北丘洼 |
|---|---|---|---|
| 第一课时"土之原貌" | 观测{ 颜色 物质组成 质地 酸碱性 剖面结构等 | 探究——成土因素 | |
| 第二课时"切'肤'之痛" | 红漠化 | 黑土侵蚀 肥力下降 | 盐碱化加重 |
| 第三课时"焕发新生" | • 掺砂<br>• 熟石灰中和<br>• 施用有机肥（绿肥、农家肥)<br>• 立体农业等 | • 休耕<br>• 轮作<br>• 退耕还草<br>• 秸秆覆盖<br>• 秸秆还田免耕法<br>• 施用有机肥等 | • 调控水盐运动 |

本单元教学设计突出以下三点。

第一，谈天说地，厘清综合思维。韩老师的单元教学设计，充分联系前面已学过的自然环境各要素的相关知识，从土壤的颜色、物质组成、质地、酸碱性和剖面结构等方面，梳理自然环境各要素的内在联系，依托"土之原貌"的真实情境，厘清学生的综合思维，培养学生的综合思维素养。

第二，知地明理，侧重区域认知。理解土壤养护的措施，除了需要立足各成土因素在土壤形成和变化中的综合作用，还需要结合具体区域的土壤问题，找到制约区域土壤生态系统良性发展的限制性因素，才能提出有针对性的土壤养护的具体方法。为此，韩老师精选了江西省千烟洲、吉林省梨树县和山东省北丘洼三个典型区域，通过地理实验，引导学生从土壤问题的表现，认识区域差异，培养学生的区域认知素养。同时，观察、实验的过程，还有助于培养学生的地理实践力。

第三，落地生根，渗透人地协调观。土壤为珍贵的自然资源，养护土壤是全人类关心的课题。我国是具有悠久历史和优良传统的农业国，我国人民对土壤的养护积累了丰富的经验。韩老师立足国情，将单元教学设计的最终落脚点定位为土壤的养护，是站在人地协调的高度看待土壤养护，整体设计水到渠成，且具有一定的思想高度。

### (二) 设计学生自主参与的教学

在最近的 20 年里，自主参与学习的理论和实验研究迅速发展，一线的教师以及教育专家学者进行了很多教学实验。以学生为主体、启发式教学、合作式学习、课前导学、小组讨论等自主参与学习教学研究蔚然成风，教师体会到互动课堂的生动性与生成性，其教学行为随之变化。但这种变化"模式化""程序化"倾向严重，"形式化""浅表化"问题突出。一部分教师简单地把"教学改革"等同于"教学方式的改变"，热闹的课堂充斥着浅层的思维过程、低效的学生能力素养培养。中学生在学习地理时存在一定的地理思维方式的缺陷，如下：

依赖性："唯书""唯师"，要么老师提出问题，学生急于从书本上的文字去找答案，要么老师讲什么，就怎么进行思维，缺乏主观能动性和独立思考及分析解决地理问题能力。

单一性：学生不能多层次、多角度地全面认识地理事物、思路狭窄，常常孤立、片面、静止地看问题，不能用地理学科特有的视角去分析解决地理问题，难以形成系统的思维程序。

无序性：不能将已学知识进行同类顺应，建立的认知结构、思维处于无序状态，具体表现为：知识组块构不成，知识网结不成，知识层次理不清，知识系统建立不起来。分析其原因：不能以有效的地理科学思维方法为基础来构建合理的地理学习方法。

表面性：思维过程表面化，往往知其一不知其二，缺乏深度。

地理学习过程中，强调以体验为主要形式，营造具有生命活力的学习过程。以体验形式开展的教学关注学生的体验，关注学生生命的完整性、潜在性、自主性和独特性，关注学生精神的成长和人格的健全。注重生命体验的教学以学生的生命发展为最高指向，蕴含着高水平的生命价值与意义。相较于以往的浅层学习，目前的教学较侧重于开展深度学习，深度学习是一种有效地提升核心素养的学习方式。深度学习是指在理解学习的基础上，学习者批判性地学习新的思想和新知识，将它们与原有的认知结构相融合，将众多思想相互关联，并将已有的知识迁移到新的情境中做出决策和解决问题的学习。深度教学不注重知识记忆和解题训练，而是对教学情境进行深度分析，强调课程中学生的积极、有效、深度参与，探析内在的因果，从而掌握知识，提升问题解决能力，最终实现学生的发展。

学生自主参与教学就是要突出体现学生参与课堂的自主性，即学生参与教学是主动的，是发自自觉意识的心理能量的投入，而不是被动的、形式上的生理能量参与，是指在一种民主、平等、和谐的课堂氛围中，教师通过设置恰当的教学情境，激发学生的学习愿望，调动学生在课堂上的积极活动的兴趣，唤起学生的个体发展需要，从而让学生在情感、思维、动作等方面主动、愉悦地参与教学过程，对学习内容进行自觉思考，主动探索，获得认知和身心的全面发展。

教师在课堂教学的准备过程中，教师可以从学的角度研究怎么教，研究学生是如何认识问题、思考问题和解决问题的；研究每一部分内容的学习中，学生可能会遇到哪些问题。在把"知识内容"转化为"学习任务"的过程里，教师在读懂学生的基础上设计出符合学生学习逻辑的学习任务，以期能够更好地达成学习目标。在课堂教学实施过程中，学生始终保持与真实的任务情境深度互动，在宽松的课堂氛围中舒畅地讨论和交流，自主参与学习任务，最终完成知识的建构。

因此，深入的思考不仅能够帮助学生建构知识体系，同时帮助学生形成丰富的地理思维方法、掌握研究区域的学习方法和认识策略，"基于任务驱动下的小组深度学习"对于培养和落实学生地理核心素养具有重要的实践意义。

本选题主要选取教师在深度参与教学活动方面的创新尝试和做法。

1. 北京十二中邹洁琼老师《地球的历史》的主要教学任务

设计学习任务：教师通过真实情境素材把核心素养和课程内容进行深度关联，相互联系相互渗透，设计地理学科素养—内容—活动—评价相统一的学习任务链（如下图）。

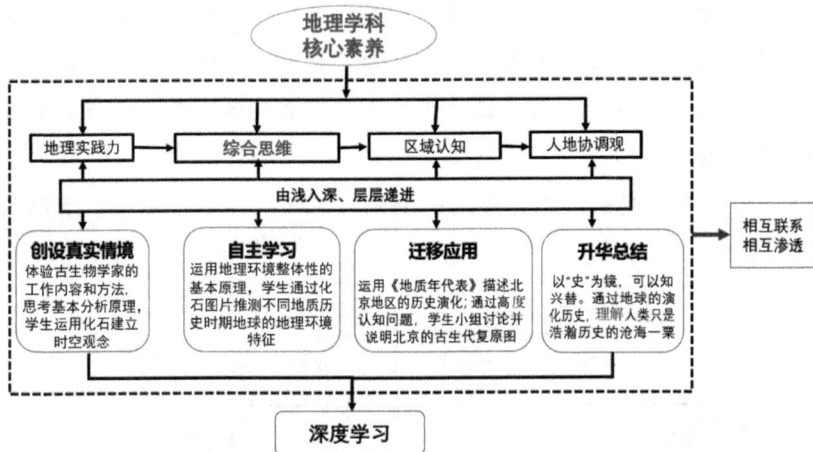

学习任务（1）：学生借助《生物进化树》、化石图片以及教材，在2分钟内完成小组内化石的时间排序。每组派一位代表将本组的排序结果贴在黑板上。假如每组的化石代表地球的历史，推测地球的历史可以分为几个阶段，并完成学案和平板电脑上的投票，写明理由。

学生之间开展互动，创建轻松的课堂氛围。通过自主思考及上台展示排序结果，既可以让组间相互"挑剔"，又可以充分调动学生的主观能动性，提高学生的课堂参与度。通过小组讨论，共同完成表格，可以很好地锻炼学生倾听、开放性思考、有分歧时如何合作的能力。借助化石图片建立地质年代表的年代顺序，既可以巩固基本原理，又可以提高学生的地理实践力，落实地理实践力的核心素养。

学习任务（2）：查看平板电脑上化石排序结果，综合其他小组的化石，并参考教材17页，完成学案"古生代"部分的填写，并拍照上传平台。

通过自主阅读、自主学习，既可以培养学生提取地理信息的能力，又可以锻炼学生总结归纳的综合思维能力，落实综合思维的核心素养。

学习任务（3）：学生借助化石图版上北京地区化石图片以及地质年代表，描述北京地球的"历史"。

通过小组讨论，共同完成学案任务，提高学生之间的合作能力。学生与学习任务深度互动，真思考、真去做，真遇困难，真解决问题。

学习任务（4）：展示两幅古生代复原图，学生根据《地质年代表》和化石图版，推测哪幅图可能是曾经的北京。完成智慧课堂的投票并说明理由。

利用智慧课堂平台，通过投票的形式，教师可以尽可能关注所有学生，兼顾各类学生。在小组活动中，差异可以当作一种学习资源，通过投票展示结果，教师可以在课堂上对其进行开发和使用，让学生有更多机会展示自己的观点，自发、自主地参与到学习任务中来。

4 个学习活动串联起来，才会形成一个完整的知识体系，完成本节课的知识建构（如下图）：

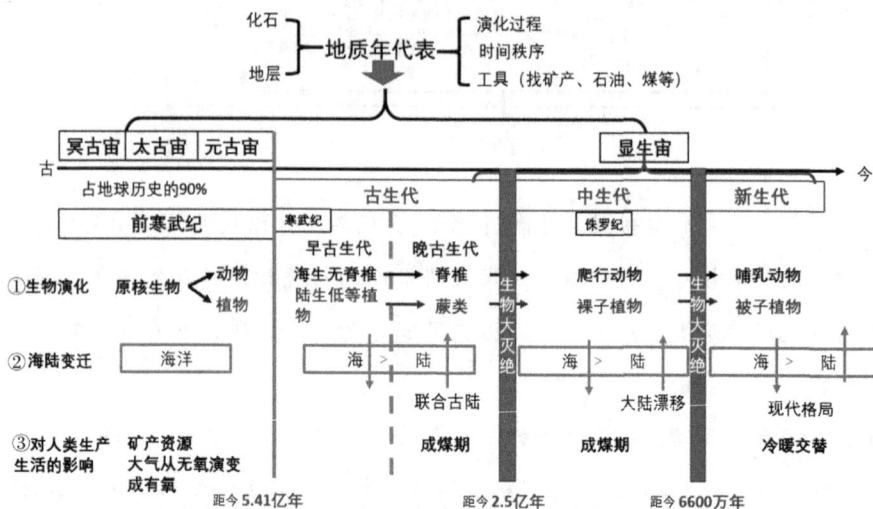

2. 北京教育科学研究院丰台学校陈旭老师《聚落》中的学生活动

在引入新课这一环节，我利用计算机网络，整合校内外课程资源，构建了开放式的课堂。以电视节目真人秀《爸爸去哪儿》中一段视频导入，使学生通过观看感兴趣的节目中乡村和城市的区别切身体会到乡村和城市的差异，并在活动三中设计了"集思广益搭房子"活动：让学生模拟房屋建筑师，选择不同的地区搭建适宜的房子。

活动内容：假设你是房屋建筑师，你将选择什么材料、搭建成什么样式的房屋呢？（可选择的建筑材料：木头、草、冰、土、石头、毛毡、砖、竹子……建房原则：因地制宜、经济实用）。具体要求：

（1）选出你们小组在哪个地区建房子并画"√"。

（西亚沙漠地区、热带雨林地区、黄土高原、北极圈附近。）

（2）在右侧方框内画出你设计的房屋简图并在图上注明使用材料。

（3）简述设计理由。

通过学案活动设计，让学生真正融入地理课堂教学中，使学生主动思考，主动去获取知识，并且愿意去学习，从学习中获得快乐。

3. 首都师范大学附属丽泽中学李梦舒老师《聚落》中的学生活动

本课教学流程：由教师的生活轨迹导入聚落的两种类型，并且以学案为载体，设计了四个依托图文资料层次递进的学生活动"描述你的聚落—建立你的聚落—设计你的聚落—保护你的聚落"。

设计意图：在充分利用教材的图片与文字的基础上，通过多种途径搜集各地景观图片来丰富教学内容。为了让学生感受到生活中"活"的地理，生活中"真"的地理，感受生活中地理的"实"，生活中地理的"广"，教师从自己家乡——东北黑龙江的一个乡村聚落引课，再到她目前生活工作的城市聚落——北京，通过对比，辨析概念；通过拓宽学习空间，满足多样化的学习需求，设计了"时空穿越——如果你是部落首领带着大家选择居住地，你会如何选择，为什么？"这一问题，通过给出北京地理环境等相关资料，让学生在等高线地形图上选取适合部落居住的地点，从自然环境各要素考量适合人类居住的环境，达到活跃课堂气氛、增加趣味性、彰显能动学习的目的。在接下来的环节中还设计了从"不同时期的城市如何选址"到"古都风貌如何保护"等任务，这样设计遵循了地理的时间轴线发展过程，研究尺度在不断地放大和缩小中转换，同时也遵循了从特殊到一般，再从一般到特殊的教学思路。特别是在第二个学生活动"建立你的聚落"的内容中，"巧设认知冲突开展探究式小组深入学习"帮助学生从区域认知到综合思维应用，渗透人地协调观念，落实地理核心素养。

4. 首都师范大学附属丽泽中学李梦舒老师的《中国行政区划》中的学生活动

本节课标要求：在我国行政区划图上准确找出 34 个省级行政区域单位，记住它们的简称和行政中心。

老师设计了如下三个环节的任务驱动。

环节一：看谁准确说出的省级行政单位最多，同时写出刚刚没有准确说出的省级行政单位的序号。设计意图：课堂中生成学生学习有困难的内容。

环节二：分享记忆心得，说说你是怎么记忆的！设计意图：解决学习有困难的内容。

环节三：我们再来试一次，记录正确找出的数目。设计意图：选出组内冠军，参加"一战到底"。

采用激励合作的竞赛式小组活动，在进行层层推进的任务驱动下的深度学习时，学生的兴趣和学习积极性被激发。

5. 首都师范大学附属丽泽中学李梦舒老师的《俄罗斯》中的学生活动

本课导入环节，教师出示了中国、俄罗斯餐桌食材的对比，从地理现象对比入手，既符合地理学科性质——生活性，又渗透地理思维方法——求异思想。教学设计共分为三个环节：找特征、找分布、找联系。

环节一：找特征。教学活动的第一个环节是找特征。通过图片、学案中的文字和表格，学生归纳俄罗斯餐桌食物的生长特点，体现地理学科的综合性思想，训练学生综合思维能力。

环节二：找分布。第二个活动是学生通过学案中的《俄罗斯地形图》《俄罗斯年降水量分布图和年等温线分布图》《俄罗斯冻土分布图》三组彩色图像，在任务驱动下进行充分的小组讨论，分析四个不同区域所处的地形区，通过气温、降水、土壤、河流等分析该地区发展农业的有利条件和不利条件，最终得出俄罗斯农业适宜布局的地区。设计意图：学生通过自主探究得出俄罗斯的农业主要分布在北纬60度以南的东欧平原，这样的设计优于常规的读图直接说出俄罗斯农业分布的教学处理。学生将图片、文字多要素叠加，进行比较思维、推理思维、协调思维等地理思维方法的应用与训练。充分调动学生已有知识，去解决地理问题，体验到学习的意义。

环节三：找联系。活动三"找联系"，这些联系既包括各自然地理要素在地理环境中体现的突出整体性特征，同时也包括在俄罗斯内部不同区域体现的差异性，还有自然环境和人文环境的联系。设计意图：学生自主构建学习的逻辑知识框架图，梳理学习一个国家的一般方法，完成本节课的授课内容。

6. 首都师范大学附属云岗中学王秀菊老师的《等高线地形图的判读与应用》中的学生活动

初三学生具有读图、析图的一般能力和一定的表象观察力，但空间想象能力不足，综合分析和解决问题的能力比较欠缺。为此本节课设计了三个活动，即"真实体验，知识重构—地形复原；知识深化—问题解决；知识应用"。充分利用AR沙盘增强现实、体感追踪等地理信息资源和技术手段，通过任务设计、课堂观察与体验感知等，引导学生主动学习和体验学习，实现"做中学"。下面以活动一为例展开说明。

活动一：真实体验，知识重构

任务名称：参考香山景观图，分小组在AR沙盘上制作山地景观模型。

任务要求：小组合作。

①明确组员分工：模型制作员2人、记录员1~2人、照相摄像师1人、汇报员

1~2人。

②模型中至少包含山顶、山脊、山谷、鞍部四个地形部位。

③制作过程中注意：观察不同地形部位模型特征、地形部位与对应等高线间的关系，根据模型绘制不同部位等高线示意图，归纳、描述并记录地形部位对应等高线形态及数值变化。

任务结果：以小组为单位分享山地景观模型制作过程与观察结果。

此活动借助地理 AR 沙盘创设"真实化"学习环境，便于学生"体验、感知"，学生在地理 AR 沙盘上制作三维立体山地模型（如下图），山地模型可以清晰显示等高线的形态与数值大小，实现等高线数值和间距实时调整。

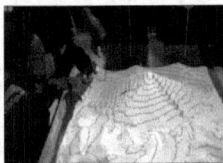

学生从不同角度观察不同地形部位对应等高线的形态与数值情况，将三维立体山地模型与二维平面图像建立联系（如下图）。

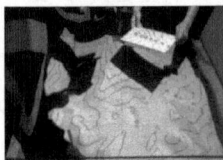

小组交流绘制等高线示意图，描述其形态特征（如下图）。

最后借助 Link 工具将制作的山地模型和学案上传，分享成果（如下图）。学生在学习情境"真实化"的基础上完成基于个体真实体验的发现重构。培养学生将三维立体事物转换为二维平面图像的空间思维转换能力、图文概括能力和地理实践能力。

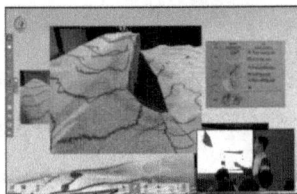

### (三) 真实情境下的问题解决

《普通高中地理课程标准（2017 版 2020 年修订)》的"教学建议"部分突出在落实地理核心素养、解决地理教学中的重要问题、提高地理教学育人效果方面的导向作用。突出未来一段时期内具有导向意义的几个方式方法，包括"问题教学""地理实践活动""信息技术应用"和"过程性评价"。

问题教学以解决问题为要旨，在解决问题的过程中，引导学生运用地理的思维方式，建立与问题相关的知识结构，并能够由表及里、层次清晰地分析问题、合理表达自己的意见。"问题式"在某种程度上也可看作是一个上位概念，凡是基于真实问题、开放式问题、尚无现成答案问题的教学，都可视为问题式教学。项目式、主题式或单元式等教学方式，都可用于问题式教学。

问题式教学的关键就是要创设真实世界的问题情境，其主要思路如下图所示：

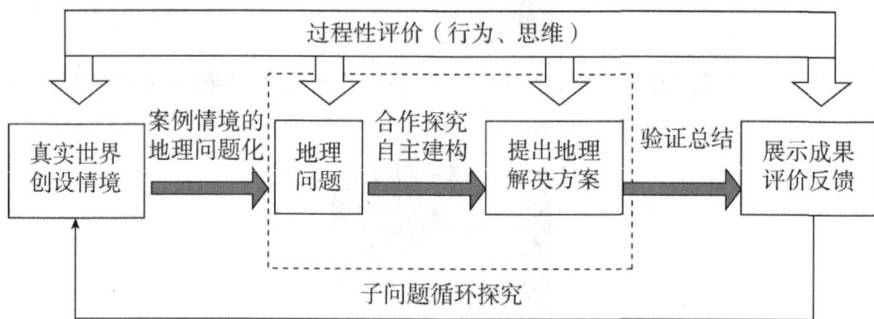

图 14

第一，创设真实的、结构不良的基于课标的问题情境；第二，提出具有体验性、探索性并有意义的地理问题是关键；第三，解决问题要具有自主性、开放性和多元性；第四，通过验证总结，展示成果形式可多样，如戏剧、作品或实验等。要将过程性评价渗透在每一个环节中，将成果推广到新的情境，并能解决新的问题。

情境与目标的设计应由易到难，情境由简化的、学科化情境到真实现实情境，知识也由初步的、结构化的知识系统再到整合的知识系统；过程与方法由原始的、原则性的探究到适应性探究；情感态度价值观也由朴素的、发展的情感和价值系统上升到成熟的情感和价值系统。

1. 北京十二中刘志琰老师《冷热不均引起的大气运动》中的问题解决阐述

该课注重给学生探索的机会，让学生基于生活体验，在观察、比较和发展的基础上去主动建构地理知识，达成深度学习，培养地理学科核心素养。

课前作业和引课：结合作业牵引探究。教师将生活体验与地理新概念学习有机融合，课前布置"做追风的少年，发现风的踪迹"的作业，学生们假期用心观察、用心体验、用心思考，用视频、照片和诗词等形式，记录和分析自己所发现的风。刘老师将学生们提交的作业进行甄别、筛选和分类，形成鲜活的教学素材。引课中，结合学生作业，引导学生思考、归纳，从而水到渠成地习得地理概念——热力环流。

环节一：依托实验，探索比较，理解地理原理。刘老师展示学生根据教材实验所做的热力环流实验视频，学生们自行筹备器材，大胆尝试，在操作过程中发现事实与猜想不完全相符，于是反复调整实验步骤、更换实验器材，在一次次的实验过程中，观察现象，思考成因，发现规律，生成疑惑，提升了地理实践力。

环节二：调动经验寻找新知对比分析原理具象。调动学生已有的知识经验来寻找获取新知识的突破口。引导学生对比分析"海陆风""山谷风""城郊风"，将抽象的地理原理分类具象化。

环节三：认识发现、提出解决沟通表达提升素养。让学生们在认识问题、发现问题、提出问题和解决问题的过程中，完成认识的推进和知识的建构。通过展示学生追风记录，让学生发现那些与热力环流有关，并归类分析，沟通交流，合作表达，结合校园旗帜的飘扬方向，分析北京气候与海陆间热力环流关系，进一步学以致用。

环节四：传统文化引入课堂，建构情境、探索比较，发现局限、深入本质。设计意图：通过学生在古诗词中寻找的"追风元素"，建构情境，结合原理，分析比较古人在诗词歌赋中东西南北风的寓意与科学，运用语文和信息技术学科的整合。在超越学科边界的过程中，探索比较，将思维活动引向深入，引向本质，培养地理综合思维，促进学生深度参与课堂学习，利于促进学生的可持续地理学习。

2. 北京市丰台区丰台第二中学周圣烘老师《从时空视角认识地表形态》中的问题解决阐述

本节课结合西安当地实际，通过丰富的图文材料，归纳、辨认和区分典型地貌。

通过从不同的视角（俯视、剖面等）和呈现形式（视频、景观图、素描、示意图等）去充分把握典型地貌突出特点。从典型地貌的成因和形成过程角度，说明地貌特征是如何形成的，准确使用地理术语"概述"所识别地貌的"主要特征"，再利用主要特点的相关维度去识别地貌。在识别地貌景观时，结合区域环境特征，结合地貌景观特点，从形态、地势、岩性、组成等加以判断。

下面以活动（2）展开说明。

小组合作学习：归纳景观特点，说明其形成过程，归纳描述地貌景观特点的方法。

　　教师：在太行山东麓形成冲积扇，多个冲积扇相连形成冲积平原。冲积扇有哪些特点呢？我们以某洪积扇为例。请同学们观察图像，说明其形成过程。

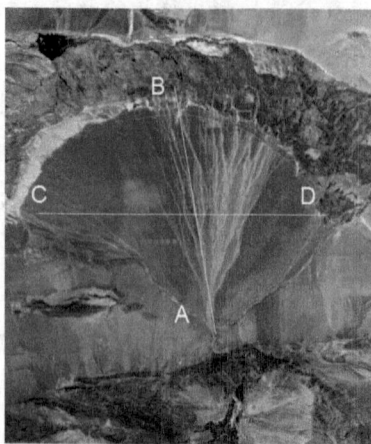

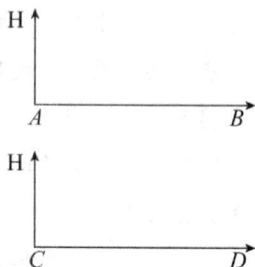

　　（1）在图中绘制等高线，沿 AB、CD 作剖面图（标注沉积物粗细）。

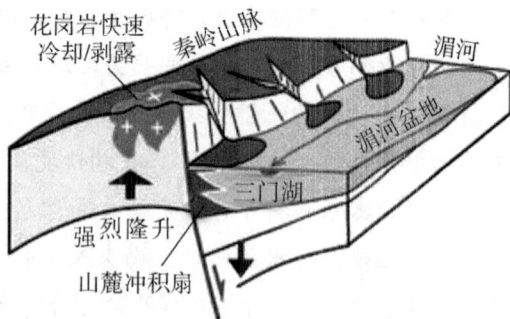

　　（2）归纳冲积扇的景观特点，说明其形成过程。

　　（3）指出我国冲积扇的分布特点。

　　（4）八水绕长安润美景，西安坐落在沪灞河山前洪积扇上，据图说明西安的地表形态的形成过程。

　　在地理课堂中，通过学生画图并描述其地貌形成过程，让思维外显，通过创设问题链引导学生应用所学知识分析和解释地理问题，在时间演变的视角说明地表形态的变化，在空间差异的角度认识其分布规律，归纳典型地貌的特点，学生通过观察、识别、描述、解释、欣赏典型的地貌，提高综合思维和地理实践力，培养家国情怀和审美情趣。

3. 北京市大成学校张舜英老师《印象黄河》中的问题解决摘录

在完成"运用地图和资料,说出黄河的主要水文特征以及对社会经济发展的影响"这一课程标准的时候,课堂教学中为学生创设"黄河"相关真实情境,学生通过"产生疑问—选择资料—分析观点—记录结论—展示结果—阐释观点—争辩疑惑"等环节完成学习任务。

下面以"活动(1):问题接力——探索黄河"展开说明。

目标:说出河流的水文特征。

准备:每组一套学习材料(资料包)。

方法:每组都会完成相同的3个问题,每个问题按要求完成。

第一个问题同时发放,小组完成第一个问题后,得到教师认可,方能从教师那里获得第二个问题,三个问题全部完成即为完成任务;

先完成全部任务的小组可以参与到相邻小组的讨论中。

成果:能够准确说出黄河水文特征并完成学习思路的构建。

具体问题:

问题①:对比长江与黄河的水文特征,用记号笔填在下表中,完成后把表格粘贴在黑板上。

| 水文特征 | 长江 | 黄河 |
|---|---|---|
| 流量 | | |
| 汛期 | | |
| 结冰期 | | |
| 含沙量 | | |
| 流速 | | |

问题②:对比黄河上、中、下游河段,把各河段最突出的水文特征用记号笔写在纸条上,每个纸条只写一个特征。

问题③:把黄河上、中、下游典型水文特征粘贴在展图的相应河段,并说明理由。

资料包中的资料(含"长江与黄河的部分水文站点图""长江与黄河的干流流量图""长江与黄河的汛期图""黄河干流泥沙沿途的变化图""中国年降水量分布图""中国一月均温分布图""中国地形分布图""中国地势分布图""中国植被覆盖度分布图")

整个学习过程和思维过程是可视化的。学生根据资料讨论分析出黄河与长江的水文特征的异同点,并能清晰地说出黄河上、中、下游河段最突出的水文特征,为后两个环节的学习做好了铺垫。有计划地独立进行重点知识的意义建构，得出负责任的结论，并调用批判性思维、分析、综合、评价、创造等高阶思维。课堂上学生的学习动机大大激发，注意力完全集中到学习任务上。学生全员学习重点内容，参与全部问题解决的过程，积极参与讨论和学习，再认真解决自己的问题。自由讨论时，生生间的讨论很激烈，师生间的讨论也很激烈。学生讨论的过程中遇到困难时，忘记了这是在课堂上，有七八十人在听课，两个对讨论结果有争议的学生直接跑来和老师进行争论。

## （四）项目式学习

以往学科教学多是以单一学科（分科教学）为主，而目前课堂教学正在不断打破学科边界，逐渐走向学科融合，学科间逐渐相互渗透，培养全面发展的人。本选题主要选取教师在学科融合方面的创新尝试和做法，以凸显教学内容方面的变革。依据一些源于学生生活现象的学习或研究主题，将不同学科的知识进行融合。本选题主要选取教师根据教学内容进行主题整合方面的创新尝试和做法，通过项目学习，凸显教学内容方面的变革。

项目教学是以项目的方式向学生提出富有挑战性的问题或任务，围绕某个实际问题学生通过设计问题解决方案、自主决策或合作探究活动，最终以作品制作的形式展示学习成果。

项目式学习的基本思路：创设真实的生活情境—从情境中抽象出问题并确定项目任务—设计问题、解决方案、自主决策、合作探究—以作品制作、小论文等多种形式呈现成果。

主要步骤：

项目论证选题。要求：第一，对学生而言要有意义的真实情境；第二，其核心任务应与地理课标内容相契合；第三，要有时间、有空间、有情节、有问题。总之，应引导学生关注社会问题、责任意识、参与意识，渗透核心素养，通过项目的研究让学生自主构建知识的逻辑联系、学会运用原理分析问题、完成任务，或对某一地理问题产生会形成深刻的认识。

确定核心任务（任务群），设置任务驱动。任务群可以将复杂的涉及不同学科的知识内容整合形成一个相互依存、紧密结合的系统，在这个系统中各要素相互聚集、相互协调，使其发挥出巨大的教育力量。首先，搭建知识脚手架，学习相关知识的来龙去脉；其次，探究主题任务，深刻认识地理问题或其对地理环境产生的影响；最后，领悟某地理问题的重要性，提升地理核心素养。

项目推进。通过社会调查、实验探究或野外考察，结合搜集资料进行问题探讨；

通过原因探究，提出解决方案；针对各种方案进行辩论，其间评价贯穿全过程。

项目成果展示。通过学生作品进行成果展示，结合终结性评价凸显学生成就感。

1. 北京市丰台区西罗园中学王梓老师的《走中轴》综合实践活动项目示例

北京丰台区西罗园中学基于"走中轴活动"这一主题所编排的课程模块，将同时涉及地理、历史、政治等跨学科的知识融为一体，地理学科与历史、政治两学科手拉手，彼此融合，相互借鉴。活动行前工作与行中、行后成体系，与教学设计一一对应为课程服务。组织学生实地考察与活动任务单紧密契合，活动有依据，行为有内涵；活动与随机发问、现场讨论相结合，街头头脑风暴，身临其境、畅所欲言；活动精华与学科素养相结合，在课标的引领下设计活泼、有趣的实践课程。如将门当户对思想的探讨、四合院探秘、后海区域的古今变化设计为课程主要内容，紧密贴合地理学科综合素养，地理课展示以"鉴今寻古画说永定门""天坛晓祈年，中轴探计时"等课从地理视角展开，以提升学生的综合思维和地理实践力为主要目标，凸显弘扬中华优秀传统文化的课程德育。综合实践活动由浅入深、由师生的争论和探讨来展开话题的交流，多层次、全方位、各角度、多对象地推进本课程。根据任务单的活动方案将后海、南锣鼓巷区域划分为不同尺度、不同功能、不同类型的区块进行认识。学生通过分析这些区域的整体性和差异性，把握地理要素之间的相互作用，探讨区域之间的联系，评价区域开发的条件与方式，促进区域的发展，落实区域认知。项目式学习过程如下：

（1）准备阶段。

具体任务：结合实践活动任务单，搜集资料，聚焦具体实践问题的解决。

学生活动：以走中轴天坛实践活动为课堂背景，利用网络平台搜集相关资料并整合有关计时和祈年的相关素材，做好课堂学习的资料储备。

具体任务：搜集中轴线上与计时相关的建筑，整理祈年原因的相关资料。

学生活动：组成学习小组，结合实践活动的观察和记录，进行组内及组间讨论，了解建筑特色和古代皇帝祈年原因，做好课堂学习的资源整合。

（2）实践阶段。

具体任务：行走中轴线，实地考察与探究，完成活动任务单。

学生活动：在中轴线上，小组同学实地观察中轴建筑，采用街头采访、头脑风暴等多种方式归纳建筑特点。再结合计时相关的资料，实地讨论建筑特点与计时之间的关系，动手制作建筑模型（如下图），培养学生的区域认知、综合思维和地理实践力。

具体任务：探究祈年背后原因，建立祈年殿建筑特点与古代皇帝祈年的关系。

学生活动：学生利用所搜集的相关资料、地理活动任务单和教师提供素材包，以小组为单位进行合作，明确组内分工，通过实地观察，逐步发现和总结祈年的原因，了解古代皇帝美好祝愿背后的地理意义。

（3）总结阶段。

具体任务：总结提升，课堂展示。

学生活动：学生结合手边搜集的资料和已完成的活动任务单，逐步跟进课堂问题，完成课堂学案，并以小组的形式进行学案任务的汇报和展示。在课堂学习过程中，结合实践活动的情境，形成问题解决的一般思路，深化思考多要素之间的联系，逐步形成人地协调观念。

具体任务：量化评价，完善自我。

学生活动：开展自我评价及小组内互评、小组间互评，学生锻炼表达能力，敢于总结自身不足之处并不断改正与调整，努力超越自我。同时也善于发现他人的优势条件和美好品质，虚心请教与学习。

2. 北京市佟麟阁学校王晓旻、王新玲老师的《重现历史真相，缅怀革命先烈》综合实践活动项目示例

该项目是地理与劳技、历史等学科内容相互融合，以探究喜峰口长城抗战的位置为核心问题和出发点，依托等高线地形图分析解决问题。步骤如下：

（1）准备阶段。

任务①：查找资料，发现问题。

学生活动：以喜峰口长城抗战为主题，利用网络平台搜集相关资料，并发现长城抗战遗址部分地区被水淹埋，导致可观测的长城原貌缺失。

任务②：提出方案，确定计划。

学生活动：组成学习小组，结合实际情况进行组内及组间讨论，形成可行的解

决方案，制订研究计划。

（2）实践阶段。

任务①：走进喜峰口地区，实地考察学习，完成任务单。

学生活动：在长城遗址利用多种工具确定喜峰口长城抗战的大致位置及水下长城走向。走进长城抗战纪念馆，根据教师提供的问题，以小组合作形式进行实地考察，进行资料收集，找出解决问题的办法。

任务②：问题探究，制作简易等高线地形图模型。

学生活动：学生利用相关地图和工具，以小组合作，组内分工的方式，通过实践操作，完成喜峰口长城抗战遗址模型的设计制作。

（3）总结阶段。

任务①：总结活动，课堂展示。

学生活动：将实践活动中收集的地图进行归类和总结，与长城抗战馆中搜集的地图进行对比分析，说出喜峰口长城抗战的大致位置以及长城的大致走向，利用等高线地形图的模型，简要讲解喜峰口长城成为战略要地的原因。

任务②：模型展示，自评互评。

学生活动：开展自我评价及组内互评、组间互评，寻找自己和他人的优势条件。

通过行前资料搜集、发现问题、制订计划；行中实地考察、问题探究、实践制作；行后总结活动、课堂展示、评价反馈三个环节进行设计，整个项目以小组合作的形式展开，学生通过任务单驱动完成不同环节的学习任务，在实地考察过程中学生需要利用两步路APP进行定位，截取等高线地形图，走进抗战馆搜集与喜峰口长城抗战相关的地图，后期学生结合实地考察等高线地形图制作简易等高线地形模型，学生利用等高线地形图或者模型，对喜峰口长城抗战的位置进行深入探究，这个过程也是行中后期课程展示的主要内容。本次综合实践活动以提升学生的综合思维和地理实践力为主要目标，以"立德树人、培育和践行社会主义核心价值观"为导向，立足学生"核心素养"的培养。

地理学习不仅是简单的知识增长过程，还是丰富学生精神世界的过程。地理课堂活动中，强调以学生身心发展为追求，营造生命健康成长的课堂。教师和学生根据不同的情境自主构建教学活动，唤醒生命意识，激发生命潜能，增强生命活力，提升生命质量，让每位学生都能自由而充分地实现自己的生命价值。正如教育家叶澜所说："教育是直面人的生命，通过人的生命，为了人生命质量的提高而进行的社会活动。"地理教育在人的生命需要与社会召唤中进入了新时代，让我们不忘教育初心，拥有家国情怀与国际视野，深耕课堂教学，开创地理教育的美好未来。

# 第四节 地理教学案例与评析

## 课例 中国的洪涝灾害——以海河流域为例

课例撰写：李红秀 北京市大成学校

指导教师：朱克西 北京教育学院丰台分院

## 一、指导思想和理论依据

《普通高中地理课程标准（2017 年版 2020 年修订）》中指出：运用资料，说明常见自然灾害的成因，了解避灾、防灾的措施。在四个地理学科核心素养中，综合思维是人们全面、系统、动态地认识地理事物和现象的思维品质和能力，是学生分析、理解自然地理过程和规律、人地关系地域系统的重要思想和方法。在自然灾害的教学过程中，应突出综合思维的培养。

从学习进阶情况来看，综合思维是由内容来承载的。从初中到高中阶段洪涝灾害这个主题从内容到认知水平和思维能力都是有进阶的。在初中讲气候对水文特征的影响，涉及两个要素的综合，综合程度较低。高一时涉及气候、地形多个要素对洪涝灾害的影响，综合程度在增强；高二学习自然地理环境整体性，是各要素的综合；高三复习则以区域为载体分析自然灾害系统中各种自然灾害的成因及对策，涉及区域中要素综合、时空综合、地方综合，综合思维水平在不断提高。

建构主义学习观认为，学习不是简单的信息积累，更重要的是包含新旧知识经验的冲突，以及由此而引发的认知结构的重组。复习课与新课学习不同，复习课不是重复学习，是学生自我知识经验重新构建和提升的过程，是知识的整合、理解力和解释力的提升过程。

这启发我在高三本节课的教学中，以某区域较为复杂的真实案例为情境，激活学生的知识结构，逐级深入进行综合分析；然后提炼出分析自然灾害的思维过程，建构分析地理问题的一般思路。在复习过程中外显学生思维，诊断学生水平，给予针对性的指导，增进学生对已有知识的理解，使原有认知结构得到丰富和扩展。

## 二、教学背景分析

### （一）教学内容分析

本节课重点复习洪涝灾害的分布、成因、危害及对策，既是对前面自然地理、人文地理、区域地理知识和原理的理解和应用，洪涝灾害作为一种常见的自然灾害，其分析方法和思路也为后面其他自然灾害类型的分析奠定基础，在知识和方法上起到迁移和应用的作用。

## (二) 学习者分析

(1) 学生已经在高一、高二对自然灾害的概念、自然灾害的类型、自然地理环境整体性有一定了解，学生具有一定中国地理的基础，可以处理基本的概念问题。

(2) 学生来自丰台区普通高中四类校，学习基础比较薄弱，对中国区域的认知比较浅显，对地理要素之间进行联系分析的能力较为欠缺。

(3) 学生从新闻渠道知道我国洪涝灾害频发，但是并不能区分不同流域洪涝灾害主要成因的差异，分析、提取地理信息的能力较为不足。

(4) 学生生活在北京，认为洪涝灾害离自己比较遥远，缺乏在日常生活中避灾、防灾的意识。

## 三、教学目标

(1) 根据景观图片和数据，列举洪涝灾害的危害，辨析洪、涝与洪涝灾害。

(2) 运用地图，指出我国洪涝灾害的分布。

(3) 结合图文资料，从自然和人文角度分析历史上海河流域洪涝灾害多发的原因。

(4) 结合图文资料及成因，说明海河流域防治洪涝灾害的主要措施，树立科学的灾害观和防灾减灾意识。

## 四、教学重点、难点

### (一) 教学重点

通过分析洪涝灾害问题，建构自然灾害的一般分析思路。

### (二) 教学难点

洪涝灾害形成的原因及对策。

## 五、教学过程

| 教学环节 | 教师活动 | 学生活动 | 设计意图 |
|---|---|---|---|
| 环节一：情境导入，引发思考 | 【出示】北京2012年7.21特大洪涝灾害系列图片和数据、北京市地形图。<br>【提出问题】<br>(1) 请你列举此次洪涝灾害对北京造成的影响。<br>(2) 北京为什么会发生如此严重的洪涝灾害？北京该怎么办？ | 观察图片和相关数据，说出洪涝灾害的危害，思考问题。 | 联系学生生活经历，激发学生探究欲望。 |

续表

| 教学环节 | 教师活动 | 学生活动 | 设计意图 |
|---|---|---|---|
| 环节二：图像感知，辨析概念——洪、涝与洪涝灾害 | 【出示】洪水景观图。<br>【提出问题】<br>(1) 看图说出洪水的概念。<br>【出示】暴雨、积雪融化、冰凌阻塞河流三幅景观图和中国重大洪水灾害点位示意图。<br>【提出问题】<br>(2) 根据洪水来源可以将洪水分为哪几种类型？<br>(3) 请将三幅景观图与中国重大洪水灾害点位示意图中的 A、B、C 三个位置进行对应连线。<br>【出示】洪水、涝渍景观图。<br>【提出问题】<br>(4) 看图说出洪水和涝渍的区别和联系。<br>(5) 洪涝与洪涝灾害是一回事吗？<br>【小结】洪水、洪涝与洪涝灾害的概念。 | 【学生活动1】读图分析，依次完成问题接力，辨析相关概念。<br><br><br>完成教学目标1。 | 通过读图、连线、辨析的过程，澄清相关概念，增进学生对洪水类型的时空差异的感知，增进学生对自然灾害的理解。 |
| 环节三：读图分析，明确分布——我国洪涝灾害的空间分布 | 【出示】中国水系图、中国洪涝灾害程度分布图。<br>【提出问题】<br>(1) 据图说出我国洪涝灾害的主要空间分布。<br>(2) 从空间方位、地形、气候多角度说出我国洪涝灾害的主要空间分布。<br>(3) 判断我国最主要的洪涝灾害类型。<br><br>【明确读图要求】先看图例，再根据图例来进行描述，先描述事实，然后再提升到规律。<br>【过渡】东部季风区历史上各流域洪涝灾害多发，今天我们就以北京所在的海河流域进行分析自然原因。<br>【出示】北京气候统计图、海河流域水系和地形图、中国洪涝灾害程度分布图。 | 【学生活动2】小组合作，读图描述我国高强度洪灾区、涝灾区的分布，归纳我国洪涝灾害的空间分布规律。<br><br><br>完成教学目标2。 | 通过读图引导，培养学生养成良好的读图习惯，以及运用地理图像分析地理问题的能力，促进学生的区域认知。 |

| 教学环节 | 教师活动 | 学生活动 | 设计意图 |
|---|---|---|---|
| 环节四：案例分析，探讨成因——海河流域洪涝灾害的成因 | 【提出问题】<br>根据自然地理环境整体性，结合图像资料，分析海河流域历史上洪涝灾害多发的自然原因。<br>【学法指导】可从以下方面分解分析：<br>(1) 海河流域地理位置分析。<br>(2) 海河流域的气候类型及其降水特点对洪灾的影响。<br>(3) 海河流域山地、平原地形对洪灾的影响。（地形只影响汇流速度吗？是否也会影响降水？试试在图上画夏季风箭头。）<br>(4) 海河流域的水系特征对下游洪灾的影响。<br><br>【小结】分析洪涝灾害自然成因的一般思路。<br><br><br><br>整体性中自然环境各要素都要关注，但不是所有因素都是平均的，这里气候、地形成为最突出的因素。<br><br>人为原因<br>【出示】四份资料。<br>资料1：我国北方燕山、太行山区，古代曾以森林茂盛闻名天下。明朝以后，大量砍伐森林，加剧了水土流失，将下游河底淤塞，于是发生决口，酿成水灾。<br>资料2：中华人民共和国成立后，海河流域兴建了大量水利设施。但经过几十年的运行，海河流域旱了几十年，人们对洪水的危害已经淡忘了，排水系统损毁严重。 | 【学生活动3】<br>1. 组内成员合作，讨论分析海河流域历史上洪涝灾害多发的自然原因。<br><br>2. 调整组员，重组小组，组内成员进一步交流分析，完善答案。<br><br>3. 小组展示，说明分析过程。 | 关注学生的学习基础和思维过程，通过文字、图像、视频、表格等类型丰富的资料，满足不同学习方式的学生的需要，锻炼学生提取信息分析问题的能力。<br>通过精心设问搭建台阶，引导学生深入分析单要素与洪涝灾害之间的联系，使学生的思维不断深入。<br>通过自然、人为原因的分析，培养和建构学生的地理综合思维。理解人类活动与自然灾害的相互影响。<br><br>完成教学目标3。 |

| 教学环节 | 教师活动 | 学生活动 | 设计意图 |
|---|---|---|---|
| 环节四：案例分析，探讨成因——海河流域洪涝灾害的成因 | 资料3：城市化导致内涝视频。<br>资料4：北京两次特大洪灾数据对比。<br><br>{表见下}<br><br>【提出问题】<br>分析海河流域洪涝灾害形成的人为原因。<br>【小结】海河流域洪涝灾害成因的分析过程。（图略）<br><br>北京7.21特大洪灾中，房山区和北京市区受灾最严重，房山主要是气候和地形等自然原因造成的，北京市区则主要以城市化建设导致下渗困难等人为原因为主。与平原地区洪涝灾害相比，山洪历时短、流速快、破坏力强。 | 【学生活动4】<br>小组合作，阅读分析资料，归纳海河流域洪涝灾害多发的人为原因，辩证理解人类活动对灾情具有"放大"或"缩小"的作用。 | |
| 环节五：寻求对策，防灾避灾 | 【出示】20世纪50年代以来海河水系和水利图（图例中有山地、城市、河流、流域界线、水库、运河、新开河道）。<br>【提出问题】<br>(1) 结合地图图例和海河流域洪涝灾害的成因，说出海河流域洪涝灾害防治的主要措施。<br>(2) 房山区、北京市区市民在应对洪涝灾害过程中如何实现自救与互救？ | 【学生活动5】<br>小组合作，根据地图和洪涝灾害成因，讨论国家层面相应的防灾减灾对策。<br><br>角色扮演，探讨个人灾前如何进行防洪准备、灾中应急逃生与互救、灾后注意的防灾避灾措施。 | 通过分析成因与对策之间的关系，建立起逻辑联系，锻炼学生的逻辑思维。认识国家、个人的防灾避灾措施，培养学生的防灾减灾意识和人地协调观。<br><br>完成教学目标4。 |

资料4表格：

| 比较 | 降雨情况 | 积水道路 | 交通 | 灾情 |
|---|---|---|---|---|
| 2012年7月21日 | 降雨强度大 | 多条道路积水 | 多条交通线路停运 | 重 |
| 2016年7月19日至21日 | 降雨持续时间长，总量大范围广 | 只有13条道路被淹 | 全市地铁正常运转 | 轻 |

| 教学环节 | 教师活动 | 学生活动 | 设计意图 |
|---|---|---|---|
| | 【出示】张家口3月份洪水灾害资料。<br>【提出问题】<br>(1) 张家口与北京地理纬度相近，并且靠近北京，为什么3月份会有洪水呢？<br>【出示】张家口洪水灾害视频。<br>【提出问题】<br>(2) 所有河流洪涝灾害的成因是否相同？ | 阅读资料，分析张家口洪水灾害发生的时间，推测洪水类型及其发生原因。<br>观看视频资料，印证猜测。 | 引导学生建立起区域差异的地理思维。不同洪涝灾害的成因有共性，也有差异；运用地理环境整体性来分析原因时，既要综合考虑，也要注意其突出的主要因素。 |
| 环节六：课堂总结，归纳提升 | 【总结板书】<br>地理位置的差异导致洪涝灾害分布的时空差异，以及成因差异，我们需要遵循自然规律，因地制宜寻求合理对策，趋利避害，把灾情降到最低，为人类生存提供安全的保障，促进人地协调发展。<br>提出研究地理问题的5W思路。<br><br>地理问题研究一般思路<br><br>What? 有什么<br>↓<br>Where? 在哪里<br>When? 何时发生<br>↓<br>Why? 成因（自然、人为）<br>↓<br>How? 影响、对策（怎么样，怎么办） | 思考。<br><br><br>总结思路。 | 通过板书呈现思维过程，建立整节课的知识和认知结构。建立分析地理问题的一般思路。 |

| 教学环节 | 教师活动 | 学生活动 | 设计意图 |
|---|---|---|---|
| 环节七：举一反三，迁移应用 | 【出示】高考题。<br>阅读图文资料，完成下列要求。<br><br>—— 河流　〜500〜 等高线/m　□ 居民<br>上图所示区域位于我国江南丘陵区。<br>分析图中居民点易遭洪灾的原因，并提出具体的应对措施。 | 阅读资料，应用所学的分析思路完成练习。 | 通过试题进行巩固，培养学生在新情境中迁移应用自然灾害的一般分析思路的能力。 |
| 板书设计 | | | |

## 六、学习效果评价设计

### (一) 课后实践作业

调查学校中容易发生洪涝的位置并寻找原因，绘制校园地图，为校园防洪避洪计划提出自己的建议和方案。

### (二) 学生课堂学习表现性评价量表

| 评价维度 | 评价要点 | 评价指标（行为表现） | 评价水平分层 | | | 赋分 |
|---|---|---|---|---|---|---|
| | | | 优（完全做到） | 良（部分做到） | 待努力（没做到） | |
| 概念辨析 | 辨别洪水类型及分布 | 把洪水类型与中国对应区域相连线 | | | | 15 |
| | 辨别洪、涝与洪涝灾害 | 说出洪、涝和洪涝灾害的区别与联系 | | | | 20 |
| 图文概括 | 看图描述、归纳空间分布规律 | 能用自己的语言准确描述图例中高强度和一般强度洪水区、涝渍区的分布，能从方位、地形、气候等多角度归纳分布规律 | | | | 15 |
| 综合分析 | 单要素分析 | 能描述气候或地形或河流状况对海河流域洪灾的影响 | | | | 10 |
| | 多要素分析 | 能够从自然地理整体性中突出因素和人文因素共同分析海河流域洪涝灾害的原因 | | | | 20 |
| | 综合分析运用 | 能够针对海河流域水利图和洪灾成因，说出对应的措施 | | | | 20 |

## 七、教学反思与特色说明

本节课是一节高三复习课，以海河流域为背景、以北京7.21特大洪涝灾害为情境，贴近学生生活，激活学生的已有知识，在真实、较为复杂的情境中分析、解决实际问题。

复习不是对已学知识的简单重复，而是在情境中聚焦学科核心素养，从单要素综合、多要素综合、自然人文综合、时空综合到地方综合，思维综合性不断提高，加深对知识和原理的理解。

在复习过程中关注学生的思维过程。开始时学生能力程度较低，通过搭台阶精心设问引导学生分析洪灾的自然原因，归纳自然成因的一般思路，归纳洪涝灾害成因的一般思路，寻求对策，梳理板书的知识结构，最后提升学习分析地理问题的5W模式，引导学生的思维不断提高。

同时关注学生的基础和能力。提供了类型丰富的图文资料，满足不同学习方式的学生的需要；板书中体现结构＋陈述句，有利于基础薄弱的学生学习和应用。教学过程中外显学生思维，帮助学生突破思维障碍，小组合作通过组内讨论、再到组员调整进一步完善，促进学生的相互交流和学习；围绕所在的不同尺度空间，学以致用，学习生活中有用的地理。

## 八、案例评析

### （一）剖案取理建模，以理释案用模

地理建模—用模，统领学习过程。本设计主案例是学生家乡所在的海河流域，以案例剖析原理，来建构我们的模式。再用原理来解释案例，运用模型达到举一反三。所选取的案例关注时空尺度和典型性，对学生具有一定的启发性、实践性。但由于案例本身的局限性、复杂性，其科学性如何，今后还需要我们去思考。

### （二）用问题牵引思维，彰显深度学习

通过设计层次性问题，引导学生深度思考。提出涵盖"4何"的问题（是何—如何—为何—若何），由浅入深，循循善诱。深度问题除了推理以外，还关注批判性问题，并有创新思维问题的渗透。当然，关注得还不够，还有待进一步去挖掘。

### （三）板书体现过程，主导主体协调

本课板书用概念词来连接，用连接词注明概念之间的关联，使思维可视化，由

关注教学结论转向关注学生思维外显，从而彰显要素的特质。通俗说就是结构＋陈述句。

### (四) 关注核心素养的培养，提升素养的水平

本节课注重综合思维、人地协调观的渗透，从洪涝灾害概念到分布规律、成因分析、防灾减灾，以及人类活动放大还是缩小灾情，还有最后参与调查校园的洪涝隐患、提出校园的防灾减灾计划，都体现了核心素养在整节课中的渗透。

## 【参考文献】

[1] 韦志榕，朱翔. 普通高中地理课程标准（2017 年版）解读 [M]. 北京：高等教育出版社，2018（06）：49 - 57.

[2] 林培英，高振奋. 如何在高中生人地协调观发展评价中突出价值观评价特点 [J]. 地理教学，2020（11）.

[3] 韦志榕，朱翔. 普通高中地理课程标准（2017 年版 2020 年修订）解读 [M]. 北京：高等教育出版社，2020（9）.

# 第十章 基于核心素养的政治教学研究与实践

## 第一节 政治核心素养内涵与解读

基于学科核心素养的教学改进是新课程改革的重要内容和显著特征。随着新课程改革的稳步推进，《普通高中思想政治课程标准（2017年版）》的正式颁布标志着新一轮普通高中课程改革的顶层设计已经完成，新的思想政治课程标准以思想政治学科核心素养为灵魂，融学业质量标准与传统的课程标准于一体。这种以思想政治学科核心素养为引领的新型课程标准为我们的课程设置、教材编写、教学改进、教师培训等工作提供了新的依据和遵循，新课标所要求的核心素养如何呈现在教学中、落实在学生身上，将是学科教育与教学研究的重点，是教研部门与一线教师共同面对的挑战。以下以中学政治学科基于学科核心素养的教学改进为例，就学生学科素养培育和教师教学改进问题做一粗浅探讨。

### 一、基于学科核心素养的教学改进的必要性与必然性

首先，从当前国际国内发展总体状况看，一方面信息技术革命深刻影响经济发展，另一方面国际政治格局面临深刻变局，人才作为国家的重要战略资源受到各方面的广泛关注，国家和社会对人才的需求既有量上的追求，更重要的是质上的要求。教育肩负着为建设中国特色社会主义培育更多合格建设者和可靠接班人的历史重任，基础教育在教育现代化中有着举足轻重的作用，为了适应人才培养的需要，基础教育的目标和任务也必须调整。

其次，从当前的教育改革总体推进来看，相对于教学内容与教学行为的改变而言，对教育根本目的和任务的重新认识是首要问题。中国的教育首先要回答的是"培养什么样的人""怎样培养人"和"为谁培养人"的根本问题，对这三个问题的正确回答将指导我们的具体教学行动和研究行为。立德树人作为教育的根本任务已成为广大教师的共识，培育具有必备知识、关键能力和正确价值观的青年学子是基础教育改革的必然要求。学科教学的目标从重视"双基"到体现"三维目标"再到"核心素养"导向，形成了一种螺旋式的上升，一种层级递进的进步，课堂教学的改进也要与时俱进，努力追求教育的本真，努力为培养全面发展的新青年而不断实践

与创新。

最后，从丰台区中学政治课堂教学的现实情况来看，进行基于学科核心素养的课堂教学改进是提高教师专业化水平和促进学生全面发展的重要途径。随着新一轮课程改革的不断深化，无论是课堂教学，还是考试评价，都发生了许多新变化。国家相关政策文件也指出，要将核心素养贯穿于课程与教学、考试与评价的各个环节，实现大中小幼不同学段间的整体贯通。尽管初中道德与法治学科核心素养还在研究过程中，但是高中思想政治学科核心素养和中国学生发展核心素养都为初中道德与法治课教学改进实践研究提供了方向指南。

## 二、思想政治学科核心素养的主要内容

教育部高中思想政治课程标准修订组的专家朱明光认为，所谓核心素养，是指"个体在面对复杂的、不确定的现实生活情境时，能够综合运用特定学习方式所孕育出来的（跨）学科观念、思维模式和探究技能，结构化的（跨）学科知识和技能，以及世界观、人生观和价值观在内的动力系统，在分析情境、提出问题、解决问题、交流结果过程中表现出来的综合性品质"。高中思想政治学科核心素养为政治认同、科学精神、法治意识、公共参与。

政治认同是指人们对一定社会制度和意识形态的认可和赞同。通过本课程的学习，学生能够确信发展中国特色社会主义是国家富强、民族振兴、人民幸福的根本保障；理解中国共产党的领导是中国特色社会主义最本质的特征，拥护中国共产党的领导；认同社会主义核心价值观是建设什么样的国家、建设什么样的社会、培育什么样的公民最基本的价值标准，自觉践行社会主义核心价值观。

科学精神是人们在认识和改造世界的过程中表现出来的独立思考、理性判断、不断反思等思维品质和行为特征。通过本课程的学习，学生能够运用马克思主义哲学的观点和方法观察事物、分析问题、解决矛盾，面对经济、政治、文化、社会和生态文明建设中的问题，做出理性的解释、判断和选择，坚定理想信念，树立文化自信，以负责任的态度和行动促进社会和谐。

法治意识是人们对法律的认可、崇尚与遵从，是关于法治的思想、知识和态度，主要包括规则意识、程序意识和权利义务意识等。通过本课程的学习，学生能够理解法治是人类文明演进中逐步形成的国家治理方式；形成宪法至上、法律权威、法

律面前人人平等的观念；懂得行使权利与履行义务的关系；养成依法办事、依法维权、履行法定义务的习惯；具有法治让社会更和谐、生活更美好的认知和情感。

公共参与是公民主动有序参与社会公共事务和国家治理，承担公共责任，维护公共利益，践行公共精神的意愿与能力。通过本课程的学习，学生能够具有人民当家作主和勇于担当的责任感；了解有序参与公共事务的途径、方式和规则；积累参与民主管理、民主决策、民主监督的实践经验；提高通过对话协商、沟通与合作表达诉求、解决问题的能力。

本研究结合政治学科教学的新内容、新形式，把握学科特点、突出学科本质，在教学中挖掘体现教学创新方面的优质选题，通过典型课例为政治教师进行基于政治学科核心素养培养的课堂教学改进提供有效借鉴和实施引领。

### 三、基于学科核心素养的中学政治课堂教学改进的着力点

本次高中思想政治学科课程标准修订的突出亮点是倡导"活动型学科课程"，充分理解这一亮点的含义和价值，是实现学科核心素养培育的重要基础。新课程标准明确指出："本课程力求构建学科逻辑与实践逻辑、理论知识与生活关切相结合的活动型学科课程。"对此，我们可以从以下几个方面来理解。

首先，活动型学科课程是思想政治课的基本性质。在对于课程性质的界定中，课程标准明确将高中思想政治课界定为"是帮助学生确立正确的政治方向、提高思想政治学科核心素养、增强社会理解和参与能力的综合性、活动型学科课程"。这里所强调的"综合性"，是前一版本的课程标准就已经出现过的说法。而"活动型学科课程"的说法，则是首次提出，凸显了活动与学科的有机结合对于思想政治课的重要意义和价值。前文所说的学科逻辑与实践逻辑、理论知识与生活关切的结合，正是思想政治课学科特质的表现形式。

其次，活动型学科课程是思想政治课的基本理念。在关于思想政治课课程理念的表述中，"学科内容采取思维活动和社会实践活动等方式呈现"成为课程构建的重要呈现方式。课程标准提出了"课程内容活动化"和"活动内容课程化"的双向实现方式，即将通常意义上的"课程"与"活动"融为一体，以实现学科内涵与生动形式的有机统一。这种统一的目的，即"着眼于学生的真实生活和长远发展，使理论观点与生活经验有机结合，让学生在社会实践活动的历练中、在自主辨析的思考

中感悟真理的力量，自觉践行社会主义核心价值观"，充分展示了活动型学科课程对于落实立德树人根本任务的重要性。

最后，活动型学科课程是思想政治课的实现方式。在本次课程标准的各部分内容中，对于活动型学科课程都有充分的重视。在课程内容部分，"教学提示"中的"议题"为活动型学科课程的展开提供了重要的参考。在实施建议部分，关于活动型学科课程的教学提示更是一再出现。关于教学设计，课程标准强调"活动型学科课程的实施要使活动设计成为教学设计和承载学科内容的重要形式"。关于教学评价，课程标准强调"活动型学科课程的教学评价，应专注学科核心素养的行为表现，一般采用'求同'取向与'求异'取向相结合的验证思路"。关于课内外的结合，课程标准提出"学科内容的教学与社会实践活动相结合，是活动型学科课程的显著特点"，并明确提出："校外社会实践活动为教学提供了更广阔的空间、更丰富的资源、更真实的情境，是实施活动型学科课程的社会大课堂。"关于教材编写，课程标准提出"教材要体现其作为教学依据的意义，同时要积极发掘其引领教学活动的功能，着力反映活动型学科课程实施的特点"……这些表述，都为我们理解活动型学科课程提供了重要根据。

## 第二节 政治核心素养调查与问题分析

为了更好地开展课题研究，我们进行了一次全区范围的问卷调查。调查旨在了解丰台区中学政治教师对政治学科核心素养的认识、培养学生政治学科核心素养的教学方式与困惑，为教师研修培训提供参考，为促进丰台区中学政治核心素养培养的教学方式改进的行动研究提供依据。

### 一、调查对象

本次问卷调研工作在北京市丰台区展开，总样本数为133，有效样本量视答题的缺失情况有所差别。

### 二、调查工具

调查工具采用该课题组编制的问卷，问卷内容包括：样本的基本信息；教师对于政治学科核心素养的认识、理解、学习和掌握的途径、落实情况；教学方式、教师教学中如何进行政治学科核心素养的评价、教师对教学中政治学科核心素养培养普遍存在的问题和障碍的认识。

## 三、调查结果及分析

### （一）样本教师的基本信息

教师的基本信息包括：丰台区初中政治学科教师的年龄、学历、职称、教龄、专业现任教年级。

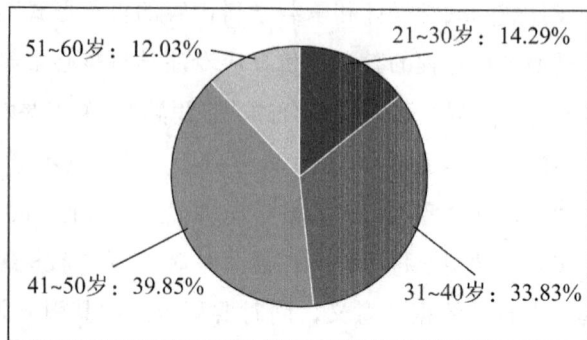

图1　丰台区中学政治学科教师年龄结构

图1显示丰台区中学政治学科教师的年龄结构，31～40岁的教师占33.83%，41～50岁的教师占39.85%，这两部分教师相加占比达到73.68%，即31～50岁的教师为全区教师主体。21～30岁的教师占比14.29%，51～60岁的教师占比12.03%，数据反映出本学科部分教师面临职业末期，同时新增了相当比例的青年教师。31～50岁的教师总比例最大，这样的年龄结构比较稳定，这部分教师具备比较丰富的教育教学经验。

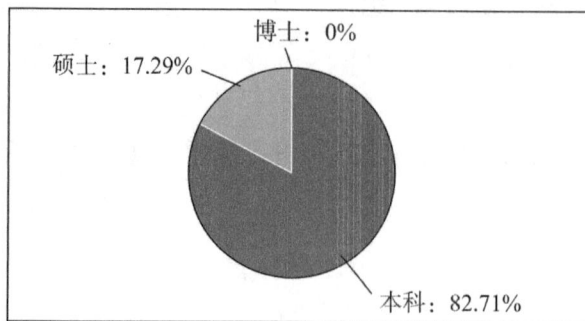

图2　丰台区中学政治学科教师学历结构

图2显示丰台区中学政治学科教师学历结构，本科学历教师占比82.71%，硕士学历教师占比17.29%，博士学历教师为0。目前看，大学本科学历起点教师已是

普遍现象，硕士学历教师比例尚需增加。

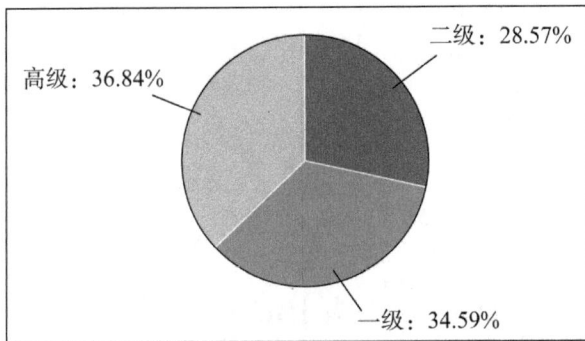

图3 丰台区中学政治学科教师职称结构

图3显示丰台区中学政治学科教师职称结构，高级教师占比36.84%，二级教师占比28.57%，一级教师占比34.59%，整体上看，职称比例比较合理，梯度状况比较恰当。获得中高级职称的教师比较多，他们往往具有较好的教学经验，这样的结构有利于对年轻教师起到传、帮、带的作用。

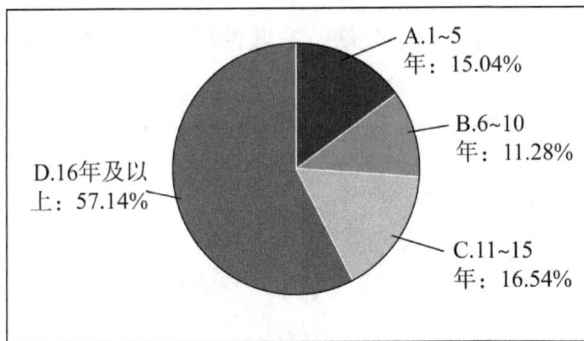

图4 丰台区中学政治学科教师教龄结构

图4显示丰台区中学政治学科教师教龄结构，其中57.14%的教师教龄达到15年以上，16.54%的教师教龄在11～15年，教龄10年以上教师一般已进入教学稳定期，这部分教师应当具备一定的教育教学经验，同时也处在教学理念更新的关键时期和教学方式改进的困难时期。教龄6～10年的教师占比11.28%，教龄1～5年的教师占比15.04%，这两部分教师对教育教学改革一般比较敏感，具有一定的可塑性。

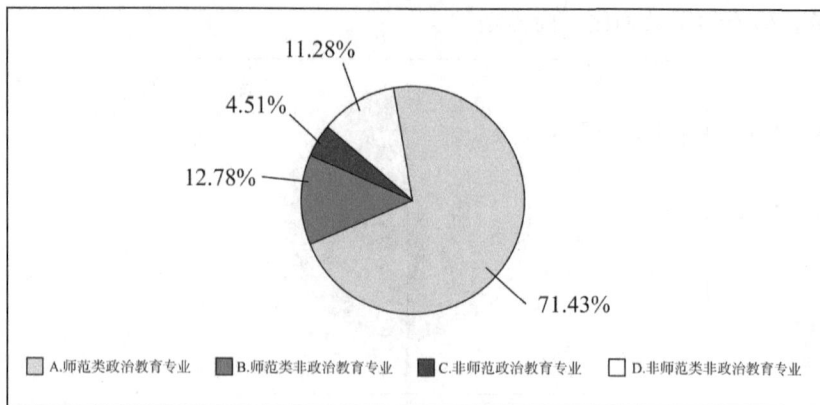

图5　丰台区中学政治学科教师专业结构

图 5 显示丰台区中学政治学科教师专业结构，71.43％的教师毕业于师范类政治教育专业，12.78％的教师为师范类学校非政治教育专业毕业，4.51％的教师毕业于非师范政治教育专业，11.28％的教师是非师范类非政治教育专业背景。由此可知，非师范类教师占比达到 15.79％，非政治教育专业背景教师占比达到 24.06％，非师范类教师在教学基本功上存在一定欠缺，非政治教育专业教师在学科专业上存在较大欠缺。

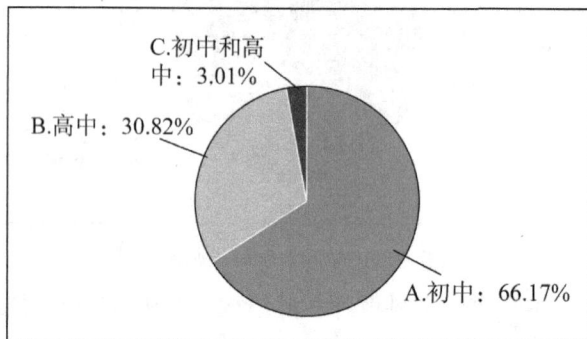

图6　丰台区中学政治学科教师现任教学段情况

图 6 显示丰台区中学政治学科教师现任教学段情况，66.17％的教师任教初中学段，30.83％的教师任教高中学段，3.01％的教师兼任初高中教学。

综上可见，丰台区中学政治学科教师队伍的基本特征是年龄结构以中青年为主，职称结构比较合理，学历以大学本科为主，教龄以 10 年以上教师为主体，具有一定的教育教学经验，同时在教育理念更新和课堂教学改进方面存在一定难度。

## (二) 教师对中国学生发展核心素养的认知

1. 学生的核心素养包括 ( ) [多选题]

| 选项 | 小计 | 比例 |
|------|------|------|
| 文化基础 | 116 | 87.22% |
| 自主发展 | 125 | 93.98% |
| 学会学习 | 113 | 84.96% |
| 社会参与 | 129 | 96.99% |
| 本题有效填写人次 | 133 | |

这是一道多选题，中国学生发展核心素养三大方面包括文化基础、社会参与和自主发展。从问卷调查的数据结果来看，丰台区中学政治教师对此问题普遍存在严重的认知模糊与偏差，有相当一部分教师认为四个选项都是正确答案，实际上模糊了学会学习在中国学生发展框架中所处的位置，84.96％的教师选中了"学会学习"，也就是有接近85％的教师观念模糊。由此可见，教师亟须认真学习有关中国学生发展核心素养的理论知识。

2. 科学精神具体包括哪三个基本要点? ( ) [多选题]

| 选项 | 小计 | 比例 |
|------|------|------|
| 理性思维 | 127 | 95.49% |
| 逻辑推理 | 100 | 75.19% |
| 批判质疑 | 126 | 94.74% |
| 勇于探究 | 114 | 85.71% |
| 本题有效填写人次 | 133 | |

中国学生发展核心素养中对科学精神的基本要点表述为理性思维、批判质疑和勇于探究。从问卷调查的数据结果可见，四个选项被选中的比例均超过75％，表明有相当一部分教师错选了"逻辑推理"一项，尽管有部分教师对"科学精神"的三个基本要点是清楚的，但75％以上的教师对此问题存在严重的模糊认识，亟须加强对中国学生发展核心素养的进一步学习。

3. 学生在学习、理解、运用人文领域知识和技能等方面所形成的基本能力、情感态度和价值取向是指（　　　）〔单选题〕

| 选项 | 小计 | 比例 |
|------|------|------|
| 文化基础 | 11 | 8.27% |
| 人文底蕴 | 84 | 63.16% |
| 学会学习 | 16 | 12.03% |
| 社会参与 | 22 | 16.54% |
| 本题有效填写人次 | 133 | |

本题考查教师对中国学生发展核心素养之"人文底蕴"的理解。人文底蕴主要是学生在学习、理解、运用人文领域知识和技能等方面所形成的基本能力、情感态度和价值取向。具体包括人文积淀、人文情怀和审美情趣等基本要点。

63.16%的教师选择了正确答案。8.27%的教师选择了"文化基础"，12.03%的教师选择"学会学习"，16.54%的教师选择"社会参与"，即共有36.84%的教师对"人文底蕴"理解错误。可见，教师不仅需要深入学习中国学生发展核心素养的内容，而且其自身的阅读理解和判断能力也有待提高。

4. 学生在认识自我、发展身心、规划人生等方面的综合表现是指（　　　）〔单选题〕

| 选项 | 小计 | 比例 |
|------|------|------|
| 健康生活 | 48 | 36.09% |
| 自我调节 | 21 | 15.79% |
| 学会学习 | 7 | 5.26% |
| 学会生活 | 57 | 42.86% |
| 本题有效填写人次 | 133 | |

本题考查教师对中国学生发展核心素养之"健康生活"的理解。健康生活主要是学生在认识自我、发展身心、规划人生等方面的综合表现。具体包括珍爱生命、健全人格、自我管理等基本要点。

对本题的作答，只有36.09%的教师选择了正确答案，且比错选了"学会生活"

的教师还要低6.77%。足以说明，教师对此学生发展核心素养指标极其陌生，必须加强系统学习。

5. 具体包括社会责任、国家认同、国际理解等基本要点的素养要素是指（　　）［单选题］

| 选项 | 小计 | 比例 |
|------|------|------|
| 责任担当 | 77 | 57.89% |
| 责任意识 | 38 | 28.57% |
| 责任行为 | 3 | 2.26% |
| 责任品质 | 15 | 11.28% |
| 本题有效填写人次 | 133 | |

本题考查教师对中国学生发展核心素养之"责任担当"的理解。责任担当主要是学生在处理与社会、国家、国际等关系方面所形成的情感态度、价值取向和行为方式。具体包括社会责任、国家认同、国际理解等基本要点。

57.89%的教师选择了正确答案，此外，28.57%的教师选择"责任意识"，11.28%的教师选择"责任品质"，2.26%的教师选择"责任行为"，这些错误选择说明教师对"责任担当"这一中国学生发展核心素养指标的陌生。

6. 学生在日常活动、问题解决、适应挑战等方面所形成的实践能力、创新意识和行为表现是指（　　）［单选题］

| 选项 | 小计 | 比例 |
|------|------|------|
| A. 实践行为 | 12 | 9.02% |
| B. 行为实践 | 15 | 11.28% |
| C. 实践创新 | 73 | 54.89% |
| D. 创新实践 | 33 | 24.81% |
| 本题有效填写人次 | 133 | |

本题考查教师对中国学生发展核心素养之"实践创新"的理解。实践创新主要是学生在日常活动、问题解决、适应挑战等方面所形成的实践能力、创新意识和行为表现。具体包括劳动意识、问题解决、技术应用等基本要点。

54.89％的教师选择了正确答案，最容易混淆的表达"创新实践"有24.81％的教师错选。

7. 您怎么看待"基于核心素养的课堂教学"（　　）［单选题］

| 选项 | 小计 | 比例 |
|------|------|------|
| A. 积极赞成，努力实践 | 88 | 66.16％ |
| B. 愿意参与，努力适应 | 39 | 29.32％ |
| C. 不反对，持观望态度 | 3 | 2.26％ |
| D. 反对，认为是形式主义 | 3 | 2.26％ |
| 本题有效填写人次 | 133 | |

在对这个问题的回答中，66.16％的教师表示"积极赞成，努力实践"，29.32％的教师表示"愿意参与，努力适应"，2.26％的教师表示"不反对，持观望态度"，还有2.26％的教师选择"反对，认为是形式主义"。

联系前边1～6题可知，尽管丰台区大多数中学政治教师对基于核心素养的课堂教学持"积极赞成"或"愿意参与"的态度，并愿意"努力实践"或"努力适应"基于核心素养的课堂教学，具有一定的政治学科核心素养教学改进意识，但是教师还没有真正进入到实践核心素养的阶段，能够准确识记中国学生发展核心素养基本指标的教师并不多，更多的教师显然没有经过系统的理论学习，没有掌握基本的理论知识。同时，也要看到还有极少部分教师持观望态度或明确反对基于核心素养的课堂教学。

**(三) 教师对教学方式的认知与实践**

1. 教师确定教学方式的首要依据是（　　）［单选题］

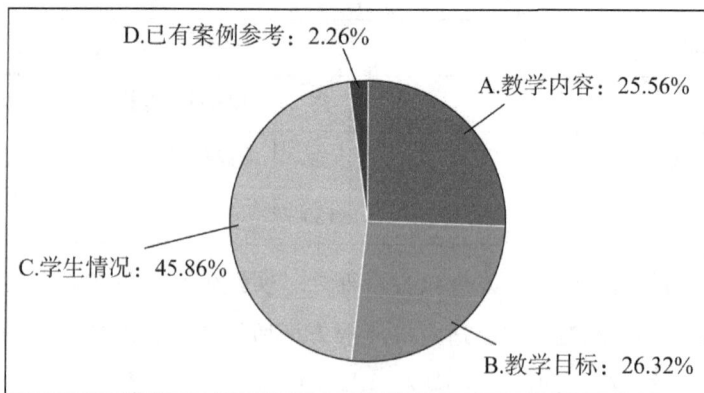

D.已有案例参考：2.26%
A.教学内容：25.56%
C.学生情况：45.86%
B.教学目标：26.32%

对于如何确定教学方式，45.86％的教师选择了依据"学生情况"，26.32％的教师选择依据"教学目标"，25.56％的教师选择依据"教学内容"。由此可见，将近一半的教师注重对学情的把握，能够意识到要依据学情确定教学方式。

2. 教师上新课主要采用的教学方法是（　　　）[单选题]

| 选项 | 小计 | 比例 |
|------|------|------|
| A. 讲授为主 | 14 | 10.53% |
| B. 讲授和学生练习相结合 | 45 | 33.83% |
| C. 和学生共同讨论为主 | 71 | 53.38% |
| D. 学生自学为主 | 3 | 2.26% |
| 本题有效填写人次 | 133 | |

53.38％的教师在上新课的时候主要采用的教学方法是"和学生共同讨论为主"，33.83％的教师会采用"讲授和学生练习相结合"的方法，10.53％的教师选择"讲授为主"，2.26％的教师采用"学生自学为主"的方法。由此可见，超过80％的教师不只是用"讲授法"，而是能够或多或少地关注到学生的"学"。

3. 一节课 40 分钟教师一般讲多长时间？（　　　）[单选题]

| 选项 | 小计 | 比例 |
|------|------|------|
| A. 10 分钟（含）以内 | 3 | 2.26% |
| B. 10～20 分钟 | 39 | 29.32% |
| C. 20～30 分钟 | 77 | 57.89% |
| D. 30 分钟以上 | 14 | 10.53% |
| 本题有效填写人次 | 133 | |

一节 40 分钟的课上，有 57.89％的教师会讲 20～30 分钟，29.32％的教师讲 10～20 分钟，10.53％的教师讲课时间超过 30 分钟，2.26％的教师讲课时间在 10 分钟以内。由此可见，绝大多数教师在课堂上的讲课时间比较长，至少有一半的时间是教师讲课为主，而在前一题中，53.38％的教师表示在上新课的时候主要采用的教学方法是"和学生共同讨论为主"，这两组数据反映出的结论需要进一步通过访谈法加以确证。

4. 教学中您是否注重与学生的沟通和交流？（　　）[单选题]

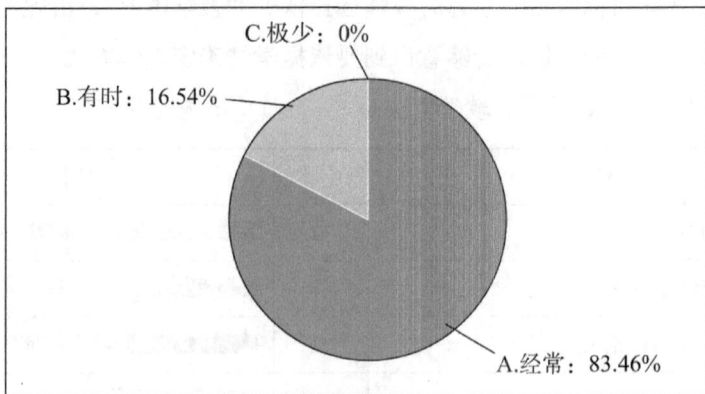

本题中，有83.46％的教师表示"经常注重与学生的沟通和交流"，这与第二题中的数据表达的意思一致。16.54％的教师表示"有时注重与学生的沟通和交流"，没有教师认为自己"极少"与学生沟通和交流。可见，丰台区中学政治教师对于与学生的沟通与交流比较认可和重视。

5. 教师教学过程中是否注意对学生政治学科学习方法、方式的培养？（　　）[单选题]

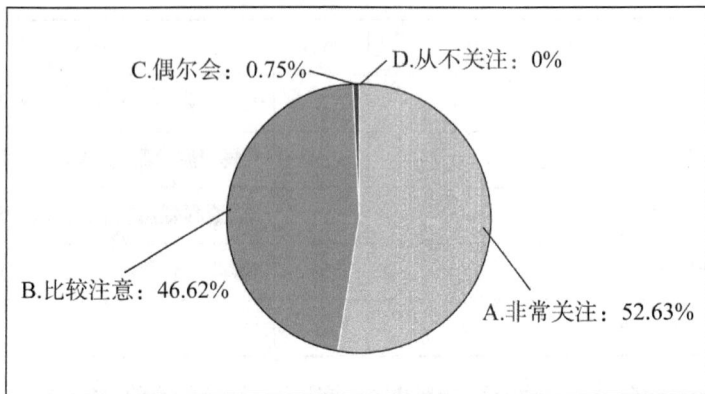

52.63％的教师认为自己"非常关注"对学生政治学科学习方法、方式的培养，46.62％的教师表示"比较注意"，0.75％的教师表示"偶尔会"，没有教师"从不关注"此问题。由此可见，超过一半的中学政治教师"非常关注"学生学习中的学科方法培养问题，这说明教师不仅重视知识、技能的教学，也很重视能力、方法的提升。

6. 教师是否经常开展探究性教学激发学生学习兴趣、培养学生探究能力？
（　　）［单选题］

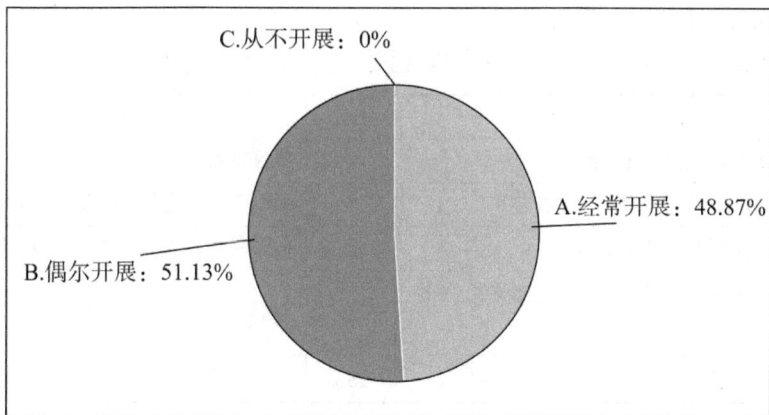

探究性教学是激发学生学习兴趣、培养学生探究能力的教学方式之一，本题调查教师在课堂教学中实施探究性教学的情况。48.87％的教师表示"经常开展"，51.13％的教师表示"偶尔开展"。由此可见，探究式教学在课堂教学实施中有一定的普及。

7. 下列学科学生活动，您时常开展的有（　　　）［多选题］

| 选项 | 小计 | 比例 |
|------|------|------|
| A. 时事讲评 | 121 | 90.98% |
| B. 辩论赛 | 40 | 30.08% |
| C. 调查问卷 | 52 | 39.1% |
| D. 实地考察 | 11 | 8.27% |
| E. 学科板报 | 46 | 34.59% |
| F. 阅读相关书籍 | 62 | 46.62% |
| G. 小论文 | 25 | 18.8% |
| H. 采访 | 23 | 17.29% |
| 本题有效填写人次 | 133 | |

本题是一道多选题，调查教师在教学中开展学科活动的情况。90.98％的教师选择了"时事讲评"，说明这一学科活动在丰台区中学政治学科中开展得非常普遍。

46.62％的教师选择了"阅读相关书籍"，39.1％的教师选择了"调查问卷"，34.59％的教师选择了"学科板报"，30.08％的教师选择了"辩论赛"，以上是排名前五名的学科活动，由此可见，教师开展学科活动有一定的多样性、丰富性和选择性。

此外，18.8％的教师选择了"小论文"，17.29％的教师选择了"采访"，8.27％的教师选择了"实地考察"。选择比例最低的项目开展起来需要的支持条件较多，有一定的难度和限制性。

8. 您在组织合作学习时最关注的问题是（　　　）［单选题］

| 选项 | 小计 | 比例 |
|------|------|------|
| A. 合作学习问题的设计 | 42 | 31.59% |
| B. 不同学生参与合作学习的收获 | 77 | 57.89% |
| C. 注意控制合作学习时的纪律 | 2 | 1.5% |
| D. 让学生明确合作学习的要求与组内的分工 | 12 | 9.02% |
| 本题有效填写人次 | 133 | |

57.89％的教师最关注"不同学生参与合作学习的收获"，31.58％的教师最关注"合作学习问题的设计"，9.02％的教师最关注"让学生明确合作学习的要求与组内的分工"，1.5％的教师最关注"注意控制合作学习时的纪律"。由此可见，大多数的教师更加关注学生的实际获得和学习问题的设计，指向教学本身与学生的成长，而不是关注学习的外在条件和课堂纪律。

**（四）教师在培养学生核心素养方面面临的困难与问题**

1. 教师认为在"基于核心素养的课堂教学"实施过程中存在的困难和问题是（　　　）［多选题］

| 选项 | 小计 | 比例 |
|------|------|------|
| A. 核心素养目标在每一课教学中难以实施 | 59 | 44.36% |
| B. 新教材深度和广度与核心素养的相关性 | 72 | 54.14% |
| C. 教学评价方式与核心素养的关联 | 82 | 61.65% |
| D. 教师教学任务量大，精力有限 | 81 | 60.9% |
| E. 教育管理者的理念 | 27 | 20.3% |
| F. 班级学生多，难以分层教学 | 50 | 37.59% |
| G. 教师自身知识和素质提升困难 | 36 | 27.07% |
| H. 学校的硬件和教学资源的缺乏 | 28 | 21.05% |
| 本题有效填写人次 | 133 | |

本问卷对"基于核心素养的课堂教学在实施过程中存在的困难和问题"设计了多选题，提供了8个选项。其中，61.65%的教师选择了"教学评价方式与核心素养的关联"，这一回答将困难与问题指向了对于核心素养的评价层面；44.36%的教师选择了"核心素养目标在每一课教学中难以实施"，这一回答将困难与问题指向课堂教学的实施过程；54.14%的教师选择了"新教材深度与广度与核心素养的相关性"，这一回答将困难与问题指向对于新教材的深度解读；以上三个回答，涉及核心素养与教材的关系、核心素养的课堂落实、对核心素养的评价三个层面，属于对核心素养本身的理解与研究问题。

另外，60.9%的教师选择了"教师教学任务量大，精力有限"，这一回答将困难与问题归因于教师的工作量大；37.59%的教师选择了"班级学生多，难以分层教学"；20.3%的教师选择了"教育管理者的理念"；21.05%的教师选择了"学校的硬件和教学资源的缺乏"，以上这四个回答涉及学校管理、学校硬件、班级学生多和工作量大，属于教育管理层面的问题。

最后，我们看到有27.07%的教师选择了"教师自身知识和素质提升困难"，这一回答将困难与问题归因于自身因素，教师认识到自己在教学提升中的重要意义和问题所在，反映出这部分教师具有较强的自我反思意识和自我反思能力。

2. 丰台区中学政治教师认为对教学影响最大的因素是（　　　）[单选题]

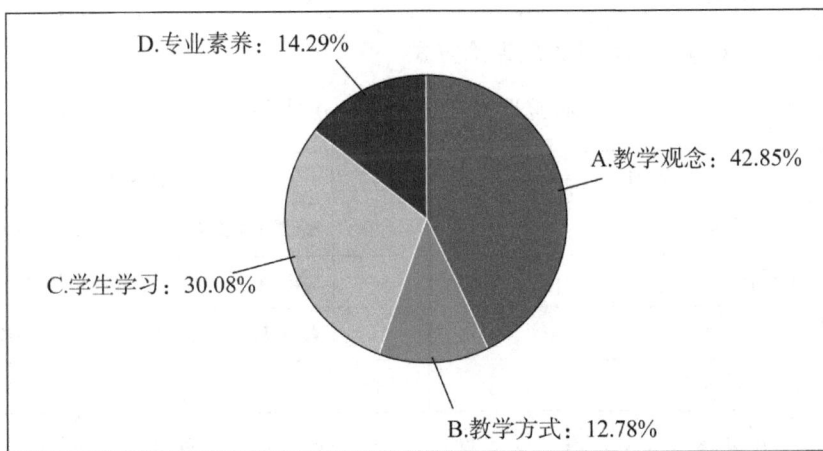

关于"对教学影响最大的因素"这一问题，有42.86%的教师认为是"教学观念"，30.08%的教师认为是"学生学习"，14.29%的教师认为是"专业素养"，12.78%的教师认为是"教学方式"。由此可见，大多数教师对"教学观念"比较重

视，对"学生学习"也比较关注，但对"教学方式"对教学的影响重视程度明显不足。

3. 丰台区中学政治教师认为专业发展最需要提升的内容是（　　）[单选题]

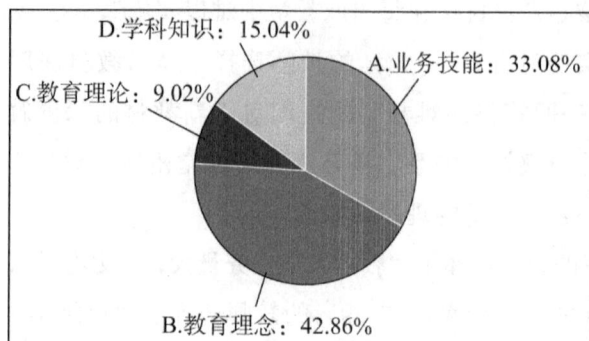

对于教师专业发展最需要提升的内容，42.86%的教师选择"教育理念"，33.08%的教师选择"业务技能"，15.04%的教师认为是"学科知识"，9.02%的教师认为是"教育理论"。

联系上一道问题，有42.86%的教师认为"对教学影响最大的因素"是"教学观念"，有42.86%的教师认为"教师专业发展最需要提升的内容"是"教育理念"，两个数据完全吻合。再联系丰台区中学政治教师年龄结构、职称结构和教龄结构来看，数据反映的信息基本一致。

**（五）教师对学生学习效果的评价方式**

1. 丰台区中学政治教师通常选择的课后作业形式是（　　）[多选题]

| 选项 | 小计 | 比例 |
| --- | --- | --- |
| A. 习题、试卷 | 122 | 91.73% |
| B. 动手操作 | 40 | 30.08% |
| C. 调查报告 | 44 | 33.08% |
| 本题有效填写人次 | 133 | |

在133个问卷样本中，有122人选择了"习题、试卷"作为学生的课后作业形式，40人选择了"动手操作"形式的作业，44人选择了"调查报告"形式的作业。可见，纸笔测试依然是主要的课后作业形式，同时有一部分教师尝试其他形式的课后作业。

2. 教师认为学生完成课后作业所需时间是（　　）［单选题］

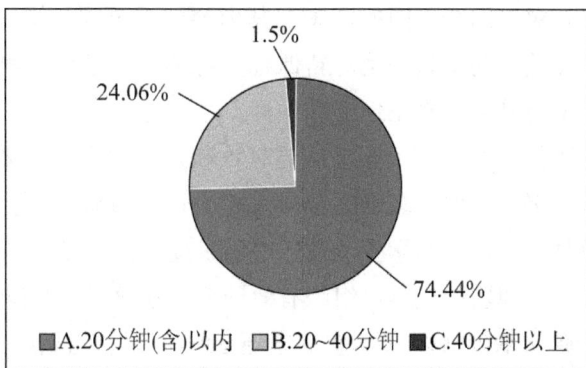

74.44％的教师认为自己所留作业学生在 20 分钟之内即可完成，24.06％的教师所留作业完成时间在 20～40 分钟，1.5％的教师认为学生完成课后作业所需时间超过 40 分钟。由此可见，教师对作业时长有比较谨慎的认知，但仍有部分教师留作业的时长可能超过半小时。

3. 教师对学生学习效果的评价方式是（　　）［单选题］

| 选项 | 小计 | 比例 |
|---|---|---|
| A. 终结性考试成绩 | 14 | 10.53% |
| B. 终结性考试成绩和平时考试成绩各占一定比例 | 31 | 23.31% |
| C. 终结性考试成绩、平时考试成绩、平时学习态度和过程各占一定比例 | 88 | 66.16% |
| 本题有效填写人次 | 133 | |

在对学生学习效果的评价方式选择上，66.16％的教师选择"终结性考试成绩、平时考试成绩、平时学习态度和过程各占一定比例"，23.31％的教师选择"终结性考试成绩和平时考试成绩各占一定比例"，10.53％的教师选择"终结性考试成绩"。由此可见，近 2/3 的教师能够综合选择对学生学习效果的评价方式。

## 四、调查结论

通过问卷调查，我们发现在实际的教学工作中存在着以下现象和问题。

（1）丰台区初高中政治学科教师具有一定的教育教学经验，同时在教育理念更新和课堂教学改进方面存在一定难度。

（2）大多数政治教师对学科核心素养有一定的认识，对中国学生发展核心素养也有一定了解，但是对这两个不同的概念及其内容缺乏全面认识，浮于表面，缺乏应有的理论认知。即使是高中教师也对新课标凝练的思想政治学科核心素养的内涵缺乏深入的研读，未对其内涵真正理解和掌握。

（3）中学政治教师虽然在意识上承认要尊重和发挥学生的主体作用，也能够做出一些相应的尝试和努力，但是教师的教学方式仍以"教师讲学生听"的传统教学方式为主。这从教师上课讲授与学生活动的时间长度和比例可以得出结论。

（4）教师对于基础薄弱学生难以组织有效的探究性学习、合作学习等教学活动。一方面，教师对于调动基础薄弱的学生缺乏更多样和有效的激励方式；另一方面，学生的学习动机不足和学习习惯不佳，也使得一些相对有效的教学活动在他们身上难以发挥作用。

（5）教师迫切需要学校给予硬件、管理和教学资源等方面的支持。这些需要更侧重地表现在开展探究活动、社会实践活动等方面。

（6）教师在开展课外综合社会实践活动方面仍比较保守，缺乏组织协调能力，难以借助课外资源辅助课堂教学，还不能给予学生更加多元、开放的教学环境和独立思考的空间。一方面，教师在自主开发课外综合社会实践活动方面存在短板，表现在缺乏经验和缺乏创新意识与开发能力；另一方面，在利用已有课外资源方面也存在一些困难。这些需要学校、教师、学生乃至学生家庭的共同努力。

（7）对如何确定学生政治核心素养水平缺乏相应的理论知识和实践操作，不能对学生的学习做出全面的、过程性的、综合性的评价。

## 五、思考与建议

（1）加强教师理论学习，特别是认真学习《中国学生发展核心素养》《普通高中思想政治课程标准（2017年版2020年修订）》，以及有关专业研究文章，以期提升教师的学科素养。

（2）深化教师培训，拓宽培训内容，活化培训形式，激发培训内驱力，提高培训实效性，让基于核心素养的教师培训落地生根。

（3）下沉教研，深入一线，走进课堂，改进教学。进一步加强对区内教师日常课堂的关注，发现教室教学中已有的优秀案例和存在的具体问题，在教研培训中加以分析，引导教师相互交流、合作共赢。

（4）重视社会实践，搞活课堂内外。引导区内教师在课堂上开展基于实践的学生活动，在课堂外，组织开展综合社会实践活动。

## 第三节 政治核心素养实践与养成途径

本课题基于对新课标以及学科核心素养的深入学习，在全区教师问卷调查和部分学校教师访谈的基础上，设计制订研究方案，以行动研究的范式开展课题研究。积极走进一线，深入课堂教学，收集一手资料，发现问题，分析问题，开展研究，提出解决问题的思路、策略与方法，在实践中更新观念，在研究中改进方法，在理论指导下深入实践，在实践基础上深化认识。通过对一线教师课堂教学的改进过程，发现落实和优化学科核心素养培育的有效策略。

### 一、基于学科核心素养的课堂教学改进研究实施方案

本课题采取行动研究的方式，通过走进一线课堂，完成对教学设计及课堂教学实施的诊断与剖析，为教师提出教学改进的建议，引导教师进行教学设计的自我"扬弃"，在此过程中实现更新教学理念、改进教学方式、改进学习方式、提高教学实效的目的。

从教学改进的基本流程来说，我们主要按照"确定课题—前测—说课及修改—试讲及修改—学生访谈—正讲及修改—学生访谈—后测"的步骤完成政治学科能力的教学改进。下面简略说明各部分的设计意图与实施。"确定课题"是明确政治学科能力改进的"切入点"，是将政治学科能力的框架模型与具体教学内容进行结合的基本点和学科能力改进的"起始点"。

在实际操作过程中，这一任务基本由做课教师完成。这样的设计，主要是考虑到做课教师的心理预期和前期储备。有的教师愿意选择自己熟悉的内容进行教学改进，有的教师则希望挑战自己不太好把握的教学内容。对于研究的整体推进来说，关注的重点不在于教师选择什么样的内容进行教学改进，而是教师所选的内容如何结合政治学科能力框架模型进行结构化分析。"前测"和"后测"分别在教师开始改进教学之前和完成教学改进之后进行，其中设置若干"锚题"，以便从比较的意义上说明不同教学改进方式在学生的学科能力表现上所呈现的不同结果。"说课""试讲"和"正讲"的三次教学调整，由做课教师和指导团队共同完成。教师通过说课和现场课等不同形式，呈现自己的课堂流程，而来自不同背景的指导专家（学校教研组、一线教师、教研员和高校学科教育教师等），分别呈现不同阶段教师教学的改进意见，让教师从众多意见中选择最能体现学科素养培育的方向，进行三次教学改进。在"试讲"和"正讲"之后，分别进行学生访谈，随机从听课班级中抽取六位同学，询问他们对于刚刚上完的课程的看法，并进行两次对比，以反映学生的变化和态度。

最后，以不同班级前后测的数据对比，量化课堂的效果差异，以教师反思和学生访谈的对比，从质性角度反映课堂改进的效果。

## 二、基于学科核心素养的课堂教学改进研究主要特色

本课题基于对学科核心素养的理性认识并以此为切入点指导教师进行教学改进的实践研究，在将学科核心素养培育纳入视野之后，我们将"关注学生思考"和"提升教学智慧"作为教师教学改进实践研究的主要特色。

从"关注学生思考"的角度来说，整个教学流程的推进始终将学生置于中心位置，着眼于学生的素养培育需求设计和改进课程，通过学科的课堂变化和访谈感受反映教学改进的效果，以学生学科能力提升的实际效果衡量和评价教学改进的成效。通过这样的努力，学科能力的改进就有了实实在在的说服力。只有落实于学生，学科核心素养的培育才不是一句空话。

从"提升教学智慧"的角度来说，本研究的"发力点"和"关键点"在于教师从教学理念到教学行为的整体改变。学科核心素养的培育和政治学科能力的提升，必然要在学生那里得以呈现，但如果没有教师教学理念和教学行为的真正改变，就不可能有学生的根本变化。学科能力改进项目聚焦于教师的教学过程，经历多次打磨，实现从总体架构到细节雕琢的精细化过程，让教师经过数次调整，并在调整中深刻理解学科核心素养培育的方向要求，理解学科能力提升的具体路径，进而理解思想政治课的课程价值和意义。

## 三、基于学科核心素养培育的情境教学实践研究

指向学科核心素养的课堂教学，情境创设是其中的关键一环，情境教学是学科核心素养培养的有效方式，掌握必备知识、具备关键能力、提高学科素养，是课堂教学情境创设的最终任务。

### (一) 情境教学的内涵与特点

1. 情境教学的提出

建构主义代表人物皮亚杰认为：儿童是在与周围环境相互作用的过程中，逐步建构起关于外部世界的知识，从而使自身认知结构得到发展。建构主义认为：知识不是通过教师传授得到，而是学习者在一定的情境即社会文化背景下，借助其他人（包括教师和学习伙伴）的帮助，利用必要的学习资料，通过意义建构的方式而获得。

从国际趋势来看，情境认知与情境学习理论是 20 世纪 90 年代教育学术界关注的焦点，并随即发展起来。综观世界课程发展的状况，可以发现，众多课程论专家都聚焦于情境学习、情境认知等一系列围绕着情境的全新的课程观。他们的共同点是不满于学校现存的以课堂、教师和书本为中心的教学模式，而强调生活与实践的重要性，强调学习基于真实的生活经验所具有的感受性、主体性、合作性、情境性。这与传统的校内学习的个体化、抽象化形成了强烈的反差。

我国情境教育创始人李吉林的情境教育思想和实践是在中国本土上生长的，虽然它也借鉴了国外的理念，但她把它融入自己的教学实践中，在实践中本土化并且丰富、扩展了。《李吉林文集》第三卷里阐述了"带入情境、优化情境、运用情境、拓宽情境"的思想，即通过生活展现、实物演示、图画再现、音乐渲染、表演体会、语言描绘等手段来带入情境；根据学生的特点和所教内容来优化情境；运用情境，缩短学生心理距离，提高学生动机，引导学生积极对知识进行建构；通过拓宽情境，促进学生智能及心理品质的全面发展。随着素质教育的深入人心，情境教学获得了教育学界和心理学界的广泛认可。

2. 情境教学的内涵

建构主义的教学观认为，知识的意义寓于情境之中，学习情境不是一个无关因素，学生必须通过具体的情境才能获得某种知识，教师应该成为良好学习情境的创设者，学生乐于建构知识的促进者。教师通过创设一定的情境，让学生感受到知识，培养对知识的感情，进而发挥主观能动性，去积极地认识和建构外在客观世界。

英国课程理论教育家丹尼斯·劳顿的情境课程论主张教育要发展儿童的自主能力，使他们学会适应步入社会后所面临的多种情境。

情境教学的出现，冲击了传统的"填鸭式"教学，让学生在情景交融中获得发展。李吉林老师曾说过：情境教学，就是教师根据教学目标和要求，在教学过程中创设各种具有情感氛围的教学活动，让学生能够身临其境地体验、感受，提高学生的认知水平，使课堂教学达到事半功倍的效果。

学科核心素养背景下情境教学就是教师根据教学目标和要求，在教学过程中积极创设多种伴随情感的真实情境，学生通过体验、感悟、探究，掌握学科核心观点，提升认识，促进能力，培育正确价值观念。

3. 情境教学的特点

情境教学具有以下特点。首先，坚持学生主体性。情境教学强调以学生为主体，发挥学生的积极作用。学生要成为学习的主体而不是被动的知识接收器，就得有"活动"的机会，有"亲身经历"（用自己的身体、头脑和心灵去模拟地、简约地经历）知识的发现（发明）、形成、发展的过程的机会。正是在这样的活动中，学生成为活动主体，"具备审美能力和文化修养，成为称职的文化继承者，成为一个具体而丰富的人"。

情境教学需要教师创设多种体验、探究、问题式情境，充分调动学生思维，发挥学生的主体作用，在这样的活动中，促进学生人格的健全和精神的成长。

其次，融入情感激活思维。道德教育要从学生身边做起，必须有情感的伴随，没有情感的铺垫，远离儿童生活的道德教育只能导致大而空。情境教学强调教师要创设良好的环境、良好的氛围，通过创设情境，将学生带入其中，激发学生的道德情感。情境教学告别了传统的"满堂灌式"教学，鼓励学生通过交流、思考、体验、探究等方式，激活学生思维，灵活运用知识解决实际问题，学以致用，进而提升能力，塑造正确的价值观念。可以说，情境教学使长期以来抽象的"说教式"的道德与法治课堂变得活泼、立体，有血有肉。

最后，贯穿体验和实践。教材内容并不是学生能够直接操作的、现实的内容，而是离学生较远、较为抽象、静态的内容。情境教学是教师为学生提供的既能自主操作又能帮助学生获得发展的"教学材料"。为什么要提供这样的"教学材料"呢？教学材料与知识、与教材上的内容不同——不是它们的简单复制翻版，而是对它们进行转化的结果，是它们的活动化、具体化，是能够与学生发生关联并能逐渐展开的活动样态。相比于教材内容，"教学材料"缩短了教学内容与学生间的心理距离，更为具体，也更具操作性、活动性、实践性，饱含教师的教学意图，因而不只是客观的对象、知识的载体，更是思维方式、情感态度与价值观的凝结，预设着特定的学习活动展开的方式。

情境教学一定不是静态的教材知识，而是能够与学生发生关联的、使学生获得发展的，贯穿体验性、实践性、探究性的"教学材料"。

**（二）情境教学与学科核心素养培育的关系**

新版高中思想政治课标与正在修订的义务教育道德与法治课标都强调要将核心素养融入其中。虽然道德与法治新课标尚未发布，但透过高中新课标，能够明确作为承担立德树人根本任务的关键课程，思政学科主要包含的学科核心素养。《普通高中思想政治课程标准（2017 年版）》指出：学科核心素养是学科育人价值的集中体现，是学生通过学科学习而逐步形成的正确价值观念、必备品格和关键能力。思想政治学科核心素养，主要包括政治认同、科学精神、法治意识和公共参与。注重学生主动性、实践性的情境教学，无疑是培育核心素养的重要方式。

首先，情境教学能有效地支持、服务于学科核心素养的培育。核心素养提出的本质是教育哲学的本体性回归，即由现代教育的知识本位回归到基于人（儿童）本位的教育本体论。

教学情境是在学生的学习过程中的情境创设，创设的基础是学生尚未掌握相关学科知识，在素养培育方面往往是"引起兴趣""深化思维"。这一情境创设，可以在一定程度上改变传统的结论式的教学方法，可以调动学生的积极性，让他们更多地参与活动，有更多的机会去思考，去"发现"，发展学生的创造性思维和探索精神，进而获得人格的健全和精神的成长。因此，情境教学能有效地支持、服务于学科核心素养的培育。

其次，情境教学是落实核心素养培育的重要手段和方式。德国一位学者有过一句精辟的比喻：如果让你吃下 15 克的盐，无论如何你都难以下咽。但如果把 15 克盐加入一碗高汤中，你在喝完汤的同时也将盐全部吸收了。情境之于知识，犹如汤之于盐，盐需溶入汤中，才能被吸收，知识需要溶入情境之中，才能显示出活力和美感。可见，知识只有在情境中才能充满生机活力并转化为核心素养。

教学"借助一定的活动情境"带领学生超越对表层知识符号的学习，进入知识内在的逻辑形式和意义领域，挖掘知识内涵的丰富价值，完整地实现知识教学对学生发展的价值。学生自身的知识与学科知识进行有效的互动，这个互动的过程便是学科核心素养的形成过程。学生在学科的核心素养实现过程中，发挥着重要作用的便是课堂中的情境创设。情境教学是落实核心素养培育的重要手段和方式。

**(三) 基于学科核心素养培育的情境教学的设计与实施**

1. 创设导入情境，激发学习兴趣

情境导入的主要目的是激发学生浓厚的学习兴趣和强烈的求知欲望。通过创设导入情境，能够激活学生思维，较快地将学生引入课堂学习中。

**例 1：九年级上册《参与民主生活》**

教师：今天老师给同学们带来了一份神秘的礼物，你们能猜到是什么吗？是一封信（分发信件），是《北京市生活垃圾管理条例修正案》（草案送审稿）。很多同学疑惑了，这封信为什么要带给大家？和我们大家有什么关系呢？今天我们就通过这封信来探讨公民参与民主生活。

教师以带给学生一份神秘礼物的方式创设轻松、愉悦的导入情境，激发学生兴趣，调动学生情绪，收获了较好的效果。

**例 2：七年级上册《活出生命的精彩》**

导入：教师配乐朗诵清代诗人袁枚的《苔》：白日不到处，青春恰自来；苔花如米小，也学牡丹开。提出问题：有没有同学知道这首诗表达了什么意思？教师之后出示苔藓的图片：大家有见过苔藓吗？教师过渡：小小的苔花在自己所处的角落坚强地绽放自己的生命，我们又该如何绽放自己生命的精彩呢？今天我们就来一起探究《活出生命的精彩》这个话题。

教师通过富有感情的配乐朗诵创设了温馨、高雅的意境，烘托氛围，学生能够较快地代入所创设的氛围中，去思考、交流。

2. 优化生活情境，优化教学资源

生活情境既包括学生身边的生活，又包括社会生活、国家重大时政等。展现生活情境的方式多种多样，需要教师具备灵活处理素材的能力，而不能直接搬运新闻素材，毫无加工地呈现给学生，这样的生活情境缺少取舍和处理，必然无法引起学生的共鸣和深入思考。

**例 3：七年级上册《活出生命的精彩》**

过渡：我想我们每个人也都感受过被他人关爱、帮助的时候。比如老师去年冬天感冒发烧的时候……（事例：教师讲述自己身边同事对自己的关切）。合作交流二：学生说说自己身边最美的人。小结：希望我们都能成为别人身边最美的人，用真诚、热心给予他人关切，消融冷漠，共同营造一个互信友善、充满关爱的社会氛围。

教师通过讲述自己生病时同事对自己的关怀、帮助，伴随着情感，创设良好的氛围，引导学生自由地表达自己的观点。

**例 4：九年级上册《参与民主生活》**

教师：现在，同学们一定期待我们的意见可以被政府看到，那么请打开手机，通过政府网站的政民互动环节，向政府表达你们对草案的看法吧。

教师指导学生登录北京市政府网站，网上提意见。

教师：第三组同学马上就成功了，他们提的是"我们支持减少一次性用品，希望国家能支持对一次性用品的改良"。同学们能够立场正确、逻辑清晰地表达自己，这也是我们参与民主生活的要求。你们组谁来点击"提交"键？

学生点击提交。

教师：我来采访下，你此时此刻的心情是怎样的？

学生1：提交的那一刻，有点紧张，现在有点激动，没有想到，我也可以给这么大的事情提意见。

教师：老师也有点激动，那么让我们一起铭记这个日子吧。

学生2：我觉得很自豪、很神圣，我们只是一个学生，居然可以参与到国家修订条例这样的大事中。

教师：是呀，民主并非高高在上，其实就在我们身边，参与民主生活是我们的权利，在一定意义上说，也是我们对国家对社会的一份义务。从今天开始，我们一起多多参与民主生活。

教师通过创设在政府网站上提建议的情境，引导学生在活动情境中亲身体验民主，参与民主生活，进一步提升了学生对社会主义民主的理解和认同，达成了目标，培育了素养。

3. 精炼问题情境，启发思维活动

高中思想政治新课标的"基本理念"提出"尊重学生身心发展规律，改进教学方式"的要求，明确指出"要通过问题情境的创设和社会实践活动的参与，促进学生转变学习方式，在合作学习和探究学习的过程中，培养创新精神，提高实践能力"。这里所说的问题情境的创设，既是教师改进教学方式的重要落点，也是学生转变学习方式的重要手段。

**例5：九年级上册《凝聚法治共识》**

PPT展示《北京市非机动车管理条例》的规定。

过渡：同学们，你们知道丰台区可以去哪个政府部门办理电动车牌吗？需要准备哪些材料？课前，老师针对电动自行车上牌的情况对咱们学校的学生和家长进行了调查。请负责数据分析的同学上台给大家展示数据分析结果。

问卷问题：

问题一：您知道电动自行车从2018年11月1日起需办理牌照，2019年5月1日起需要有牌才能上路吗？

问题二：您知道丰台区有哪些可以给电动自行车上牌的站点吗？

问题三：您知道电动自行车上牌需要准备哪些材料吗？请举出两个例子。

学生展示之后，总结。

总结：通过这位同学的介绍，大家会发现，咱们学校的同学和家长不清楚如何给电动自行车上牌的情况还是比较普遍的。

提问：北京市为什么实施给电动自行车上牌的政策？

总结：大部分的同学都提到了电动自行车不遵守交通规则，甚至引发严重交通事故的情况。下面我们通过一段视频进行具体的了解。

PPT 展示《法治进行时》节目对于北京市电动自行车使用报道的视频。

总结：电动自行车主不守交规、横冲直撞给社会带来了极大的安全隐患，给公民的生命和财产安全埋下了隐患。政府需要实施对电动自行车使用的管理，以加强社会的秩序，我们应该做守法公民，按规定给电动自行车登记上牌。

教师通过如何给电动车上牌照的问题，层层递进，步步引导，使学生通过贴近自身生活的真实事例思考、交流，提升对政府管理、规范社会秩序的认同。

实际上，上述几种情境的创设是密不可分的，它们有机地统一在整个情境教学之中。

还要特别指出的是，情境教学在理论上和实践上都十分明确地肯定，情境设置有必要，而且情境设置都要以教材为依据，并以达成教材的要求为目标。虽然创设的情境千变万化，但不能脱离教材确定的重难点，情境是为内容服务、为教学目标服务的，情境中的资源背景不是教学的主体部分，教师的活动设计应围绕教学的重难点展开。

## 四、基于学科核心素养培育的议题式教学实践研究

《普通高中思想政治课程标准（2017 年版）》明确指出，本课程教学与评价的建议包括：提倡活动型学科课程的教学设计，辨析式学习过程的价值引领，综合性教学形式的有效倡导，系列化社会实践活动的广泛开展。围绕议题设计活动型教学课程的教学是一种必然选择。要通过"活动"把"内容目标"与"教学提示"有机整合起来，通过围绕多种多样议题展开的活动，使"知识内容依托活动""活动过程提升素养"。活动型学科课程与活动课程最大的区别在于，它不是围绕生活中的主题而开展探究活动，而是课内议题活动的延伸、拓展和深化，其实质是促进学生学习方式的转变，即引导学生开展学科内的探究性学习。通过围绕议题，组织课内外活动一体化的设计与探究，使学生逐步增强对社会主义道路、理论和制度及社会主义核心价值观的认同，使主流价值观内化为基本的价值取向，进一步明辨是非、端正态度，不断提高分析问题解决问题的能力和素养。

### (一) 议题式教学的内涵与价值

议题式教学作为落实思想政治学科核心素养培育的重要手段，是体现思想政治学科的活动型学科课程的重要抓手。议题，既包含学科课程的具体内容，又展示价值判断的基本观点；既具有开放性、引领性，又体现教学重点、针对学习难点。

围绕议题展开的活动设计，包括提示学生思考问题的情境、运用资料的方法、

共同探究的策略，并提供表达和解释的机会。活动型学科课程的实施要使活动设计成为教学设计和承载学科内容的重要形式。活动设计应有明确的目标和清晰的线索，统筹议题涉及的主要内容和相关知识，并进行序列化处理。要了解学生对议题的认识状况及原有经验，以提高教学的针对性、实效性。还要了解议题的实践价值，创设丰富多样的教学情境，引导学生面对生活世界的各种现实问题。

活动型学科课程的教学评价，应专注学科核心素养的行为表现，一般采用"求同"取向与"求异"取向相结合的验证思路。这是一种有统一标准、无标准答案的评价。采用多种活动方式，鼓励学生运用相关学科知识和技能，基于不同经验、运用不同视角、利用不同素材、表达不同见解、提出不同问题解决方案。既评价达成基本观点的过程，也评价实现教学设计的效果。要围绕课程目标联系学生生活实际，挖掘课程思想内涵，充分利用时政媒体资源，精心设计教学内容，优化教学方法，发展学生道德认知，注重学生的情感体验和道德实践。全面贯彻党的教育方针，落实立德树人根本任务，发展素质教育，推进教育公平，培养德智体美全面发展的社会主义建设者和接班人。

## (二) 议题式教学与学科核心素养培育

思想政治课程既是一门学科课程，又是一门特殊的、带有明显综合性的德育课程。从学科课程角度来看，思想政治涉及政治、经济、哲学、法律等各种不同的学科内容，它是根据各种知识的逻辑顺序和学生身心发展的顺序系统组织的；从知行结合的角度讲，这些内容更注重认知的方面，但缺少学生体验的思想教育。

"议题式教学"有两个关键词，一是"议"，一是"题"。"题"是"议"的基础，"议"是"题"的灵魂。在议题式教学活动设计时，先要选择适合的"题"，"题"要包含课程的具体内容与教学目标，并且具有思维开放性和价值引领性，还要体现出学科核心素养的培养。

选择议题要注意以下两点。第一，要贴近学生的生活实际。高中思想政治课的魅力就在于其时代性和鲜活性。议题的选择要尽量选取现实生活中正在发生的一些事例以及引起众人关注的热点问题、焦点话题。在教学中创造出将学科逻辑与生活逻辑相融合的情境，有生活情境的问题，容易激发起学生参与讨论和探究的愿望，从而引导学生运用所学的理论和知识去解决生活实际中的问题，有利于唤醒学生的学习动力，培养学生的学科能力。第二，要贴近学生的思维实际。引导学生有一定深度地去认识世界、思考人生、进行生活实践，从而让学生形成正确的价值观正是我们高中思想政治学科的学科价值所在。在议题选择的过程中，要做好学情分析，了解学生已有思维经验和思维发展的困惑是什么。于学生思维的困惑处生成问题；于学生思维的已有经验处拓宽视野；于学生思维的误区处发出质疑；于学生思维的盲点处提出思考。从而引导学生通过对议题的了解、思辨、讨论，更深刻地去认识世界、思考人生，形成坚定的政治认同，进行积极的公共参与。

在议题式教学活动设计中，"议"是思维展开的关键。教师要通过设问搭建思维的台阶，给学生提供表达、探究、澄清的机会和策略指导。朱明光老师强调"围绕议题开展的活动设计，涉及思考问题的情境和路径、运用资料的方法、共同探究的策略等，并提供表达和解释的机会。这种设计贯穿课程实施的始终，从而使活动真正成为承载内容目标的基本方式"。

### (三) 围绕议题设计活动型学科课程的教学实践

活动型学科课程的实施要使活动设计成为教学设计和承载学科内容的重要形式。教学设计能否反映活动型学科课程实施的思路，关键在于确定开展活动的议题。以下选取三个案例说明议题式教学的具体设计与实施。

1. 以案例支撑，将议题问题化

**例1：高二《向宪法宣誓》**

抛出议题：国家机关工作人员依法行政，是按照具体的法律法规在处理问题，并不是依据宪法。因此，宪法就是"闲法"。这种观点有什么问题？我们能从生活中找到宪法的身影吗？

案例分析：宪法赋予我们权利，当我们的权利受到不法侵害时，应该如何处理？下面，我们一起来看看曾经轰动一时的"齐玉苓案"。

(1) 出示"齐玉苓案"案件介绍："齐玉苓、陈晓琪均系山东省滕州市八中1990届初中毕业生。陈晓琪领走齐玉苓的录取通知书，并以齐玉苓的名义到济宁市商业学校报到就读。1993年毕业后，陈继续以齐玉苓的名义到中国银行滕州市支行工作。"如果你是齐玉苓，知道被冒名顶替后会怎么办？

(2) 齐玉苓拿起了法律武器，将侵权者告上法院。齐玉苓的诉讼请求："要求被告停止侵害，并赔偿经济损失和精神损失。"你推断法院会做出怎样的审判？会如她所愿吗？

(3) 山东省中院一审判决："陈晓琪冒用齐玉苓姓名上学的行为，构成对齐玉苓姓名权的侵害，判决陈晓琪停止侵害，陈晓琪等被告向齐玉苓赔礼道歉并赔偿精神损失费35000元，但驳回齐玉苓其他诉讼请求。"你满意这个结果吗？为什么？你还能怎么办？

（4）齐玉苓上诉山东省高院："原审判决否认其受教育权被侵犯，是错误的。"二审期间，山东省高院认为该案存在适用法律方面的疑难问题，报请最高人民法院做出司法解释。高院为什么遇到疑难了？那么，哪里有受教育权的阐述呢？

（5）最高人民法院最终批复："根据本案事实，陈晓琪等以侵犯姓名权的手段，侵犯了齐玉苓依据宪法规定所享有的受教育的基本权利，并造成了具体的损害后果，应承担相应的民事责任。"此答复的依据是什么？

（6）呈现"齐玉苓案"的最终判决："责令陈晓琪停止对齐玉苓姓名权的侵害；陈晓琪等四被告向齐玉苓赔礼道歉；齐玉苓因受教育权被侵犯造成的直接经济损失由陈晓琪、陈克政赔偿，其余被告承担连带赔偿责任。""齐玉苓案"最终是依据宪法做出的审判。

教师借助这一典型案件，在若干问题的引领下，学生对"宪法是不是'闲法'"这一议题有了全面深入的认识。选择贴近学生生活的受教育权被侵害的案例，能够吸引学生的参与兴趣。要求学生代入事件，又是引导学生把对案例的关注和自己的感悟联系起来思考，当自身合法权益受到不法侵害时，应如何解决，是忍气吞声还是寻求法律途径解决，从而为更好地分析案件奠定基础。"齐玉苓案"是一起民事诉讼案，其法律依据主要是民事诉讼法和民法通则，民法通则中没有涉及受教育权的条款，这是山东省高院判决此案所遇的难题。这里通过对案件实际问题的分析，可引导学生联系宪法对公民受教育权的保护的阐述，由此感受宪法的作用。最终，最高人民法院的批复与原告和学生对案件的处理期待相差无几。这里通过呈现山东省高院的报请和最高人民法院的批复，可进一步让学生感受到宪法是根本法，是具体法律制定的依据，具有最高的法律效力。由此引导学生明白，宪法不是简单识记的法律条文，而是与我们的生活息息相关，在保护公民权利方面有着重要作用的根本法，至此，学生对宪法作用的认识立刻鲜活起来。

作为对中学生的法律教育，我们并不需要解读每一部法律的每一款法条，作为基础教育教师，我们也无法完成法律专业的任务，我们需要提供给学生的是一种法律意识、法治观念的教育，我们可以提供给学生的是一种思维方式，通过对经典案例的学习和理解，树立崇尚宪法法律，尊重宪法法律，遵守宪法法律，遇到问题依据宪法寻求法律保护的意识。

2. 以主题统领，议题系列化

**例 2：高一《中华优秀传统文化视角下的新发展理念》**

教师打破教材模块界限，从创新、绿色、协调、开放、共享五大新发展理念的

"新"，追溯到中华优秀传统文化天人合一、民为邦本、天下大同、自强不息等民族精神的"旧"，再由中华优秀传统文化的"旧"，看到其在当今中国社会所焕发的"新"，引领学生体悟文化的传承、发展与创新，懂得文化自信是更基本、更深沉、更持久的自信，为实现中华民族伟大复兴的中国梦积蓄力量。构建了一个主题下的三个教学篇章，即"第一篇章，新时代心向往；第二篇章，新时代新理念；第三篇章，新理念为人民"，将议题系列化。

包括：（1）我国为什么能创造出这样举世瞩目的奇迹？试着从中华传统文化的角度谈一谈。

（2）对伶仃洋水域的保护，是哪种新理念的体现？思考：人与自然之间是什么关系？我们应如何处理经济发展与环境保护之间的关系？

（3）关于脱贫攻坚战，思考下列问题：贫困发生在哪儿？扶贫标准是什么？脱贫攻坚怎么做？扶贫目的是什么？

（4）如何理解以人民为中心的发展思想？以高铁建设为例思考：谁来建设高铁？谁来乘坐高铁？高铁通向何方？

（5）为何要坚持以人民为中心的发展思想？你能从中华传统文化中找到依据吗？

（6）在新发展理念的指导下，现在的我能做什么？将来的我想做什么？

本课以新发展理念中的五大发展理念和坚持以人民为中心的发展思想为主体内容，将中华优秀传统文化嵌入其中，实现有机的结合。实现新发展理念的"新"和中华优秀传统文化的"旧"之间的辩证统一，在"新"的理念中找到"旧"的思想，在"旧"的智慧中迸发出"新"的活力，在继承中发展，在发展中继承，推陈出新，实现文化的创新性发展。在整体上，采用章节式、联组故事等形式推进课堂教学，力求突出逻辑性。在具体内容呈现上，充分利用鲜活的视频、音频、图片等，生动的中国古典文学、古典诗词等，以期带给学生传统文化之美的享受。

3. 与活动整合，将议题实践化

**例3：高一《走进古镇长辛店品读文化价值》**

体验并深入了解西山文化带在丰台长辛店这一地区的文化资源。通过"00后"喜闻乐见的红色旅游产品传播古镇文化，树立文化自信。

习近平总书记在"一带一路"国际合作高峰论坛上提道："北京是千年古都，见证了历史的沧桑变迁。"（新华网《习近平在"一带一路"国际合作高峰论坛欢迎宴会上的祝酒辞》）在西山永定河文化带上，见证着北京古都历史变迁的清晰轨迹。有的学者将西山永定河文化带定性为：北京的文明之源、北京的历史之根、北京的城市之基、北京的文化之魂，是当之无愧的。

永定河西畔的长辛店处于西山永定河文化带中，我们作为丰台人大多数都知之甚少，通过文化知识的学习，我们知道一定的文化对政治和经济具有反作用，这里的文化被激活对河西地区的经济发展起着一定的带动作用。因此，我们非常有必要了解并挖掘长辛店地区的文化价值，打造西山永定河文化带的文化品牌，为保护和传承历史文脉尽自己的微薄之力。

教学设计将议题融入学生的社会实践活动中，包括：

实践活动一：走进古镇，亲近文化遗存

请同学们行走在这片古老、不复昔日热闹的古镇上，亲近文化古物、探访革命遗址、穿梭胡同口、走入二七纪念馆，我们在行走中了解历史。这节文化活动课请同学们结合自己的个人体验、文化知识和向父辈了解到的历史往事，共同挖掘长辛店的文化价值，感受长辛店古镇历史文化的源远流长。

实践活动二：查阅文献，归纳文化价值

播放《最美长辛店》。请居住在长辛店的同学为大家呈现长辛店古镇的历史信息，深挖文化内涵。

设计意图：从同学们对家乡的介绍中感受到深深的自豪之情。

实践活动三：文创设计，传承历史文脉

为了提升长辛店文化的影响力，采用"00后"喜闻乐见的方式宣传历史文脉。

请同学们依据自身特长，在班级、学校中推出摄影比赛，记录古镇风貌；绘制文化衫；创作宣传歌；设计制作文创作品设计图，增强文化影响力。

教师将议题式教学与实践活动融合在一起，设计了教学活动，通过社会实践活动，增进文化体验，激发学生传承中华文化的使命感和责任感。教学选取了与学生生活环境关系密切的古镇长辛店，引领学生在完成不同议题的过程中了解古镇文化，关心古镇发展，从首都文化中心建设的高度出发，思考复兴小镇的途径。教育学生以此为己任，挖掘与传播以西山文化带为代表的优秀中华文化内涵，弘扬中华优秀传统文化，使优秀的中华文化焕发出新的生命力。

在议题式教学设计活动中，关于"议"我们要注意以下几点。第一，议题的"参与性"。议题讨论中要让每个学生都有参与"议"的愿望。让学生愿意参与，除了选题有意义之外，还需要优化与分解问题。尊重学生原有的学习体验，根据学生的不同基础和特质，设计不同层次的问题，让每个学生都能够参与学习，根据自己的体验提升自己的思考。同时，学生群体的互动会形成新的资源，这种生成性就是参与的价值所在。第二，议题的"整体性"。在单位时间内的教学过程中，教师应注意将宏观把握上的教学议题整体构成和各疑问之间在微观处理上的相互联系。每一个问题就如一颗闪亮的珍珠，所谓整体性就是将这些散落的珍珠串成项链，使看似零散的问题形成问题组。问题组应聚焦核心议题的展开，让学生通过一系列的设问不断延展其思维轨迹，感知知识信息和生活信息，把握突破途径，从而通过自我思考而获取新知、提高能力，解决核心议题。第三，议题的"思辨性"。社会现象是多元的、立体的、复杂的，议题的讨论不是"是与不是""好与不好"的讨论，而是对现象背后原因和本质的探索。这就需要议题是开放性的，具有思辨性。在讨论中允许学生说真话，说不同观点，在观点的交锋中自然会形成价值的澄清，会培养学生多角度分析问题的思维习惯。

综上，活动型学科课程对于政治学科能力改进具有重要的指导作用，议题式教学是活动型学科课程的实现方式之一，是实现学科核心素养培育的有效方式。议题式教学关注社会生活话题、重视真实问题引领，调动学生已有经验，引导学生运用知识，运用学科思想，展开学科思维，分析解决问题，在学生必备知识学习、关键能力培育、价值方向引领等方面具有重要的作用。

## 第四节　政治教学案例与评析

### 课例一　行使公民权利　增强政治认同
#### ——以"参与调查研究，访问人大代表"为例

课例撰写：北京教育学院丰台分院　蒋莎莎
指导教师：北京教育学院丰台分院　张璇

【内容摘要】

对于初中道德与法治学科八年级下册的人民代表大会制度的教学内容，我一直希望通过有效的实践活动，创设真实的生活情境，带领学生在实践、体验、感悟中，理解人民代表大会制度的优越性，增强制度自信、政治认同。所以，本次活动试图通过"参与调查研究，访问人大代表"的情境创设，采取调查研究、报告撰写、联系走访人大代表等方式，在反馈问题、行使公民权利中，引导学生认同人大制度是我国人民当家作主的好制度。

【关键词】调查研究　走访代表　政治认同

## 一、集思广益，确定调研议题

课上，我将本次调查走访活动的设计介绍给学生，学生们很兴奋。在确定调研议题环节，学生们积极思考，提出了很多可选择的议题。之后，我将班级学生分为4个小组，每个小组商议确定1~2个议题，并附上简要的调研措施和建议。在各小组上交的众多议题中，我挑选了三个想法较成熟、相对切实可行、合理的议题，以全班投票的方式，进行三选一。最终得票数最高的议题是：开展中学生课桌椅问题及改进建议的调研。我问学生们：为什么最终选择这项议题？"因为它关系到我们自身利益"，"因为它好实施，不用出去就能调查"……面对学生这样确定议题的方式，我进一步说：大家说的这些好处，我很认同。选择这项议题确实有它的优势：

（1）贴近我们的实际，便于大家深入调研；

（2）调研任务较多可在学校完成，便于大多数同学参与其中。

"但是我们也不要忘记……"，我接着说，"我们选择议题调研，很重要的一点就是：要符合公众利益，而不是少数人的利益。我们反馈给区人大代表，应该是有代表性的区级问题，而不是为了解决我们班、我们学校自己的问题。"学生们讨论道："老师，那我们换一个议题吧，选个更符合公共利益的。"另一位学生反驳道："怎么又换了？不是我们的议题不合适，而是我们的想法错了，课桌椅问题是个普遍的问题，只是我们总是站在自己的角度考虑，我们调查一下其他学校的学生课桌椅问题不就行了。"另一位同学补充道："对啊。我们不仅要调查我们学校的，也要调查区里其他学校的，收集一下普遍的问题。"我称赞道："大家的想法棒极了，越说越清晰。"最终我们达成了共识：

（1）议题必须是公共的合理诉求；

（2）站在全体中学生使用课桌椅情况的角度去思考调研问题，而不仅仅站在自己班同学的角度去思考问题。

## 二、出谋划策，研究调研内容

议题确定之后，我就组织学生开展了问卷调查，问卷调查组通过大家口头反映的问题，汇总设计出调查问卷，并先针对本班同学进行调查，让本班同学提出一些问卷的改进建议。

通过汇总反馈的建议，调查组又反复几次修改了问卷的问题和措词，并利用问卷星制成网上问卷，方便结果的统计。

## 课桌椅使用调查问卷

同学你好：

我们希望通过此调查问卷分析出目前初中学生课桌椅使用中的问题及改进建议，需要您配合调查。请如实填写。谢谢。

问卷调查组

1. 课桌椅的颜色，你是否满意？

　　A. 满意。　　　　B. 不满意。（原因＿＿＿＿＿）

2. 关于课桌椅的容量，你认为多大才合适？

　　A. 已经合适。　　B. 太小了，至少还要增加＿＿＿＿＿。　　C. 还可以。

3. 对于课桌椅的挂钩问题你有什么建议吗？

4. 你认为课桌椅高度是否合适？

　　A. 合适。　　　　B. 不合适。（理由：＿＿＿＿＿）

5. 对于课桌椅你还有其他建议吗？

调查问卷共发放给丰台区 10 所学校，320 名学生参与调查。最终，梳理出学生们反馈的课桌椅方面的共性问题如下：

（1）课桌椅高度不满意，不易于调整高度。

（2）位洞和脚底下的储物空间不足，学生物品无法存放。

（3）课桌椅由塑料和合金材质组合而成，整体设计比较稳固，但是过于笨重，挪动不方便。

经过了反复的问卷设计、修改、数据对比和统计，当学生把调查得来的问题梳理清楚后，都有种如释重负的感觉。

下一步工作该怎么做呢？我说道："调研报告除了问卷反馈，我们需要实地取证、测量，通过实地调查的方式才能获得更准确的数据和分析。"学生说："对于课桌椅高度的问题，我们要测量一下，找一下课桌椅高度的说明书，看看型号；针对储物空间不足的问题，要调查下储物空间的容量，我们学生的物品数量。"我满意地一笑："那我们就开始行动吧！"

## 三、深入实践，开展调研活动

最终，与同学们商议确定：我们通过实地考察、测量、拍照、取证等方式，调查问卷中反映的问题。

1. 针对课桌椅高度不合适问题，测量组查找到了课桌椅的各型号适合的学生身高范围

表 课桌椅各型号适合的学生身高范围

| 课桌椅型号 | 桌面高（cm） | 椅面高（cm） | 学生身高范围（cm） |
|:---:|:---:|:---:|:---:|
| 1 | 76 | 44 | 173～ |
| 2 | 73 | 42 | 166～173 |
| 3 | 70 | 40 | 159～166 |
| 4 | 67 | 38 | 152～159 |
| 5 | 64 | 36 | 145～152 |

调查发现：目前初中学生使用的课桌椅适合 173 cm 以下的学生，173 cm 以上的学生会普遍感觉课桌椅狭窄，位洞下难以容放双腿。

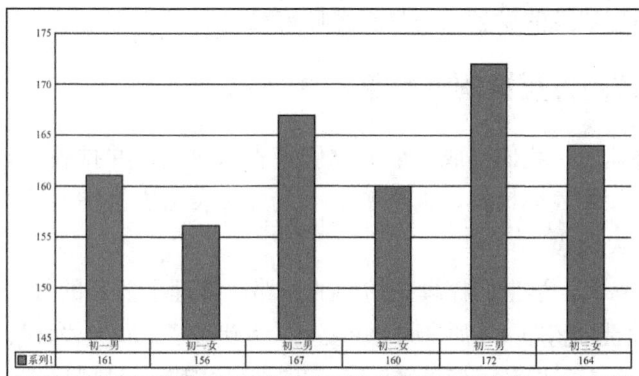

图1 各年级男生女生的平均身高

接着，测量组与问卷组协商，对 10 所学校初中三个年级学生的身高情况进行调查。并请数据分析组，将调查结果统计出来。

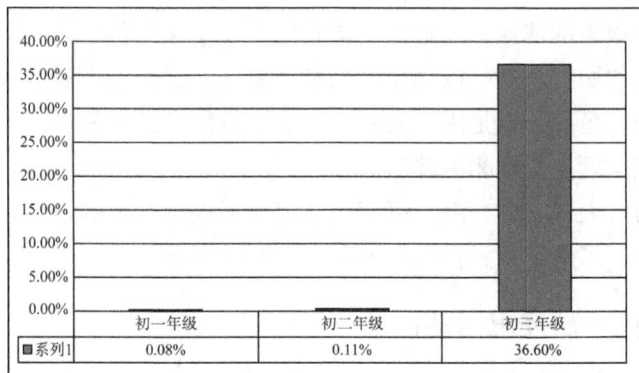

图2 173 cm 以上同学比例

2. 针对储物空间太小的问题，实地拍照取证

通过拍照取证，学生们发现：课桌椅位洞过小，对于有升学压力的初中学生来说，不能将所有物品摆放到位洞中，只能将部分课本、书包等放到地上，侧面挂钩处放书包会影响过道的通行，水杯没有位置摆放，也只能放在地上或倒放在位洞里。

## 四、汇总梳理，分析调研结果

通过实地测量、拍照取证，学生们制作了调查问卷二，征集解决课桌椅问题的改进建议。最终将合理建议汇总如下：

（1）扩大课桌椅的可调节范围。

（2）可改进课桌椅材质——轻便、稳固性、耐腐蚀。

（3）设计带有轮子且具有停止功能的桌椅。

（4）座椅上可以放置配套的海绵垫。

（5）增强储物功能的设计——具有水杯装置。

## 五、分组访问，反馈调研问题

数据汇总整理后，我们完成了最终调研报告的成稿，并排版打印出来。我们联系了本校的区人大代表郑校长，也联系了市人大代表佑安医院的马主任，准备将调研报告反馈给人大代表。

在访问的前一天，学生们梳理了访问的思路，整理了要带的报告。前一天晚上，同学们在群里议论起此事："老师，明天就要见人大代表了，我有些紧张。""我也有点紧张，怕自己访问时忘词。"孩子们可爱极了，我鼓励他们道："别紧张，这既是一次锻炼我们自己的机会，也是一次反馈问题行使监督权的机会，加油！我们一起努力。"学生们纷纷在群里互相打气，互相鼓励的氛围让我感动。

第二天上午和下午，两位人大代表如约与学生见面、交流，他们感叹于学生的细致调研、调研报告的严谨和清晰，也认真倾听了学生们的心声。同时，两位人大代表也谈到自己的职责就是听取和反映民意、要求，努力为人民解决实际问题，中学生作为国家的小公民，也是国家的主人，应该行使自己的权利。他们一定会把报告带到人大，把问题反馈给相关部门。

学生通过与人大代表的交流，更深刻地理解了人大制度的意义，了解了更多民主的渠道和途径、了解了人大代表作为人民代表的职责。

## 六、静心梳理，反思活动设计

整个调研、访问活动历时一个月。在活动中，我们思考、交流、磨合，查找资

料，实地考查、访问联系，学生们表示在此期间收获很大，主要有以下几个方面。

## （一）在引导中提升理论认知

活动中，对于学生的一些错误想法，我适时地加以引导。例如：最初确定议题时，学生们从自身角度出发，为了自身利益确定议题，经过老师的及时引导，学生们了解到公民监督权的行使需要符合公共合理诉求，而不是少部分人的个人利益。

## （二）在实践中学会科学调研

从调查问卷的设计、修改到针对问题开展实地测量、反馈调查结果，提出改进建议，学生通过一步步的实际操作，使科学调研的方式方法深入学生内心。我相信，这样一次完整、规范的调研活动，对以后学生的学习和发展会有较大的帮助。

## （三）在体验中增强政治认同

通过问卷调查、实地取证、采访反馈等一系列体验活动，学生能够感受到宪法赋予我们公民的基本权利是真实存在的，它不是一句空话，我们有渠道和途径表达自己的诉求和意愿，增强了学生对自己国家制度的认同感。

## 课例二 提升理性思维能力
### ——以"让中国剪纸艺术走出国门"教学为例

课例撰写：中国教育科学研究院丰台实验学校 那立媛
指导教师：北京教育学院丰台分院 张璇

**【内容摘要】**

《文化的多样性与文化传播》一课结合教学班的学情，我将本节课设计成题目新颖、具有争议的议题，学生围绕议题主动参与辨析，能够在感性认识中各抒己见，不断修正已有观点，做出正确的价值判断，从而提升学生的理性思维能力。

**【关键词】**

议题辨析 理性思维 学以致用

# 一、案例背景

本节课是高中思想政治必修3《文化生活》中的第三课内容《文化的多样性与文化传播》，由于课时和进度的原因，需要整合两框题内容，1课时完成。碰巧这又是一节视导课，区教研员来听课，又正值学科核心素养落实的探索和尝试时期，面对一群已经学习过有关哲学课程，有一定思考和分析能力的高二学生，我还是感觉有些压力。有压力才有动力，从认真研究学情备课开始，大胆整合教材，调整知识顺序，努力将本课内容用1课时完成。

## 二、案例主题

《文化的多样性与文化传播》一课结合教学班的学情，我将本节课设计成题目新颖、具有争议的议题，学生围绕议题主动参与辨析，能够在感性认识中各抒己见，不断修正已有观点，做出正确的价值判断，从而提升学生的理性思维能力。同时，兼顾学生理性思维能力的落实还需要回归生活，将理性思维运用于学以致用环节，学会理性地做出价值选择，从而突破理性思维只停留于认识阶段，使课堂更具理性思维的张力和深度。

## 三、案例过程

片段一：

教师：如何让中国的剪纸艺术走出国门？有这样两个观点：

观点一：我国民间剪纸通常采用比兴手法创造出来多种吉祥物，以国人约定俗成的形象组合表达中国人对美好生活的向往。例如，用两个柿子和一只如意的构图，寓意"事事如意"。用喜鹊的图案表示"喜"，用鸡的图案表示"吉"。这些图案的寓意外国人难以理解，自然接受困难。中国民间剪纸要走出国门，需要让外国人理解其内容，可用中国民间剪纸来表现外国文化元素。

观点二："一剪之巧夺神工，美在人间永不朽"。我国民间剪纸艺术植根于博大精深的中华传统文化，浓缩了中华文化的传统哲学理念。其艺术风格、内涵等方面展现了中华民族气质和审美取向，与中国人的生活和思维方式联系在一起。"民间剪纸艺术走出国门"也要保持原汁原味，不能一味迎合外国人的审美习惯，否则中国民间剪纸艺术就失去了生命力。

你支持哪种观点，为什么？

学生由此说开，感性热烈，而又不时翻书寻找理论，持相反观点的两方互不相让。在3班的教学中辩论虽然激烈，但是思维不够开阔，没有出现其他观点。但是，在5班激烈的辩论中，出现了不一样的声音："老师，我认为观点一和观点二都不妥，中国剪纸艺术要走出国门，既要保留自己传统的艺术特色，又应该与时俱进……"接下来的辩论中，越来越多的同学站到了这位同学观点的一边。这与预设的情况一样，学生能够在争论中不断思考、理性地鉴别观点、修正自己的观点，做出正确价值判断，这既是学生理性思维提升的过程，也是理性精神这一素养在课堂的深化和延伸。

片段二：

教师：激烈的议题辨析后，"如何让中国剪纸艺术走出国门？"的实际问题又摆在我们面前。生活中，我们怎样让中国的剪纸艺术走出国门，作为中学生可以做些什么？

学生的回答涉及很多途径，如可以制作成礼品、工艺品卖出去；可以做成纪念的邮票、明信片等传播剪纸艺术；可以拓展成课程，教外国朋友……概括起来有商业贸易、人口迁徙、教育、经济、政治、文化、亲朋聚会、旅游等方面。学生还想到抓住做交换生的机会将中国剪纸艺术当作礼物带到国外，与友人分享；还想到了做文创产品，带动艺术发展；还想到将来做对外汉语教师，注重中国剪纸艺术的传播……学生能够在理性的判断后，结合自身的情况做出正确的价值选择。此时，我适时地肯定了同学们的开阔思维，还为他们深入思考的见解做了评价，并进行归纳点拨："我们要热情地欢迎世界各国优秀文化在中国传播，吸收各国优秀文明成果，又要更加主动地推动中华文化走向世界，做传播中华文化的使者，增强中华文化的国际影响力。"

## 四、案例反思

这是一节在新的教学改革过程中注重落实学科核心素养的探索课，这样一节课需要注重培养学生的理性精神素养，不能讲述空洞的理论，要善于利用相关素材创设恰当的教学情境，激发学生在唇枪舌剑中独立思考、理性分析，培养学生理性的判断能力和选择能力。整节课的设计和片段从以下几方面尝试提升学生的理性思维能力。

### （一）创设情境，由表及"理"

这一节课下来，学生非常兴奋，也是我始料未及的。学生能够提起兴致，还是源于开头的新颖设计。我结合学生生活经验整合教材，并选择剪纸作为这节课的素材，将这一课的课题改为《让中国剪纸艺术走出国门》，题目新颖，情境一目了然，摒弃了传统课程刻板的名字，但又不失本课的真意。同时，将PPT背景设置为剪纸图片，洋溢着喜气的氛围，瞬间提起学生的浓厚兴趣，由表及里，充满了文化的味道。

文化课要有文化的味道，但也要给予学生思维延伸的力量，这力量存在于"理"中。"理"在哪里呢？隐藏在议题辨析的活动中，这就涉及创设议题情境的问题。要创设一个恰当的情境议题，学生能够在活动中彰显理性精神的力量，为有色彩的文化增添思维的张力和深度。于是，本节课结合学生学情，研究各种素材，最终确定用剪纸艺术作为载体，呈现学生的感性与理性思维。理性思维的提升，需要基于一定的感性认识，但又不同于感性认识，它需要价值观的引领，也需要独立进行思考和判断。所以，我在这部分将素材整合，设置成颇具争议性的问题："如何让中国剪纸艺术走出国门？有两种不同观点，你支持哪一种，为什么？"学生在已有的认识基础上，继续思考，畅所欲言，并在辩的过程中不断修正自己的观点，达到理性认识，亦可谓由表及"理"。

**(二）议题辨析，理性判断**

本节课的核心在于议题辨析。议题辨析，要设计具有价值冲突的问题，在价值冲突中深化理解，在比较、鉴别、争论中坚定认识，引导学生认可、信服、坚持正确的价值标准。其中，在议题辨析时要立足于当今时代发展的新变化，强化价值引领，引导学生在相互交流、思维碰撞中学会理性看待不同观点。只有学生亲历辨识过程，在争论中不断修正、不断思考，才会运用所学知识做出正确判断，才能真正实现价值引领下的理性判断。

3班没有生成预设的第三种观点，只能教师适时引导，而5班却能很容易地获得。不同班级课堂议题辨析生成的情况为什么不同？仔细想来，我备课在研究学情方面的工作还不够细致，应该分班分析，要关注不同班级的知识、思维、兴趣等情况，做好预设和准备。要想达到理性辨析的目的，不是所有情境都可以实现，也不是同一个情境适用于不同学生的，应该更精准地把握学情，设计具有针对性的问题，才会有更好的成效。

**(三）学以致用，理性选择**

学习《文化的多样性与文化传播》这一课，有利于学生更好地理解文化传播以及文化继承的必要性和必然性，为后面的学习打下良好的基础；更有利于学生学以致用，将所学知识和能力延伸到课堂之外，认识和分析各种社会现象。

教学目的不能局限于学科知识，更重要的是培养学生相关的能力。在议题辩论后，学生能够做出正确的价值判断，接下来，就需要做出相应的价值选择了。怎样让学生回到生活中，学以致用，对于社会现象做出正确判断后，做出理性的选择呢？

这也是选择"如何让中国剪纸艺术走出国门？"这个议题的理性所在。学生根据已有的思考，结合生活实际便可以做出回答。承接议题辨析，水到渠成，流畅而自然地流露出学生的所思所想，做出理性的选择。同时，也让学生对于中国的剪纸艺术有了更深刻的认识，产生强烈的认同感和责任感。

通过这节课，我深深感受到了如何在课堂中提升学生的理性思维能力。我可以将它渗透在情境创设、议题辨析和学以致用中；可以渗透在辨析、判断等思维生成上；还可以渗透在价值选择等方面。理性思维能力的提升不是几个议题、几节课、某个模块能完成的任务，这种能力的培养应该渗透在政治学科整个教学过程中，它还需要我在长期的教学中不断探索和尝试，不断实践和反思。

## 【参考文献】

[1] 林崇德.21世纪学生发展核心素养研究［M］.北京：北京师范大学出版社，2016.

[2] 刘月霞，郭华.深度学习·走向核心素养［M］.北京：教育科学出版社，2018.

[3] 李吉林.李吉林与情境教育［M］.北京：北京师范大学出版社，2019.

[4] 林崇德，罗良.情境教学的心理学诠释：评李吉林教育思想［J］.北京：教育研究，2007（2）.

[5] 朱明光.关于活动型思想政治课程的思考［J］.北京：思想政治课教学，2016（4）.

[6] 朱志平.基于核心素养的思想政治活动型学科课程［J］.北京：思想政治课教学，2016（5）.

[7] 杨志成.核心素养的本质追问与实践探析［J］.北京：教育研究，2017（7）.

# 第十一章　基于核心素养的技术学科
# 教学研究与实践

《普通高中通用技术课程标准（2017年版）》中明确指出，学生通过通用技术课程的学习，将从技术意识、工程思维、创新设计、图样表达、物化能力5个方面形成通用技术学科核心素养。同时要求教师在技术教学中要以学科核心素养为导向，构建高中通用技术课程的结构和内容体系。本章是结合学生技术核心素养培养和北京市丰台区技术教师的教学行为和教学方式进行研究。本章以"课堂教学方式改进"为线索，通过访谈法、课堂观察法、行动研究法、案例分析法等研究方法，探索新课程背景下通用技术课堂教学的特征和规律；构建高效的通用技术课堂教学模式，提出提高通用技术课堂教学实效性的教学策略，促进通用技术课程的有效实施。

## 第一节　技术学科核心素养内涵与解读

2014年3月，教育部关于《全面深化课程改革　落实立德树人根本任务的意见》正式提出了"核心素养体系"一词。在这份文件的指引下，课标组结合技术学科的内容与特点，凝练出5大核心素养：技术意识、工程思维、创新设计、图样表达、物化能力。

### 一、技术学科核心素养育人价值的集中体现

技术学科核心素养是从中国教育国情出发，积极汲取世界上20多个代表性国家和地区技术课程发展和高中课程建设的最新理论与实践成果，理性分析和合理借鉴国际上高中技术与工程教育课程设计与实施的有益经验而提出的。

通用技术课程的实践活动立足生活世界和技术世界，是一个发现问题、明确问题、设计方案、实施问题解决、评价问题解决的过程。在学习过程中，学生要充分运用数学、物理、化学、生物、地理等科学知识，语文、历史、政治、经济、社会、法律、道德、伦理、美学等人文知识，认识和解决技术问题。学习技术课程的过程也是熏陶德行的过程和技术意识逐步形成的过程。因此，培养学生的技术核心素养已成为我国基础教育课程改革的重要内容。

## 二、指向通用技术学科核心素养的课程目标体系构建

课程目标对于课程标准的重要性不言而喻，它是课程标准的核心和首要问题，它规定了实施一门课程所要达到的最终结果。要理解通用技术的课程目标，必须先从整体上把握通用技术课程标准的目标体系，通用技术课程标准的目标体系实际上是由通用技术学科核心素养与总目标组成的目标体系。在这一总体价值追求之下，课程标准提出了4个方面的具体目标。即通过体现时代特征和社会发展需要的技术基础知识、基本技能、基本思想、基本态度的学习和基本经验的积累，形成对技术的亲近感、敏感性、理性精神、责任意识，以及对技术的文化感悟；经历技术设计的全过程，形成一定的方案构思、图样表达、工艺选择及物化能力；能够领悟基本的技术思想，形成初步的工程思维和系统思维，发展创造性思维，养成用技术解决实际问题的良好习惯；体验技术问题解决过程的艰巨性和复杂性，养成实事求是、严谨细致、精益求精、追求卓越的工作态度，培育工匠精神，增强劳动观念，具备初步的职业规划和创业意识，形成与技术相联系的规范意识、伦理意识、环保意识、质量意识、经济意识。从而真正促进学习方式和教学模式的变革。

## 三、通用技术学科核心素养构成的理解

通用技术学科核心素养是通用技术课程育人价值的集中体现，是核心素养在通用技术学科的具体化，是学生学习通用技术课程之后所形成的、具有技术特点的关键成就。技术学习活动作为一种特殊的认识活动，必将经历从实践到理论、再从理论到实践的发展过程。通过学习，我们对技术核心素养下的5个目标有了重新的认识：

（1）技术意识是对技术现象及技术问题的感知与体悟。技术意识包括对技术现象的存在感、技术发展的历史感、技术使用的道德感、技术问题的敏锐性，以及技术的目的性、规范性、专利性等方面的认识，对技术严谨的评价、适当的应用和明智的决策，在参与技术活动时能对相应后果进行风险评估和明智判断，以及基于一定技术知识与技能的亲近情感、理性态度和伦理精神等。

（2）工程思维是以系统分析和比较权衡为核心的一种筹划性思维。系统思维是工程思维的核心，是一种全面、整体的思维方法，强调把分析思维和综合思维结合

起来，注重在考虑整体的前提下具体研究解决局部的问题。在解决技术问题时，需要考虑所有变量并将技术特征与社会特征等联系起来。

（3）创新设计指基于技术问题进行创新性方案构思的一系列问题解决过程。创新设计代表一种现代人应该有的思维、态度和技能，而不是设计师独享的思维与技能。这里的设计主要包括方案构思、方案形成、方案优化的过程，以及通过这个反复进行的过程，把最初的设想形成方案和产品。许多国家都把设计作为技术课程的核心内容，从制作图式走向设计图式，使技术与古老的手工艺课程区分开来。

（4）图样表达是指运用图形样式对意念中或客观存在的技术对象进行可视化的描述和交流。图样是一种重要的技术语言，是根据投影原理、标准或有关规定，表达意念中技术对象的图形样式。图样是设计和制作技术产品的主要依据。在技术实践活动中，设计者通过图样表达设计对象和交流创意，制作者通过图样了解设计要求和制作对象，使用者通过图样了解技术产品的结构和性能，并进行操作、维修和保养。图样表达主要包括技术对象的图样特征分析、图样的识读与绘制、图样设计工具选择与使用等方面的内容。

（5）物化能力是将意念、方案转化为有形物品或对已有物品进行改进与优化的能力。科学提供物化的可能，技术提供物化的现实。物化能力是技术课程的实践性、创造性特征的重要体现。在课程标准中，物化能力主要包括材料的选择与测试、工具的选择与使用、工艺的设计与制作等方面的内容。

# 第二节　技术学科核心素养调查与问题分析

在研究前期，课题组选择北京市第十八中学和北京市东铁营一中新入学的高一学生进行了技术能力现状和学习需求的调查。

## 一、对学生的调查问卷

1. 你对参加作品制作（如笔筒、书架）的兴趣如何？（　　）

| 选项 | 比例 |
| --- | --- |
| A. 没兴趣 | 4% |
| B. 无所谓 | 85% |
| C. 有兴趣 | 11% |

2. 当在技术课堂教学中的难度大于你的实际能力时，你通常的做法是（　　）。

| 选项 | 比例 |
|---|---|
| A. 不参与 | 5％ |
| B. 能做什么就做什么 | 39％ |
| C. 向其他同学学习后参与 | 16％ |
| D. 勇于参与，在参与中提高 | 40％ |

3. 你希望老师在课堂上（　　）。

| 选项 | 比例 |
|---|---|
| A. 满堂灌 | 0％ |
| B. 讲解和学生活动并重 | 22％ |
| C. 少讲多让学生动手操作 | 70％ |
| D. 基本不讲只辅导学生操作 | 8％ |

4. 在技术课上，你最喜欢的活动方式是（　　）。

| 选项 | 比例 |
|---|---|
| A. 集体活动 | 13％ |
| B. 小组活动 | 85％ |
| C. 同桌活动 | 2％ |
| D. 个人活动 | 0％ |

5. 你对技术课程学习的期待程度是（　　）。

| 选项 | 比例 |
|---|---|
| A. 很期待 | 84％ |
| B. 一般 | 13％ |
| C. 不期待 | 3％ |

6. 在技术课上，教师采用最多的一种评价方式是（　　）。

| 选项 | 比例 |
|---|---|
| A. 学生自评 | 10％ |
| B. 学生互评 | 19％ |
| C. 师生互评 | 36％ |
| D. 教师评价 | 35％ |

7. 在技术课上当你遇到学习困难时，你认为最主要的原因是（　　）。

| 选项 | 比例 |
| --- | --- |
| A. 听不懂 | 19% |
| B. 工具不好用 | 27% |
| C. 实践操作时间少 | 31% |
| D. 学习内容难 | 10% |
| E. 学习方法不当 | 13% |

8. 你希望怎样上技术课？（　　）

| 选项 | 比例 |
| --- | --- |
| A. 在老师引导下，根据学习任务自主学习 | 0% |
| B. 先集中讲授，再统一操作练习 | 30% |
| C. 师生同步操作 | 70% |
| D. 老师没有要求，同学自由操作 | 0% |

9. 在技术课上，对于难度大的学习任务，你通常采用的一种学习方式是（　　）。

| 选项 | 比例 |
| --- | --- |
| A. 先看老师的演示操作，然后模仿练习 | 60% |
| B. 在老师对重难点进行提示后，根据学习材料自学 | 11% |
| C. 先根据学习材料自学，遇到问题后等待老师讲解 | 23% |
| D. 不用老师提示，根据学习材料自学 | 6% |

10. 给你一块 200 mm×200 mm 的三合板，一个挂钟机芯，请你给自己或家人设计一款挂钟，完成下列任务：

A. 画出钟表盘的设计草图

B. 写出制作挂钟的过程

## 二、调查分析

根据学生问卷问题"你对参加作品制作（如笔筒、书架）的兴趣如何"中的数据结果，学生对技术制作"有兴趣"所占的比例为 11%，"无所谓"的比例为 85%。说明学生对技术课程不了解，所以说不清对技术学习是否感兴趣。而在"你对技术课程学习的期待程度"中可以看出，虽然学生对技术课程不太了解，然而有 84% 的学生对学习技术课程很期待，对于"在技术课上，你最喜欢的活动方式"，85％的学生更喜欢小组活动。

根据问卷问题"给自己或家人设计一款挂钟"中学生画的钟表盘的设计草图可以看出，由于学生没有经过相关的技术课程学习，因此大部分学生对设计的草图是否符合设计要求，是否具有可操作性不太清楚，对制造过程也含糊不清，大部分学生存在不能够利用数学知识标注钟点，创新能力不强等问题。

针对以上授课班级调研中出现的问题，课题组教师共同研究新课程标准和新教材，了解教材的变化，根据技术课程是以操作学习和设计学习为主的特点，加强对技术知识、技术能力、技术思想方法的学习，并特别注重对技术知识迁移的能力，来解决生活中的问题。开展区内外的教研活动进行学习和实践，结合学生的技术核心素养进行备课，将教材中的新知识、新技能科学合理地加入教学活动中。

# 第三节  技术学科核心素养实践与养成途径

## 一、课题研究过程

### (一) 课题研究的主要内容

通用技术课程的学习主要是"设计学习和操作学习"，学生通过学习掌握技术知识、技术技能、了解技术思想和方法。因此，本课题教学方式的研究方向为，在特定的教学情境中，根据已定的教学任务和学生特征，有针对性地选择与组合相关的教学内容、教学组织形式、教学方法和技术训练方式，而形成的具有效率意义、通用技术课堂教学最基本的教学方式、方法。其教学策略具有综合性、可操作性、灵活性和时代性等基本特征。课题研究的主要内容如下：

（1）通用技术教学内容的分类及特点；

（2）以教育学基础理论为指导，以课例研究为基础，构建通用技术课堂教学的基本模式；

（3）根据通用技术教学内容的分类及特点，选择合适的教学策略。

### (二) 课题研究目标

以"课堂教学方式改进策略"为线索，通过访谈法、课堂观察法、行动研究法、案例分析法等研究方法，探索新课程背景下通用技术课堂教学的特征和规律；构建高效的通用技术课堂教学模式，提出提高通用技术课堂教学实效性的教学方式，促进通用技术课程的有效实施。具体研究目标如下。

（1）技术知识是指技术概念、技术原理、技术方法、技术思维等构成的知识体系，是技术学习的基础。本研究以技术知识为切入点对通用技术教学内容进行分类，分析各类知识的特点。

（2）根据各类知识的特点，构建适合不同知识的教学模式，选择适切的教学策略进行实践探索，提高通用技术课堂教学的实效性。

（3）通过实践、研究与论证分析，精选一批课堂教学实例，为通用技术教师的课堂教学提供理论与实践支持。

**（三）课题研究方法**

1. 文献法

通过查阅大量的国内、国外文献，了解国内、国外的研究现状，明确研究方向，确定研究内容。

2. 观察法

通过对现行课堂教学的观察，发现通用技术教学中的优势与不足。

3. 访谈法

通过访谈教师和学生，进一步明确通用技术教学实施过程中学生和教师的感受和体会。

4. 理论研究法

运用逻辑思维方法阐述通用技术学科知识的特点和教学策略的理论，用系统科学的方法构建通用技术学科教学模式。

5. 行动研究法

行动研究法主要运用在学科知识的教学方式改进的实践研究上。

6. 案例研究法

通过听课、上示范课的方式，深入课堂，亲历教学策略的实施，分析探究教学方式的成功和不足。

7. 对比研究法

采用同课异构的方式，通过对比研究，证实所选择的教学策略的有效性，并进一步完善相应的教学策略。

**（四）课题研究的步骤与主要过程**

1. 理论学习研究阶段

依据教育心理学原理和通用技术知识类型分析，对通用技术学科的技术知识的内涵、特点、教学内容进行研究，寻找相应的教学策略。

主要工作如下：制订课题整体研究计划；成立课题组，明确课题组成员的分工，完善研究方案；文献研究，梳理国内外教学策略实施现状，寻找理论基础；收集课堂教学实例等。

该阶段主要成果如下：

（1）文献综述。

（2）研究方案及分工。

2. 教学改进策略的理论研究阶段（2015 年 7 月—2016 年 8 月）

主要工作如下：开展课堂教学内容分类研究；开展课堂教学组织策略研究；开展课堂教学实效性策略研究；开展课堂教学项目设置策略研究；开展课堂教学评价策略研究；选择课堂教学策略研究的典型课例；寻找课堂教学的理论支撑。

该阶段主要成果如下：

（1）通用技术课堂教学组织形式及策略。

（2）提高通用技术课堂教学实效性的策略。

（3）通用技术课堂教学项目设置的策略。

（4）通用技术课堂教学策略研究的典型课例。

（5）通用技术课堂教学评价策略。

3. 实践探索阶段（2016 年 8 月—2017 年 8 月）

选择合适的教学策略应用于课堂教学进行实践研究，总结经验教训，最终确定技术知识教学的有效教学策略和相关案例。该阶段主要成果如下：

（1）通用技术教学组织策略研究。

（2）提高通用技术课堂教学实效性的策略。

（3）通用技术课堂教学项目设置的策略研究。

（4）通用技术课堂教学评价策略研究。

## 二、基于技术知识的课堂教学方式改进的教学实践研究

### （一）技术知识

技术知识由两部分组成。一是技术本身所内含的知识，包括工具使用、材料加工、产品设计、制作工艺、作业程序、过程控制、产品检测等。二是关于技术的知识，包括技术是什么，技术如何生成、如何改进、如何管理、如何决策方面的知识，

以及如何学习技术的知识。通用技术学科的技术知识多指有关"是什么"的教学内容。

1. 技术知识的特点

技术知识具有多样性、经验性、科学性等特点。技术知识的多样性是指技术知识涉及材料、工具设备、加工工艺、技术本身及其发展过程等多方面，种类繁多，既有系统的技术知识，又有零散的技术知识，所以技术知识具有多样性。技术知识的经验性是指许多技术知识是人们在长期的生产实践和生活过程中不断积累、不断加以总结形成的，具有经验性。虽然技术知识是人们长期实践的结果，具有经验性，但是，只有在科学性的前提下，这些经验性的知识才能保存下来，被人们不断地应用，所以，技术知识具有科学性。

2. 技术知识常用的教学策略——间接教学的教学策略

间接教学策略是以学生为中心，以问题为载体，以探究为过程，以发现为结果的教学策略。学生并不是直接从所给材料中得到学习结果，而是通过间接转化才能得到。如案例分析法。

技术知识教学策略的教学程序：

第一步，预先提供有组织的教学材料。教师作为提供整体框架和允许学生进行概念拓展的先行组织者开始新课。

第二步，用归纳和演绎的方式向学生提供概念形成的过程。教师引导学生用归纳和演绎的方式进行归纳总结，提炼或丰富概念。归纳即通过选择事物，并概括出它们共同的重要特征以形成概念；演绎即把原理运用到具体的例子中。

第三步，教师向学生呈现相关案例，以便让学生分辨出事物的重要特征和非重要特征，并进行归纳总结。

第四步，通过问题引导探究和发现过程。教师从学生的经历、兴趣或问题中引导出事例。

第五步，利用学生的观点。教师用问题引导学生去探究，并进行归纳总结。

第六步，让学生评价总结学习结果并且给予必要的指导。教师让学生参与评价他们自己的学习行为和结果，并且在必要时给予指导。

第七步，用讨论的方式鼓励学生进行批判性思维，帮助学生进行领域间的练习，以促进讨论成果化。

**(二)《自动浇花器的设计与制作》教学案例**

背景：2020 年春季，为抗击疫情，学生们都响应政府号召居家学习，利用网络平台进行个性化学习，用自己的行动为抗击疫情做出了应有的贡献。特殊时期的特殊教学方式也给技术教师们带来了挑战。在这个特殊时期，教师们要通过网络进行教学，因此要改变自己的教学方式。

1. 教学内容分析

本节课《控制系统的工作过程与方式》是苏教版教材《技术与设计 2》第四章第 2 节的教学内容。控制系统的工作过程，包括了解开、闭环控制系统的工作过程。本节内容为学生进一步学习控制系统的设计与制作的基础，以"自动浇花系统的设计与制作"作为项目载体，开展教学活动。

2. 活动安排（3 个阶段、6 个课时）

第一阶段：通过观察、访谈、网上查阅资料等对问题进行分析，明确设计要求。

第二阶段：学生通过教师给的方法进行制作和试验，发现新问题。

第三阶段：学生进行新方案设计和验证。

具体教学安排如下：

| 课时安排 | 教学内容 | 教学载体 | 教学目标培养 |
|---|---|---|---|
| 第一课时 | 对控制的概括了解 | 体验、调查 | 技术意识 |
| 第二课时 | 控制系统的工作过程与方式——开环控制系统 | 自动浇花器（绿萝） | 工程思维、图样表达 |
| 第三课时 | 控制系统的工作过程与方式——闭环控制系统 | 自动浇花器（绿萝） | 工程思维、图样表达 |
| 第四、五课时 | 影响闭环控制系统运行的主要干扰因素 | 自动浇花器（草坪） | 创新设计、物化能力 |
| 第六课时 | 完善自动浇花器的设计，进一步实现浇花器的实用功能，并撰写设计说明书 | 自动浇花器（草坪） | 技术意识、物化能力 |

3. 学情分析

学生在知识方面，已具备对控制的认识，同时掌握了物理中的大气压强知识。在技术学习上，有较高的学习欲望，但动手实践能力较弱，对知识的迁移能力不足。

4. 教学目标

（1）经历自动浇花器的设计与制作过程，了解闭环控制系统的基本组成和工作过程。

（2）通过对"自动浇花器"试验和工作原理的分析，理解闭环控制系统中的反馈环节的作用。

（3）增进学生对校园的深厚情感，培养学生节约用水的环保意识。让学生形成和保持对生活环境中的技术问题的敏感性和探究欲望，培养对待技术的积极态度和正确使用技术的意识。

5. 技术准备

材料和工具：绿萝植物、550 mL矿泉水瓶、吸管、储水盘、锥子、剪刀、热熔胶等。

6. 教学过程

环节一：创设情境。

教师：在这个非常时期，你们是怎样处理学习和生活之间的关系的呢？老师建议你们在家养养花，养花既是一种劳动，也是一种审美情趣。养花美化居室，改善环境质量，增加人们的生活情趣，使人感到精神愉悦，从中可以感受到很大的乐趣。但是，由于各种原因，往往导致养护不当，使心爱的花卉死掉。今天我们就来设计与制作一款自动浇花器。

环节二：问题分析。

分析绿植在养护过程中的问题，明确被控对象的基本特性。

教师：展示PPT中枯死、烂根的花卉图片。

学生：分析原因——在养护过程中，违反了相应绿植的生长特性。

教师：归纳绿植养护要求——在养护花卉时，浇水要适时、适量。

环节三：自动浇花器的设计与制作。

教师：演示网购自动浇花器。

教师：介绍自动浇花器的结构及使用方法。提示学生思考自动浇花器中有怎样的科学原理。

学生：分析自动浇花科学原理。

教师：归纳开环控制系统的工作过程。

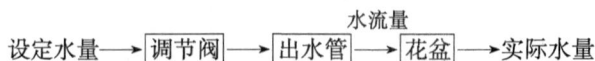

设定水量 ⟶ 调节阀 ⟶ 出水管 ⟶ 花盆 —水流量⟶ 实际水量

教师：提出任务——制作开环控制的自动浇花器。

教师：介绍材料和工具——材料：550 mL 矿泉水瓶 1 个、吸管 1 根、夹子 1 个、锥子、热熔胶。

学生：模仿制作并演示。

教师：分析开环控制的自动浇花器优点——实现了自动控制；短时间外出可以保持植物所需水量，但不符合设计要求。

学生：发现问题。这款自动浇花器在浇花过程中无法满足适时、适量浇水的要求，无论植物是否需要水分，浇花器只能等瓶内的水流完，才能结束控制工作。

教师：提出设计改进要求。

环节四：进行闭环控制系统自动浇花器试验，探究闭环控制系统的工作过程及理解反馈作用。

学生：进行闭环控制系统的设计。

学生：制作并展示。

教师：归纳总结闭环控制系统的自动浇花器工作过程。

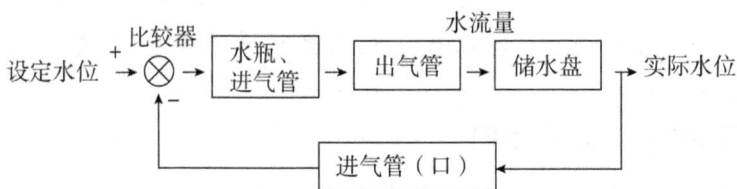

教师：分析自动浇花器的优点及存在的问题。

学生：优点——闭环控制系统的自动浇花器，适合喜水性植物使用，能够实现自动浇花工作。

问题——这款自动浇花器只能针对喜水性植物，不适用于多肉植物等不需要频繁浇水的植物。

教师：提出任务，根据多肉植物的生长特性，以"适时、适量"为设计要求，设计一款自动浇花器。

教师：建议大家可以在网上收集相关传感器材料，利用花盆土壤中的湿度大小来进行控制设计。

7. 点评

(1) 以技术核心素养的培养为目标，根据课程标准要求对实践活动进行总体规划。

①项目的选择：与生活紧密联系的课程内容，内容贴近学生实际，富有挑战意义，满足学生个性发展需要。

②根据课程标准要求对实践活动进行总体规划，包括实践主题、实践目标、实践形式等因素。以项目来设计课程，有利于课程的实施。

（2）以问题为导向，在解决问题的过程中学习技术知识。

以学生为中心开展教学活动。学生通过技术体验、技术探究发现问题，再通过设计解决实际问题，在解决问题的过程中，获得知识积累。

（3）教师由以教为主转向以学为主，引领学生进行学习方式的转变，使学生的技术学习过程成为主动建构知识、不断拓展能力、发展核心素养的过程。教师是组织者、引导者、参与者。

# 第四节　技术学科教学案例与评析

## 课例一　技术试验——桁架桥承重试验

课例撰写：郑术元　北京市第八中学怡海分校

指导教师：苏从尧　北京教育学院丰台分院

## 一、指导思想和理论依据

《普通高中通用技术课程标准（2017年版）》中提出了学科核心素养的育人要求，即技术意识、工程思维、创新设计、图样表达和物化能力。在基本理念中提出，选择体现时代特点、与生活紧密联系的课程内容。设计课程内容时注意紧密联系学生的学习生活和一定的生产实际，在坚持基础性的同时，选择具有时代气息、适应社会发展、体现未来科技走向、具有可迁移特征的内容，也选择贴近学生实际、富有挑战意义、满足学生个性发展需要、有利于课程实际和学生选修的内容。注重科技与人文的有机结合，突出实践能力、创新思维和工匠精神的培养。现代技术注重科技与人文的统一和融合，通用技术课程，通过技术设计与技术探究等，强化科学原理的运用，通过对技术所蕴含的经济、道德、法律、伦理、心理、环境、审美等因素的综合分析，深化技术认识，开拓文化视野。美国著名教育家约翰·杜威（John Dewey）提倡"从做中学"，也就是"从活动中学""从经验中学"。他明确提出："从做中学要比从听中学更是一种较好的方法"。在杜威看来，"从做中学"充分体现了学与做的结合，也就是知与行的结合。本节课以《桁架桥的结构设计与制作》为项目载体，让学生经历设计、制作过程，学习技术试验的相关知识。着重培养学生的创新能力和工程思维，将通用技术学科要求的核心素养落到实处。

## 二、教学背景分析

### （一）教学内容分析

本节课是苏教版《技术与设计1》第二章"技术世界中的设计"第三节"技术试验及其方法"部分内容。技术试验是技术设计中重要的课程内容，它是技术设计过程中的一个环节，也是技术探究中的一种重要方法，是技术设计的重要组成部分。技术试验具有丰富的教育价值，对于培养学生的核心技术素养具有不可替代的作用。本节课前学生已经经历了发现和明确问题—制订设计方案—制作模型（原型），下一步就是通过技术试验进行优化了。

### （二）学习者分析

《桁架桥的结构设计与制作》是我校高一学生开展技术课程的一个项目载体，学生对桁架桥项目很感兴趣，热情很高。但是他们太注重做，而对技术试验在工程设计中的作用的认识是模糊的，特别是针对具体的项目中技术与设计的关系的理解更加困难。

## 三、教学目标

（1）经历对C919飞机的案例分析，理解技术试验在创新设计过程中的方法及意义。

（2）经历桁架结构桥梁的承重测试过程，学会填写试验报告。

（3）经历观察试验结果分析原因的过程，并提出优化方案，了解工匠精神在造物过程中的重要意义。

## 四、教学重点、难点

（1）教学重点：桁架桥的承重试验。

（2）教学难点：试验现象分析。

## 五、教学过程

| 教学环节 | 教师活动 | 学生活动 | 设计意图 |
|---|---|---|---|
| 环节一：创设情境与引出问题 | 1. 播放视频：C919 飞机新闻，讲解其意义。<br>2. 提问：C919 投入运营前，要做哪些研究工作？<br>3. 归纳：<br><br>性能试验 { 风洞试验 / 全机静力试验 / 高速滑行试验 / 发动机点火试验 / 试飞 / 转场 / …… }<br><br>提问：C919 为什么要做这些试验？<br>讲解：技术试验概念及技术试验的重要性并引出课题：技术试验。 | 观看视频。<br><br>根据自己的生活经验回答问题；试验并列举。<br><br><br><br>回答：为了保证安全。 | 播放视频的目的在于让学生了解飞机的研制是从国家发展目标出发，为全面建设小康社会提供强有力的支持。全面建设小康社会对交通运输提出了更高的要求，交通科技面临重大战略需求。学生经过这样的讨论交流，有助于理解科学技术促进社会的进步和发展。 |
| 环节二：新课讲解——了解技术试验方法 | 提问：如果你是 C919 的设计人员，你会怎样进行试验？<br>归纳技术试验的流程，依据设计要求进行试验。<br><br>实体测试 → 观察现象 → 记录数据 N → 是否满足设计要求 → 分析总结 → 修改方案 — Y → 完成 | 讨论、回答。 | 通过对 C919 飞机的研发历程的学习，知道飞机的研制是为满足社会发展需要而进行的一项严谨的科学工作，了解飞机的设计全过程和技术思想、方法的运用。 |

续表

| 教学环节 | 教师活动 | 学生活动 | 设计意图 |
|---|---|---|---|
| 环节三：技术试验——桁架桥承重试验 | 1. 板书：桁架桥的承重技术试验。<br>(1) PPT回顾：桁架桥的设计要求。<br>(2) 介绍试验准备所需各种工具、材料的作用。<br>所需工具：直尺、直角尺、电子台秤、承重测试平台。<br>(3) 讲解安全要求：带护目镜。<br>2. 承重试验。<br>任务一：结构测量。<br>要求：按照设计要求进行测量。<br>任务二：承重测试。<br>(1) 介绍试验台的使用方法。<br>(2) PPT介绍试验要求。<br>①观察现象并记录。<br>②记录数据。<br>③试验分析：对试验中的问题，从结构受力、制作工艺水平、材料性能等方面进行分析，并能提出合理的改进方案。 | 听讲。<br>填写试验报告。<br><br><br><br><br><br>测量并将测量结果填入试验报告。<br>聆听要求。<br>分组测试。<br>讨论。 | 让学生经历桁架结构桥梁的承重测试过程，通过观察试验结果和数据分析原因的过程，提出优化方案，培养学生观察、分析问题的能力。在教学方法上，重视知识的学习和应用。 |
| 环节四：试验分析交流 | 1.PPT讲解汇报内容及要求。<br>(1) 试验中观察到什么现象？<br>(2) 最大承重是多少？<br>(3) 试验分析（从结构受力、制作工艺、材料性能等方面进行分析）。<br>(4) 方案的改进措施。<br>2. 分组进行点评。 | 按要求完成试验报告撰写并准备交流内容。<br><br><br><br>分组交流。<br>听讲。 | 通过桁架桥承重试验，从结构受力、制作工艺水平、材料性能等方面对桁架桥进行分析，发现桁架桥在设计过程中的问题，并提出合理的改进方案。 |
| 环节五：课堂小结 | 强调技术试验在创新设计和造物过程中的作用，以及工匠精神在造物过程中的重要意义。 | 听讲。 | |

## 六、学习效果评价设计

建立过程评价档案，收集技术试验过程中的文字、数据、图样及试验过程照片等资料，依据档案资料进行过程性评价。以下为评价量表。

| 实践项目 | 评价内容 | 评价方式 | | |
| --- | --- | --- | --- | --- |
| | | 自评 | 互评 | 师评 |
| 技术试验报告 | 试验报告内容完整、数据准确 | | | |
| 技术试验的操作 | 操作条理清晰，注重安全 | | | |
| 试验记录 | 现象描述清晰，数据记录准确 | | | |
| 试验分析：对制作工艺、结构受力、材料性能等方面进行分析 | 分析合理透彻 | | | |
| 方案的改进 | 能针对试验中的问题，提出合理的改进方案 | | | |
| 等级标准：A. 优秀、B. 良好、C. 合格、D. 待改进 | | | | |

## 七、教学反思与特色说明

本节课是一节技术试验课，技术试验是技术设计的重要知识基础，是技术方案设计的延续，是后续设计活动的必要支撑，具有承前启后的作用。本节课以《桁架桥的结构设计与制作》为项目载体开展技术课程教学，以桁架桥承重试验为内容，使技术探索活动的针对性更强，更易展开，更能激发学生的兴趣。

## 八、案例评析

随着新修订的课程标准的颁布，技术核心素养确立，给我们的教学带来了新的要求和新的变化。新变化具体体现在教学方式的变化。本节课，围绕技术试验这一核心知识，精心构筑探究过程，教师引导得法，学生积极主动，较好地完成了本节课的教学目标。本节课有以下几个主要特点：

第一，以科学的、严谨的技术试验，让学生主动建构知识体系，培养学生科学严谨的实验态度。技术试验是技术设计中重要的课程内容，它是技术设计过程中的一个环节，也是技术探究中的一种重要方法，是技术设计的重要组成部分。同时，技术试验具有丰富的教育价值，对于培养学生的核心技术素养具有不可替代的作用。技术试验是技术设计的重要知识基础，是技术方案设计的延续，是后续设计活动的必要支撑，具有承前启后的作用。本节课以《桁架桥的结构设计与制作》为项目载体开展技术课程教学，以桁架桥承重试验为内容，使技术探索活动的针对性更强，更易展开，更能激发学生的兴趣。教师结合本节课内容，自制了测试平台，可以使技术试验更为科学和规范，其中所运用的拉力传感器和显示屏的组合，也让试验数据可以清晰、准确、实时地呈现出来，克服了传统通用技术试验中试验结果过于质性、很难量化的问题，为后面"评估、优化"内容的展开提供了依据。

第二，教学活动具有明确的目标导向。教学目标的变化体现了新课程最大的价值取向。本节课，整堂课以桁架桥承重试验为载体，经历桁架结构桥梁的承重测试过程，通过观察试验结果和数据分析原因的过程，并提出优化方案，培养学生观察、分析问题的能力。在教学方法上，重视知识的学习和应用。充分体现了技术学科特点，试验教学是以学生的动手操作为主要特征，通过设计、制作和试验等活动获得技术实践体验，使学生的心智技能得以提高。

第三，重视教学设计。本节课教学思路清晰、过程流畅、逐步深入。课堂教学以技术试验活动为主线，通过对 C919 国产飞机的案例分析，理解技术试验在创新设计过程中的方法及意义，使学生认识到技术试验在生产、生活中的重要作用，激发学习的冲动。通过桁架桥承重试验，从结构受力、制作工艺水平、材料性能等方面对桁架桥进行分析，发现桁架桥在设计过程中的问题，并提出合理的改进方案，把课堂气氛推向高潮，体现了技术课程的价值，突破教学难点。整堂课学生思维活跃，课堂教学的有效性得到很好的展现。这样层层深入、步步推进，培养了学生的技术意识、创新能力和工程思维，将通用技术学科要求的核心素养落到实处。

## 课例二 点亮合唱节——制作合唱歌曲 MV

课例撰写：宋东艳 北京市赵登禹学校

指导教师：温晓捷 北京教育学院丰台分院

## 一、指导思想和理论依据

依据《中小学综合实践活动课程指导纲要》中提出的从学生的真实生活和发展需要出发，将生活情境中发现的问题，转化为活动主题的课程性质，遵循《北京市加强与改进义务教育阶段信息技术学科教学的指导意见》中强调的"养成利用信息技术促进学习和改善生活意识"原则，提升学生的信息素养。

## 二、教学背景分析

### （一）教学内容分析

每年的 12 月份是我校传统的一年一度的合唱节，本单元教学内容以学校合唱节为项目背景，为合唱节制作歌曲 MV。从分镜头脚本设计到拍摄再到后期编辑与渲染作品，让学生体验完成一个视频作品的全过程。

课内教学与课外活动相结合，围绕制作校园 MV 这一主题学习的方式完成教学，包括 5 个阶段。本文具体阐述第 1、3、4 阶段的技术教学，包括以下 3 个方面的教学设计：分镜头脚本设计、蒙太奇之旅和字幕编辑。蒙太奇之旅和字幕编辑都属于后期编辑环节。其中蒙太奇之旅重点解决视频剪辑的问题，字幕编辑重点解决动态歌词字幕和对白字幕的问题。第 2 阶段拍摄素材和第 5 阶段主题学习成果的展示与交流环节的教学设计因篇幅有限，不在本案例中具体阐述。

### （二）学习者分析

（1）本课内容的教学对象为八年级学生。

（2）学生已通过制作视频相册的学习，对视频加工有了简单的了解。

（3）个别学生会使用一些手机应用制作并分享视频。

（4）由于个人知识结构、兴趣、家庭环境等因素，学生在信息技术认知能力、实际操作能力、知识水平上存在一定的差异。

## 三、教学目标

（1）了解视频制作的一般流程，体验根据歌词设计镜头脚本，能够根据镜头脚本拍摄素材。

（2）会在视频剪辑软件中剪辑合成视频，能够制作歌词字幕，学会渲染视频的方法。

（3）通过制作班级合唱歌曲 MV，体验从分镜头脚本设计到拍摄再到后期编辑与渲染作品这样一个完整的视频制作过程。

（4）培养用视频技术解决问题的信息意识，激发创作视频作品的欲望，树立正确的信息社会责任价值观，体验数字化学习与创新，总结视频制作的全过程，提高计算思维能力，提升信息素养。

## 四、教学重点、难点

（1）教学重点：理解脚本的作用及编写方法，学会视频的剪辑与合成，能够使用标题素材完成片头、片尾文字的设计。

（2）教学难点：根据歌词设计歌曲 MV 的镜头脚本，合理安排歌词声音与镜头画面的同步。

## 五、教学过程

| 教学环节 | 教师活动 | 学生活动 | 设计意图 |
|---|---|---|---|
| 第1阶段 环节一： 创设情境 | 播放上一届班级合唱节比赛时的现场录像，引导学生重点观看屏幕背景的歌曲 MV，引出如果自己班级在比赛时也制作歌曲 MV，会把歌曲演绎得更完美，更能博得观众与评委的好感，为自己班级加分。 | 观看歌曲 MV。 | 感受 MV 所带来的时尚感与震撼效果。激发学生对制作视频作品的期待，凝聚班级力量为本课的展开做好铺垫。 |
| 第1阶段 环节二： 构建制作 工作流程 | 引导学生总结完成这样一个视频作品都需要经过哪些环节。 引出视频作品制作的一般流程：构思脚本—拍摄素材—后期编辑—发布分享。 讲解脚本的作用：如同建筑大厦的图纸，是摄影师进行拍摄、剪辑师进行后期制作的依据和蓝图，也是演员和所有创作人员领会导演意图，理解剧本内容和进行再创作的依据。 | 总结视频制作的过程，需要有前期准备、拍摄、编辑素材等。 看 PPT 听讲解，认同分镜头脚本的重要性。 | 引导学生了解视频作品制作的一般流程，知道前期的脚本构思是视频制作的第一步，了解脚本的作用至关重要。 |

续表

| 教学环节 | 教师活动 | 学生活动 | 设计意图 |
|---|---|---|---|
| 第1阶段<br>环节二：<br>构建制作<br>工作流程 | 带领学生分析现有视频作品的镜头脚本，引出场景、景别、画面内容等在撰写镜头脚本中的作用。<br>总结镜头脚本要写出的内容：<br>（1）写出镜头所在场景。<br>（2）用形象简洁的语言描述场景里的画面内容。 | 分析现有视频作品脚本的第一、三镜头，说出自己是如何理解这两个镜头的。<br>说出镜头脚本需要写些什么。 | 引导学生总结应该怎么写镜头脚本。 |
| 第1阶段<br>环节三：<br>撰写脚本 | 布置任务：<br>请一名同学带领大家演唱本班参加合唱比赛的选曲，其他同学为这首歌曲撰写脚本，并选出一组脚本作为最终的拍摄脚本。<br>要求：<br>（1）从教学平台下载脚本格式模板。<br>（2）以小组为单位讨论撰写。<br>巡视检查：记录学生撰写时的问题以及好的作品，进行个别指导。 | 演唱歌曲，在演唱的过程中想想歌词带来的画面感。<br><br>明确任务要求。<br>在教学平台下载脚本格式模板。<br>以小组为单位讨论并撰写脚本。<br>对教师在巡视过程中给自己指出的问题予以修改。 | 引导学生体验镜头脚本的撰写。感受脚本的撰写并不是一件困难的事，只要根据歌词去设定每句歌词出现的意境，就能够写出很好的脚本，突破本课的教学难点。 |
| 第1阶段<br>环节四：<br>分享成果 | 小组展示：要求作者介绍画面内容以及自己是如何构思的。<br>点评：在学生分析自己写的镜头时，赞赏学生的作品，并提醒学生哪些镜头是细致到位的，哪些是不便于拍摄的。 | 说出自己写的每句歌词所对应的镜头的画面内容。<br>说出自己这样设计镜头的原因。<br>其他同学欣赏评价。 | 梳理知识，总结提升。 |

续表

| 教学环节 | 教师活动 | 学生活动 | 设计意图 |
|---|---|---|---|
| 第1阶段 环节五: 阶段总结 | 引导学生总结本节课所学内容，为后续课程做铺垫。 | 总结出以下内容：完成视频作品的一般流程；脚本的作用；脚本要写出的内容。 | 梳理知识，总结提升。 |
| 第2阶段 环节一: 温故知新 | 复习完成视频作品的流程。出示3个同样的镜头，按照不同的顺序排列，引导学生说出不同的感受。<br><br>介绍蒙太奇：蒙太奇（Montage）在法语中是"剪接"的意思，但到了俄国它被发展成一种电影中镜头组接的理论。 | 分析按照1、2、3的镜头顺序播放，作为观众，看完之后的感受。分析按照3、2、1的镜头顺序播放，作为观众，看完之后又会有什么感受。了解蒙太奇的意义。 | 复习、迁移，通过实例激发学习兴趣。由学生分析相同镜头、不同的排列顺序会给人截然不同的感受，理解蒙太奇的神奇效果。 |
| 第2阶段 环节二: 发现问题，学习解决问题的方法 | 素材：以一位同学跑步摔倒的片段素材为例，引出抖动的镜头以及多余的不需要的镜头都应该剪掉。演示剪辑的方法。讲解方法：引导学生通过教学平台的微视频，学习如何剪辑视频片段。 | 理解拍摄素材中有很多不需要的镜头是需要被剪掉的。<br><br>观看老师的操作演示，体会视频剪辑的重要性。可以通过教学微视频反复观看操作方法。 | 借助问题引出知识点，提供微视频，供学生尝试自主解决问题，为突破本课合理剪辑的教学难点提供途径。 |
| 第2阶段 环节三: 动手实践，解决问题 | 要求：学生到教学平台下载拍摄素材，提示带着问题到教学平台通过微课学习。巡视：记录学生问题，根据学生情况，适当点拨。重点强调：根据每句歌词剪辑素材，画面的切换要落实到每句歌词的重音上。组织展示：屏幕广播，选择一位学生上讲台演示讲解篮球投篮的剪辑方法。 | 下载已拍摄的素材；通过微课的学习，能够根据歌曲歌词剪辑素材，注意画面要与每句歌词贴合同步。理解画面与音乐内容匹配的要求。 | 帮助学生很好地掌握如何根据歌词合理剪辑视频，落实教学重点。 |

| 教学环节 | 教师活动 | 学生活动 | 设计意图 |
|---|---|---|---|
| 第2阶段 环节四：发现问题解决问题 | 引导学生发现在制作过程中遇到的典型问题并学习如何解决：<br>(1) 窗口布局错乱可使用 F7 键恢复布局。<br>(2) 不小心禁用轨道后单击轨道标志可以再次启用轨道。<br>(3) 时间轴的显示比例不要过大或过小，否则不方便操作。<br>(4) 预览项目前要确保选中项目，否则只能预览当前素材。 | 通过小组合作学习，发现制作 MV 时容易出现的问题，通过讨论、教师和学生的示范操作学习解决问题。 | 这几个问题是学生制作视频时的典型问题，引导学生学习，突破难点。 |
| 第2阶段 环节五：阶段总结 | 引导学生总结本节课所掌握的知识技能：<br>(1) 剪辑视频的方法；<br>(2) 素材消除原声的方法；<br>(3) 慢镜头的设置。<br>引导学生思考：作为一名信息技术的使用者，要负责任地使用技术，不能为了博人眼球而断章取义地剪辑视频，更不应在网上传播违反道德法律底线的、侵犯他人隐私的视频。 | 发言总结本节课在制作歌曲 MV 技术上的知识点。<br><br>理解 4 个信息技术核心素养中的信息社会责任。 | 知识梳理，总结提升，落实学科核心素养。 |
| 第3阶段 环节一：提出问题 | 引导学生思考：在歌曲 MV 视频中还缺少什么内容？<br>通过歌曲 MV 作品评价量规，引导学生了解歌词字幕的制作是作品的重要组成部分。<br>引导学生发现如果使用标题素材制作歌词字幕，在声音与文字对齐上会很麻烦。<br>引出更快捷高效的制作动态歌词字幕的方法，得选用合适的字幕制作软件。 | 观察：发现缺少歌词字幕。<br><br><br><br>感受如果使用标题素材制作歌词字幕要做到声音与文字同步，必须要根据声音一句一句地对齐文字。 | 引导学生发现问题。 |

| 教学环节 | 教师活动 | 学生活动 | 设计意图 |
|---|---|---|---|
| 第3阶段<br>环节二:<br>自主学习 | 提示学生要根据音乐的节奏使用空格键记录歌词。<br>演示空格键的使用方法。<br>强调字幕制作软件制作出来的歌词字幕是虚拟AVI视频,需要加载到视频剪辑软件的覆叠轨中,覆叠轨,画面叠加,实现画中画效果。<br>在教学平台提供微课供学生自学字幕制作软件的使用方法以及字幕编辑器的使用方法。 | 观看老师的演示操作。<br><br>理解覆叠轨的意义与作用。<br><br>在教学平台上通过观看字幕制作软件的微课自主学习。 | 通过教师演示、微课学习突破难点。落实数字化学习与创新学科核心素养。 |
| 第3阶段<br>环节三:<br>实践操作<br>解决问题 | 巡视学生的制作情况。<br>戴上耳机试看学生作品,给予肯定并组织小组讨论修改意见,记录可以分享展示的优秀学生作品。 | 使用字幕制作软件录制歌词字幕并添加到视频剪辑软件覆叠轨道中;<br>通过字幕制作软件微课以及字幕编辑器微课自主学习解决遇到的问题。 | 对学生作品给予肯定,增强学生的成就感,激发进一步学习的兴趣。 |
| 第3阶段<br>环节四:<br>分享成果<br>评价反馈 | 根据评价量规评价作品。<br>通过学生演示系统,屏幕广播。<br>给予建议。 | 由制作者演示介绍作品最满意的地方以及还需要改进的地方。<br>作品自评。<br>讨论与反馈。 | 通过自评、互评引导学生肯定自己,学习他人,体验成功的乐趣。提高审美能力以及语言表达能力。 |
| 第3阶段<br>环节五:<br>技术学习<br>阶段总结 | 引导学生回顾为了完成歌曲MV,都经历了哪些过程,学到了什么。<br>引导学生总结通过完成合唱歌曲MV这个主题活动,掌握了哪些视频制作的方法。 | 分镜头脚本—拍摄素材—编辑素材—制作字幕—渲染分享。<br>回顾自主学习过程,体验数字化学习与创新。 | 总结提升。<br>引导学生总结发现问题、解决问题的过程,感受计算思维,提升信息素养。 |

# 六、学习效果评价设计

## (一) 拓展作业

第1阶段：小组合作完成镜头脚本。

第2阶段：小组合作完成视频素材采集。

第3阶段：小组合作完成MV作品的后期编辑。

第4阶段：小组合作，根据老师和同学反馈的意见与建议完善作品。

第5阶段：设计调查问卷，在合唱节后大范围收集同学、老师的意见和建议，进行反思、总结。

## (二) 评价量表

下表为脚本设计评价量表。

| 评价项目 | 具体标准 | 自评 | 他评 |
|---|---|---|---|
| 可操作性 | 不出现目前拍摄不了的镜头 | ☆☆☆☆☆ | ☆☆☆☆☆ |
| 完整性 | 根据歌词完成脚本设计 | ☆☆☆☆☆ | ☆☆☆☆☆ |
| 细致性 | 能够让演员快速理解 | ☆☆☆☆☆ | ☆☆☆☆☆ |
| 艺术效果 | 突出班级力量，具有感染力 | ☆☆☆☆☆ | ☆☆☆☆☆ |
| 学习态度 | 积极参与课堂活动，及时完成任务 | ☆☆☆☆☆ | ☆☆☆☆☆ |

下表为剪辑与合成评价量表。

| 评价项目 | 具体标准 | 自评 | 他评 |
|---|---|---|---|
| 声画同步 | 声音与画面能够完美贴合，体现出每句歌词的含义 | ☆☆☆☆☆ | ☆☆☆☆☆ |
| 剪辑合理 | 能够去除素材片断中抖动的和冗余的镜头 | ☆☆☆☆☆ | ☆☆☆☆☆ |
| 视频技术 | 慢镜头、消除原声等技术使用恰当 | ☆☆☆☆☆ | ☆☆☆☆☆ |
| 结构 | 结构完整，包含片头、片尾 | ☆☆☆☆☆ | ☆☆☆☆☆ |
| 学习态度 | 积极参与课堂活动，及时完成任务 | ☆☆☆☆☆ | ☆☆☆☆☆ |

下表为后期编辑评价量表。

| 评价项目 | 具体标准 | 自评 | 他评 |
|---|---|---|---|
| 完整性 | 完成了歌词字幕的制作 | ☆☆☆☆☆ | ☆☆☆☆☆ |
| 节奏性 | 节奏合拍，不出现声音与画面不吻合现象 | ☆☆☆☆☆ | ☆☆☆☆☆ |
| 易读性 | 歌词字幕清晰 | ☆☆☆☆☆ | ☆☆☆☆☆ |
| 艺术效果 | 文字美观，大小适宜 | ☆☆☆☆☆ | ☆☆☆☆☆ |
| 学习态度 | 积极参与课堂活动，及时完成任务 | ☆☆☆☆☆ | ☆☆☆☆☆ |

## 七、案例评析

本案例用主题引领学生完成了发现问题、自主学习、解决问题、评价反馈再发现问题螺旋式上升的学习、实践过程，在这样源于生活的真实问题解决的主题活动中，真正落实本学科信息意识、计算思维、数字化学习与创新以及信息社会责任的核心素养。

（1）素材均来源于学生作品，与学生生活贴切，学生参与度非常高。

（2）教师为学生搭建支架式学习网站，包括发布教学安排、下载教学资料、知识链接、项目自评测试、优秀作品欣赏等，充分发挥信息技术的学科特色，支持个性化的学习。能力较强的学生可以得到更多的课外延伸知识，基础薄弱的学生可以获得解决问题的方法。

（3）教师制作多个微课教学视频，并放到教学平台上，学生通过观看微视频，根据自己的实际情况调整学习进度，有助于落实教学重点，突破教学难点，渗透数字化学习与创新等学科核心素养。

合理的数字化学习资源平台的搭建和学习材料的提供，都体现了教师切实从提升学生信息技术学科素养出发的良苦用心和为此付出的大量精力与时间。系统化的教学资源，也为学生梳理知识、提升拓展提供了途径。

## 【参考文献】

［1］白璐．高中物理电磁核心概念及其教学设计研究［D］．延安：延安大学，2017.

［2］中华人民共和国教育部．普通高中通用技术课程标准（2017年版）［M］.

北京：人民教育出版社，2018：69.

[3] 顾建军，吴铁军．普通高中通用技术课程标准（2017年版）解读［M］．北京：高等教育出版社，2018：38，206.

[4] 国际教育技术协会．美国国家技术教育标准［M］．北京：高等教育出版社，2003：4.

[5] 格兰特·威金斯，杰伊·麦克泰格．追求理解的教学设计（第二版）［M］．闫寒冰，宋雪莲，赖平，译．上海：华东师范大学出版社，2017：13－27.

# 后 记

为了在课堂教学中促进学生核心素养发展，我们在教师对核心素养的理论了解和课堂教学方式现状进行全面调研的基础上，选定"基于中学生核心素养的课堂教学方式改进研究"为区域课堂教学课题研究方向。本课题 2016 年申请批准为北京市教育学会"十三五"规划研究课题（FT2016—062），涉及了中学语文、数学、英语、物理、化学、生物、历史、地理、政治、信息技术、劳动技术、通用技术等多个学科，引领丰台区广大中学学科教师在教学实践中努力探索、潜心研究，推动新课程改革在丰台区走深、走实。

在不断地深入研讨过程中，我们逐渐认识到培养学生的核心素养是对"立德树人"教育根本任务的具体落实，而各个学科核心素养是解决如何培养人的教育的根本问题，只有把各个学科核心素养发展好，才能从育人的角度把学生的核心素养培养好。要提高学生的核心素养，关键在教师，教师要努力改进教学方法。课堂是学生学习的地方，也是学生品格形成、生命成长的地方，是学生由自然人向社会人发展的重要场所，落实核心素养的基本载体是课程，主渠道是课堂，最根本的是教师教的方式和学生学的方式的转变。

4 年来，在丰台这一片教育的沃土上，近 50 名丰台分院中学教研室的教研员带领各年级学科教研团队勇于创新、砥砺前行。课题研究有目的、有计划严格按照"调查筛选—课题论证—制订方案—实践研究—交流总结—申请结题"的程序进行。课题组采用以专家引领、实验校为载体的方式在教学互动中对"基于中学生核心素养的课堂教学方式改进研究"的课堂教学设计、教学策略与方法、学生自主学习、教学效果评价等进行系统研究，并将研究成果及时辐射全区。以主题研讨的方式突破课题研究的焦点问题，如基于学情分析的教学、指向学生思维发展的教学、真实问题情境的创设、单元教学设计等。此外，开展定期交流，及时改进，实现课题研究的良性循环。

通过扎实的研究实践，我们在厘清中学生学核心素养与学科核心素养的关系、创新学科核心素养培养的途径和策略以及开展基于核心素养培养的教学效果评价等三个方面取得了一定的经验。参与的教研员增强了整体驾驭学科研究的能力，参与的教师提高了自身的学科认识和研究能力，总结了一批能体现基于中学生核心素养的课堂教学方式改进研究的案例。我们把研究过程获得的经验策略和教学案例集结成册，以凝聚智慧、推广经验。

本书由北京教育学院丰台分院中学教研室部分学科教研员共同写作完成。写作分工如下：曾拥军负责本书的整体架构，第一章写作者为曾拥军、刘青岩、赖立敏；第二章写作者为谢政满；第三章写作者为俞京宁、康舒真、张琦、袁海英、柳晓青、刘青岩；第四章写作者为付绘、胡润；第五章写作者为刘芳；第六章写作者为秦林、孔德靖；第七章写作者为王新；第八章写作者为陈立英；第九章写作者为朱克西、黄静；第十章写作者为苏从尧。全书由曾拥军、刘青岩统稿并修改定稿。

本书出版之际得到多方面人士的支持和鼓励。特别感谢北京教育学院丰台分院支梅院长、马红民副院长，无论在课题研究中还是在本书出版中，我们都得到了两位领导、专家的悉心指导和大力支持。特别感谢北京教育学院原院长李方教授、北京教育学院钟亚妮博士、北京丰台教科院赵学良院长对本课题在开题、中期评价和结题时的指导。感谢北京教育科学研究院基础教育教学研究中心贾美华主任为本书作序。

由于我们水平所限，书中不足之处在所难免，恳请读者批评指正！

曾拥军

2021 年 3 月于北京教育学院丰台分院